日米の社会保障と
その背景

杉田 米行 編著

大学教育出版

日米の社会保障とその背景

目 次

序　章　日米の社会保障とその背景 ………（杉田米行）……… 3

第1章　20世紀初頭自由党政権下の社会政策と選挙政治
　　　── 1906～1910年1月 ── …………（岡田　新）……… 7

1. はじめに　7
2. 綻びる勝利　12
   (1) 自由党の再生 ― 1906年総選挙 ―　12
   (2) 補欠選挙 ― 1906～1907年 ―　17
   (3) 補欠選挙 ― 1908～1909年 ―　19
3. 1910年1月総選挙 ― 1人区の攻防 ―　25
   (1) 1910年1月総選挙　25
   (2) 1人区における対決　30
   (3) 自由党と労働党　35
   (4) 1906年総選挙で大きく自由党が躍進した選挙区　38
   (5) 補欠選挙と1910年1月総選挙　40
4. 1910年1月総選挙 ― 2人区における自由党と労働党 ―　42
   (1) 政党対決の類型　42
   (2) ハリファックスとレスター　44
   (3) ダービーとダンディー　50
   (4) マーサ・ティディフィル、ポーツマス　54
   (5) 補欠選挙との比較 ― ニューカッスル・アポン・タイン ―　57
5. 結びにかえて　59

第2章　20世紀世紀転換期ニューヨーク市公衆衛生行政
　　　── 細菌・他者・行政組織 ── …………（平体由美）……… 66

1. はじめに　66
2. ニューヨーク市公衆衛生行政の発展　69
3. ミドルクラスと公衆衛生　73
4. 乳幼児の保護と公衆衛生　78

5. おわりに　*84*

第3章　アメリカ医師会と医療保険 —— 日本との比較の中で ——
………………………（山岸敬和）………*91*

1. はじめに　*91*
2. 日本医師会と医療保険　*95*
   (1) 公的保険への支持から反対へ － 1910 ～ 1930 年代 －　*96*
   (2) 第二次世界大戦、医療保険、医師会　*99*
   (3) 公的保険支持 － 1945 年以降 －　*103*
3. アメリカ医師会と医療保険　*107*
   (1) 公的保険への支持から医療保険全般への反対へ － 1910 ～ 1930 年代 －　*107*
   (2) 第二次世界大戦、医療保険、医師会　*111*
   (3) 民間保険支持、公的保険拒絶 － 1945 年以降 －　*115*
4. むすびにかえて　*118*

第4章　アメリカ児童福祉の解釈 ………………（向井洋子）……*128*

1. アメリカの児童福祉　*128*
   (1) 問題の所在　*128*
   (2) 用語の定義　*129*
   (3) 社会保障プログラムの現在　*130*
2. アメリカ政治の解釈　*132*
   (1) 多元主義　*132*
   (2) 制度論　*133*
   (3) アメリカ政治を理解する新たな手がかり　*134*
3. 社会保障に関する先行研究　*135*
   (1) 代表的な研究　*135*
   (2) 歴史主義　*137*
   (3) 連邦最高裁の合憲判決　*139*
   (4) いくつかの留保　*142*

4. 新しい研究傾向　*143*
    (1)「特定の利益」への回帰　*143*
    (2) 時代の変容　*144*
    (3) 改革過程における言説　*145*
 5. 結　論　*146*

第5章　アメリカにおける1996年福祉改革法とジェンダー
―― 第104連邦議会の女性議員に見るフェミニズムと福祉 ――
................................（佐藤千登勢）……… *151*

 1. はじめに　*151*
 2. 1996年福祉改革法の結婚、妊娠・出産、子供の扶養義務、保育に関する条項　*153*
 3. HR 4 から1996年福祉改革法へ ― 女性議員とフェミニズム ―　*156*
 4. 福祉改革の成果とジェンダー　*163*
    (1) 10代の妊娠と婚外子の減少　*163*
    (2) ファミリー・キャップ　*166*
    (3) 子供の扶養義務　*169*
    (4) 保育サーヴィス　*172*
 5. おわりに　*174*

第6章　アメリカの福祉国家再編と対貧困者政策
.................................（西山隆行）…… *183*

 1. はじめに　*183*
 2. アメリカの福祉国家再編　*185*
    (1) 歴史的経緯と政治過程　*185*
    (2) 基本的特徴　*188*
 3. 福祉改革後の現状　*192*
    (1) 就労貧困者の収入　*192*
    (2) 社会サーヴィスと慈善活動　*201*

4. むすびにかえて　207

第7章　社会福祉事業の拡大・拡充とその限界
　　　　　　　　　　　　………（村上貴美子・宇都宮みのり）……　213

1. 序　論　213
2. 社会福祉事業政策・法の整備　214
   - (1) 社会福祉政策理念の成立　214
   - (2) 社会的扶養の法的根拠の形成　218
   - (3) 社会福祉事業体制の法整備　219
3. 社会福祉事業の拡大・拡充の実態　222
   - (1) 社会福祉事業・政策対象の拡大 ― 3 法から 6 法へ ―　222
   - (2) 施設福祉から在宅福祉、そして地域福祉へ　228
4. 社会福祉事業の拡大・拡充の構図　237
   - (1) 社会的扶養の拡大の政策的構図　237
   - (2) 女性の労働形態の変化　240
   - (3) 社会福祉サービス労働の社会的労働化　243
5. 結論　家事労働の社会的労働化と専門職業化の志向　247

第8章　従来日本社会保障パラダイムと日本型社会保障の方向
　　　――「福祉元年」から「社会保障体制の再構築」までを中心として――
　　　　　　　　　　　　………………………（増山道康）……　253

1. 従来日本型社会保障パラダイムの構造　253
   - (1) 国防国家綱領による社会保障パラダイム形成　254
   - (2) 日本型社会保障パラダイムの特徴　256
2. 厚生行政の長期構想における社会保障パラダイムの継承　257
   - (1) 従来パラダイムの見直し　257
   - (2) 従来パラダイムの再構築　258
   - (3) 国民皆保険の成立とパラダイム転換の展望　260
   - (4) 社会保障体制の一応の完成と厚生行政長期構想による新パラダイム　263

3. 日本型福祉社会論の形成と従来社会保障パラダイムの継承　*265*
   (1)「福祉元年」の停止と日本型福祉社会論　*265*
   (2) パラダイムの第2の方向　*268*
4. 1990年代以降のパラダイムの方向　*269*
   (1) 1995年勧告に見る新たなパラダイム　*269*
   (2) 1995年勧告の限界（従来パラダイムの継承）　*271*
5. 社会保障パラダイムを支える思想的底流　*274*

第9章　地域における社会保障システム
―「健康づくり」による「地域づくり」の事例を中心に―
……………………………………（杉山章子）…… *287*

1. はじめに　*287*
2. 長寿社会における健康不安　*288*
   (1) 長寿社会と健康　*288*
   (2) 健康不安の正体　*290*
3. 地域における健康づくり活動　*294*
   (1) 村ぐるみの健康づくり事業 ― 長野県八千穂村 ―　*296*
   (2) 栄養グループの誕生　*298*
   (3) グループ活動の進展　*302*
   (4) 福祉施設の建設運動　*304*
4. 活動に関わる人と組織の動き　*308*
   (1) 形成期　*310*
   (2) 展開期　*311*
   (3) 発展期　*312*
   (4) 社会保障システムの誕生　*313*
5. 社会保障システムの形成　*314*
   (1)「時間」―時間の重なりを捉えて流れをつくる―　*315*
   (2)「空間」―公共空間を創り出す―　*318*
   (3)「関係」―社会関係の活用・再生・創出―　*320*

(4) 地域の「社会保障」のかたち　*324*

第10章　日本における生活保護と社会保障政策
　　　　　　　　　　　　　　　　　……………………………（野村茂治）……　*328*

1. はじめに　*328*
2. 社会保障制度の役割とその意義　*329*
3. 社会保障制度のアーキテクチュア　*335*
　　(1) 社会保険システムの役割　*335*
　　(2) 税の調達による社会的ロス（死荷重（デッドウエイトロス：deadweight loss））　*338*
4. 社会保障プログラムの進展プロセス　*342*
　　(1) 社会保障プログラムの進展プロセスにおける政治力学　*342*
　　(2) 社会保障プログラムの進展プロセスにおける経済メカニズム　*346*
5. 社会保障改革と所得再分配　*349*
　　(1) 失業保険　*349*
　　(2) 年金制度　*351*
　　(3) 医療制度　*354*
6. 生活保護（公的扶助）と社会保障　*357*
　　(1) 生活保護の現状　*357*
　　(2) 生活保護政策改革の方向性　*362*
7. 結　語　*367*

第11章　OASDI方式の厚生年金保険への適用可能性
　　　　── 保険数理モデルによる検討 ──　……（山本克也）……　*372*

1. はじめに　*372*
2. OASDI小史　*374*
　　(1) 制度創設から第一次改革期　*374*
　　(2) OASDIの財政状況　*375*
　　(3) ベビーブーマー対策　*377*
3. 年金給付算定方法の特徴　*380*

    (1) OASDIの年金給付算定方法　*380*
    (2) 厚生年金保険の年金給付算定方法　*382*
    (3) OASDIと厚生年金保険の所得再分配の比較　*384*
 4. 使用するモデルとシミュレーションの設定説明　*386*
    (1) 財政検証の方法　*386*
    (2) OASDI方式とクローバック方式の採用　*387*
 5. シミュレーション結果　*389*
    (1) 代替率の比較　*389*
    (2) 財政への影響　*391*
 6. おわりに　*392*

執筆者紹介 ……………………………………………………………… *397*

日米の社会保障とその背景

序　章

日米の社会保障とその背景

　100年に1度といわれる不況の中、先進諸国ではセイフティネットの重要性が唱えられている。しかし、日米両国は多額の財政赤字を抱える中、社会保障改革という大きな問題に直面している。本書は主にアメリカと日本に焦点をあわせながら、社会保障を歴史的にとらえ、将来の改革の方向性を検討している。

　第1章「20世紀初頭自由党政権下の社会政策と選挙政治 ― 1906～1910年1月 ―」で岡田新は、社会保障の原点ともいえる20世紀初頭のイギリス政治を分析している。20世紀初頭の自由党政権は、老齢年金、国民保険制度を樹立し、19世紀のセルフ・ヘルプの体制からの大きな転換点となった。自由党政権と労働者の関係をめぐっては、鋭い論争が続けられている。この章では、1906年以降の補欠選挙と1910年1月総選挙の選挙結果を、政党の対抗関係をもとに分析し、自由党政権と労働者の「同盟」の実態を分析している。1906年総選挙における自由党の地滑り的な大勝利は、都市の労働者層の自由党支持を重要な支えとしていた。しかし補欠選挙でも総選挙でも、労働党の得票率は、重要なカテゴリーで上昇し、自由党と保守勢力、労働党の三つ巴戦になると、自由党に深刻な打撃を与えられる存在になっていた。都市部での労働党支持者の支援は、自由党政権の存続にとって不可欠な存在となっており、自由党は労働党と協調せざるをえない立場に立たされた。自由党政権の積極的な社会政策は、自由党のこうした厳しい選挙情勢を反映したものに他ならなかったと結論づけている。

　第2章「20世紀世紀転換期ニューヨーク市公衆衛生行政 ― 細菌・他者・行政組織 ―」で平体由美は、20世紀世紀転換期のニューヨーク市のケーススタディを通じて、公衆衛生の視点から都市住民による保健システム強化と移民への対応を分析している。20世紀初頭におけるニューヨーク市の公衆衛生行政は、従来の

都市環境整備中心から、感染症の侵入・拡大防止と乳幼児死亡率の低下へと焦点を移していった。これは細菌理論が市民中間層に浸透したことが影響している。都市環境整備という物質面から、個人の行為面を対象とした政策に変化していったが、対応すべき個人の選択基準が、それまで構築されてきた人種やエスニシティのイメージに基づいて行われた。平体は、科学的・医学的発見は、公衆衛生政策や個人の実践という場面では、政治や習慣そして他者イメージという文脈に依存するものだと唱える。

現在、日米両政府とも医療改革に取り組もうとしているが、その方向性は、両国に存在する医療保険制度に大きく左右される。第3章「アメリカ医師会と医療保険 ― 日本との比較の中で ―」において山岸敬和は、日米両国の医師会が採用してきた戦略や医師会を取り巻く環境に着目し、両国が異なる医療保険制度を歴史的に発展させてきた要因を分析している。本章は1910年代から1940年代を分析対象時期としているが、それは、この時期に日米両国の医療保険制度の相違が明確になっていったからである。1910年代、日米両国は医療保険の発展（特にその規模）という観点からみて類似した状態であったものが、1940年末までにはお互いに大きく異なる医療保険システムとなっていた。

第4章「アメリカ児童福祉の解釈」で向井洋子は、社会に主眼を置いた多元主義的視点ではなく、国家に主眼を置いた制度的視点からアメリカの児童福祉を分析している。アメリカ児童福祉の形成と変容は、年金や失業保険など他の社会保障プログラムと質的に異なる。児童福祉プログラムの受益者が利益集団を形成して政策決定に関与することは、ほとんどないからである。向井は、アメリカの社会保障制度が矛盾を抱え、連邦議会の動向に左右される傾向が強いことに注目している。プログラムを支持する強力な利益集団をもたない児童福祉は、連邦議会が保守化した影響を最も大きく受けた。向井は、アメリカ全体に広がっていた「被扶養児童のいる家庭への扶養制度」（Aid to Families with Dependent Children：AFDC）に対する批判が高まり、保守化した連邦議会はAFDCの縮小削減という方向で児童福祉改革を進めたと唱えている。

第5章「アメリカにおける1996年福祉改革法とジェンダー ― 第104連邦議会の女性議員に見るフェミニズムと福祉 ―」で佐藤千登勢は、1996年に成立した福祉改革法の成立過程を追うことによって、同法の結婚、妊娠・出産、子供の養

育義務、保育に関する条項に見られるジェンダー観を明らかにしている。連邦議会における福祉改革法案の審議では、伝統的な家族の価値観を強調する共和党保守派と、フェミニズムの観点から、働くシングルマザーの生活や就労を支援しようとする共和党穏健派や一部の民主党議員のジェンダー観が交錯し、同法に多面的な性格を与えることになった。ところが、佐藤は、審議で主張されたフェミニズムは、白人中産階級的な視点に基づいたものであり、福祉を受給する当事者である貧困女性、とりわけその多くを占める有色人種の女性が置かれている状況やニーズに必ずしも見合ったものではなかったということを実証的に論証している。

第6章「アメリカの福祉国家再編と対貧困者政策」で西山隆行は、アメリカにおける対貧困者政策決定過程の分析を通じて、アメリカの福祉国家の現状と課題を明らかにしている。具体的には、以下の3点に焦点を絞っている。①今日のアメリカの対貧困者政策は、貧困者の生活の向上にどの程度役立っているか、②州以下の政府に権限が委譲された結果、「底辺への競争」が激化するという主張の妥当性についての検討、③今日のアメリカの福祉国家の枠組みの中で、連邦政府と州政府はどのような位置づけがなされるべきか、である。

第7章からは、主に日本の社会保障を論じている。第7章「社会福祉事業の拡大・拡充とその限界」で村上貴美子と宇都宮みのりは、①社会福祉事業と社会的扶養の関連性、②家事労働の外部化・商品化と専門職業化の関連、という2つの分析視角から、第二次世界大戦敗戦による緊急政策課題から社会福祉事業への収斂過程、およびその発展過程を歴史的に論じている。その上で両者は、今日および将来にわたって需要がますます高まるであろう社会福祉労働が専門職業として市民権を得るための提言を示している。

日本の社会保障の枠組みは、21世紀に入り大きく変化したといわれている。しかし、第8章「従来日本社会保障パラダイムと日本型社会保障の方向 ─『福祉元年』から『社会保障体制の再構築』までを中心として ─」で増山道康は、この見解を疑問視している。確かに社会保障の制度は時代とともに変化していったが、その制度を支える思想（制度設計思想）やそうした思想の底流にある国民感情が20世紀から21世紀に入り大きく変化したといえるのであろうか。日本の社会保障制度は、十五年戦争時期に国防国家設立の一環として形成され、そのパラダイムの特徴は、人間資源主義＝集団救済主義＝国家責任最小化主義と称することが

できる。増山は、第二次大戦後もこのパラダイムは保存され、1970年代初頭の「福祉国家」によっていったんは見直されたが、結局、「日本型福祉社会」として維持され、現在まで継承されていると唱える。

第9章「地域における社会保障システム ― 『健康づくり』による『地域づくり』の事例を中心に ―」で杉山章子は、長野県東部佐久地域の村（旧八千穂村）で展開された健康づくり活動に焦点をあて、医療費縮減を背景に始まった「健康づくり」政策が「地域づくり」運動に発展し、地域の社会保障の仕組みが形作られていく過程を分析している。生存権は法規や機関・施設といった公的制度だけでは十分に保障されない。杉山は10年以上にわたる実地調査の結果、現実の生活を支えているのは、社会保険や社会福祉サービスなど「官」が提供する資源と、家族や地域社会による互助の仕組みなど「民」が蓄えてきた資源とが複合した「システム」だと主張する。

日本の社会保障制度は、今や大きな3つの課題①高齢化・少子化、②巨額な財政赤字、③世界経済のグローバル化による競争の激化から企業行動・就業形態の変化に直面し、その改革が喫緊の課題となっている。あるべき改革の方向として、第10章「日本における生活保護と社会保障政策」で野村茂治は、負の所得税（給付つき税額控除）の応用版である生活保護制度をこれまでの単なる補完政策にとどめず、大きな柱とした枠組みに作り直すことが必要だが、同時に自主運用の積立型の社会保険システムを推奨している。後者の見解の根本的な理念は、個人がこれまでより高いリスクを引き受けることになり、各個人がそのリスクを回避すべき自助努力をしなければならないということである。

第11章「OASDI方式の厚生年金保険への適用可能性 ― 保険数理モデルによる検討 ―」で山本克也は、アメリカの公的年金制度で就業者の95％に適用されている確定給付・賦課方式の年金制度である老齢・遺族・障害保険制度（Old-Age, Survivors, and Disability Insurance：OASDI）を所得の再分配という観点から検討し、OASDI方式の日本の厚生年金保険への適用可能性を分析する。その結果、給付面からみても、財政面からみても、OASDI方式よりカナダのクローバック方式の方が優れていることが判明する。しかし、中・高所得者を狙い撃ちしたクローバック方式を採用することは政治的に困難なので、OASDI方式が現実的選択だと結論づけている。

第1章

20世紀初頭自由党政権下の社会政策と選挙政治
―― 1906～1910年1月 ――

1. はじめに

　社会保障は、現代イギリス政治を形作る礎の一つであった。しかしその道のりは遠く険しいものであった。ベヴァリッジ報告（Beverage Report、1942年）からNHS（National Health Service、1946年）の設立に至るイギリスの社会保障の展開は、しばしば福祉国家の原型の一つとされる。だがヴィクトリア時代のイギリスは、およそ福祉国家とは対極に立つ社会であった。

　「夜警国家」と揶揄されるように、ヴィクトリア時代のイギリスでは、成人男性の労働者に対する公的権力の保護は、最小限にまで切り縮められた。ヴィクトリア時代を通じて、工場法による児童労働や婦人労働への規制、公衆衛生への規制等の社会立法は徐々に拡大されていった。だが成人男性の労働者に対しては、公的な健康保険や失業保険はもちろん、労働時間の規制や賃金に対する法的な規制も存在しなかった。

　自由放任の原理がもてはやされ、自助が称揚され、貧困は個人の怠惰の証とみなされた。少なくとも建前の上では、1834年救貧法によって、貧民に対する院外救貧は全廃された。公的な扶助といえば、意図的に劣悪な労働条件を課す「劣等処遇原理」によって運営される救貧院だけが残ったのである。

　しかし20世紀が幕を開けると、セルフ・ヘルプを強制するこうした体制に重大な修正が施される。ヘンリー・キャンベル・バナマン（Henry Campbell-Bannerman）、ハーバート・アスクィス（Herbert Asquith）が率いる自由党政権の下で、次々に国家干渉的な社会政策が立法化された。

1906年には、労働争議の民事免責を認めて労働組合の基金を保護する労働争議法（The Trade Disputes Act）、労働災害の対象をすべての労働者に拡大した労働者補償法（A Workmen's Compensation Act）、商船の乗組員の労働条件を厳しく規制した商船法（The Merchant Shipping Act）が相次いで制定された。学童に対しては、無料の学校給食（1906年）や健康診断（1907年）が実施され、1908年には、鉱山労働者の8時間労働を定めた鉱山法（The Mines Act）、税金を財源とする老齢年金（Old Age Pensions Act）が制定される。

　翌1909年には、公的な職業紹介所（Labour Exchange）が全国に設置され、縫製等4つの「苦渋」産業に賃金規制が課された（The Trade Boards Act）。そして「人民予算」（People's budget）と貴族院の拒否権を制限する議会法（Parliament Act）をめぐる1910年1月と1910年12月の2度の総選挙を経て、1911年には、ついに画期的な国民健康保険と失業保険（National Insurance Act）が成立する[1]。

　エドワード時代のこうした社会政策は、後世の目から見れば、限られたものに過ぎなかった。老齢年金は、70歳になって週に5シリングが支給されるに過ぎなかった。1911年に成立した健康保険も、医療費をカバーし、26週にわたって10シリングの疾病手当を給付したが、分担制の（contributory）原則に基づき、雇用主週3ペンス、政府週2ペンスに対し、労働者も週4ペンスを負担しなければならなかった。

　失業保険も、分担制の原則に基づき、雇用者、政府とならんで労働者も週2.5ペンスを払いこまなければならなかった。しかもその適用対象は、建築業、造船業、機械工業、鉄鋼業等の従業員約225万人に限定され、週7シリングの手当は年15週で打ち切られた。労働党は分担制に反対し、党の創設者ケア・ハーデイ（Keir Hardie）は、貧者への負担を強いる制度だとして、健康保険法案に棄権した[2]。

　院外救貧を廃止したヴィクトリア時代の救貧法自体、1948年までは公には撤廃されなかった。包括的な社会保障制度と福祉国家の設計図であるベヴァリッジ報告が書かれるためには、なお2つの大戦と未曾有の大恐慌、街頭に溢れる失業者の群れと無数の兵士の命が必要であった[3]。

　だがエドワード時代の自由党の一連の政策が、ヴィクトリア時代からの転換の起点であったことは疑いを容れない。20世紀初頭の自由党政権の下で、イギリス

第1章　20世紀初頭自由党政権下の社会政策と選挙政治 ── 1906～1910年1月 ──　　9

は「安価な政府」と自助の呪縛から一歩を踏み出したのである。

　19世紀の自由党の指導者ウィリアム・グラッドストーン（W. E. Gladstone）は、1861年に自ら創設した郵便貯金のように、人々の倹約と自助を助ける制度を創ることこそ、「健全な原理」に基づく国家の役割であると考えた。このカリスマ的指導者は、政府の政策で経済の変動を「矯正」できるという考えは、根本的に誤っていると信じて疑わなかった[4]。

　一方1908年から首相となったアスクィスは、自由は「単なる強制力や抑制の欠如」だけを意味するものではない、と力説した。「野放図な需要と供給の力の作用に、心安らかに委ねることができない」事柄に対して、「社会は全体として、十分に実効性のある備えをもつべき」だ、とアスクィスは説いた[5]。

　イギリスの歴史家が、積極的な国家干渉による社会政策を推進したアスクィスの自由党を、グラッドストーンの時代と区別して、「新自由主義」（New Liberalism）と呼ぶのは理由のないことではない[6]。

　では何がこうした転換をもたらしたのか。「新自由主義」の歴史的な位置づけについて、イギリスの歴史家は激しい論争を繰り広げてきた。研究史の上で、20世紀初頭の自由主義の再生の歴史的な意義を強調し、伝統的な解釈に挑戦したのは、ピーター・クラーク（Peter Clark）である。

　クラークによれば、イギリスの政治闘争の基盤は、19世紀の末まで、国教徒と非国教徒の対立にあった。だが20世紀初頭には、階級の経済的な利益に訴える「階級政治」（class politics）が出現する。これに応えて、積極的な社会改革の旗を掲げる「新自由主義」が形成され、その旗の下に労働者と自由党の堅い「同盟」が結ばれた。これこそ、エドワード時代の自由党の再生と自由党政権の積極的な社会改革の基礎だった、とクラークは分析する[7]。

　クラークの仮説は、もっぱら労働者の階級的覚醒と帝国主義の台頭という観点から、この時期の政治史を捉えてきた見方に、根本的な異議を唱えたものであった。これに対してH. C. G. マシュー（H. C. G. Matthew）、ロス・マクキビン（Ross McKibbin）らが厳しい批判を浴びせ、論争が始まる。

　以後「新自由主義」を巡る論争は、エドワード時代の労働者階級の政治意識のあり方から、第三次選挙法改正後の選挙制度の歪み、地方毎の政治文化の差異や地方選挙の分析等多彩な論点に及び、イギリス現代政治史研究の焦点の一つと

なった。今なお、研究者の見解は鋭く対立している[8]。

　論争とその後の研究の展開をたどることは、別の機会に委ねたい。だがクラークが主張したように、20世紀初頭に、投票行動の基礎が宗教から階級へと一挙に転換したとは言えないまでも、A. K. ラッセル（A. K. Russell）の1906年総選挙についての研究や、ニール・ブレヴィット（Neal Blewett）の1910年選挙の研究、マーチン・ピュー（Martin Pugh）、ダンカン・タナー（Duncan Tanner）等の一連の研究によって、労働者の投じた票が、20世紀初頭の自由党の再生を支えていたことについては、異論の余地は乏しくなっている[9]。

　とはいえ、労働者と自由党との間に「同盟」が存在していたとしても、「同盟」という以上、両者は決して一つに融合したわけではない。両者がどのような条件の下で、どのように連携したのか。連携はどれほど強固なものであったのか。こうしたことが立ち入った研究の課題となる。

　歴史の流れを俯瞰すれば、エドワード時代の労働者と自由党の「同盟」も、結局は一時の事象に終わった。戦間期には、自由党に代わって労働党が、保守勢力に対抗する地位に踊り出た。アスクィスの後、自由党は二度と再び単独で政権につくことはない。20世紀初頭に再生した自由党政権は、最後の自由党政権になる運命にあった。

　こうした歴史の行路を念頭におくと、エドワード時代に労働者と自由党の間に緊密な協力関係が存在していたとしても、その内部に胚胎していた潜在的な矛盾と葛藤にも分析のメスが入れられる必要がある。

　もとより「新自由主義」の歴史的な意義を捉えるためには、「新自由主義」の思想的な形成、種々の社会政策立法の立案、審議、施行の過程、さらにはビスマルク（Bismarck）の手によって整備されたドイツの社会政策の及ぼした影響など、多面的な研究が必要となる。本章では、選挙史研究という限られた視点から、自由党政権に積極的な社会政策を迫った政治情勢の一端を検討するに過ぎない。

　また本章で取り上げるのは、1906年以後の補欠選挙と、1910年1月総選挙までの時期、つまり自由党政権の成立から「人民予算」をめぐる政治決戦までの時期に限られる。ディヴィッド・ロイド・ジョージ（David Lloyd George）が主導した国民保険制度は、1910年12月選挙の翌年に立法化された。だから国民保険制度の樹立がもたらした直接の政治的影響を測定することも、本章の範囲の外にある。

だが 1906 年以後の補欠選挙と 1910 年 1 月総選挙は、自由党政権の社会改革を直接に促迫した政治的契機であった。1906 年総選挙で多数をとった自由党政権は、後に見るように、政権発足後、貴族院の妨害に直面するとともに、補欠選挙では一転厳しい苦境にさらされた。貴族院に執拗に行く手を阻まれた自由党政権は、伝統的に下院の専管事項とされてきた予算案に、富裕層への土地課税と積極的な社会福祉の展開を盛り込んだ「人民予算」をつきつけて貴族院に対抗した。そしてこの「人民予算」を貴族院が拒否すると、自由党は「貴族か人民か」というスローガンを掲げて、1910 年 1 月総選挙に打って出る。1910 年 1 月総選挙は、貴族院が国民の意志を踏みにじることが許されるかどうか、という民主主義の根本原理をかけた選挙であったと同時に、1906 年総選挙以後、自由党政権が取り組んできた社会改革の総決算でもあった。

　言い換えれば、1910 年 1 月総選挙で争われたのは、単に貴族院の拒否権という抽象的な憲法上の論点ではなかった。自由党の側から見れば、選挙の争点は、憲法の慣例を踏みにじってまで積極的な社会福祉の費用の負担を拒む貴族の横暴を許すかどうか、というところにあった。一方保守勢力の側から見れば、総選挙の争点は、富裕層を狙い撃ちする自由党の「社会主義的」暴挙を粉砕することにあった。

　こうした経緯から見れば、自由党政権に積極的な社会改革を促し、またそれに審判を下したものとして、自由党政権下の補欠選挙と 1910 年 1 月総選挙を捉えることは、的外れとは言えまい。それはまた、近代資本主義の祖国イギリスにおいて、「市場原理」の支配するヴィクトリア時代の自助の体制からの転換が、どのような政治的力学の下で行われたかを明らかにすることに繋がるであろう。

　こうした選挙の結果については、ブレヴィットの研究をはじめ、優れた研究が蓄積されている。だがそれぞれの選挙区においてどのような組み合わせで政党が対決したのか、それが得票率や選挙結果にどのような影響を及ぼしたか、という視点からの分析は乏しく、なお研究の余地が少なくない。

　そこで本章では、自由党政権下の補欠選挙と 1910 年 1 月総選挙を対象として、選挙区における政党対決の類型の分析を前提に、1 人区における議席と得票率の増減、2 人区での 2 票制の行方を考察することにしたい。それを通じて、選挙の最前線における労働者と自由党の「同盟」の実態を掘り下げ、自由党政権に積極的な社会政策を迫った政治情勢に幾許かの光をあてることを目指したい[10]。

1906年総選挙の後、自由党政権の商務省長官として社会改革を推進したロイド・ジョージは、その年の10月のカーディフ（Cardiff）での演説で、自由党政権が具体的な社会改革の成果をあげなければ、次の選挙では、「新しい政党を求める真の叫び声が国中に湧き起こるだろう」と、危機感をあらわにした。

　また2年後の10月、蔵相に昇格したロイド・ジョージは、スウォンジー（Swansea）での演説で、労働者大衆の生活を改善することに失敗すれば、自由党は、ヨーロッパ大陸の自由党と同じように社会主義政党に追い落とされると警告し、イギリスの自由党は、決して「大陸の自由主義の過ちを繰り返さ」ない、という決意を披瀝した[11]。

　本章では、「人民のチャンピオン」と謳われた政治家のこの警告のもつ意味を、選挙の記録の中に問いかけてみたいと思う。

2. 綻びる勝利

(1) 自由党の再生 ― 1906年総選挙 ―

　1906年総選挙から1910年1月総選挙まで、イギリスではほぼ毎月のようにいずれかの選挙区で補欠選挙が闘われた。大規模な世論調査のない当時、補欠選挙の結果は、総選挙から総選挙までの間の各政党の党勢を示す最も重要な指標であり、次の総選挙での勝敗を占う指針であった。政権についた政党は、補欠選挙に示された民意の動向に、励まされあるいは怯えながら、政権の手綱をさばいていった。

　まず1906年総選挙から1910年総選挙までに行われた補欠選挙の戦況を、ウェストミンスターでの政党の闘いの軌跡と絡めながら、観察してみよう。

　1906年総選挙における自由党の勝利は、文字通り歴史的なものであった。1886年にアイルランド自治法案の賛否をめぐって大きく分裂して以後、自由党は議席の上で惨めな低迷を続けた。自由党の議席は、分裂直後の1886年には、670議席中192議席にまで沈み込んだ。1892年選挙で、自由党はかろうじて272議席を確保したものの、1895年には再び177議席、1900年には183議席と、総議席の3分の1にも届かない水準に落ち込んだ。

　もっとも別の機会に指摘したように、草の根のレベルでは、自由党の支持基盤は、

必ずしも瓦解してしまったわけではない[12]。とはいえ、自由党が再び多数を奪還するためには、伝統的な自由党の支持層であった非国教徒中産階級を改めて結束させるとともに、新たに都市部の有権者を取りこむことが必要であった。しかしグラッドストーンの引退の後、リーダーと路線をめぐる抗争に明け暮れる自由党にその力はなかった。

低迷に喘いでいた自由党を一気に勢いづかせたのは、1903年に始まったジョゼフ・チェンバレン（Joseph Chamberlain）の関税改革キャンペーンであった。チェンバレンは、穀物法の撤廃以来、国是に等しい地位にあった自由貿易政策に、関税改革を掲げて正面から挑みかかった。ボーア戦争への賛否をめぐって分裂状態に陥っていた自由党は、チェンバレンの挑戦に直面して、自由貿易の旗印の下に結束を固め、補欠選挙でも党勢を盛り返していった[13]。

アイルランド自治問題を契機に自由党を脱党した元自由党員がつくった自由統一党（Liberal Unionists）は、次第に保守党と融合して統一党（Unionists）と呼ばれるようになっていた（本章では、原則として保守党と自由統一党を一括する場合、統一党と表記する。ただし個々の候補について言及する場合には、保守党、自由統一党の名称も使用する）。チェンバレンの関税改革キャンペーンへの賛否をめぐって、今度は統一党の側が、分裂状況に陥った。ついに1905年末、統一党の首相アーサー・バルフォア（Arthur Balfour）が、政権を投げ出す。

代わって首相を拝命した自由党のキャンベル・バナマンは、1906年の初頭に総選挙を設定した。キャンベル・バナマン率いる自由党は、自由貿易の擁護を争点に据えて選挙戦を闘い抜き、400議席に届く空前の大勝利を得た。

1906年総選挙の細かい分析については、別稿の参照を請うとし[14]、ここでは、行論に必要な限りで、この総選挙の特徴を指摘しておこう。

まず統一党は、1906年総選挙で、19世紀末まで享受してきた無投票当選を大量に失った。19世紀中庸まで、3分の1程度の選挙区では、無投票で当選者が決まっていた。こうした大量の無投票当選は、土地の名望家が、ウェストミンスターで地域のコミュニティーを代介する体制を表現していた。

しかしグラッドストーンが、ベンジャミン・ディズレイリ（Benjamin Disraeli）の帝国主義的な外交政策を攻撃する全国キャンペーンを展開した1880年から、自由党、保守党がそれぞれ選挙区に対立候補を立てて、実際に議席を争

う選挙区が急増し、無投票当選は減少に向かっていった。

　とはいえ19世紀末には、なおかなりの無投票当選区が残っており、その多くは保守党や自由統一党の選挙区であった。しかし1906年総選挙では、自由党と労働党が大量の候補者を擁立、全国のほとんどの選挙区で対立する候補によって選挙が闘われた。その結果、1900年総選挙で163議席もの議席を無投票で獲得していた統一党は、1906年総選挙では、わずかに13議席を無投票で得ただけだった。無投票当選という保守勢力の安住の地は、マス・デモクラシーの前進の中で、急速に侵食されていったのである。

　一方自由党と保守陣営の一騎打ちとなった1人区で、自由党は圧倒的な優勢を示した。アイルランドを除くイングランド、スコットランド、ウェールズの517の1人区のうち、1900年総選挙で、統一党と自由党との一騎打ちだった選挙区は314を数えた。この時、このうち自由党が獲得した議席は144に過ぎなかった。だが1906年総選挙では、統一党と自由党の一騎打ちとなった1人区は418を数えたが、このうち、自由党は実に310もの議席を奪い取った。

　25あった2人区でも、1906年総選挙では、自由党と労働党によって、統一党の候補は次々に議席から叩き落された。1900年総選挙で、統一党は、2人区50議席中34議席を占めていた。だが1906年には、そのうちわずかに8議席だけが生き残ったに過ぎなかった。

　さらに選挙結果を詳しく観察すると、1906年総選挙では、自由党と労働党の支持層が、共通の敵である統一党の候補に対して、極めて強固な結束を示していたことが分かる。1900年総選挙、1906年総選挙の双方とも、自由党と統一党の一騎打ちとなった選挙区だけを取り出して集計すると、自由党は平均9.8％も得票率を上昇させていた。

　また1900年総選挙では自由党の得票率が低く、1906年総選挙では自由党の得票率が顕著に上昇した選挙区を調べると、ロンドンの南に位置するランベス・ケニントン（Lambeth Kennington—24.8％上昇）や、シティ北西のセント・パンクラス西（St. Pancras West—23.4％上昇）、マンチェスター東（Manchester, East—22.5％上昇）、シティ対岸のサザーク、ロザハイズ（Southwark, Rotherhithe—22.4％）等、労働者の多い都市部の選挙区が数多く含まれていた。このうちマンチェスター東選挙区では、バルフォア前統一党政権首相が落選の憂

き目にあった。

　労働者街の選挙区では、労働党の候補がいない場合、労働党の支持者は明らかに自由党候補に投票した（1900年に設立された労働代表委員会Labour Representation Commiteeは、1906年に労働党に改称する。しかし本章では、党勢の推移をみるため、煩雑を避けて、1900年選挙における労働代表委員会の候補者も労働党として分類している）。例えばロンドンの労働者街にあるタワーハムレット・ボウ・アンド・ブロムレイ（Tower Hamlets, Bow and Bromley）選挙区では、1906年総選挙で労働党から自由党へ鞍替えした候補は、36.7％から53.6％へ得票率を大きく伸ばした。またランカシャーの紡績の町、アシュトン・アンダー・ライ（Aston-Under-Lye）選挙区では、1900年総選挙では自由党、労働党、保守党の三つ巴の争いだったが、1906年総選挙では、自由党・保守党の一騎打ちになった。ここでも1906年総選挙で自由党候補は、1900年総選挙での自由党、労働党の候補の得票率を合計した得票率に、さらに10％も上積みすることに成功した。

　さらにマンチェスター南西（Manchester, South West）選挙区や、ウエストハム南（West Ham South）選挙区は、1900年には労働党と保守党の一騎打ちだったが、1906年には、両選挙区とも自由党と保守党の一騎打ちに変わった。こうした選挙区で、1906年の自由党候補は、1900年総選挙の労働党候補より、それぞれ21.4％、23.0％も得票率を伸ばしたのである。

　一方この時期の選挙制度では、2人区で有権者は2票を持ち、2票を同じ候補者に入れることも（plumper）、別々の候補に分けて入れる（splits）ことも認められていた。相当数の選挙区では、2票の行方についての記録が残されており、この記録を調べると、労働党と自由党から候補がたった2人区では、労働党と自由党の支持者が実は密接に重なっていたことが分かる。

　1900年と1906年の両方の選挙で、保守・自由の一騎打ちだった2人区での、1906年総選挙における自由党の平均的な得票率の上昇を計算すると、9.7％であり、1人区の場合とほぼ同じ水準であった。だが投票記録に基づいて2票の行方を分析すると、自由党と保守党の支持層が燦然と区別されていたことが分かる。つまり自由党に投票した有権者が、2票のうち1票を保守党の候補者に割くことは極めてまれであった。自由党に投じられた票のうち、もう1票が保守党に投じられたのは、わずか2％程度に過ぎなかったのである。

一方、1900年総選挙でも1906年総選挙でも、自由党候補と労働党候補が1人ずつ立候補した2人区の選挙区では、自由党候補に投じられた票のうち、実に8割から9割が、労働党候補との組み票で投じられていた。こうして票を分かち合うことで、労働党と自由党で2議席を分け合い、保守党を議席から叩き落とすことに成功したのである。

　しかしこうした2人区における自由党と労働党の支持者の強固な結束の影に、自由党にとって不吉な予兆がなかったわけではない。労働党は、この1906年総選挙の時点でも、すでに単なる自由党の協力者にとどまらず、場合によっては、議席をうかがう存在となっていた。事実労働党は、1人区の三つ巴戦でも議席を手にし、2人区でも自由党を得票で上回り、自由党を押しのけて議席を手にする力を示し始めていた。

　例えば1906年総選挙では、デプトフォード（Deptford）、ブラッドフォード西（Bradford West）、ブラックフライアー・アンド・ハチソンタウン（Blackfriar and Hutchesontown）の3つの1人区では、三つ巴戦で労働党が、二大政党――自由党、保守党の候補を押しのけて見事に議席を制した。2人区でも、保守党候補1人、自由党候補2人に労働党候補が挑んだ1906年総選挙のダンディー（Dundee）では、労働党候補が自由党候補をおさえて、2議席目を奪っている。

　またリーズ東（Leeds, East）選挙区は、1900年総選挙では自由党、労働党、保守党の三つ巴の戦いだったが、1906年総選挙では、労働党と保守党の一騎打ちとなった。この選挙区では、1900年総選挙での自由党候補の得票率は25.2％、労働党候補の得票率は20.1％だったが、1906年総選挙では労働党は、前回の労働党と自由党の合計得票率に20％も上乗せし、66.1％もの得票を得て議席を獲得した。労働党は自党の得票に加えて自由党候補の票をそっくり引き継ぎ、さらに大きく票を上積みすることに成功したのである。

　逆に自由党候補に加えて労働党から候補者が立った場合には、票が大きく割れ、自由党の足元を脅かすようになっていた。1900年総選挙で保守党と自由党の一騎打ちだったが、1906年総選挙では労働党が立候補し、三つ巴の争いとなった選挙区は、10を数えた。1906年総選挙での自由党の全国的な勝利の大波にもかかわらず、この10選挙区では、自由党はなんとか6議席をとったものの、現職1議席を保守党に奪われ、別の1議席も労働党にとられてしまった。

1906年総選挙で三つ巴になった10選挙区での自由党と労働党の合計得票率は、1900年に比べて平均15.5％も上昇した。だが労働党候補が平均26.6％もとったために、自由党は、全国的な躍進にもかかわらず、この10選挙区では、自由党の得票率は49.3％から38.2％に11.1％も低下してしまったのである。

　2人区でも、自由党と労働党が1人ずつ立つのではなく、自由党と労働党が議席を争う形になった場合には、労働党の支持者の一部は、明確に独自の投票行動を示した。ウェールズの炭鉱町マーサ・ティディフィル（Merthyr Tydfil）選挙区では、1900年も1906年も保守党は立候補せず、労働党1人と自由党2人が2議席を争った。しかしこの選挙区では、労働党候補に投じられた票のうち自由党候補との組み票で投じられたのは77.1％に過ぎず、労働党候補だけに投じられた単独票は22.9％に達した。

　また先にもふれた1906年ダンディー選挙区では、労働党候補に投じられた票のうち、自由党候補との組み票で投じられたのは、48.4％にとどまり、労働党候補だけに投じられた単独票は、37.4％に達していた。

　このように、1906年総選挙では、候補が調整され一本化された時には、自由党と労働党の支持者は、共通の敵である保守勢力に対して、目を見張るような堅い結束を示した。だが自由党と労働党が競う場合には、労働党の支持者のかなりの部分が、労働党候補の下にのみ馳せ参じた。そのため、労働党が候補を立てると票が割れ、保守党に議席を奪われてしまう危険が飛躍的に高まったのである。

　労働党支持者は、自由党支持者とは明らかに異なった投票行動を行う集団を形成していた。それゆえ両者の連携は、選挙の力学の上で大きな意味を持った。だが両者の連携が崩れた時には、自由党の議席を左右するようになっていたのである。

(2) 補欠選挙 ── 1906～1907年 ──

　だが1906年総選挙の大勝利の後、自由党政権を待っていたのは、貴族院に依拠する統一党の頑強な反撃と抵抗であった。下院を自由党に支配された統一党の党首バルフォアは、多数を握る貴族院の力を駆使して、自由党政権の改革を阻止することに全力をあげた。勝利を得た自由党の首班キャンバル・バナマンは、まず非国教徒が不満を訴えていたバルフォア教育法の改正を課題にとりあげた。しかし統一党が、貴族院を根城に教育法案の改正に激しく抵抗したため、結局キャ

ンベル・バナマンは、法案の断念に追い込まれた。

　他方、同様に自由党政権が議会の冒頭に取り上げた労働争議法案は、異なった展開をみせた。労働争議法案は、労働争議によって生じた損害を賠償する責任を労働組合に課したタフ・ヴエール判決（1901 年）を覆し、争議行為に対する共謀罪の適用を停止し、平和的なピケッティングを合法化して労働組合の基金を保護することを目的としていた。しかし労働党は、労働組合の基金を明文上直接に保護しない政府法案を不満とし、修正案を提出。首相キャンベル・バナマンは、審議の中で労働党案を受け入れることを表明、競うように野党党首バルフォアも、労働党案を受け入れた。この結果、労働党の修正案を組み入れた法案は、12 月に成立。自由党の提案した学校給食や学校への健康診断の導入についても、統一党は賛成に回った。一方自由党が提出した複数投票廃止法案（The Plural Voting Bill）は、貴族院で統一党の抵抗の末、否決された。

　翌 1907 年 2 月に召集された議会でも、自由党政権の提出した重要法案はことごとく、貴族院の厚い壁に阻まれることになった。キャンベル・バナマン自由党政権は深刻な手詰まりに陥った。自由党は、「選挙で選ばれた代表の示す国民の意志」を優越させるため、貴族院の拒否権を制限するべきだとする決議案を下院に提出した。決議案は 432 対 147 で採択されたが、貴族院の側は、拘束力のない決議を無視した。一方議会の外では、不況の様相が深まるとともに労働不安が拡大していった。労働争議は急増し、合同鉄道従業員組合（Amalgamated Society of Railway Servants）が、全国ストを議決。首相の命を受けたロイド・ジョージが、精力的に交渉して妥協案を纏め上げ、かろうじて危機の回避に成功した。

　ウェストミンスターでのこうした保守勢力と自由党の激突に、有権者はどのように反応したか。実は自由党は、総選挙後の補欠選挙で一転、深刻な苦境に陥っていた。補選での自由党の得票率は、1906 年総選挙後その年のうちに早くも崩れ始め、やがて自由党は次々に議席を落としてゆくことになる。

　1906 年 8 月 3 日、湖水地方の北に位置し、炭鉱と鉄鋼業の盛んな町、カンバーランドのコッカーマウス（Cumberland, Cockermouth）で行われた補欠選挙で、自由党の得票率は、早くも 1906 年総選挙の水準から 13.5％ も低下し、自由党は議席を失ってしまった。1907 年に入ると、スコットランドで三番目に大きな都市アバディーンの南選挙区（Aberdeen, South）で行われた 2 月 20 日の補欠選挙に、

保守党候補に加えて無所属の労働者候補が対抗馬として立候補。自由党は議席をかろうじて維持したものの、32.1％も得票率を下げた。

さらにリンカーンシャーの北のマーケットタウン、ブリッグ（Lincolnshire, Brigg）では、2月26日の補欠選挙で、総選挙と同じく自由党と保守党の一騎打ちであったにもかかわらず、自由党は9.3％も得票率を下げ、保守党に議席を奪い取られてしまった。

またアイルランド移民の多い造船と炭鉱の町ダラムのジャロー（Durham, Jarrow）は、1906年総選挙で労働党と自由党が争った珍しい選挙区であったが、1907年7月4日に行われた補選では、労働党、保守党に加えて、アイルランド国民党が候補を立てた。その結果自由党候補は、1906年総選挙で自由党が得ていた61.2％から半分以下に得票率を落とし、24.4％しかとれず、労働党に議席をさらわれてしまった。

続く7月18日のヨークシャー西部の紡績の町コルンバレー（Yorkshire, Colne Valley）の補選でも、無所属の労働者候補、保守党候補と議席を争った自由党の候補は、自由党が全国的に大敗北を喫した1900年総選挙の得票率52.9％からさらに20％近くも得票率を下げ、労働者の候補グレイソン（A.V.Grayson）に153票差で競り負けた。

8月24日のイースト・アングリアの小さなマーケットタウン、バリー・セント・エドモンド（Bury, St. Edmunds）の補欠選挙でも、保守党との一騎打ちで、自由党は10.2％も得票率を下げて敗退。11月29日のヨークシャー東の中心都市キングストン・アポン・ハル（Kingston Upon Hill）の補選でも、労働党候補が新たに参戦して29.1％を得票、自由党候補は1906年の得票率57.5％から21％も得票率を下げ、議席をかろうじて守ったものの、保守党に241票差まで肉薄された。

(3) 補欠選挙 ── 1908〜1909年 ──

1907年末に心臓発作に襲われた首相キャンベル・バナマンは、翌1908年4月5日に辞表を提出し、蔵相アスクィスが首相の座につく。しかし首相がアスクィスに交代しても、統一党の抵抗は一層激しさをまし、補選の戦況も一向に好転しなかった。

まず新首相アスクィスが提出した酒場営業免許法案に対して、醸造業者を支持

基盤とする統一党が激しく抵抗した。11月に法案は下院を通過したが、貴族院は272対96の大差でこれを拒否し、改めて上程されたバルフォア教育法の改正案も、撤回を余儀なくされた。

一方アスクィスが準備した老齢年金法案については、統一党は当初、国家財政を傾け倹約の精神を損なうと批判、貴族院で法案を大幅に修正した。だが下院が、この法案を庶民院の専管事項である予算関連法案だと宣言して貴族院の修正を却下すると、統一党もこれを受け入れて、老齢年金法は7月31日に成立した。また炭鉱8時間労働法案に対しても、統一党は敢えて拒否せず、12月1日に法律となった。

だがそれ以外の政府提出の重要法案は、統一党の妨害でことごとく挫折していった。自由党政権の内部にも、海軍予算をめぐり対立が起こり、街頭でも婦人参政権運動が、自由党政権への不満の声を高めていった。重要法案を次々に葬られたアスクィス首相は、1908年末の演説で、ついに貴族院の拒否権こそ「時代の最大の問題」だ、と宣言するに至る。

1909年2月に開会された議会でも、貴族院の抵抗は執拗に続いた。国王演説は、アイルランド土地法案、都市計画法案、ウェールズ非国教会化法案、職業紹介所、低賃金産業を規制する産業委員会（Trade Board）の設立とともに、老齢年金や戦艦建造のための歳出増大に対処する必要に言及した。3月末に上程された職業紹介所や産業委員会を設立する法案は貴族院で承認されたが、補助金で小作農に耕作地を買い取らせることを企図したアイルランド土地法案は、統一党の抵抗で大幅な修正を加えられた。また4月に上程されたウェールズの非国教会化は、貴族院の抵抗で廃案となった。

貴族院と庶民院の厳しい対決が続く中で、自由党政権は予算関連法案に絡めて改革を進める新たな戦術で攻勢に転じた。4月29日、蔵相ロイド・ジョージは、「人民予算」とよばれる大胆な予算案を上程した。

もともと老齢年金、職業紹介所設立等の費用とドイツとの建艦競争にあてる支出が膨らんだため、次年度予算には大幅な赤字が見込まれていた。この歳出増を埋め合わせるため、「人民予算」には、自動車税、ガソリン税の新設、酒税、タバコ税の増税、年収5,000ポンド以上の高額所得者への課税（super tax）等の所得税増税、相続税の増額、酒場営業免許税の増税、土地売却時の「不労価値増加」

への課税、未開発の土地や鉱山の資産評価を基にした課税等、地主富裕層を標的にした一連の増税策が盛り込まれた[15]。

「人民予算」は、財政による所得再分配に着手した画期的な予算であり、「安価な政府」を追求してきたグラッドストーンの自由主義財政からの大きな転換であったが、貴族院の拒否権に憤る自由党議員や活動家からは、喝采を浴びた。一方統一党は、「人民予算」に盛られた土地課税に強く反発、予算案に前例のない激しい攻撃を浴びせ始めた。

非難の応酬と深夜にわたる果てしない審議の果て、11月4日、「人民予算」はようやく379対149で下院を通過した。だが貴族院は、金銭法案を庶民院の専管事項とする慣例を無視して、11月10日、国民の審判を仰がない限り、予算に同意できないとしてこれを否決する。この事態をうけて、アスクィス首相は、12月2日、貴族院の行為を憲法違反とする決議を庶民院に提出するとともに、国民の審判を仰ぐために、解散総選挙を求めると宣言し、翌1910年の1月10日から15日と、歴史的な総選挙の日程を定めた。

こうして自由党と統一党の対立は、貴族院と庶民院との憲法上の危機に発展していった。しかしこの間の補欠選挙で、自由党は依然負け続けていた。アスクィス政権が誕生する前後には、選挙での劣勢は、目を覆うばかりになっていた。まずアスクィスが首相に就任する直前の1908年1月17日、デヴォンの小さな町アシュバートン（Devon, Ashburton）での補欠選挙では、自由党は10％近くも得票を落とし保守党に議席を奪われた。また1月31日のヘアフォードシャーのロス（Herefordshire, Ross）の選挙でも、自由党は7.5％も得票率を落とし、自由統一党に議席を奪われている。

リーズ南（Leeds, South）選挙区の2月13日の補選でも、自由党はからくも議席を守ったものの、得票率は8.5％減少。4月23日、ヨークシャー西部の町デューズベリー（Dewsbury）の補欠選挙でも、1906年に比べて自由党は得票率を6.6％減らした。さらに3月24日南ロンドンのキャンバーウエル、ペッカム（Camberwell, Peckham）選挙区では、保守党との一騎打ちの補欠選挙で、自由党の得票率は23.3％も低下、保守党に議席をさらわれてしまっている。

1908年4月にアスクィスが首相の座についても、自由党の退潮には歯止めがかからなかった。チャーチルが商務省長官に任じられたために、商都マンチェス

ター北 (Manchester, North) 選挙区で行われた再選挙 (当時、行政職についた議員は再選挙に臨む必要があった) では、チャーチルは、1906年総選挙でとった5,639票 (56.2%) から600票、9%以上票を減らして保守党に敗れた。すぐ後に行われたダンディー選挙区 (Dundee) の補欠選挙で、チャーチルは返り咲いたが、そこでもチャーチルは、前回の自由党の得票率から9%近くも得票を減らしてしまった[16]。

さらにミッドランドの工業都市ウオルバーハンプトン東 (Wolverhampton, East) の5月5日の補欠選挙では、自由党は議席こそ維持したものの、17.1%も得票率を落とした。さらに5月12日のスコットランド東に位置するモントローズ・バラ (Montrose District of Burghs) 選挙区でも、社会民主党の候補が立候補して29.4%もの得票率をとり、自由党は議席を維持したものの、23%も得票率を落とした。

6月20日には、ヨークシャー、リーズ郊外のパドジー (Yorkshire, Pudsey) で、無所属の労働者候補が立候補し、自由党の得票率は22%も低下し、保守党に議席をさらわれた。またロンドンの選挙区、ショーディッチ・ハガーストン (Shoreditch, Haggerston) で8月1日に行われた補選では、社会民主党の候補が17.7%もの得票を獲得、自由党は23%も得票率を下げて、保守党に議席を奪われてしまった。

こうした1908年の補欠選挙の結果から見ると、アスクィスが推進した老齢年金等の施策も、目覚しい集票効果を発揮することはできなかったようにみえる。1908〜1909年の冬は、自由党にとって「どん底」だった、とブレヴィットも指摘する[17]。

1909年に入っても、事態はめだって好転していない。2月27日のスコットランドの東側の町フォーファ (Forfar) では自由党は5.7%得票率を下げたものの、議席の防衛には成功した。しかし自由党の牙城であったスコットランドでも、グラスゴー中央 (Glasgow, Central) で3月2日に行われた補欠選挙では、9.8%も得票率を下げて保守党に議席を奪われてしまっている。

また4月16日、スコットランドの首都エジンバラ東 (Edinburgh, East) 選挙区の補選でも、自由党は議席は維持したものの、20.4%も得票率を下げた。シェイクスピアの故地ウオーリックシャーのストラットフォード (Warwickshire, Stratford-upon-Avon) の5月4日の補欠選挙でも、保守党に加えて無所属が出

馬し、自由党の得票率は19％も下落し、保守党に議席を奪われてしまった。

同じく5月4日、製鉄業の中心地シェフィールドのアタクリフ（Sheffield, Attercliffe）では、保守党、労働党に加えて、無所属が出馬、その結果、自由党の得票率は28.6％も下落、労働党に議席をさらわれてしまった。

6月にはいると、いよいよ「人民予算」をめぐる自由党と保守陣営との激突が火を噴く。しかし7月15日のダービシャー中央選挙区の補選では、自由党候補は立たず、労働党に議席を譲った。また7月20日、スコットランドとイングランドのボーダーに位置するダムフリーズ・バラ（Dumfries, District of Burghs）選挙区の補選では、自由党の得票率の低下は5％に達した。マンチェスターの南西に位置するダービシャー・ハイピーク（Derbyshire, High Peak）選挙区でも、自由党の得票率は2.3％低下したもののいずれもかろうじて自由党は現有議席を防衛した。

だがロンドンのテムズ川の南岸に位置し、荷役で働く労働者や皮革を生業にする労働者の多かったサザーク、バーマンジー（Southwark, Bermondsey）の10月28日の補選では、労働党が出馬、自由党と、保守党との三つ巴戦になったが、自由党の得票率は24.7％も崩落、保守党に議席を奪われてしまった。

こうして1909年に入っても、自由党の得票率の低落傾向は大きく変わらなかった。労働党が参戦したために自由党の支持が崩落するといった例も相次ぎ、極めて厳しい情勢の中で、自由党は1910年1月総選挙に突入していったのである。

図1－1は、保守陣営との一騎打ち選挙区での補欠選挙における自由党の得票率の変化を、1906年総選挙の得票率との差で示したものである。また図1－2は、労働党や労働者出身の候補が立候補した時の自由党の得票率の減少を示している。図を一瞥するだけで、自由党が補欠選挙で陥っていた苦境は、誰の目にも明白であろう。

自由党にとって、来るべき総選挙での敗北を回避するためには、1906年に地歩を築いた都市部での労働者の支持をつなぎとめることが、至上命題であった。補欠選挙では、自由党は決してそれに成功していなかった。1906年総選挙で積極的な福祉政策の前に立ちはだかる貴族院との対決を前面に争点として打ち出すことは、選挙政治の上から見れば、都市部の労働者の支持を自由党に再び結集させ、総選挙での惨状を打開する起死回生の戦略であったと言わねばならない。ではこ

の戦略は、1910年1月総選挙で、どれほどの成功を収めたのであろうか。

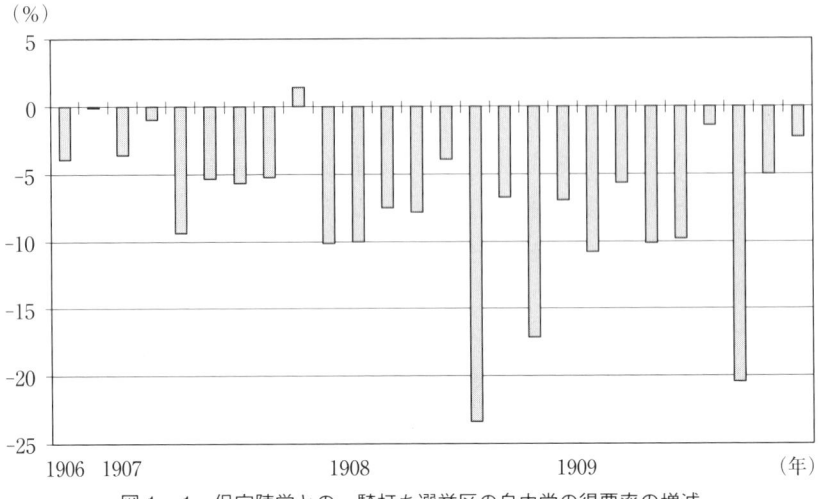

図1-1　保守陣営との一騎打ち選挙区の自由党の得票率の増減

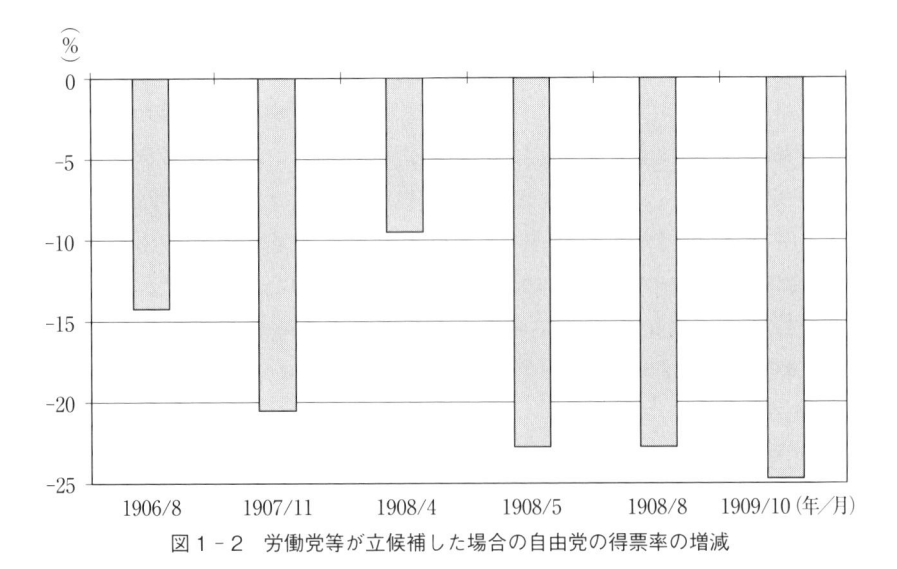

図1-2　労働党等が立候補した場合の自由党の得票率の増減

3. 1910年1月総選挙 ─ 1人区の攻防 ─

(1) 1910年1月総選挙

　1910年には、1月と12月に2度にわたって総選挙が行われ、2回の総選挙の結果は議席数の上でほぼ同じような結果に終わった。貴族院の拒否権をめぐる交渉をはさみ、11カ月を隔てた2つの選挙結果がこうした結果に終わったことは、それ自体興味ある主題である。だが本章では、とりあえず1906年総選挙から大きな変化を示した1910年1月総選挙の結果を分析の対象とし、1906年総選挙、そして1906年から1910年1月総選挙以前に行われた補欠選挙と比較することとしたい。

　まず獲得議席をベースに、1910年1月総選挙の結果を概観しておこう。表1-1は、イングランド、スコットランド、ウェールズの1人区と2人区567議席を対象として、1910年総選挙の政党別の獲得議席を掲出したものである[18]。

　一見して分かるように、自由党の選挙基盤には、地域的に顕著な偏りがあった。1910年1月の選挙では、自由党はスコットランド、ウェールズでほぼ8割の議席を占め、イングランド北部、ヨークシャー、デヴォンでは6割強の議席を有していた。一方ロンドン、ブリストル、ミッドランド東部、イースト・アングリアでは、自由党と保守勢力は議席の占有率4～5割で拮抗している。これに対してイングランド南東部では、自由党の議席は1割程度しかなく、ミッドランド西部でも2割に満たなかった。

　これを1906年総選挙の獲得議席と比較してみよう。表1-2は、1906年総選挙の地域別の獲得議席を、括弧の中は1910年1月総選挙結果と1906年総選挙結果との異同を掲出したものである。ただし1909年、炭鉱労組が労働党に加わり、自由党に属していた炭鉱労組の議員が議会労働党に加わった。この結果、1910年1月総選挙の解散時には、労働党は45議席を数えていた。したがって議会解散時の勢力からみれば、労働党は1910年1月総選挙で5議席を失ったことになるが、ここでは1906年総選挙時の時点をとって、1910年1月選挙と獲得議席を比較している。

　1906年総選挙の結果と比較すると、1910年1月総選挙では、自由党はイング

表1-1 1910年1月総選挙政党別獲得議席

地 域	統一党	自由党	労働党	その他	計
LONDON	31	25	1	0	57
SOUTH-EAST	50	4	1	0	55
EAST ANGLIA	11	12	1	0	24
CENTRAL	14	9	0	0	23
WESSEX	15	3	0	0	18
BRISTOL	12	10	0	0	22
DEVON & CORNWALL	7	13	0	0	20
WEST MIDLAND	35	6	1	0	42
EAST MIDLAND	12	17	3	0	32
PEAK-DON	3	5	4	0	12
LANCASTRIA	24	36	15	1	76
YORKSHIRE	10	26	4	0	40
NORTH ENGLAND	7	22	3	1	33
WALES	2	27	5	0	34
SCOTLAND	9	58	2	1	70
UNIVERSITY	7	0	0	0	7
CITY OF LONDON	2	0	0	0	2
計	251	273	40	3	567

注) 1. F.W.S.Craig, *British Parliamentary Election Results 1885-1918* (second edition, Parliamentary Research Service, Dartmouth, 1989) より集計。
2. 地域分類は Henry Pelling, *Social Geography of British Elections 1885-1910* (Macmillan, 1967) に従う。

ランド、スコットランドおよびウェールズで123議席を落とし、統一党（保守党と自由統一党）に112議席を奪われる一方、11議席を労働党に譲る結果となっている。1910年1月総選挙での自由党と統一党の議席差はわずかに22議席に過ぎない。396議席を獲得して統一党に257の議席差をつけた1906年の大勝利とは比べものにならない結果であることが分かる。単純に自由党の議席だけをみると、1906年総選挙に比べて自由党はおよそ3分の1の議席を失ったことになる。

したがって自由党の議席だけをみれば、1910年1月総選挙で自由党は、辛勝したというのが実状に近い。一方自由党と選挙協力を結び、炭鉱労組を党に加えた労働党は、解散時より議席を減らしてはいるものの、1906年総選挙に比べれば、

第1章 20世紀初頭自由党政権下の社会政策と選挙政治 —— 1906〜1910年1月 —— 27

表1-2 1906年総選挙政党別獲得議席

地域	統一党	自由党	労働党	その他	計
LONDON	17 (+14)	38 (-13)	2 (-1)	0	57
SOUTH-EAST	28 (+22)	25 (-21)	2 (-1)	0	55
EAST ANGLIA	2 (+9)	21 (-9)	1	0	24
CENTRAL	2 (+12)	21 (-12)	0	0	23
WESSEX	6 (+9)	12 (-9)	0	0	18
BRISTOL	4 (+8)	18 (-8)	0	0	22
DEVON & CORNWALL	3 (+4)	17 (-4)	0	0	20
WEST MIDLAND	21 (+14)	20 (-14)	1	0	42
EAST MIDLAND	6 (+6)	25 (-8)	1 (+2)	0	32
PEAK-DON	3	9 (-4)	0 (+4)	0	12
LANCASTRIA	15 (+9)	47 (-11)	13 (+2)	1	76
YORKSHIRE	8 (+2)	29 (-3)	3 (-1)	0	40
NORTH ENGLAND	5 (+2)	24 (-2)	3	1	33
WALES	0 (+2)	32 (-5)	1 (+4)	1 (-1)	34
SCOTLAND	10 (-1)	58	2	0 (+1)	70
UNIVERSITY	7	0	0	0	7
CITY OF LONDON	2	0	0	0	2
計	139 (+112)	396 (-123)	29 (+11)	3 (0)	567

注）1. F.W.S.Craig, *British Parliamentary Election Results 1885-1918* (second edition, Parliamentary Research Service, Dartmouth, 1989) より集計。
2. 地域分類は Henry Pelling, *Social Geography of British Elections 1885-1910* (Macmillan, 1967) に従う。
3. （ ）内は、1906年総選挙を基準とした1910年1月総選挙での議席の増減を示す。

大きく前進した。そして労働党と自由党を加えれば313議席に達し、統一党に60議席以上のリードを保っている。

議席の増減をみると、まず全国的な規模で1910年1月には保守勢力への回帰が起こっていたことが分かる。イングランド南東部では、自由党は25議席から4議席へ、またミッドランド西部でも20議席から6議席へと激減、惨敗している。さらにイースト・アングリア、セントラル、ウェセックス、ブリストル、ピーク・ドンでも半分近い議席を落とし、ロンドン、ミッドランズ東ではおよそ3分の1の議席を落としている。

一方ランカストリアでは自由党は4分の1前後の議席を落としたが、ヨーク

シャー、イングランド北部では1割程度、ウェールズでは2割程度の議席を落としたにとどまり、スコットランドでは、全国的な後退の中で、むしろ議席を増やすのに成功している。しかもこうした地域では、自由党は統一党に議席を奪われるのではなく、むしろ労働党に議席を譲る例が多い。その典型的な地域はウェールズであり、ウェールズでは、自由党は5議席を減らしたが、そのうち4議席は、統一党ではなく労働党に議席が移っている。ただし繰り返し指摘するように、これは自由党のリブ・ラブ候補が、炭鉱労組の労働党加盟に従って、労働党に鞍替えした結果であった。

このように自由党は、1910年1月総選挙で、全国的に退潮を余儀なくされたものの、北部工業地帯とウェールズ、スコットランドでは比較的善戦した。これに対し、イングランド南東部では、保守陣営へのほとんど暴力的なゆれ戻しがみられた。ただし善戦した地域でも、自由党からの鞍替えという形ではあったが、自由党は労働党に議席を譲ることになっていた。

しかしここで比較の対象とした1906年総選挙は、自由貿易の擁護というシングル・イッシューで闘われ、自由党が前例のない大勝を収めた特殊な選挙であったとも言えるかもしれない。そうだとすれば1906年総選挙からの増減をみるだけでは、長期の趨勢をみるには適切とはいえないかもしれない。

事実「新自由主義」の台頭を論じる場合、しばしば強調されるのは、自由貿易の擁護を掲げて大勝した1906年総選挙のユーフォリアが醒めた後の1910年1月総選挙でも、自由党が1900年総選挙等に比べて高いパフォーマンスを選挙で示したことである。そこで比較の対象を、1906年総選挙の一つ前の選挙、ボア戦争での戦勝の直後に行われた「カーキー選挙」とよばれる1900年総選挙にとって、1910年1月総選挙と比較してみよう。

表1-3は、1910年1月総選挙の結果を1900年総選挙と比較したものである。これをみると、1906年総選挙での地すべり的な勝利には及ばないものの、1910年1月総選挙でも、1900年総選挙に比べて、自由党は、確かに大きな前進を記録しているということができる。

10年を経て自由党は、92議席を増やした。ロンドンとランカストリア、スコットランド、ヨークシャー、イングランド北部でかなりの議席を積み上げた。ただしスコットランド、ヨークシャー、イングランド北部では、1906年から1910年

第1章 20世紀初頭自由党政権下の社会政策と選挙政治 —— 1906～1910年1月 —— 　29

表1-3　1900年総選挙政党別獲得議席

地　域	統一党	自由党	労働党	その他	計
LONDON	49 (-18)	8 (+17)	0 (+1)	0	57
SOUTH-EAST	52 (-2)	3 (+1)	0 (+1)	0	55
EAST ANGLIA	15 (-4)	9 (+3)	0 (+1)	0	24
CENTRAL	16 (-2)	7 (+2)	0	0	23
WESSEX	18 (-3)	0 (+3)	0	0	18
BRISTOL	15 (-3)	7 (+3)	0	0	22
DEVON & CORNWALL	11 (-4)	9 (+4)	0	0	20
WEST MIDLAND	36 (-1)	6	0 (+1)	0	42
EAST MIDLAND	17 (-5)	14	1 (+1)	0	32
PEAK-DON	5 (-2)	7 (-2)	0 (+4)	0	12
LANCASTRIA	61 (-37)	14 (+22)	0 (+15)	1	76
YORKSHIRE	20 (-10)	19 (+7)	0 (+4)	1	40
NORTH ENGLAND	16 (-9)	17 (+5)	0 (+3)	0	33
WALES	6 (-4)	27	1 (+4)	0	34
SCOTLAND	36 (-27)	34 (+24)	0 (+2)	0	70
UNIVERSITY	7	0	0	0	7
CITY OF LONDON	2	0	0	0	2
計	382 (-131)	181 (+92)	2 (+38)	2	567

注）1. F.W.S.Craig, *British Parliamentary Election Results 1885-1918* (second edition, Parliamentary Research Service, Dartmouth, 1989) より集計。
　　2. 地域分類は *Henry Pelling, Social Geography of British Elections 1885-1910* (Macmillan, 1967) に従う。
　　3. （　）内は、1900年総選挙を基準とした1910年1月総選挙での議席の増減を示す。

1月にかけて、自由党はわずかに地歩を失ったに過ぎなかったが、ロンドン、ランカストリアでは1906年に得た議席を、1910年1月にはかなり落とした。それでも、1900年総選挙からみれば1910年1月にはロンドンで3倍、ランカストリアでも2.5倍もの議席を獲得していることになる。

　他方イングランド南東部、イーストアングリア、セントラル、ウェセックス、ミッドランドでの1906年総選挙での自由党の議席増は、1906年総選挙だけの一時的なものに終わり、1910年1月総選挙では1906年の総選挙の議席増をほとんど吐き出してしまった。

　さらに労働党が1900年から1910年1月にかけて、38議席を得ていたことに

注目しなければならない。ランカストリアでの労働党の議席増は、自由党の議席増と肩をならべている。ロンドンとスコットランドでは、労働党の前進は限られていたが、ヨークシャー、イングランド北部では、労働党も相当な議席数を獲得した。ただし、これは炭鉱労組の労働党への加入によって、労働者の自由党議員が労働党に鞍替えしたものであった。

このように、1900年総選挙からの変化をみると、自由党は、20世紀初頭、ウェールズやスコットランドといったケルト系周辺地域を堅固な地盤として維持・強化しつつ、ロンドンとランカストリア、イングランド北部という工業都市地域で議席を伸ばしたことが分かる。一方イングランド南東部では、1906年総選挙で一時的に自由党は支持を伸ばしたものの、1910年1月までそれを維持することはできなかった。ジョゼフ・チェンバレンのお膝元であるミッドランズでは、自由党は伸び悩んだが、それ以外の工業地域では、自由党は前進した。ただし工業地域では、炭鉱労組を仲間に加えた労働党の前進も著しかった。しばしば「二つの国」と呼ばれる、革新的な北部と保守的な南部というイギリス政治地理の原型の形成をここに見てとることは難しくない。

(2) 1人区における対決

ではこうした勢力図の変化は、どのように起こったか。それを探るためには、選挙綱領や候補者の研究、選挙戦の実態の解明や選挙区の社会的特性と選挙結果との関係の分析等、沢山の研究課題がある。ここでは選挙区における政党の対決パターンの分析を踏まえ、それぞれのカテゴリー毎の得票率や議席の変動に着目して、分析を深めることとしたい。

得票や得票率の変化を考える場合、しばしば総得票の変動や単純な平均得票率の変動を用いて、議論が行われる。大きな構図を把握する上では、こうした指標は有用である。だが選挙戦の実像に迫るためには、各選挙区における政党の対決、つまり候補者の組み合わせを考慮しなければならない。選挙は民意をそのまま映し出す鏡ではなく、有権者は候補者という与えられた選択肢の中から選ぶに過ぎないからである。

立候補者の組み合わせが変われば、得票は劇的に変化する。これを無視して、総得票や単純な平均をもとに議論を進めると、誤った印象を導く可能性がある。

得票や得票率の変動を正確に評価するためには、各選挙区における政党の対決パターンを検討し、それぞれのカテゴリー毎に、変動を分析することが必要になる。

表1-4は、こうした観点から、517の1人区での政党の対決のパターンを、1900年、1906年、1910年1月の総選挙について比べたものである。

まず、最初に目を射るのは、この間、無投票当選がほとんど極小にまで減少していることである。既に触れたように、1900年総選挙では、無投票当選が160議席と、全体の議席の30％程度あり、そのほとんど（160議席中139議席）が統一党の議席であった。1906年には、無投票当選は30議席に激減し、統一党の無投票当選はわずかに3議席となった。ところが1910年1月総選挙では、さらに無投票当選議席は減り、全体で6議席足らずまで減少した。名望家が無投票で当選するといったヴィクトリア時代の政治体制は、1910年1月総選挙では、政党が全選挙区で激突し議席を争うマス・デモクラシーの体制にほぼ完全に取って代わられたと言ってよい。

さらに注目すべき事実は、1人区の対決は依然として圧倒的に自由党対統一党の一騎打ちで占められていたものの、その比率が選挙ごとに低下していたことである。1900年総選挙では、実際に選挙が闘われた選挙区のほとんど（357選挙区のうちの341選挙区、96％）が自由党と統一党（保守党もしくは自由統一党）と

表1-4 1900, 1906, 1910年1月総選挙1人区における政党の対決類型と獲得議席

対決類型	1900年	1906年	1910年1月
統一党・自由党	341 （自由党144）	418 （自由党312）	426 （自由党218）
統一党・労働党	4 （労働党0）	19 （労働党14）	38 （労働党28）
統一党・自由党・労働党	3 （自由党0 労働党0）	15 （自由党5 労働党3）	26 （自由党16）
無投票	160 （自由党21）	30 （自由党27）	6 （自由党1）
その他	9 （自由党3）	35 （自由党21 労働党1）	21 （自由党13）
計	517 （自由党168 労働党0）	517 （自由党365 労働党18）	517 （自由党248 労働党28）

注）1. F.W.S.Craig, *British Parliamentary Election Results 1885-1918* (second edition, Parliamentary Research Service, Dartmouth, 1989) より集計。
2. 数字は各類型に属する議度数を、（ ）内は自由党、労働党の獲得議席を示す。

の一騎打ちであった。しかし 1906 年総選挙では、選挙戦があった選挙区 487 選挙区のうち、統一党と自由党の一騎打ちの選挙区は 86% となった。さらに 1910 年 1 月総選挙では、選挙戦があった 511 選挙区の中で統一党と自由党の一騎打ちの選挙区は 426 選挙区、83% にまで低下している。

一方労働党の進出によって、統一党・自由党・労働党の三つ巴の争いが 1900 年の 3 議席から、1910 年 1 月には 26 議席と 7 倍近くに激増し、労働党と保守勢力の一騎打ちの選挙区も、4 議席から 38 議席へと 9 倍以上に増加している。しかもこの労働党と統一党の一騎打ちの選挙区で、労働党は、1906 年には 14 議席、1910 年 1 月には 28 議席を獲得して急激な躍進を遂げている。

自由党と統一党の対決がなお 8 割以上を占めていたとはいえ、これは統一党と自由党の対決を範型とするヴィクトリア時代の二大政党制に代わって、労働党が重要なプレイヤーとして登場しつつあったことを如実に表している。自由党と協調しながらも、二大政党への挑戦者としての労働党は、逞しく前進していたと言わねばならない。

ではそれぞれの類型で、各政党の得票率はどのように変化したのであろうか。表 1-5 は、1900 年、1906 年、1910 年 1 月総選挙の政党対決別の得票率の平均値の推移を示したものである。これをみると、自由党と統一党の一騎打ちの選挙区での自由党の得票率は、1900 年総選挙では 50% を切っていたが、1906 年総選挙では 6.2% 上昇した。しかし 1910 年 1 月には、自由党の得票率は再び 4.1% も落ちている。つまり 1910 年 1 月総選挙では、このカテゴリーでの自由党の得票率は、1900 年総選挙と比べてわずかに 1.3% 高いだけで、50% をぎりぎり維持しているに過ぎない。

表 1-5　1900, 1906, 1910 年 1 月総選挙の 1 人区における政党の対決と自由党・労働党の平均得票率（%）

対決類型	1900 年	1906 年	1910 年 1 月
統一党・自由党	自由党 48.2	自由党 54.6	自由党 50.5
統一党・労働党	労働党 42.0	労働党 56.3	労働党 57.4
統一党・自由党・労働党	自由党 35.7 労働党 13.0	自由党 33.6 労働党 29.1	自由党 43.2 労働党 20.9

注）1. F.W.S.Craig, *British Parliamentary Election Results 1885-1918* (second edition, Parliamentary Research Service, Dartmouth, 1989) より集計。

第1章 20世紀初頭自由党政権下の社会政策と選挙政治 ── 1906～1910年1月 ──　33

　ただしこれは各選挙で同じ類型に属する選挙区を単純に集計したものである。各選挙にまたがって同じ政党が対決した選挙区の結果を拾い上げたものではない。1900年と1906年双方の選挙で一騎打ちだった選挙区を拾い上げた場合の得票率とは異なっている。とはいえ、こうした単純な平均得票率の推移からみても、1910年1月総選挙での自由党のパフォーマンスは、決して目覚しいものとは言えないことが分かる。自由党と統一党の直接対決の結果をみれば、ほぼ引き分けに近く、一騎打ち選挙区での自由党の勝利は、薄氷の上にあった。

　さらに興味深いのは、労働党と統一党の一騎打ちの選挙区で、労働党が3つの選挙を通じて、得票率を大きく上昇させていることである。自由党候補のいないこうした選挙区で、労働党の得率は、1900年から1906年では平均14.3％も上昇し、1910年1月にはさらに1.1％上昇している。自由党の得票率が、統一党との一騎打ちの選挙区で1906年から1910年1月にかけて、4.1％も落ち込んでいるのに対し、労働党の得票率は、統一党との一騎打ち選挙区で逆に上昇していることは注目に値する。少なくともこうした選挙区では、労働党の候補が、反保守陣営の候補として自由党候補に勝る集票力を発揮するようになっていたことを物語っている。

　もっとも、自由党と労働党と統一党の三つ巴の選挙区では、やや様相が異なっている。ここでも1906年総選挙では、自由党より労働党の得票率が大きく上昇した。ところが1910年1月総選挙では、自由党と労働党の合計得票率は、1906年とほぼ同じ水準であるものの、労働党の得票率は、自由党の得票率より大きく低下している。

　ただしこの三つ巴の選挙区は、1900年には3選挙区、1906年には15選挙区、1910年1月には、26選挙区と急増したため、そのままでは適切な比較はできない。3つの選挙を通じて対決パターンが変化しなかった同じ選挙区をとりだして比較するのが妥当である。

　しかし残念ながら1900年、1906年、1910年1月の3つの選挙とも三つ巴で闘われた選挙区はなかった。そこで1906年と1910年1月と両方の選挙が三つ巴で行われた選挙区を検討してみよう（表1－6）。するとこの4つの選挙区についても、自由党と労働党の得票率の合計では1％強しか得票率は変わっていないのに、自由党は、1906年に比べて1910年1月には、ほぼ4％得票率を伸ばし、労働党は逆に3％得票率を落としていることが分かる。つまり1人区の三つ巴選挙区に限っ

表 1 - 6　1906 年と 1910 年 1 月総選挙がいずれも三つ巴であった選挙区の自由党、労働党の得票率（%）

選挙区	1906 年総選挙	1910 年 1 月総選挙
Huddersfield	自由党 38.2	自由党 39.8
	労働党 35.2	労働党 31.6
Lancashire, Eccles	自由党 38.8	自由党 41.0
	労働党 26.4	労働党 20.3
Glasgow, Camlachie	自由党 33.5	自由党 33.0
	労働党 30.0	労働党 28.9
Lanarkshire, Govan	自由党 35.1	自由党 43.0
	労働党 29.0	労働党 23.3
平　均	自由党 36.4	自由党 39.2
	労働党 30.2	労働党 26.0

注）1. F.W.S.Craig, *British Parliamentary Election Results 1885-1918* (second edition, Parliamentary Research Service, Dartmouth, 1989) より集計。
　　2. 網掛けは、当選者を示す。

て言えば、1910 年選挙で、労働党は自由党に票を奪われたと言わねばならない。

ただしこれを、ブレヴィットのように、1910 年 1 月総選挙では、自由党への支持が全般的に強まり、労働党が「抑えこまれた」結果と一般化してよいかどうかには、疑問が残る[19]。先にみたように、統一党との一騎打ち選挙区では、自由党への支持は明らかに弱まっていた。自由党への支持が全般に強まったとすれば、一騎打ち選挙区でも得票率が高まらなければならないはずである。また逆に労働党と統一党の一騎打ちの選挙区では、労働党候補への支持はさらに上昇していた。また以下にみるように、2 人区でも、労働党が自由党よりもむしろ健闘したことが示されている。

自由党と労働党の合計得票率が変わらなかったことをあわせて考えると、こうした三つ巴の 1 人区における自由党の得票率の上昇、労働党の得票率の低下は、前回選挙では、落選した労働党候補に投票していた有権者が、1910 年 1 月総選挙では、1 人しか当選しない 1 人区での保守勢力の当選を阻むため、より当選の可能性の高い自由党の候補者に票を集中させたタクティカル・ヴォーテイングの結果である可能性が高い。

つまりこうした現象は、労働党への全般的な支持が弱まったというよりも、こ

うした三つ巴選挙区における特殊な戦況を背景にしており、共通の敵に対する自由党と労働党の支持者の結束の強さを表す現象とみるべきであろう。事実、ラナークシャー、ゴヴァン（Lanarkshire, Govan）選挙区では、労働党候補から自由党に票が集められた結果、全国的な退潮の中で、自由党は逆に保守党から議席をもぎとるのに成功したのであった。

(3) 自由党と労働党

1人区における自由党、労働党の支持者の関係をより詳細に調べるために、1906年総選挙で自由党と統一党が一騎打ちで争ったが、1910年1月総選挙では自由党候補にかわって、労働党候補が統一党と一騎打ちで対決した選挙区の結果をみてみよう。表1−7は、こうした10の選挙区における自由党と労働党の得票率を掲出したものである。

このカテゴリーの選挙区では、自由党から労働党に候補が変わったにもかかわらず、平均した得票率はわずかに0.9％しか低下しなかった。もっともこのうち5つの選挙区は、候補者は実は同じ人物で、自由党から労働党に移ったに過ぎない。だが候補者が変わった5つの選挙区でも、1％しか平均得票率は低下していない。全国的な自由党の退潮にもかかわらず、労働党の候補は、こうした選挙区で、1906年の自由党の地すべり的な大勝利の時点での得票率をほぼ維持することに成功したのであった。

また反対に、表には掲出していないが1906年には自由統一党と労働党が対決し、1910年1月には自由党が労働党にかわって自由統一党と対決したダーリントン（Darlington）選挙区では、1906年に労働党候補が48.3％をとったのに対し、自由党は1910年1月に50.2％を獲得して、議席を自由統一党からもぎ取ることに成功した。ここでは自由党は、前回選挙での労働党の得票をほぼそのまま引きついで、幾らか票を上乗せすることに成功した。

では1906年総選挙では統一党・自由党の一騎打ちだったが、1910年1月総選挙では三つ巴になった選挙区ではどのような結果になったか。表1−8は、こうしたカテゴリーに属する10の選挙区の自由党と労働党の得票率を掲出したものである。

こうした選挙区の1906年の自由党の平均得票率は、64.2％であった。これに

表1-7 1906年には自由党と統一党、1910年1月には労働党と統一党の一騎打ちとなった選挙区自由党と労働党の得票率（%）

選挙区	1906年	1910年1月
Hanley	自由党 68.2	労働党 63.9（同一候補）
Manchester, East	自由党 59.1	労働党 54.5
Sheffield, Attercliffe	自由党 53.2	労働党 56.1
Derbyshire, Chesterfield	自由党 56.5	労働党 59.1（同一候補）
Derbyshire, Mid	自由党 67.0	労働党 63.9
Derbyshire, Western	自由党 47.2	労働党 45.2
Staffordshire, North-Western	自由党 58.0	労働党 59.8
Warwickshire, Nuneaton	自由党 56.8	労働党 50.8（同一候補）
Yorkshire, Hallam shire	自由党 55.2	労働党 62.2（同一候補）
Glamorganshire, Southern	自由党 63.3	労働党 61.0（同一候補）
	自由党 58.5（同一候補）60.0（それ以外）56.9	労働党 57.6（同一候補）59.2（それ以外）55.9

注）1. F.W.S.Craig, *British Parliamentary Election Results 1885-1918* (second edition, Parliamentary Research Service, Dartmouth, 1989) より集計。
2. 網掛けは、当選者を示す。

対して1910年1月の自由党と労働党の合計得票率は、66.4%であった。2.2%とわずかではあるが、全国的な自由党の退潮に抗して、こうしたカテゴリーでは、逆に両党の合計の得票率は増大している。

しかし内訳をみると、自由党は、1910年1月には、平均20.2%も得票率を落としている。1906年総選挙でこのカテゴリーで全勝していた自由党は、労働党へ票が比較的多く流れたロンドンの選挙区、タワーハムレット、ボウ・アンド・ブロムレイ（Tower Hamlets, Bow and Bromley）とカンバーランドのホワイトヘブン（Cumberland, Whitehaven）選挙区では、保守勢力に議席を失う結果となった。

つまり労働党が新たに候補を立てた選挙区では、自由党が強固な基盤を持っていたはずの「安全な議席」でも、自由党は2割も得票率を下げ、議席から転落する危険に晒されたのである。

第1章 20世紀初頭自由党政権下の社会政策と選挙政治 —— 1906～1910年1月 —— 37

表1-8 1906年総選挙では自由党・統一党の一騎打ち、1910年1月総選挙区には三つ巴戦になった選挙区自由党と労働党の得票率（％）

選挙区	1906年	19010年1月
Tower Hamlets, Bow and Bromley	自由党 53.6	自由党 24.6
		労働党 33.5
Bristol, East	自由党 71.7	自由党 52.0
		労働党 17.2
Gateshead	自由党 65.3	自由党 40.7
		労働党 21.4
Whitehaven	自由党 55.8	自由党 29.7
		労働党 24.8
Cheshire, Crewe	自由党 59.6	自由党 53.3
		労働党 9.5
Lancashire, Leigh	自由党 58.1	自由党 40.2
		労働党 24.7
Yorkshire, Holmfirth	自由党 71.9	自由党 57.5
		労働党 14.9
Yorkshire, Spen Valley	自由党 65.8	自由党 44.8
		労働党 23.3
Leith District of Burghs	自由党 61.2	自由党 49.6
		労働党 18.9
Fife, Western	自由党 79.0	自由党 47.8
		労働党 36.7
平　均	自由党 64.2	自由党 44.0
		労働党 22.4

注）1. F.W.S.Craig, *British Parliamentary Election Results 1885-1918* (second edition, Parliamentary Research Service, Dartmouth, 1989) より集計。
　　2. 網掛けは、当選者を示す。

　さらに1906年に自由党と労働党が対決し、1910年1月には自由党、労働党、統一党の三つ巴の争いになった例外的な選挙区であるダラム（Durham）のジャロー（Jarrow）選挙区の結果をみてみよう。これをみると、ジャロー選挙区では、1906年総選挙で自由党がとった得票は、1910年1月にはほぼ半分ずつ綺麗に自由党と保守党に分かれたことが分かる。つまりこの選挙区では、保守党の本来の支持層は、1906年に自由党と労働党とが対抗した時には、おそらく自由党の候補

表1-9 ダラム・ジャロー選挙区の政党別得票率（%）

選挙区	1906年	1910年1月
Durham, Jarrow	自由党 61.2	自由党 34.0
	労働党 38.8	労働党 33.5
		保守党 32.5

注）1. F.W.S.Craig, *British Parliamentary Election Results 1885-1918* (second edition, Parliamentary Research Service, Dartmouth, 1989) より集計。
2. 網掛けは、当選者を示す。

に一斉に投票していたと考えられる。また1910年1月総選挙では、三つ巴の戦いになっても、1人しか当選しない1人区であるにもかかわらず、労働党の得票率は5%程度しか低下していない。

この選挙区について言えば、自由党が保守党の支持者と連携していたため、自由党が反保守の受け皿にはなりにくく、しかも労働党と自由党の党勢が肉薄し、どちらが議席を制するかわからない状況にあるため、労働党の支持者の大半は、労働党候補に忠誠を示したと考えられよう。

(4) 1906年総選挙で大きく自由党が躍進した選挙区

先にも触れたように、1900年総選挙では自由党の得票率が40%以下であったのに、1906年総選挙では自由党が得票率を大きく伸ばして議席を獲得した選挙区が少なくなかった。その多くは、労働者の多い選挙区であり、こうした躍進区が、1906年の自由党の大勝利を牽引した。ではこうした選挙区は、1910年1月にはどのような結果に終わったであろうか。

表1-10は、1900年に自由党の得票率が40%以下だった選挙区で、1906年には大きく躍進して議席を獲得した選挙区を掲出した表である。この26の選挙区の1910年1月の選挙結果をみると、うち半数の13選挙区は、議席を失ってしまっていることが分かる。政党の組み合わせが変わって、大きく得票が落ち込んだ選挙区を別としても、自由党の得票率が10%以上も低下している選挙区が4選挙区もある。バッキンガムシャー（Buckinghamshire）のウィコンビ（Wycombe）など、労働者地区ではない地域の落ち込みが著しいことが見て取れるが、サザーク（Southwark）ロザハイズ（Rotherhithe）など労働者が多いとされる選挙区でも、無視できないような得票率の低下が見られる[20]。

第1章 20世紀初頭自由党政権下の社会政策と選挙政治 —— 1906～1910年1月 ——

表1-10 1906年総選挙における自由党躍進区の自由党得票率（%）

選挙区名	(1) 1900年	(2) 1906年	(3) 1910年1月	得票率差 (3)-(2)
Lambeth, Kennington	35.5	60.3	52.3	-8.0
St.Pancras, West	32.5	55.9	50.1	-5.8
Manchester, East	36.6	59.1	54.5	-4.6*
Southwark, Rotherhithe	37.4	59.8	55.6	-4.2
Sutherland	38.1	59.7	62.8	3.1
Middlesex, Enfield	34.6	56.1	47.4	-8.7
Middlesex, Tottenham	37.4	58.7	51.1	-7.6
Islington, North	34.5	54.5	50.1	-4.4
Whitehaven	36.1	55.8	29.7	-26.1**
West Ham, North	38.5	57.3	53.4	-3.9
Hackney North	32.7	51.2	45.9	-5.3
Buckinghamshire, Wycombe	37.0	54.9	41.4	-13.5
St.Pancras, South	32.9	50.7	41.2	-9.5
Lancashire, Stretford	39.6	57.3	54.9	-2.4
Leeds, North	39.9	57.4	54.0	-3.4
Suffolk, Lowestoft	39.7	57.0	49.1	-7.9
Tower Hamlets, Mile End	34.4	51.4	49.9	-1.5
Hackney Central	37.4	54.2	53.5	-0.7
Islington, East	38.1	54.7	51.7	-3.0
Kent, Tunbridge	38.5	54.9	39.5	-15.4
Liverpool, Exchange	35.0	51.4	51.7	0.3
Huntingdonshire, Ramsey	37.6	53.2	46.5	-6.7
Surrey, Guildford	38.3	53.3	35.2	-18.1
Fulham	39.4	52.0	44.5	-7.5
Lincolnshire, Sleaford	39.7	51.7	43.2	-8.5
Surrey, Chertsey	36.5	50.4	34.3	-16.1

注) 1. F.W.S.Craig, *British Parliamentary Election Results 1885-1918* (second edition, Parliamentary Research Service, Dartmouth, 1989) より集計。
2. 得票率差は1906年総選挙を基準とした1910年1月総選挙の得票率の増減を示す。
3. 網掛けは、当選者を示す。
4. *Manchester East は1910年1月には労働党と保守党の一騎打ちとなった。
5. *Whitehaven は1910年1月には自由党、労働党、統一党の三つ巴戦となった。

(5) 補欠選挙と 1910 年 1 月総選挙

では、総選挙前の補欠選挙の惨状と比べて、1910 年 1 月総選挙の結果は、どの程度自由党の党勢を回復したと言えるであろうか。表 1 - 11 は、1906 年からの補欠選挙と 1910 年 1 月総選挙で、ともに統一党と自由党が一騎打ちで闘った選挙区を掲出している。

これをみると、1906 年から 1907 年初頭まで行われた補欠選挙での得票率と比べると、1910 年 1 月総選挙の得票率は、さらに切り下がっている。これに対し 1908 年前後、自由党が補欠選挙で最も低迷した時期の補欠選挙での得票率と比べれば、1910 年 1 月総選挙の得票率は、多少切り返していることが分かる。タワーハムレット・ステプニー（Tower Hamlets, Stepney）や、キャンバウェル・ペッカム（Camberwell, Peckham）、エジンバラ東（Edinburgh, East）のような都市地域では、10％近く得票率を回復した選挙区もあった。

しかし平均すると、自由党の 1910 年 1 月総選挙での得票率は、補欠選挙の時点よりも 2.3％程度リバウンドしたにとどまっている。結局このカテゴリーの中では、補欠選挙で自由党は 5 議席を失ったが、1910 年 1 月に議席を回復できたのは、そのうち 2 議席だけであった。つまり 1910 年 1 月に自由党は、補欠選挙での失地を幾分か回復したものの、それは限定的なものにとどまっていたと見なければならない。

ただし自由党と労働党の支持層の協力が行われた場合、依然素晴らしい集票効果を発揮していたことは注目に値する。例えば 1907 年 1 月 30 日の補欠選挙で自由党候補が 52.9％を得票し、保守党候補に競り勝ったダービシャー北東（Derbyshire, North-Eastern）選挙区では、候補者が労働党に移った 1910 年 1 月総選挙でも、57.6％にまで票を伸ばして議席を制した。スタッフォードシャー北西（Staffordshire, North-Western）の 1907 年 7 月 31 日の補欠選挙の同じようなケースでも、1910 年 1 月に自由党にかわって立った労働党の候補は、59.4％から 59.8％に票を伸ばして議席を確保している。こうした場合、労働党は自由党票を単に引き継いだだけではなく、さらに票を伸ばすことができた。

逆に 1909 年 2 月 23 日の補選で労働党候補が 35.4％をとったトーントン（Taunton）選挙区では、労働党候補から自由党候補にかわった 1910 年 1 月総選挙でも、自由党候補は議席には届かなかったものの、9％近く得票を伸ばして

第1章 20世紀初頭自由党政権下の社会政策と選挙政治 —— 1906～1910年1月 —— 41

表1-11 補欠選挙と1910年1月総選挙双方とも統一党と自由党の一騎打ちだった選挙区自由党得票率（％）

選挙区	補欠選挙期日	(1)1906年	(2)補欠選挙	(3)1910年1月	得票率差(3)-(2)
Suffolk, Eye	1906/6/4	無投票	51.1	52.0	0.9
Camberwell, Dulwich	1906/5/15	48.6	44.7	41.7	-3
Cornwall, Bodmin	1906/7/24	56.3	56.2	50.2	-6
Denbighshire, Eastern	1906/8/14	無投票	65.4	63.9	-1.5
Banffshire	1907/2/16	68.3	67.3	66.4	-0.9
Lincolnshire, Brigg	1907/2/26	58.8	49.5	50.9	1.4
Northumberland, Hexham	1907/3/27	61.4	56.0	55.4	-0.6
Tower Hamlets, Stepney	1907/5/10	42.7	37.0	47.0	10
Rutlandshire	1907/6/11	43.3	38.1	40.7	2.6
Devon, Ashburton	1908/1/17	57.3	47.2	51.1	3.9
Herefordshire, Ross	1908/1/31	51.8	44.3	48.0	3.7
Worcester	1908/2/7	49.2	41.3	42.7	1.4
Hastings	1908/3/3	47.5	43.6	45.3	1.7
Camberwell, Peckham	1908/3/24	62.4	39.1	49.6	10.5
Kincardineshire	1908/4/25	71.8	65.1	67.5	2.4
Wolverhampton, East	1908/5/5	67.1	50.0	54.2	4.2
Shropshire, Newport	1908/5/14	49.1	45.1	43.7	-1.4
Stirling District Of Burghs	1908/5/22	N.A.	60.7	64.9	4.2
Pembrokeshire	1908/7/16	69.3	62.4	65.1	2.7
Essex, Chelmsford	1908/12/1	47.6	36.8	38.5	1.7
Forfarshire	1909/2/27	67.5	61.8	61.3	-0.5
Glasgow, Central	1909/3/2	51.7	41.5	47.4	5.9
Edinburgh, South	1909/3/4	63.8	54.0	56.4	2.4
Hawick District of Burghs	1909/3/5	56.1	54.7	59.0	4.3
Denbighshire, Eastern	1909/4/2	N.A	63.9	67.4	3.5
Edinburgh, East	1909/4/16	73.1	52.7	61.3	8.6
Derbyshire, High Peak	1909/7/22	53.9	51.6	50.5	-1.1
Yorkshire, Cleveland	1909/7/9	N.A.	54.2	57.7	3.5
Dumfries District of Burghs	1909/7/20	59.2	54.2	57.1	2.9
平　均		57.4	51.4	53.7	2.3

注）1. F.W.S.Craig, *British Parliamentary Election Results 1885-1918* (second edition, Parliamentary Research Service, Dartmouth, 1989) より集計。
2. 得票率差は補欠選挙を基準とした1910年1月総選挙の得票率の増減を示す。
3. 網掛けは、当選者を示す。

44.7%を獲得している。

4. 1910年1月総選挙 ― 2人区における自由党と労働党 ―

(1) 政党対決の類型

次に2人区の政党の対決のパターンをみてみよう（表1 - 12）。1900年総選挙では、25の2人区、計50議席のうち自由党は14議席を獲得。労働党は7つの選挙区に候補を立てて2議席を得た。1906年総選挙では13の選挙区で、自由党と労働党双方が候補を立て、その結果、自由党と労働党で50議席のうち42議席を奪取、労働党はそのうち11議席を獲得した。1910年1月には、やはり13選挙区で自由党と労働党双方が立候補者を立てた。両党は合計で31議席にとどまったが、労働党はそのうち10議席を獲得した。議席だけをみても、1910年1月には、自由党がマイナス10議席と大きく後退したのに対し、労働党はマイナス1議席と善戦したことが分かる。

さらに詳しく分析するために、2人区の政党対決のパターンを分類し、カテゴリー毎の得票率の変動を検討してみよう。まず2人区の中で、両方の選挙で統一党と自由党だけが対決した選挙区の得票率の平均値を単純に比較すると、表1 - 13に掲出したような結果となる。これを見ると、1900年から1906年にかけて自由党の得票率は、4.4%跳ね上がり、1906年には50%を超えた。しかし1910年1月総選挙では、自由党の得票率は7.7ポイントも低下、50%を割り込むだけでなく、1900年の水準も割り込んでしまった。一方三つ巴の選挙区の得票率をみると、1906年に自由党が6.8%得票率を下げた代わりに、労働党の得票率が12.1%上昇。1906年から1910年1月にかけては、自由党・労働党とも、得票率を3〜4%前後下げていることが分かる。

しかしこの数字は、候補者の組み合わせがさまざまに変わった選挙区を含んだ平均値であり、同一の選挙区を比較したものではない。また統一党と自由党の一騎打ちの選挙区には、自由党の得票率が24.8%（1906年）、11.6%（1910年1月）と例外的に低い金融街シティ・オブ・ロンドンの選挙区が外れ値として含まれており、これが平均値を大きく押し下げている。そこでシティ選挙区を除いて、3

第1章 20世紀初頭自由党政権下の社会政策と選挙政治 —— 1906～1910年1月 —— 　43

表1-12 　1900, 1906, 1910年1月総選挙2人区の政党対決と自由党・労働党の獲得議席

	1900年	1906年	1910年1月
統一党・自由党	11選挙区22議席 （自由党9）	8選挙区15議席 （自由党14）	9選挙区18議席 （自由党9）
統一党・労働党	2選挙区4議席		
統一党・自由党・労働党	4選挙区8議席 （自由党3 労働党1）	11選挙区22議席 （自由党10 労働党10）	9選挙区18議席 （自由党8 労働党8）
無投票	6選挙区12議席 （自由党1）	1選挙区2議席	2選挙区4議席
その他	2選挙区4議席 （自由党1 労働党1）	5選挙区10議席 （自由党7 労働党1）	5選挙区10議席 （自由党4 労働党2）
	選挙区50議席 （自由党14 労働党2）	選挙区50議席 （自由党31 労働党11）	25選挙区50議席 （自由党21 労働党10）

注）1. F.W.S.Craig, *British Parliamentary Election Results 1885-1918* (second edition, Parliamentary Research Service, Dartmouth, 1989) より集計。
　　2.（　）は政党別の獲得議席を示す。

表1-13 　1900, 1906, 1910年1月総選挙2人区における自由党・労働党得票率（％）

	1900年	1906年	1910年1月
統一党・自由党	自由党49.2	自由党53.6	自由党45.9
統一党・労働党	労働党23.8		
統一党・自由党・労働党	自由党41.1 労働党19.6	自由党34.3 労働党31.7	自由党31.7 労働党27.5

注）F.W.S.Craig, *British Parliamentary Election Results 1885-1918* (second edition, Parliamentary Research Service, Dartmouth, 1989) より集計。

つの選挙でいずれも統一党と自由党で争われ、組み合わせが変わらなかった同一の選挙区をとりあげて比較してみよう。

　表1-14には、3つの総選挙とも保守勢力と自由党で争われた5つの選挙区の自由党の得票率が掲出されている。これを見ると、自由党の得票率は、1900年から1906年にかけて48.3%から58.4%へと、平均10.1%も跳ね上がった。ところが1910年1月総選挙では、6.5%得票率は下落。1900年総選挙の水準には戻らなかったものの、1910年1月の自由党の得票率の水準は、1900年の水準からわずか3.6%高いだけで、51.9%と、50%をかろうじて維持しているに過ぎない。

　つまり保守勢力との一騎打ち選挙を続けた同一選挙区を比較すると、1910年1月の自由党の得票率は、1906年総選挙での上昇分の3分の2を失って、1900年総選

表1 - 14　1900, 1906, 1910年1月総選挙いずれも統一党と自由党で争われた2人区の自由党得票率（%）

選挙区	1900年	1906年	1910年1月
Bath	42.8	56.8	48.9
Devonport	51.1	58.6	48.4
Ipswich	50.3	59.0	51.6
Oldham	50.2	59.3	59.4
Plymouth	47.2	58.4	51.3
平　均	48.3	58.4	51.9

注）1. F.W.S.Craig, British Parliamentary Election Results 1885-1918 (second edition, Parliamentary Research Service, Dartmouth, 1989) より集計。
　　2. 網掛けは当選した選挙区を示す。

挙の近辺にまで戻ってしまっていることが分かる。1910年1月総選挙では、このカテゴリーでも自由党は、保守勢力とほとんど引き分けていたことが明らかになる。

(2) ハリファックスとレスター

次に3つの選挙とも三つ巴で争われた2つの2人区の選挙結果を検討してみよう。表1 - 15は、3つの選挙とも三つ巴で争われた2選挙区の記録である。機械産業や羊毛産業の盛んな都市ハリファックス（Halifax）の場合、自由党と労働党の合計得票率は、1900年から1906年には8.2%増加し、1910年1月にはさらに1.2%もさらに上昇した。この選挙区では両党は、1910年1月総選挙でかなり善戦したといってよい。

だがハリファックスの1900年総選挙と1910年1月総選挙の結果を比べると、自由党は候補を1人に絞っているにもかかわらず、53.1%から40.7%に12.4%も

表1 - 15　いずれも三つ巴で争われた2人区の自由党、労働党の得票率

	1900年	1906年	1910年1月
Halifax	自由党（2人）54.1	自由党 40.1	自由党 40.7
	労働党 16.3	労働党 38.3	労働党 38.9
Leicester	自由党（2人）58.8	自由党 39.9	自由党 32.0
	労働党 13.0	労働党 39.8	労働党 31.4

注）F.W.S.Craig, British Parliamentary Election Results 1885-1918 (second edition, Parliamentary Research Service, Dartmouth, 1989) より集計。

第1章　20世紀初頭自由党政権下の社会政策と選挙政治 ―― 1906～1910年1月 ――　　45

得票率を減らしたのに対し、労働党は16.3％から、38.9％へ22.6％も得票率を増大させている。

　靴製造の中心地であり、自由党との選挙協力を結んだ労働党書記マクドナルドの選挙区であるレスター（Leicester）の場合も、自由党と労働党の合計得票率は、1900年から1906年に8.1％も増加したが、1910年1月には1906年に比べて16.3％も下がっている。1910年の1月の自由党の得票率は、1906年に比べて6.9％、労働党も8.4％も下落している。1910年1月総選挙に統一党側から2人の候補が出たことが影響を及ぼしていると思われるが、この選挙区は、1910年1月総選挙における両党の苦しい戦いぶりを象徴している。

　だがレスターの票の内訳を仔細に見ると、自由党の1910年1月の得票率（32.0％）は、1900年総選挙の水準（58.8％）から半減している一方、労働党の1910年1月の得票率（31.4％）は、1906年総選挙の水準（39.8％）よりは下がってはいるものの、1900年総選挙の水準（13.0％）と比べればなお優に倍以上の水準にあり、自由党と労働党の得票率の差は1％を切っている。

　自由党と労働党の支持者の関係の推移を詳しくみるために、こうした選挙区における2票の行方を分析してみよう。まずハリファックスの場合、表1－16に掲出したように、1900年には、自由党が2人、統一党（自由統一党）が1人、労働党が1人の候補を立てた。結果は自由党と統一党が議席を獲得した。

　注目すべきことは、この時点では、統一党の候補の得票5,931票のうち、1,290票（21.8％）が労働党との組み票だったことである。一方自由党と労働党の組み票は、ウイトレイ（Whitley）の場合、5,543票のうちわずか361票（6.5％）、ビルソン（Billson）の場合は、5,325票の中で221票（4.1％）であった。労働党パーカー（Parker）の獲得した票3,276票の内訳をみると、単独票が1,404（42.9％）と最も大きかったが、その次を統一党候補との組み票1,290票（39.3％）が占め、自由党との組み票は、2人の自由党候補を足しても582票（17.8％）であった。

　つまり1900年総選挙の時点においては、この選挙区では、労働党の支持者は、少なくとも自由党のほぼ2倍以上も保守勢力の側に票を投じており、その票が統一党候補に議席を与える結果になっていた。自由党の側から見ると、議席を得るためには、労働党との連携が決定的に重要であることが鮮やかに示されている。

　しかし1906年には、自由党が候補を1人に絞り、労働党と協力したことで情

表1-16 ハリファックス選挙区における2票制の分析

1900年

政　党	候補者	単独票	組み票 自由党1	自由党2	労働党	自由統一党	計
自由党1	Whitley	42		4869	361	271	5543
自由党2	Billson	77	4869		221	158	5325
労働党	Parker	1404	361	221		1290	3276
自由統一党	Crossley	4212	271	158	1290		5931

1906年

政　党	候補者	単独票	組み票 自由党	自由党	労働党	自由統一党	計
自由党	Whitley	424		8572	358	9354	5543
労働党	Parker	211	8572		154	8937	5325
自由統一党	Crossley	4529	358	154		5041	3276

1910年1月

政　党	候補者	単独票	組み票 自由党	自由党	労働党	保守党	計
自由党	Whitley	595		8673	236	9504	5543
労働党	Parker	359	8673		61	9093	5325
保守党	Galbraith	4457	236	61		4754	3276

注） 1. F.W.S.Craig, *British Parliamentary Election Results 1885-1918* (second edition, Parliamentary Research Service, Dartmouth, 1989) より集計。
 2. 網掛けは当選した選挙区を示す。
 3. 自由党1、自由党2は、自由党からの1人目の候補者、2人目の候補者を示す。

勢は根本的に変化した。驚くべきことに、1900年と同じ候補者であるにもかかわらず、労働党に投じられた票の中で、単独票はわずか359票（4.0％）と劇的に減少した。統一党の候補との組み票に至っては154票（1.7％）というネグリジブルな存在に転落している。

反対に自由党との組み票は、1万3,999票（95.3％）と、一気にその比重を8割弱高めた。1906年の労働党単独票は、絶対数でみても、1900年の労働党単独票の2割にも満たない。逆に労働党の得票8,937票の中の8,572票、実に95.9％は、自由党候補との組み票となった。自由党の側の単独票は、やや多くて424票（4.5％）を数え、自由党の票のうち労働党との組み票は8,572票（91.6％）とやや劣るものの、それでも9割を超えている。

1910年1月総選挙でも、この両者の緊密な関係は揺らいでいない。労働党の票のうち、単独票はさらに比率を減らして233票（1.7%）に達し、自由党との組み票は1万3,947票（97.3%）にのぼっている。自由党の側の単独票も421票（2.9%）にとどまり、自由党の票の中での労働党との組み票は1万3,999（94.9%）でさらにその比重を増している。自由党と労働党の票は、多少の誤差があるとしても、ほとんど同じ支持層といってもよい状況になってしまっている。

その反面、ハリファックスの場合、統一党の票の中で単独票の占める割合は、1900年には71.0%（4,212票）、1906年には83.6%（4,529票）、1910年1月には93.8%（4,457票）と大きく上昇していった。逆に自由党に投じられた票の中で、統一党との組み票は、1900年には4.9%（271票）、3.0%（158票）、1906年には3.8%（358票）、1910年1月には2.5%（236票）にまで低下している[21]。

レスター選挙区の場合、表1-17に示すように、1900年総選挙では、保守党票の中で労働党との組み票は、923票（10.2%）であり、労働党の中での保守党の組み票も923票（22.1%）とかなりの割合ではあったが、ハリファックスほどには多くはなかった。また自由党票の中の労働党との組み票は、それぞれ1,708票（16.4%）、97票（11.4%）であり、労働党の側の自由党との組み票は計1,807票で労働党に投じられた票の43.3%を占めていた。

レスターの自由党の候補の一人ブロードハースト（Broadhurst）が、自由党のいわゆるリブ・ラブ候補であったことから、ハリファックスに比べて、当初から労働党の支持者のかなりの部分が、2票目をブロードハーストに入れていたことが分かる。しかし自由党支持者の側は、労働党候補に入れる支持者は少なく、労働党支持者の側も、2割が統一党に票を投じていたことが注目される。

ところが1906年総選挙では、自由党と労働党の候補が一人ずつに絞られ、自由党票の中の労働党の組み票は1万3,999票（94.9%）、労働党票の中の自由党組み票の比重は、95.3%と一気に上昇し、ハリファックスと同じように、両党の支持者はほとんど重なって見分けがつかなくなっている。1910年1月総選挙でも、自由党票の中の労働党の組み票は1万3,947票（95.2%）、労働党票の中の自由党組み票の比重は97.3%に及び、両党の支持者の結束は、極めて堅固であった。

一方レスターでも、1900年には、統一党の獲得した票の中で単独票の占める割合は、84.2%（7,638票）だったが、1906年には92.2%（6,919票）、1910年1

表1-17 レスター選挙区における2票制の分析

1900年

政党	候補者	単独票	組み票				計
			自由党1	自由党2	労働党	保守党	
自由党1	Broadhurst	208		8120	1708	349	10385
自由党2	Hazell	155	8120		97	156	8528
労働党	MacDonald	1436	1708	97		923	4164
保守党	Rolleston	7638	349	156	923		9066

1906年

政党	候補者	単独票	組み票				計
			自由党	自由党	労働党	保守党	
自由党	Broadhurst	421		13999	325	14745	5543
労働党	MacDonald	426	13999		260	14685	5325
保守党	Rollstone	6919	325	260		7504	3276

1910年1月

政党	候補者	単独票	組み票				計
			自由党	自由党	保守党1	保守党2	
自由党	Crawshay-Williams	420		13947	216	60	14643
労働党	MacDonald	233	13947		116	41	14337
保守党1	Fraser	137	216	116		8079	8548
保守党2	Bagley	12	60	41	8079		8192

注) 1. F.W.S.Craig, *British Parliamentary Election Results 1885-1918* (second edition, Parliamentary Research Service, Dartmouth, 1989) より集計。
2. 網掛けは当選した選挙区を示す。
3. 自由党1、自由党2は、自由党からの1人目の候補者、2人目の候補者を示す。

月には、統一党単独票と統一党候補同士の組み票をあわせると96.1%（8,216票）、98.8%（8,091票）に達している。また自由党票の中での統一党との組み票は、3.4%（349票）と1.8%（156票）だったが、1906年には2.2%（325票）、1910年1月には0.4%（60票）とほとんどゼロにまで低下してしまっている[22]。

つまりハリファックスでもレスターでも、1906年総選挙に形作られた自由党と労働党の支持層の緊密な結束は、1910年1月総選挙でも堅固に維持され、さらに強化されていった。逆に統一党の支持層は、自由党・労働党との対決をますます鮮明にしていった。政治的な対立の激化の中で、中間層が両極に分解していった

表1-18 レスター選挙区における補欠選挙と1910年1月総選挙の政党得票率（%）

	1906年総選挙	補欠選挙（1906/3/30）	1910年1月総選挙
自由党	39.9	59.9	32.0
労働党	39.8		31.4
保守党	20.3	40.1	保守党1　18.7
			保守党2　17.9

注) 1. F.W.S.Craig, *British Parliamentary Election Results 1885-1918* (second edition, Parliamentary Research Service, Dartmouth, 1989) より集計。
2. 網掛けは当選者を示す。
3. 自由党1、自由党2は、自由党からの1人目の候補者、2人目の候補者を示す。

ことが、こうした数字に映し出されていると考えねばならない。

ただしこの緊密な結束は、2人区で自由党と労働党の候補が調整されていることが前提になっていた。実はレスターでは、1906年の3月30日に早くも補欠選挙が行われていた。表1-18は、補欠選挙の得票率を、1906年総選挙、1910年1月総選挙と比較したものである。

すでに見たように、レスターでは、1906年総選挙で、自由党のリブ・ラブ候補と労働党マクドナルドがそれぞれ39.9%と39.8%をとって統一党の候補を破った。ところが総選挙のわずか2ヵ月後、3月30日に行われた補欠選挙では、自由党のトマッソン（F. Thomasson）が統一党のロールストンと一騎打ちを演じたが、統一党候補は、総選挙での得票数とあまり変わらぬ7,206票（40.1%）を得たのに対して、自由党の得票は、1万766票（59.9%）にとどまった。

絶対的な得票数から計算すると、総選挙で自由党と労働党ペアに投票した有権者のうち、3割にあたる有権者が、補欠選挙では、自由党候補のために投票所に足を運ぶ労をとらなかったと考えねばならない。もっとも1910年1月総選挙では、再び自由党と労働党とが立候補し、32.0と31.4%と票を分け合って2議席を確保したが、レスターのように、両党の支持者の結束が極めて堅かった選挙区ですら、双方の候補が出て協力する形にならなければ、両党の支持者の協力には大きな限界があった。両党の支持者の間には、重大な一線が引かれていたことを示唆している。

(3) ダービーとダンディー

では保守勢力に対抗する候補が自由党候補だけだった選挙区に、1910年1月総選挙で労働党が参戦した場合はどうだったか。1906年で統一党・自由党の一騎打ちだったが、1910年1月総選挙に三つ巴戦になった選挙区は、ミッドランドの工業都市ダービー（Derby）である。ダービー選挙区の場合、1900年総選挙では、自由党と労働党が1人ずつ候補者を立てて保守党の2人の候補と議席を争い、自由党と労働党で議席を分けた。1906年総選挙では前の選挙で労働党から立候補していたベル（Bell）が自由党に鞍替えしたため、自由党2人と保守党2人に候補が絞られ、自由党が2議席を獲得した。

1910年1月総選挙では、再び労働党が新たな候補（Thomas）を擁立、結局労働党は27.9％と自由党と遜色ない票をとって自由党と議席を分け合った。1910年1月の自由党と労働党の合計得票率は56.2％に達し、全国的な自由党の退潮の中でも、1906年の自由党の2候補の合計51.6％を4.6ポイントも上回った[23]。

ダービーの2票の行方を分析してみよう。ダービーの場合には、1900年の時点でも自由党票の中の労働党の組み票の割合は87.9％（6,961票）、労働党票の中でも自由党との組み票は91.1％に上っていた。すでに両党の協定以前から、双方の支持者はおおむね重なっていたと言わねばならない。1906年には、労働党から自由党に鞍替えしたベルの票の中の、もう1人の自由党候補ローとの組み票は9,857票（95.1％）、自由党ロー候補の票の中のベル票との組み票の比重は、当然であるが、さらに上昇して96.2％に達した。

しかし労働党が改めて候補を立てた1910年1月にも、自由党票の中の労働党の組み票の割合は、95.9％（9,919票）、労働党票の中でも自由党との組み票は97.3％に達している。これは1906年の自由党候補同士の組み票の比率と変わらないどころか、さらに高い比重である。反面、統一党の票の中で自由党との組み票は1910年1月には50票（0.6％）、29票（0.4％）、労働党との組み票は37票（0.5％）、14票（0.2％）とほとんどゼロに低下してしまっている

したがって少なくともこの選挙区では、自由党から労働党へ候補が変わったことによる動揺は起きず、自由党の全国的な退潮傾向の流れに抗して、反保守の支持を自由党・労働党候補に結集できたと考えられる。

また麻紡績の中心地で労働者が多いダンディー選挙区（Dundee）は、1906

年総選挙で労働党候補が自由党をおさえ、2議席目を制した選挙区であったが、1910年1月総選挙では、自由党は候補をチャーチル一人に絞って労働党と議席を分け合った[24]。

表1-19に示したように、ダンディーの2票の行方を分析すると、まず1906年には、2人候補を立てた自由党に投じられた票のうち、労働党との組み票はロバートソン（Robertson）候補では34.3%（3,183票）あったが、ロブソン（Robson）ではわずかに18.1%（124票）しかない。自由党票合計の中では21.5%（3,307票）であった。労働党の側では、自由党との組み票は48.4%を占めていたものの、

表1-19　ダービー選挙区の2票制の分析

1900年

政党	候補者	単独票	組み票 自由党	組み票 労働党	組み票 保守党1	組み票 保守党2	計
自由党	Roe	609		6961	310	42	7922
労働党	Bell	357	6961		281	41	7640
保守党1	Bemrose	140	310	281		6666	7397
保守党2	Drage	26	42	41	6666		6775

1906年

政党	候補者	単独票	組み票 自由党1	組み票 自由党2	組み票 保守党1	組み票 保守党2	計
自由党1	Bell	308		9857	91	105	10361
自由党2	Roe	229	9857		76	77	10239
保守党1	Holford	144	91	76		6110	6421
保守党2	Spencer-Churchill	117	105	77	6110		6409

1910年1月

政党	候補者	単独票	組み票 自由党	組み票 労働党	組み票 保守党1	組み票 保守党2	計
自由党	Roe	345		9919	50	29	10343
労働党	Thomas	219	9919		37	14	10189
保守党1	Beck	85	50	37		7866	8038
保守党2	Page	44	29	14	7866		7953

注）1. F.W.S.Craig, *British Parliamentary Election Results 1885-1918* (second edition, Parliamentary Research Service, Dartmouth, 1989) より集計。
　　2. 網掛けは当選した選挙区を示す。
　　3. 自由党1、自由党2は、自由党からの1人目の候補者、2人目の候補者を示す。

単独票が2,553票（37.4％）もあり、さらに労働党の票の中の769票（11.3％）、204票（3.0％）が自由統一党、保守党に投じられていた。自由党のロバートソンとロブソンの当落を分けたのは、労働党支持者の2票目をほとんど呼び込めなかったことにあることは明白である。また労働党の単独票は、労働党票の4割にも達しており、労働党は独自の存在を誇示していた。

このため、自由党の2人目の候補が議席を得るためには、労働党の単独票の岩盤を崩すか、あるいは保守党の支持層を、一気に自由党に転向させるかしかなかった。しかも、もし自由統一党と保守党が候補を一本化すれば、自由党の2人目の候補者も、労働党の候補者も共倒れする危険性が高いことは明らかであった。こうした選挙情勢からみれば、自由党には、労働党と候補を調整する以外、ほとんど道がなかったことが分かる。

表1-20　ダンディー選挙区の2票制の分析

1906年

政党	候補者	単独票	自由党1	自由党2	労働党	自由統一党	保守党	計
自由党1	Robertson	51		5933	3183	65	24	9276
自由党2	Robson	13	5933		124	27	5	6122
労働党	Wilkie	2553	3183	124		769	204	6833
自由統一党	Shackleton	70	65	27	769		2934	3865
保守党	Smith	16	24	5	204	2934		3183

1910年1月

政党	候補者	単独票	自由党	労働党	自由統一党	保守党	SPP	計
自由党	Churchill	997		9233	39	73	405	10747
労働党	Wilkie	419	9233		39	89	588	10365
自由統一党	Glass	20	39	39		4191	50	4339
保守党	Llyod	63	73	89	4191		136	4552
SPP	Scrymgeour	336	405	588	50	136		1512

注）1. F.W.S.Craig, *British Parliamentary Election Results 1885-1918* (second edition, Parliamentary Research Service, Dartmouth, 1989) より集計。
　2. 網掛けは当選者を示す。
　3. SPPはスコットランド禁酒党を示す。
　4. 自由党1、自由党2は、自由党からの1人目の候補者、2人目の候補者を示す。

第1章 20世紀初頭自由党政権下の社会政策と選挙政治 —— 1906〜1910年1月 —— 53

では自由党と労働党が候補を1人ずつに絞った1910年1月総選挙は、どのような結果となったか。1910年1月総選挙では、自由党チャーチルの票の中の労働党との組み票は、85.9%（9,233票）を占める。一方労働党票の中の自由党との組み票の比重も、89.1%に達した。対する保守党と自由統一党は、96.5%、92.1%が保守勢力同士のペアの票であり、たとえ候補を一本化しても自由党、労働党に競り負けてしまうような水準に低迷した。

ダンディー選挙区の場合、自由党と労働党の協力は見事に実を結んだ。だがそれは、1906年に労働党が多数の単独票を誇示したことを前提に、自由党が労働党との候補の調整に応じた結果であったことを、ここから読み取ることができる。

実はダンディー選挙区でも、1908年5月9日に補欠選挙が行われていた。オルダムの再選挙で落選したチャーチルが急遽ダンディーから立候補したのである。表1-21は、この補欠選挙の得票率を、1906年総選挙、1910年1月総選挙と比較したものである。これをみると、1906年総選挙での自由党と労働党の合計の得票率は75.9%に及んでいるのに、補欠選挙で自由党は議席は維持したものの、自由党候補チャーチルが取れたのは、ようやく43.9%で、両党の合計得票率の半分より5%程度上であるに過ぎない。すでに見たように1910年1月総選挙では、労働党、自由党が仲良く1人ずつ候補を立てた結果、両党の合計得票率は67%となり、1906年の合計得票率には及ばないものの、2議席を分け合うことができた。これに対して自由党候補が1人で立った補欠選挙での自由党の得票率の大幅な低

表1-21　ダンディー選挙区における補欠選挙と1910年1月総選挙の政党得票率（%）

	1906年総選挙	補欠選挙（1908/5/9）	1910年1月総選挙
自由党	自由党1　31.7	43.9	34.1
	自由党2　20.9		
労働党	23.3		32.9
自由統一党	13.2	27.1	13.8
保守党	10.9		14.4
その他		SLP 24.9　SPP 4.1	SPP 4.8

注）1. F.W.S.Craig, *British Parliamentary Election Results 1885-1918* (second edition, Parliamentary Research Service, Dartmouth, 1989) より集計。
　　2. 網掛けは当選者を示す。
　　3. 自由党1、自由党2は、自由党からの1人目の候補者、2人目の候補者を示す。
　　4. SLPは、スコットランド労働党、SPPはスコットランド禁酒党を指す。

下は、労働党と自由党が候補者調整を行わない時、自由党にとって深刻な打撃となったことを示している。

(4) マーサ・ティディフィル、ポーツマス

　実際、労働党の支持者は、自由党候補を常に支持したわけではなかった。ウェールズの炭鉱町マーサ・ティディフィル（Merthyr Tydfil）選挙区では、1900年に自由党候補2人と労働党が争った時にも、労働党票の中の自由党候補との組み票は、計4,878票（84.9％）に及んだ。独立した労働者政党を掲げるハーディーの地元であるにもかかわらず、労働党の単独票は、867票（15％）に過ぎなかった。しかし1906年には、労働党票の中の自由党との組み票は、計7,850票（77.1％）と1900年から大きく低下し、労働党の単独票は、2,337票（22.9％）にまで高まった。

　1910年1月総選挙については、残念ながら記録が残っていないが、自由党、労働党に加えて自由統一党の候補が立った1910年10月選挙の記録を調べると、労働党票の中の自由統一党との組み票は287票（2.5％）と依然少なかったものの、労働党票の中の自由党票は、8,586票（74.6％）と1906年よりもさらに比率が低下し、労働党単独票は労働党票全体の22.9％（2,634票）の比重を占めている。

　つまりこの選挙区では、労働党票の2割強をしめるコアの支持者は、1906年、1910年12月に、自由党候補に2票目を投じることを潔よしとしなかった。

　結局、1906年総選挙では労働党の組み票を4,437票集めた自由党トマス（Thomas）が当選し、441票しかとれなかった自由党のラドクリフ（Radcliffe）が落選の憂き目をみた。1906年の選挙結果から見ると、労働党の組み票を自由党の候補が等分したとしても、議席を自由党が独占するには届かない。この選挙結果を冷静に見る限り、1910年総選挙で自由党が候補を1人に絞るのは必然であった。

　事実1910年12月には、労働党の組み票を安定的に集めた自由党候補は、自由統一党の候補を寄せ付けもせずに快勝することができた。だが仮に1906年の結果をもとに考えると、1910年12月に自由党の候補が2人立った場合、自由党の単独票を各候補1,000票余りとすれば、労働党の組み票が2人の自由党候補に等しく振り分けられたとしても、自由党の候補は、自由統一党候補とほぼ互角であった。

　つまり、2人の候補を立てると、下手をすれば自由党は、労働党と自由統一党に議席を奪われる可能性があった。つまりここでも自由党は、労働党の単独票の

確固たる存在のため、2議席を独占することが事実上できなくなっていた。自由党としては労働党の組み票8,586票を引き込むことで1議席を確保する戦略をとらざるを得ない状況に追い込まれていたのである[25]。

さらに労働党の支持者が一定の存在感をもっていた選挙区で、自由党と労働党が競い合うことになった場合、どのような事態が起こるかを示す実例が、海軍の

表 1 - 22　マーサ・テイデイフィル選挙区の 2 票制の分析

1900 年

政　党	候補者	単独票	組み票 自由党1	組み票 労働党2	組み票 労働党	計
自由党1	Thomas	2070		2091	4437	8598
自由党2	Morgan	1472	2091		441	4004
労働党	Hardie	867	4437	441		5745

1906 年

政　党	候補者	単独票	組み票 自由党1	組み票 労働党2	組み票 労働党	計
自由党1	Thomas	684		5878	7409	13971
自由党2	Radcliffe	1457	5878		441	7776
労働党	Hardie	2337	7409	441		10187

1910 年 1 月

政　党	候補者	単独票	組み票 自由党	組み票 労働党	組み票 保守党	組み票 独立	計
自由党	Jones	375	(15073) 内訳は不明				15448
労働党	Hardie	1872	(11969) 内訳は不明				13841
保守党	Fox-Davies	3186	(1570) 内訳は不明				4756
独　立	Morgan	75	(3564) 内訳は不明				3639

1910 年 12 月

政　党	候補者	単独票	組み票 自由党	組み票 労働党	組み票 自由統一党	計
自由党	Jones	2188		8586	1484	12258
労働党	Hardie	2634	8586		287	11507
自由統一党	Warts	3506	1484	287		5277

注）1.　F.W.S.Craig, *British Parliamentary Election Results 1885-1918* (second edition, Parliamentary Research Service, Dartmouth, 1989) より集計。
　　2.　網掛けは当選者を示す。
　　3.　自由党1、自由党2は、自由党からの1人目の候補者、2人目の候補者を示す。

軍港ポーツマス（Portsmouth）選挙区である。この選挙区では、1906年には、自由党2人、保守党2人に労働党1人の候補が挑んだ。その際、労働党票の中の自由党の組み票は2,010票で24.6%であったのに対し、労働党の候補の単独票は1,481票で労働党票の47.5%を占めていた。

1910年1月総選挙の結果をみると、2人を擁立した自由党が絶対数で票数を伸ばして労働党票は下落したものの、結局反保守の票は分散され、自由党候補は2人とも議席を失うことになった。前回の結果からすれば、労働党には議席を得る見込みが薄く、自由党、労働党が共倒れになる危険が自明であった。にもかかわらず、1910年1月に労働党に投じられた票のうち、実に1,481票（42.0%）が、労働党への単独票であった。この結果は、こうした選挙区では、労働党と協力で

表1-23 ポーツマス選挙区の2票制の分析

1906年

政党	候補者	単独票	組み票						計
			自由党1	自由党2	労働党	保守党1	保守党2	独立	
自由党1	Bramsdon	80		9141	1167	34	14	64	10500
自由党2	Baker	144	9141		843	22	15	71	10236
労働党	Sanders	3883	1167	843		604	449	1226	8172
保守党1	Hills	97	34	22	604		7050	163	7970
保守党2	Whitelaw	76	14	15	449	7050		148	7752
独立	Jane	187	64	71	1226	163	148		1859

1910年1月

政党	候補者	単独票	組み票					計
			自由党1	労働党2	労働党	保守党	自由統一党	
自由党1	Bramsdon	147		9798	1666	687	99	12397
自由党2	Lambert	11	9798		83	60	13	9965
労働党	Sanders	1481	1666	83		284	15	3529
保守党	Beresford	291	687	60	284		15455	16777
自由統一党	Falle	10	99	13	15	15455		15992

注）1. F.W.S.Craig, *British Parliamentary Election Results 1885-1918* (second edition, Parliamentary Research Service, Dartmouth, 1989) より集計。
2. 網掛けは当選者を示す。
3. 自由党1、自由党2は、自由党からの1人目の候補者、2人目の候補者を示す。

きない場合、自由党は、労働党候補と共倒れになり、1議席もとれないことになる危険を示している[26]。

(5) 補欠選挙との比較 ── ニューカッスル・アポン・タイン ──

 2人区の分析の最後に、1906年から1910年1月までに行われた2人区の補欠選挙と、1910年1月総選挙の結果を比較してみよう。この間、3つの2人区で補欠選挙が行われた。そのうちレスター選挙区、ダンディー選挙区については、すでに触れたので、3つ目の選挙区ニューカッスル・アポン・タイン（Newcastle upon Tyne）を取り上げよう。

 この北部工業都市では、1906年には、労働党と自由党各1人の候補者が、保守党2人と対決した。労働党の得票率は31.1％、自由党の得票率は30.5％であったが、労働党と自由党の候補の組み票は、自由党候補の票の92.2％、労働党候補の獲得した票の94.4％に達していた。ところが、1908年9月25日に行われた補欠選挙では、1議席を保守党、自由党、社会民主連盟の候補が争った。補欠選挙では、自由党の得票率は41.1％にとどまり、社会民主党が10.4％も集めた。

 投票率を考慮して計算すると、この結果は、1906年に自由党・労働党のペアに投票した有権者が、自由党候補に投票した者、社会民主連盟に投票した者と、棄権した者にほぼ三分されたことを示唆している。ところが1910年選挙では、自由党と労働党が再び1人ずつ候補者を立て、その結果労働党が28.1％、自由党が28.9％と、1906年総選挙から得票率をわずかに低下させたものの、両党で議席を分け合った[27]。

 2票の行方を分析すると、1906年総選挙では、労働党に投じられた票の92.2％は自由党との組み票、自由党に投じられた票の97.1％は労働党との組み票であった。1910年1月総選挙でも、労働党に投じられた票の97.1％は自由党との組み票、自由党に投じられた票の94.3％は労働党との組み票であった。

 つまり自由党と労働党の候補が絞られた場合には、両党の支持者はここでも完璧な結束を示したが、補欠選挙のように自由党だけに候補が絞られると、労働党の支持者の相当な部分は、進んで自由党に票を投じなかったのである。

 レスター、ダンディー、そしてニューカッスルの例から分かるように、補欠選挙で自由党に候補が絞られた時には、いずれの選挙区でも、1900年の自由党・労

働党の合計得票率より、自由党は20%程度得票率を下げた。しかし1910年1月総選挙で、再び労働党と自由党が1人ずつ候補者を立てたときには、両党の支持層は結束を取り戻し、ダンディーの場合には、補欠選挙から合計得票率を23%も上げ、ニューカッスル、レスター、の場合には補欠選挙から合計得票率をそれぞ

表1‐24 ニューカッスル・アポン・タイン選挙区における補欠選挙と1910年1月総選挙の政党得票率（%）

	1906年総選挙	補欠選挙(1908/9/25)	1910年1月総選挙
自由党	30.5	41.1	28.9
労働党	31.1		28.1
保守党	保守党1　19.8	48.5	保守党1　21.6
	保守党2　18.6		保守党2　21.4
		社会民主連盟 10.4	

注) 1. F.W.S.Craig, *British Parliamentary Election Results 1885-1918* (second edition, Parliamentary Research Service, Dartmouth, 1989) より集計。
2. 網掛けは当選者を示す。
3. 自由党1，自由党2は、自由党からの1人目の候補者、2人目の候補者を示す。

表1‐25 ニューカッスル・アポン・タインの2票制の分析

1906年

政　党	候補者	単独票	組み票				計
			労働党	自由党	保守党1	保守党2	
労働党	Hudson	1013		17396	436	24	18869
自由党	Cairns	805	17396		192	30	18423
保守党1	Plummer	170	436	192		11144	11942
保守党2	Renwick	25	24	30	11144		11223

1910年1月

政　党	候補者	単独票	組み票				計
			労働党	自由党	保守党1	保守党2	
労働党	Hudson	373		17710	124	34	18241
自由党	Shortt	805	17710		160	104	18779
保守党1	Plummer	79	124	160		13704	14067
保守党2	Renwick	86	34	104	13704		13928

注) 1. F.W.S.Craig, *British Parliamentary Election Results 1885-1918* (second edition, Parliamentary Research Service, Dartmouth, 1989) より集計。
2. 網掛けは当選者を示す。
3. 自由党1，自由党2は、自由党からの1人目の候補者、2人目の候補者を示す。

れ 15.9%、3.5%上昇させ、自由党と労働党とで議席を分け合った。

つまりこうした選挙区では、労働党の支持者は、候補者が調整されれば、共通の敵に対して強力な結束を示して自由党に組み票を投じた。だが、そうでない場合には、自由党に盲目的に従うことはなく、独自の行動に出ていた。こうした記録は労働党支持者の独自な投票行動を雄弁に物語っている。

5. 結びにかえて

本章でつぶさに見たように、自由党政権が社会改革の実を上げ得なければ、「新しい政党を求める真の叫び声」が起こるだろう、というロイド・ジョージの言葉は、決して誇張ではなく、選挙戦の現実であった。

商務省長官を継いでロイド・ジョージとともに社会改革を推進したチャーチルは、オルダムでの再選挙に敗れてダンディーに移ったものの、労働党支持者を十分取り込めなかった。再選挙後グラスゴーで行った演説で、チャーチルは「戦闘的社会主義」は、「保守党の暴力的な反動」をもたらすに過ぎないとし、自由党こそ「進歩的な大衆のための民主的改革」の担い手だ、と訴えた[28]。

労働党の挑戦は、自由党の足元で顕在化しつつあり、来るべき総選挙での惨めな敗北を避けるためには、社会改革を推し進め、労働者の政党に対抗して労働者大衆をひきつけておくことが、自由党の政治家にとって至上の課題となっていたのである。

自由党は、自由貿易の擁護を掲げて支持を集め政権を奪取したものの、貴族院に積極的な改革を阻まれ、補欠選挙で惨憺たる敗北を続けていた。何らかの手を打たない限り、権力を失う状況に追い込まれていた。老齢年金などの社会改革に着手した後でも、一連の補欠選挙の結果が示すように、選挙民の自由党政権への失望は深く、自由党の党勢の回復は遅々として進まなかった。

大胆な「人民予算」を掲げた 1910 年 1 月総選挙ですら、自由党は失地をいくらか回復したものの、保守陣営と一騎打ちで対決した選挙区では、1 人区でも 2 人区でも、50%をわずかに上回る得票率を獲得したにとどまった。

1910 年選挙でも、保守勢力という共通の敵に対抗する時、自由党と労働党の支

持者の結束は、ゆるがなかった。自由党と労働党の支持者は、候補者が一本化されれば、結束して保守勢力を追い落とした。

しかし労働党の支持者は、独自の特性を持った集団であり、労働党は忠誠心の篤い堅固な核となる支持層を背景に、積極的に候補者を擁立して二大政党制に果敢に挑戦していた。1910年1月の時点では、労働党が議席の上で「自由党の地位に食い込む」（ブレヴィット）ことができなかったのは事実である。だが議席の上では「抑えこまれ」（同）ていたとしても、得票率の上では、補欠選挙でも総選挙でも、労働党は逞しい前進を続けていた。

事実、2人区では、労働党は自由党より善戦していた。自由党は、労働党と協調しなければ、当選が危うくなる選挙区すらあった。一方1人区では、三つ巴戦になっても、労働党には、まだなかなか議席を手にする力はなかった。反保守票の結束のために労働党の票が、自由党に流れる場合もあった。

しかし労働党が新たに出馬すれば、自由党の得票は激減し、自由党の候補はしばしば議席から転落した。1906年総選挙や補欠選挙での実例が示すように、隙あれば、1人区でも労働党が三つ巴戦を勝ち抜いて、自由党に取って代わって議席を奪取する可能性は、現実のものになってきていたのである。

このように政党の対決類型を踏まえて選挙戦の戦況を細かく分析すると、1906年以後の自由党政権の足元は、これまで理解されていた以上に、危ういものであったことが分かる。自由党は単独では、1人区でも2人区でも、保守勢力と拮抗するのが精一杯であり、労働党やその支持者と協調しなければ勝利を手にできない選挙区が少なくなかった。厳しい選挙戦の現実からみれば、積極的な社会政策の展開によって、労働党支持層を自由党に引き付けておくことは、自由党にとって、権力を握り続ける命綱となりつつあったのである。

だが労働党の支持者への依存が強まれば強まるほど、協調が敗れた時の影響は深刻になる。労働党の支持者を自由党に結集させるような争点が背景に退き、緊密な協力関係が崩れれば、両者の内包する矛盾と亀裂は、一気に表面化しかねない。そうした危険も、水面下で膨らみつつあった。

国民保険制度の樹立など、自由党政権の施策が、どこまでこの亀裂の広がりを抑えることができたか。第一次大戦前に、この亀裂はどこまで拡大していったのか。こうした問いに答えるには、1910年1月以後の補欠選挙の動向を分析することが

必要となろう。

 20世紀初頭の自由党政権下で、イギリスはセルフ・ヘルプの体制から、歴史的な転換の一歩を踏み出した。だが選挙政治の観点から見る限り、それは新生自由党の自信に満ちた攻勢の結果というより、行く手を阻まれ足元を脅かされ始めた自由党の、起死回生の戦略であった。その中心的な推進力が、エスタブリッシュメントの外にあり、「ウェールズの魔術師」なる異名をもつロイド・ジョージであったことは、決して偶然ではない。

注
1) 1905年から1910年にいたる自由党政権の軌跡については、Roy Jenkins, *Mr Balfour's Poodle* (First Published in 1954, Collins 1989), Peter Rowland, *The Last Liberal Government: The Promised Land 1905-1910* (Barrie& Jenkins, 1968), Peter Rowland, *The Last Liberal Government: Unfinished Business 1911-1914* (Barrie& Jenkins, 1971), K.O.Morgan, *The Age of Lloyd George: The Liberal Party and British Politics, 1890-1929* (London, 1971) を参照。その他、おびただしい研究文献があるが、以下基本的な文献のみ掲げる。G.Dangerfield, *The Strange of Death of Liberal England*, (First published London in 1935), R.C.K.Ensor, *England 1870-1914* (Oxford University Press, 1936), C.Cross, *The Liberals in Power 1905-1914*, (Pall Mall, 1963), H.Pelling, *Popular Politics and Society in Late Victorian Britain* (Macmillan, 1968), H.V.Emy, *Liberals, Radicals and Social Politics, 1893-1914* (Cambridge, 1973), John Murry, *People's Budget 1909/10: Llyod George and Liberal Politics* (Clarendon, 1980), G.R.Searle, *The Liberal Party: Triumph and Disintegration, 1886-1929* (Macmillan, 1992)。最新の概説としては G.R.Seale, *A New England? Peace and War 1886-1918* (Oxford, 2004) を参照。自由党と労働党の関係についてもさまざまな研究があるが、代表的なものとして Martin Pugh, *The Making of Modern British Politics* (3rd edition, Blackwell, 2002) 第7章、C.Chamberlain, 'The Growth of Support for the Labour Party in Great Britain', *British Journal of Sociology*, 24 (1973), K.Laybourn, 'The Rise of Labour and the Decline of the Liberals : the State of the Debate', *History*, 80 (1990), Dunkan Tanner 'Elections, Statistics and the Rise of the Labour Party', *Historical Journal*, 34 (1991), Frank Bearley and H.Pelling, *Labour and Politics*, (London, 1958), Frank Bearley, 'The Electoral Arrangement between the Labour Representation Committee and the Liberal Party' *Journal of Modern History*, December 1965 等を参照。
2) Kenneth O. Morgan, *Keir Hardie* (London, 1975), p.239. 自由党との協調路線をとるマ

クドナルド (Ramsay MacDonald) やヘンダーソン (Henderson) の方針に逆らって、棄権したハーディーの他に、9人の労働党議員が反対票を投じた。

3) エドワード時代の社会政策を、イギリスの社会政策史上に位置づけることは、本章の課題を越えるが、エドワード時代の社会政策は、質量とも第二次大戦後の「福祉国家」とは範疇を異にしていたと考えるのが妥当であろう。デイビッド・リード (David Read) は、エドワード時代の社会政策は、国民に最大限の福祉を提供しようとする福祉国家 (Welfare State) を目指すものではなく、国民に最低標準の福祉を提供する Social Service State を企図したものに過ぎなかったと指摘している。Donald Read, *Edwardian England* (Harrap, 1972) p.189.

4) H.C.G.Mattew, *Gladstone 1875-1898* (Oxford, 1995), p.322. グラッドストーンについては夥しい研究があり、晩年のグラッドストーンについては、より急進的になったとする評価もあるが、ここでは立ち入らない。

5) Asquith's Speech at East Fife, 1907 in Donald Read ed., *Documents from Edwardian England* (London, 1973), p.124. 首相としてのアスクィスについては Roy Jenkins, *Asquith* (Collins, 1964), Stephen Koss, *Asquith* (Allen Lane, 1976) 等を参照。

6) イギリス現代史の分野で用いられている「新自由主義」(New Liberalism) という概念は、サッチャー (Thatcher) 政権以後、市場原理主義という意味で使われるネオ・リベラリズムの概念とは異なる。自由主義という概念は、19世紀のイギリスと20世紀のイギリス、現代アメリカとではまったく異なったニュアンスで用いられているので注意を要する。

7) Peter Clark, *Lancashire and New Liberalism* (Cambridge, 1971). また Michael Freeden, *New Liberalism* (Oxford, 1978) は、政治思想のレベルで「新自由主義」の意義をクローズアップした。ホブソン (J.A.Hobson)、ホブハウス (L.E.Hobhouse) の「新自由主義」思想については、その他 Peter Clarke, *Liberals and Social Democrats* (Cambridge, 1978) John Allet *New Liberalism: The Political Economy of J.A.Hobson* (Toronto, 1981), Stefan Collini, *Liberalism & Sociology* (Cambridge, 1979), M.Freeden ed., *Reappraising J.A.Hobson: Humanism and Welfare* (London, 1990) 等を参照。なお積極的な社会政策の主たる推進力を、自由帝国主義やフェビアン社会主義の浸透に求める見解の問題点については、C.G.Matthew, *The Liberal Imperialists* (Oxford, 1973), A.M.McBriar, *Fabian Socialism and English Politics 1884-1918* (Cambridge, 1966) を参照。ウエッブについての最新の伝記研究としては Royden Harrison, *The Life and Times of Sidney and Beatrice Webb 1858-1905: The Formative Years* (Palgrave, 2000)。

8) マシュー、マクキビンらの批判論文は、Ross McKibbin, *The Ideology of Class: Social Relations in Britain 1880-1950* (Oxford, 1990) に収録されている。なおクラークの仮説に懐疑的な論者も、労働者と自由党が選挙で「補完的に」協力したことは認めている。G.R.Seale, *The Liberal Party: Triumph and Disintegration, 1868-1929*.

9) A.K.Russell, *Liberal Landslide* (New Abbott, 1973), Neal Blewitt, *The Peers, The Parties, and The People: The General Elections of 1910* (University of Toronto Press, 1972), Martin Pugh, *The Making of Modern British Politics 1867-1945* (Blackwell, third edition 2002) なおタナーは、この時期の政治的な変化は、クラークの仮説ほどクリアーカットなものではなく、もっと「断片的なもの」であったとしつつ、労働党と自由党は同じような社会的ルーツをもっていたとしているが、両者の「同盟」についてはやはり肯定している。Duncan Tanner, *Political Change and the Labour Party 1900-1918* (Cambridge, 1990), p.422.

10) 1910年の1月、12月選挙の選挙結果についての代表的な研究としては、ブレヴィット前掲書第18章を参照。本章は、政党の対決の類型を分析の視角に導入し、2人区の2票制についても立ち入った分析を加えることで、ブレヴィットとはいくらか異なった見解に到達している。なお本章は、以下のような筆者なりの分析の試みを前提にしている。1906年総選挙、自由党政権下の補欠選挙については、すでに発表した論考と重複する部分がある点をお断りしたい。「近代イギリス選挙史研究序説 ― 第三次選挙法改正後のイギリスの政治変動」(『イギリス研究の動向と課題』大阪外国語大学、1997年所収)、「アイルランド自治問題とイギリス政治の転換 ― 1886年総選挙における自由党の分裂」(『グローバルヒストリーの構築と歴史記述の射程』大阪外国語大学、1998年所収)、「19世紀末における自由党の衰退」(『国際社会への多元的アプローチ』大阪外国語大学、2001年所収)、「自由党の衰退と反攻 ― 19世紀末イギリス総選挙と補欠選挙 ―」(『英米研究』大阪外国語大学英米学会、2004年所収)、「1906年総選挙と自由党の再生 ― 20世紀初頭の補欠選挙と1906年総選挙における対決の構図 ―」(『英米研究』第30号、大阪外国語大学英米学会、2006年所収)、「1906年総選挙における自由党の再生と労働党 ― 2人区の得票分析 ―」(『英米研究』第31号、大阪外国語大学英米学会、2007年所収)、「1906年総選挙における自由党の選挙基盤 ― 1人区の得票分析」(『英米研究』第32号、大阪大学英米学会、2008年所収)、「自由党政権下の補欠選挙 ― 綻びる自由党の基盤 1906年-1909年 ―」(『英米研究』第33号、大阪大学英米学会、2009年所収)。

11) Lloyd George, 'Liberalism and the Labour Party' at Cardiff, October 11th, 1906 in his *Better Times* (Hodder & Stoughton, London, 1910) p.36, 'Social Reform', at Swansea, October, 1st, 1908, *ibid*., p.51.

12) 拙稿「アイルランド自治問題とイギリス政治の転換 ― 1886年総選挙における自由党の分裂」前掲参照。

13) 拙稿「1906年総選挙と自由党の再生 ― 20世紀初頭の補欠選挙と1906年総選挙における対決の構図 ―」前掲参照。ジョゼフ・チェンバレンについても数多くの文献があるが、さしあたり Richard Jay, *Joseph Chamberlain: A Political Study* (Oxford, 1981) 等を参照。

14) 拙稿「1906 年総選挙における自由党の再生と労働党 ― 2 人区の得票分析 ―」、「1906 年総選挙における自由党の選挙基盤 ― 1 人区の得票分析」前掲参照。
15) 「人民予算」については、John Murry, *People's Budget 1909/10: Llyod George and Liberal Politics op.cit.*, の他、H.V.Emy, *Liberals, Radicals and Social Politics 1892-1914 op.cit.*, および H.V.Emy, 'The Impact of Financial Policy on English Party Politics Before 1914', *Historical Journal* XV, 1972 を参照。「人民予算」から国民保険の創設にいたる政局を主導したロイド・ジョージについても、数多くの文献があるが、さしあたり、John Grigg, *The People's Champion 1902-1911* (Eyre Methuen, 1978) を参照。
16) マンチェスター北での落選とダンディーでの当選についてのチャーチルの感想については、例えば Roy Jenkins, *Churchill* (Macmillan, 2001) pp.130-132.
17) Blewett, *op.cit.*, p46.
18) この点、アイルランド国民党が圧倒的な力をもつアイルランドは、イングランド、ウェールズ、スコットランドとは別に取り扱うのが適当だとする選挙結果の編纂者クレイグの見解に従いたい。なお本章では、議席と得票率をベースに分析を行っているが、1910 年 1 月総選挙は、極めて高い投票率（86.7％）を記録しており、これは、ブレヴィットが指摘するように、もっぱら、1906 年総選挙で、棄権に回っていた統一党の支持者が投票所に足を運んだ結果ではないかと思われる。Blewett, *ibid.*, p.378. どの選挙区でどのように投票率が上がり、統一党の支持者が動員されたか、それが選挙結果にどのように影響したかを分析することは興味深い主題であるが、本章では取り上げず、ここでは、さしあたり結果として得られた各政党の得票率を、各選挙区の政治的特性を示す指標として扱っている。
19) Blewett, *ibid.*, p393. ブレヴィットは、1910 年 1 月総選挙の労働党候補の平均得票率が、1906 年よりも 0.6 ポイント低下したことを指摘している。しかし労働党からの新たな立候補者が 22 人も増えている状況で、単純に得票率を平均して比較することは適当ではないであろう。労働党の基盤がもともと弱い選挙区に新たに候補を立てたことを考慮すれば、労働党の平均得票率が低下するのは当然だからである。事実、ブレヴィット自身も、労働党候補が引き続いて立候補した選挙区での統一党へのスィングは、全国平均より小さかったことを認めている。またブレヴィットは、1906 年総選挙での 1 人区の三つ巴の選挙戦で、労働党候補がいずれも敗北したことをもって、労働党の「完全な失敗」と評価している。議席の上では確かにそのとおりであるが、三つ巴戦になった選挙区で、労働党が 20％ もの得票率を取り、自由党の票が半減する事態があらわれていたことに、政治的に重大な意味がある。
20) 1906 年総選挙における自由党の躍進区の分析については、「1906 年総選挙における自由党の選挙基盤 ― 1 人区の得票分析」前掲参照。ロンドンの選挙区の社会的な特性については、Henry Pelling, *Social Geography of British Elections*, (Macmillan, 1967), pp.30, 37, 43 を参照。

第1章 20世紀初頭自由党政権下の社会政策と選挙政治 —— 1906〜1910年1月 —— 65

21) ハリファックスのこうした選挙情勢については、Henry Pelling, *ibid.*, p.300. を参照。
22) レスターの選挙情勢については Henry Pelling, *ibid.*, p.211. 参照。ペリングは、レスターで労働党と自由党の支持者が特に強く結束した理由として、靴製造の小規模経営が多く、協同組合が発展していたこと、マクドナルドの政治的な才能をあげている。
23) ダービーには、当時ミッドランド鉄道会社の工場があり、1900年に労働者をひきつけるため、自由党の側が、鉄道労組の書記ベルを擁立した。だがベルは労働代表委員会の一員であったため、労働党の議席とされた。もっともベルは自由党への傾斜が強く、1906年には自由党の正式の候補に鞍替えする。ベルが引退した後、1910年1月に、労働党が正式に別の候補を立てることになった。Henry Pelling, *ibid.*, p.212.
24) ペリングも、ダンディー選挙区の労働者の中に自由統一党への票がかなりあったことを指摘している。Henry Pelling, *ibid.*, p.390.
25) 炭鉱の町マーサ・ティディフィルでは、炭鉱労組を中心とした労働組合が労働者候補としてハーディーを擁立した。もう一人の自由党議員トマスは、炭鉱主であった。Henry Pelling, *ibid.*, p.352.
26) ペリングはポーツマスの特徴として、海軍が拡張する時には時の与党にふれる傾向があることをあげ、1910年1月総選挙の保守党の候補ベレスフォードが海軍拡張を唱える元提督であり、特に有利であったとしている。Henry Pelling, *ibid.*, p.130.
27) ニューカッスル・アポン・タインの詳しい政治情勢については、Hnery Pelling, *ibid.*, p.325. 参照。
28) Winston Churchill, 'Liberalism and Socialism', at Glasgow, October 11, 1906 in his *Liberalism and the Social Problem* (London, 1909) pp.71, 78.

第2章
20世紀世紀転換期ニューヨーク市公衆衛生行政
—— 細菌・他者・行政組織 ——

1. はじめに

　社会保障とは、国家あるいは地方政府が管轄地域に居住する住民（一般には国籍保持者）の生活を、ナショナルミニマムを基準として制度的に保障するための総合的施策を意味する。社会福祉、公的扶助、社会保険などとともに、公衆衛生もその重要な一部を構成している。

　しかしながら、社会保障関連の諸研究の中で、公衆衛生の位置づけはあいまいである。理由としては3点が考えられる。第1に、個人や世帯に対する給付または保障を想定している公的扶助や社会保険などとは異なり、一般的に公衆衛生は地域や住民といった集合体を対象としてさまざまなサービスや規制を実施する。そのため公衆衛生は、社会福祉論が提示するサービス提供の範囲や手段の決定、対象者の選別、そこに関わるさまざまな価値判断などの、ある種政治的な議論からは距離を置いているかのようにみえる。第2に、公衆衛生行政は医学的発見によって大きく変化すると理解されており、政治よりもむしろ科学が支配するかのような印象がある。実際、公衆衛生を議論・研究する場合の力点は、たとえば疾病の科学的な原因究明や予防の具体的方法論に置かれる。第3に、公衆衛生の具体的な政策は時代とともに変化し、政策を実行する政府諸機関も創出と改組を繰り返す。いわゆる「公衆衛生局」が担っている役割が公衆衛生行政のすべてを網羅しているわけではない。そのため、社会福祉の分野と比較して、公衆衛生行政なるものを特定し、それらを時間を追って包括的に分析することが難しい。

　以上の理由から、これまで公衆衛生行政史は、公衆衛生局という組織の活動の

変遷を中心に記述することが一般的であった。たとえばラーナーとアンダーソンは死亡率や死亡原因のデータと感染症や慢性病の分析から、アメリカ各地の公衆衛生局の活動の範囲と効果の測定を行った[1]。ジョン・ダフィーはニューヨーク公衆衛生行政の発展通史において組織の設置、再編、消滅を通して、科学的新発見を行政システムの中で生かそうとする専門家集団と、それを十分理解しないまま予算や人員配置の政治的配分を行う政党組織との対立を描いた[2]。これらの研究では、国家であれ市であれ政府が住民の健康を守る役割を果たすことは当為のものとされたうえで、政府が実際にとった行動が疾病予防に寄与したかどうかが評価の対象とされる。住民の健康と安全を守るという国家のポリスパワー的観点からすれば、それは妥当な評価基準である。

　一方で、政府が発生する現象すべてを理解したうえで父権的に公衆衛生行政を展開したわけではないことはいうまでもない。となると、誰が、どのように、何を対象として公衆衛生行政を展開させたのか、その際に何が配慮され何が後回しにされたのか、という問題が浮上する。公衆衛生が政策として実施される際には、規定、前例、予算、習慣、集団間競争などに左右される政治の一分野となる。また、市民を感染症などの病から保護することが政治的評価につながるのならば、公衆衛生行政も政治的資源の一つとなる。公衆衛生行政が科学的発見に大きく左右されるとはいえ、現実にはダフィーの表現を借りるなら「科学を利用するひとつのアート」[3]に他ならない。

　1990年代以降発表された研究では、この理解に基づき、公衆衛生行政をより複合的に理解する試みが展開されている。たとえばデイヴィッド・ロズナーが編著者となったアンソロジーでは、清潔とモラルを重視する19世紀的価値観とニューヨーク市の政治環境が19世紀末に細菌理論と出合う中で、さまざまな試行錯誤を繰り返しつつコミュニティの健康維持を模索していく過程が描かれている。貧困層の対策に焦点を当てた結果、ミドルクラスをも脅かしたはずの感染症の役割については十分に分析されているとはいえなく、また黒人については現代のエイズ問題について以外はほとんど触れていないという問題はあるが、感染症との闘いを通して当時の人々が社会と社会政策に関わる問題をみる「目」を規定していくプロセスを分析することに成功している[4]。

　さらには公衆衛生そのものをみる視点から、公衆衛生からものをみる視点を導

入する研究も登場している。アラン・クラウトはアメリカ国民の中に形成された移民と病原菌、もしくは特定のエスニシティと病との強固な結びつきが、ユダヤ人やイタリア人、中国人のイメージもしくは偏見を強化し、市民権付与にも影響を及ぼしたことに注目し、病原菌の社会的役割について分析した。この研究自体が偏見を再生産するのではないかという危惧はあるが、健康と病に関わるさまざまな形での偏見構築が現代でも継続していることの根深さを理解するうえで有益な分析である[5]。

このような公衆衛生史の記述の多様化によって、感染症対策にとどまらない幅広いテーマが公衆衛生分析に登場してきている。ダニエル・バーンステインはゴミ収集と道路清掃を革新主義時代の文化的価値観と接合することを試みた[6]。スーエレン・ホイは清潔概念が変容していく過程の社会的緊張と帰結を描いた[7]。どちらの研究も現象の指摘にとどまっており、歴史的文脈の中での意義づけに成功しているとはいえないという欠点はあるが、古くから行われてきた人間の営みを新しい視点で見直すという試みに、分析を押し広げる可能性が開かれた。

本章は、公衆衛生行政そのものに注目してきたこれまでの研究を基礎として、公衆衛生の視点から都市住民による保健システム強化と移民への対応を議論する。すなわち、公衆衛生を足がかりに都市生活並びに価値観の変化と継続性をとらえようとする試みである。

ニューヨーク市に注目するのは以下の理由である。第1に、歴史的に早い段階から都市化が進行し、マンハッタンという川で区切られた地域で人口密度が高かったこと、第2に、ビジネスが振興したことにより、他の都市と比較して税収が高く、結果的に公衆衛生に振り向ける予算が比較的潤沢であったこと、第3に、ヨーロッパからの移民の中継地であると同時に集積地でもあり、海外からの疫病が上陸しやすい地点であったことである。つまり、ニューヨーク市政府の公衆衛生への対応は他のどの地域よりも早く大規模に始まり、他の都市や州だけでなく合衆国政府に対しても前例を提供し続けてきた。

以下においてニューヨーク市の公衆衛生行政の発展を概観し、20世紀世紀転換期にニューヨーク市が地理的に直面せざるを得なかった諸問題と、それらに対する民間および行政の対応を議論する。そして19世紀末にミドルクラスに浸透した細菌理論が、どのような形で公衆衛生行政を展開させたのかを検討する。

2. ニューヨーク市公衆衛生行政の発展

　人口の集中する都市は、歴史的にも早い段階からさまざまな公衆衛生政策がとられてきた。19世紀後半のニューヨーク市においてもすでにゴミ収集のシステム化、家畜の管理基準設定と大型家畜の登録、上下水道の整備、公衆トイレの設置管理、建築基準の設定、感染症罹患者の報告と隔離などが行われている。20世紀にはいると、新しい医学的発見を背景に、報告義務のある感染症リストの拡大、感染症診断のための情報提供、抗毒素やワクチンの開発、児童へのワクチン接種、そしてこれらを実施するための市政機構が次々に準備されてきた。確実な実施というには程遠かったにせよ、人々は、衛生管理が公共の利益であるとの理解のもとに、市税を支払い、条例に可能な範囲で従い、市の活動を監視した[8]。

　これは農村部とは対照的である。農村部では、急性伝染病の時期以外は公衆保健局は活動を停止し、日常の健康維持は個人の責任とされた。ゴミや排泄物は裏庭に埋められて堆肥とされ、あるいは川に流された。トイレを作るかどうか、どこにどのようなトイレを作るかは、個人の決定であり、人々はそこに公権力の介入は求めなかった。病むことと死ぬことは神の摂理であり、人が介入して覆せるのはごくわずかな事例だと理解されていた[9]。

　人が集住することによって、公共のために個人の権利の主張を抑制しなければならない事項が増える。都市の住民は、集住に伴う感染症罹患のリスクを負うだけでなく、そのリスクに対応するためのシステムを整備し、それを維持するための集合的理解を新来者に啓蒙し続ける努力を必要とした。インフラストラクチャーや病院が未整備な近代の都市では感染症などでの死亡率が高く、都市が都市として成り立っていたのは近隣地域からの人口流入が継続していたからだと指摘されている[10]。大都市ニューヨーク市は、道路を徘徊する馬や豚の規制、病人の隔離、道路の清掃に加えて、連邦政府の役割とされていた到着移民の検疫に関する市税投入の是非や、農村部や外国から流入し続ける人々への啓蒙など、具体性に満ちた公共性議論を19世紀の初頭から展開させていた。

　伝染病が細菌によって引き起こされるという細菌理論が浸透する以前のニューヨーク市の公衆衛生行政は、環境整備と個人の自由とをどのように両立するかと

いう課題が中心であった。細菌理論以前には、感染症の原因をミアズマ（悪臭）とする説が広く浸透していた。そのため、住居や衣服を清潔に保つこと、悪臭を発生させる原因を取り除くことが、個人の衛生と並んで、公衆衛生の取り組みとして重要であった。ゴミ収集が早い段階で組織化され、家畜の排せつ物放置が禁止され、河川への廃棄物投下が規制されたのはこの理解がもたらしたものである。市民はこういった規制をおおむね妥当なものとして受け入れた[11]。

　とはいえ、公衆衛生関連のすべてが市民に受け入れられたわけではない。伝染病感染者の情報収集と隔離には、常に大きな抵抗があった。医者は感染者の情報を市の保健局に逐一報告することを渋ったこともある。患者の存在を明らかにすることが、患者の医者離れにつながる可能性があったこと、多忙の中で報告を上げることが困難だったことがその理由と考えられる[12]。また、感染者とその家族が隔離措置を受けることによって経済的に大きなダメージを受ける場合、患者は隔離命令を拒否することがしばしばあった。ミアズマ理論が病気の原因として理解される一方、感染症の対人感染について人々は経験的に理解していた。しかし、細菌理論の理解が進む以前には、治療の方法が対処療法にならざるを得ないだけでなく、隔離の範囲や期間が今から考えれば必要以上に長くとられることもあり、患者と家族には大きな犠牲を強いることにもなった[13]。患者を隔離することは、総論としては受け入れていたものの、労働者階級の人々にとって隔離は日々の糧を欠かすというリスクがあったのである。

　初期共和国の時代以来、ニューヨーク市の公衆衛生行政は、個人の自由と公共の安全との間でさまざまな緊張を経験しながら、その活動範囲を拡大してきた。19世紀中ごろまでの公衆衛生行政は、急性感染症が発生した時に一時的に活動したものと一般的に認識されている[14]。公衆衛生行政を流行している伝染病対策の視点でのみ理解するのであれば、その通りである。しかし実際には公衆衛生行政が対応するさまざまな役割は常に変化しつつ継続していた。ゴミ収集や屎尿処理など日々の生活に必要な作業は、それぞれ新たな部課を創設して継続的に対応していた。公衆衛生行政は保健局だけが担っていたわけではない。当初は保健局が対応していたさまざまな役割、たとえば騒音規制、工場衛生、建築衛生基準、環境行政などが、後に他の部門に引き継がれて継続していくことを考えると、公衆衛生行政が感染症急性期のみに展開されたというのは必ずしも当てはまらない。

むしろ、公衆衛生局は広い意味での市民の健康・安全管理すなわちポリスパワーに関する入り口の役割を担っていたと考えるべきだろう[15]。

公衆衛生行政が幅広い規制と指導を行っており、その担当機関が随時再編拡大されたものであったことに加えて、ニューヨーク市の場合は連邦政府の規制とのすり合わせを行わなければならない、もしくは連邦政府に行動を促さなければならないという複雑さがあった。具体的にいえば移民の検疫である。

19世紀末の移民大量流入時代には、ニューヨークが移民の最初の主な上陸地点となった。ヨーロッパから次々と入港する船には、単に貧しいだけではなく、発疹チフスや黄熱病などさまざまな病気を抱えた移民たちが乗船していた。彼らが上陸した後にひとまず腰を落ち着けるのはニューヨーク市内である。保健局はこの点に大きな警戒感を持っていた。移民管理は連邦政府の管轄事項であるが、19世紀半ばまで連邦政府は入国審査と簡単な健康チェックを行うのみであった。検疫と入国拒否の権限は連邦政府に属する。しかしニューヨーク州には到着する移民の健康チェックを実施する州法が存在した。つまり、移民の健康チェックは連邦と州の両方がそれぞれ独自に実施する混乱状態だった。市保健局は、海上検疫を強化すること、明らかに感染症に罹患した者に関しては下船を認めず港内にて待機させることの指示を徹底し、加えて港湾担当の医師を派遣し、独自に診察を行った。しかし、本来連邦政府の役割である移民の検疫にニューヨーク市の機関が関わることで、さまざまな緊張が生じたことは否めない。この緊張は合衆国海軍病院が合衆国保健局として再編された1912年に、すべての移民健康チェックを連邦政府が行うことになるまで続いた[16]。

その時代の理解によって変化する健康管理の技法、行政が担当するべき事項、連邦制の中の行政システムなど、変わっていくものと変わらないものの狭間で、新しい発見を取り込み、継続性が必要とされる部分は他の機関を設置するなどして、保健局の活動は展開していった。しかしながら保健局の活動が常に状況を先取りし、当時得られた最新の科学的情報をもとにして展開されたわけではない。活動を左右する政治的、価値的判断は常に存在しており、それによって公衆衛生行政の効果は高くも低くもなった。

政治マシーンがニューヨーク市政に大きな影響を与えていた19世紀末から20世紀初頭、保健局長やその関連機関長の地位も政治的な配分の対象となった。マシー

ンの幹部は政治的地位配分に関してある程度の適性の配慮はしていたものの、その分野に必ずしも明るくない人物や、円滑な行政を監督するには不十分な技能しか持たない人物を充てることもしばしばだった。また、局長の頻繁な交代は局員のモラールにも影響を及ぼした。1907年のゴミ収集者のストライキは、それまでの低賃金労働に業を煮やした収集者たちが、新しく着任した道路清掃局長に不満をぶつけたものである。ゴミ収集の執行に熱意を持っていた局長だが、彼は労使の対立をまとめる能力には欠けていた[17]。また食品安全局では、浸透しつつあった細菌理論に基づいた食品や薬品の調査と販売監視を推進しようとする専門家集団と、ビジネス界の利益をも視野に入れた局長との衝突がしばしば発生した[18]。

　公衆衛生の力点が、19世紀のミアズマ論に基づいた清掃と清潔から、20世紀の細菌理論に則った感染症対策に移り変わる中で、科学的知識を持つ専門家集団の役割は急速に拡大した。しかしその専門家集団の知識や技能をどのように公衆衛生行政に生かすか、どこまでを民間の役割としどこからを市の役割とするのかについては、ようやく模索と検討が始まったばかりであった。実際、ニューヨーク市保健局内部では、専門的知識と行政手腕、そして広報能力を兼ね備えた人物が責任者の地位に就いた時に、その人物が所属する部課が成長した。これはその人物の個人的能力が寄与していたことはもちろんだが、同時にその人物が活躍できる社会的ネットワークが充実しているかどうかにも左右された。具体的にいえば、最新の知識を持つ科学者相互の連携、社会的影響力を及ぼしていた女性市民団体との協力可能性、そして新聞・雑誌へのアピール力である。

　公衆衛生行政には新しい科学的発見がそのまま採用されることはほとんどない。そこでは政府の管轄権問題や財政問題、個人の自由と公共の利益とのすり合わせが必須となる。さらに、20世紀初頭のようにミアズマ論から細菌理論へと移り変わる過渡期には、人々に理解を促し協力をとりつけるための広報・啓蒙活動が重要である。その際に力を発揮するのは、必ずしも専門家集団ではない。むしろ、改革の時代に広報手段を洗練させた市民団体や、新聞雑誌といったメディアが発信する情報が、一般の人々の理解を増進する。しかし、それはあくまで科学者の発表した新しい発見に一般的理解というフィルターをかけて見えたものを発信したものである。そこには移民のイメージや人種間関係の社会的通念など、さまざまな偏見が投影されていた。そこから発生する政治的圧力は、その時代の一般的

通念、とりわけミドルクラスの社会理解を色濃く反映していた。

3. ミドルクラスと公衆衛生

19世紀末にはミドルクラスの健康に関する知識は急速に変容していた。それまで一般的であったミアズマ論は次第に細菌理論に書き換えられていった。かつてミドルクラスの人々は、病の原因を不潔と低いモラルに求めることが多く、それゆえ個々人の健康管理はまず掃除と生活態度の改善 ── 過度の飲酒を戒め、享楽的な生活から脱却すること ── が必要であると考えていた[19]。貧困層に病が多いのは、不潔な生活と栄養不良、そして過度のアルコールの摂取が原因であるとされた。しかしこれは彼らの生活習慣こそが問題であり、断酒と清潔な衣服の着用、部屋の徹底的な清掃によって改善が可能であると信じられていた。貧困層に対するミドルクラスの生活改善の呼び掛けは、経済的苦境に対する同情からにせよ、労働力の源泉に対する生産性向上を意図したものであるにせよ、あくまでも自分たちとは一線を画した存在としての認識に基づいたものであった。コッホが発見した伝染病の原因としての細菌は、アメリカにおいて1870年代までは医療専門家の間で賛否両論が分かれており、ミドルクラス一般の理解もそれに応じたものだった。しかし1880年代から細菌理論が優勢になるに従い、ミドルクラスの間でも健康管理の主眼が変化を始めた。1890年代にはもはや健康を他人のモラルの問題としてのみ考えることはできなくなったのである[20]。

細菌は社会階層やエスニシティとは無関係に移動する。1892年のコレラ上陸は、この可能性を人々に認識させた問題となった。コレラは悪臭や埃ではなく人々が保持している細菌から感染するという理解は、保健局の活動のみならず、一般の人々の行動をも活発にした。保健局は市内各病院での準備に加えて、移民に対し港における20日間の待機命令を出し、病理・細菌・消毒課（Division of Pathology, Bacteriology, and Disinfection, 1892-）を新たに設置して研究所における感染確認の作業を行った。医者は患者の診断に慎重となる一方で、診断の確定した患者と家族の隔離に積極的に貢献した。新聞はコレラの感染と診断について繰り返し報道し、市民に慎重な行動を呼びかけた。ミドルクラスはコレラが貧

困地域の悪臭から発生するのではなく、患者の排せつ物に接触した水や食物から感染することをおぼろげながらも認識し、手洗いや、水や食物の加熱殺菌を励行した。結果的にニューヨーク市は、コレラは発生したものの、1830年代のような大規模な感染爆発を食い止めることができた[21]。

　1892年のコレラ対策は、細菌学についての市民の理解を高め、病理・細菌・消毒課の行政上の地位を確立したという意味で、政治マシーンの圧力と闘い続けてきた保健局にとっては政治的勝利となった。保健局がマシーンによるポスト配分の政治的計算から完全に自由になったわけではないが、少なくとも専門知識を持つ者を保健局局長に選出しなければならないとの流れは確定した。マシーンは伝染病対策の成功が政治的に有効に働くことを理解したのである[22]。

　一方で、ニューヨーク市で相次ぐ感染症の流行は、2つの社会的影響を導き出した。1つは細菌が「他者」と結びつき、とりわけ移民規制への支持を高めたこと、その際に特定の移民もしくは社会集団と病気が結びつけられる例が相次いだということである。もう1つは、昔ながらの清潔概念と細菌理論が接合し、貧困層への援助や介入の必要性認識がより高まったことである。

　感染症は突然発症することから、コミュニティの外から持ち込まれるものというイメージが強く、「他者」と結びつけられやすい。ニューヨーク市の場合、入港する船舶の検疫徹底によってコレラ感染拡大の食い止めに成功したことが、いっそうそのイメージを高めた。しかし感染症は国外から移民によって持ち込まれるとは限らない。たとえば結核や腸チフス、性病はすでにあらゆる階層に見られた。しかしクラウトが指摘するように、20世紀への世紀転換期には感染症は移民が持ち込むものという認識が定着し、さらには特定の病気と移民とが結びつけられる現象がみられた。結核がユダヤ人固有の病気と考えられたのはその一例である。そのため、結核感染者が急増した際には反ユダヤ感情が、また梅毒感染が広がった際には、移民ではないが黒人 ── 性的活動が活発であり、また放埓であるというイメージを持たれていた ── に対する反感が高まった。結核にせよ梅毒にせよ、病気はあらゆる層に広がっていたのだが、人種や移民集団に対する理解の構造がこのような特定疾病に対する偏見をもたらした[23]。19世紀後半の移民の大量流入はアメリカ社会、特に彼らが集住する都市部にさまざまな緊張をもたらし、各地で移民制限の必要性が叫ばれた。1921年にアメリカ合衆国では初めての包括

的移民制限法が成立するが、ニューヨーク市の場合は感染症に対する警戒感がその理由の1つとなったとも考えられる。

しかしながら、すでに入国している移民に対しては別の対処が必要となる。これは州と市レベルで対応すべき問題である。細菌の移動経路が徐々に明らかにされるに従い、ミドルクラスの人々は、移民や貧困層の状況を放置するわけにはいかないことを感じ始めた。感染症は他者の病気ではなく、貧困層の生活習慣だけがその原因となるものでもない。他人に施す慈善ではなく、自分を守るための予防が必要になる。

ただしミドルクラスの多くは、細菌理論をそのまま受け入れたのではなく、これまで習慣として浸透していたモラル概念と清潔概念の上に移植した。また、彼らが貧困層やミドルクラス同胞に広めようとした方法も、かつての家事や調理、建物管理の方法論の上に接木されたものであった。公衆衛生分野において、新しい科学的発見は古い習慣と既存の政治・経済・社会システムの上に展開する。ニューヨーク市の場合、移民や貧困層の健康管理は、家事のアメリカ化推進と、乳幼児と母体の優先的保護という形で現れた。

大量の移民をアメリカ化する方法論の1つとして松本悠子は、「アメリカ的生活水準」の内容に注目し、ミドルクラスは自分たちが当為とする「清潔さ、科学的な食事、衛生と健康、育児、効率的家事など」を移民家族に教育することによってアメリカ的価値観を身につけさせると同時に、それが大量生産・大量消費の経済システムを支えていくという構造が存在したと指摘している[24]。興味深いのはその内容である。清潔、衛生、育児、科学的食事など、多くが健康と関わるものに集中している。また、古くても重厚なソファやたっぷりと襞をとったカーテンと厚い絨毯を望むヨーロッパ系移民たちに、装飾が少なく埃を払いやすい家具やフローリングを勧奨するソーシャルワーカーたちの意図を推察するに、やはり清潔であること、埃を最小限に抑えることの重要性を教えようとしていたことがわかる[25]。

移民のアメリカ化を最前線で指導したセツルメントハウスやソーシャルワーカー、訪問看護婦らは、19世紀ナイチンゲール的な意味での清潔と健康との関連性だけでなく、昔ながらのモラルと病気との関連性も信じていた。病気は「種」と「土壌」がそろって初めて発症する、「土壌」すなわちモラルと生活態度が不適切で

あればさまざまな病気に見舞われる、という理解である。コレラや黄熱病が「罪深い」生活態度の者に発症するように、結核は「男らしさに欠けた」「不自然な行動」をとる「都会の」者に発症する[26]。このように清潔とモラルと病気が結びつけられていた伝統的思考の上に細菌理論が接木されたとき、前述のようなアメリカ化の具体的プログラムが立ち上がる。

　清潔と健康に関連性があるのは事実だが、流行する感染症と清潔の間の直接的関連性はそれほど高くはない。埃を徹底的に排除しても結核には感染する。新鮮な野菜を流水でよく洗って供したとしても、その水が汚染されていれば腸チフスやコレラは発生する。それでも、「種」と「土壌」のメタファーは少なくとも20世紀初頭のミドルクラスには生き続けており、彼らはその理解のうえで、これまで漠然としか理解されてこなかった「種」に、新しく発見された細菌を読み込んだのである。

　移民をアメリカ化する際に、英語を身につけさせることとアメリカ的自由と民主主義の価値を理解させるという点については、政治的にも経済的にも共和国の将来を守るために必要な事項である。それではなぜ家事や育児などといった生活習慣の指導が20世紀世紀転換期のアメリカ化の具体的プログラムの中に読み込まれたのか。しかも、それまで一般的であった世代交代によるゆるやかなアメリカ化 —— 子供世代がアメリカ人としての価値観を身につけて成長するのを待つ —— ではなく、家事の方法を教育するという特定分野に絞ったアメリカ化が推進されたのか。これは異質な他者を常に受け入れてきており、しかも混雑した環境の中で共生しなければならないニューヨーク市民にとって、家事を通して病気の予防すなわち細菌の伝播を食い止めるのが重要だったことが、1つの理由として考えられよう。そして、ニューヨーク市保健局児童衛生課課長のジョセフィン・ベイカーが観察した通り、移住してきたばかりの移民が、新しい環境の中で新しい知識を実践するのに貪欲であった —— とりわけ子供の健康維持に関して —— ことが、アメリカ化運動を部分的に成功させた理由となるだろう[27]。

　しかし、公衆衛生の観点から移民のアメリカ化を理解しようとすると、1つの問題が浮上する。それは、移民と同様にこの時期ニューヨーク市に流入を始めた黒人の問題である。南部から移住する黒人の数は、第一次大戦後ほどではなかったにせよ、産業化の進行に伴い増加し始めていた。もともと白人中産階級のコミュ

ニティだったハーレム地区に黒人が定着し始めたのもこのころである。ところがこの時代の公衆衛生分野における著名な市民活動家に、黒人について記述している者はほとんどいない。

しかし感染症はどこにでも存在する。たとえば結核である。当時、不治の病であった結核は、地域にもよるが黒人の死亡率は白人のそれの3倍から4倍に達していた。南部では黒人の間に広まった結核について、「劣った種」が社会から淘汰されることの利益がささやかれていた。一方で結核が伝染性であることの理解が浸透するにつれ、第一次世界大戦前後には、数は少ないながらも黒人専用のサナトリウムなども整備された。しかしながら人種を問わず移動する細菌の脅威に直面して、ニューヨークの医療専門家団体や市民団体は目立った動きを見せていない[28]。

これは助産婦の対策についても同様である。ニューヨーク市の貧困層は出産に際し、医者ではなく助産婦の援助を受けた。乳幼児死亡率や産婦の出産時死亡率の高さを憂慮した市民団体は、医療専門家団体との連携の下、保健局と市議会に助産婦のライセンス制度導入を働きかけた。その際、リリアン・ウォルドやエリザベス・クロウェルが注目したのは、移民、とくにオーストリア・ハンガリー系とイタリア系の助産婦であり、彼女たちの衛生知識の欠如であった。しかし、おそらく大多数が助産婦の下で出産しているであろう黒人については何も語っていない。熱心なインタビューや統計調査が行われた移民助産婦とは異なり、黒人助産婦について調査がなされた形跡もない。何も語らないことがすなわち無視していることを意味するわけではないが、少なくとも彼女たちの目線が移民の規律化にのみ向いていたことは明らかだろう[29]。

ミドルクラス市民の公衆衛生理解は、伝統的なミアズマ論と清潔観念の上に細菌理論を導入したものだった。そのため、貧困層のモラルや生活習慣への警戒感と啓蒙の必要性が浮上してきた。これは一方で移民のアメリカ化への取り組みとして発現し、他方で貧困そのものの解消が必要であるとの議論もごく一部ではあるが登場した。しかしそれはあくまでも当時の価値観の中での展開であった。その結果、自力では貧困から脱出できないであろう母子家庭や労働災害に見舞われた労働者に対する保障が議論されていくようになる。そして黒人に対しては、静かな無視、もしくは白人から完全に独立した医療システムの構築が図られていく

のである[30]。黒人の問題は今後、資料のさらなる掘り起こしと検討が必要となるだろう。

4. 乳幼児の保護と公衆衛生

アメリカ化運動を展開したのが主にミドルクラスからなる市民団体であったように、医療専門家ならずともミドルクラス市民はニューヨーク市の公衆衛生に大きな関心を寄せていた。小さな政府こそが良き政府であるという伝統的な政府観が根強かった時代であっても、小さな政府として行うべき最低限の役割の中に公衆衛生行政は組み込まれていた。1842年、イギリスのエドウィン・チャドウィックが発表した労働階級の衛生状況に関するリポートはニューヨーク市でも反響を呼び、個人の衛生意識改革を呼びかけるだけではなく、公共の活動の必要性と組織改革への圧力も高まっていった。街のゴミ収集が組織的に機能しているかどうか、どぶが清掃されているかどうか、致死性伝染病患者が特定され隔離されているかどうかなどについての人々の関心は常に高く、主なものだけでも貧困者生活改善協会（Association for Improving the Condition of the Poor, 1843）、ニューヨーク衛生協会（Sanitary Association of New York, 1859）などが市の公衆衛生行政に提言と監視を行った[31]。自らの健康と生活環境を守ると同時に、個人の努力だけでは実現しきれない事項について市政府の活動を求める彼らは、治安維持を司る警察と同様の効果と運用を公衆衛生にも求めていた。

19世紀末の市政機構の拡大と改革運の高まり、移民人口の急増、そして細菌理論の浸透によって、ミドルクラス市民の間には単なる衛生だけでなく積極的な疾病予防への関心が高まった。人口動態統計が小さな市町村でも取られるようになり、またヨーロッパ諸国のデータも利用できるようになってくると、ニューヨーク市の状況がより明らかになってくる。そしてコミュニティの健康状態への関心が高まっていく。

ニューヨークに限らず、19世紀後半の大都市の死亡率はどの年代においても農村部のそれより高かった。たとえば1900年人口動態統計では、都市部で18.6／1000、農村部で15.4／1000である[32]。貧困層が多く栄養不良が一般

的だったこと、安全とは言い難い水や食品が流通していたこと、換気の悪い工場での労働が多かったこと、そして集住に伴う感染症の拡大がその理由としてあげられる。しかし、ニューヨーク市では1870年代からすべての年代において死亡率が下降を始め、とりわけ一歳未満の乳児の死亡率は大きく低下した[33]。一般に先進産業国家の死亡率低下には家計状況の好転と栄養の改善が影響したと言われているが[34]、ニューヨーク市の場合はそれに加えて上下水道の整備が進んだこと、食品衛生管理が制度化されたこと、医師による伝染病の報告が厳格化したことにより隔離件数が増加したことなども見逃すべきではない。とはいえ、ニューヨーク市の子供と女性の出産時死亡率は全米平均よりも常に5ポイントから12ポイント高い。ここに市民団体や専門家団体の関心が集中した。そこには自らを感染症から守るという動機とともに、ニューヨーク市の将来を担うべき子供を守るという動機も存在した。

　ニューヨーク市は19世紀末から20世紀にかけて、公衆衛生行政の力点を大規模な衛生管理から市民に対する個別の衛生や育児教育と感染症の原因と予防の研究に置くようになる。これにより市保健局は病理・細菌・消毒課や児童衛生課など新しい部局を設置したのみならず、衛生担当職員に医学や疫学の専門教育を受けたスタッフを次々に採用し、また訪問看護婦や学校医の充実を図るなど、規模は急速に拡大した。そして市民団体にも同様に専門知識を持つ人々が参加するようになったこと、さらにはニューヨーク医師会などの専門家団体が市民団体とは別に影響力のある集団として登場したことで、市の公衆衛生行政は新たな段階に入った[35]。すなわち公衆衛生行政内部における医学専門家の存在感の高まりと、女性団体ネットワークとの協調である。以下では病理・細菌・消毒課のハーマン・ビッグスと児童衛生課のジョセフィン・ベイカーを中心に、乳幼児死亡率の低下した世紀転換期の公衆衛生行政の変容を考える。

　19世紀末はドイツで医学を学んだアメリカ人の若い医学専門家が、ヨーロッパの理論をアメリカで実践すべく活動していた時代である。ミッチェル・プラッデンやウィリアム・ヘンリー・ウェルチなどが細菌学の研究を続ける一方で、同時期にドイツで学んでいたビッグスは科学者の知識と視点を持つ行政官としてニューヨーク市保健局の専門化を加速する原動力となった。

　保健局はコレラの上陸危機に直面した1892年、ビッグスを課長として病理・

細菌・消毒課を組織した。ビッグスは課内にラボを設置し、当時乳幼児の主たる死亡原因とされていたジフテリアの研究を進めた。ジフテリアの原因菌そのものは1883年には特定されていたが、現場の医師はまだその診断を確実に下す状況ではなかった。そのためビッグスは、ラボにおいてジフテリアの抗毒素を開発する一方で、医師に患者の喉から摂取したサンプルを提出させ、ラボで診断を確定する方法を試みた。1894年には病理・細菌・消毒課のウィリアム・ハロック・パークが馬を使った抗毒素の開発を行い、量産への道が開かれた。

　しかし、ビッグスが期待したほど抗毒素大量生産のための予算は下りなかった。そのため、ビッグスは新聞に抗毒素の効果や不足している実態、投与によって救われる子供の人数予測などを掲載し、寄付を呼びかけた。これは保健局が新聞を使った初めてのマネーレイジングであった。貧困地区の子供の苦境について具体例をあげ説明しつつ、一方でできるだけ特定の移民集団を想起させないような形でのビッグスの巧みな情報提供は功を奏し、富裕層だけでなくニューヨーク・ヘラルドをはじめとする新聞社までが寄付金を提供した。また、新聞は市政府の対応が遅いことを繰り返し批判し、「貧困層に対する政治家の犯罪的無視」を攻撃、「医学的非常事態」として市の財政局の行動を促した。財政局は最終的に2万7千ドルの拠出を決定した[36]。

　興味深いのは、「貧困層に対する政治家の犯罪的無視」などといった新聞の記事が読者の関心と行動を呼んだという事実である。貧困層に対する慈善が行われることはあっても、その慈善活動は民間の女性団体やキリスト教系団体による規模の限られたものであるか、貧困層の票を期待するマシーンによる非効率な慈善活動であった。社会福祉政策への一般的支持はいまだ市政府さえ十分に動かすものではなかった[37]。貧困層が貧困のままであるのは個人の努力が不十分であるからであり、政府による援助はむしろ彼らのモラルに対する腐敗につながるとの見方が未だ強固であった19世紀末に、個人的な給付ではなかったにせよ貧困層を主たる受益者としたジフテリア抗毒素の広報戦略が効果を上げたのは、貧困層に蔓延したジフテリアがそれ以外にも感染する可能性をミドルクラス市民が感じていたからかもしれない。

　市政府を動かすという点ではビッグスはメディア以外にもさまざまな対策をとっていた。すでにコロンビア大学教授になっていたプラッデンに助力を頼み、

またビッグスのかつての患者であったタマニー・ホールの幹部チャールズ・マーフィーを説得し、科学者団体から政治家まで幅広く動員した[38]。彼のコミュニケーションスキルが病理・細菌・消毒課の発展を促し、市民に専門的知識の重要性と有効性を印象づけたことは間違いない。実際、タマニー・ホールは保健局の、とりわけラボの責任者配置について、政治的介入はほとんど行わず、むしろ保健局の医学専門家たちの利益となるよう行動した。これはコレラ問題からジフテリア抗毒素問題まで、保健局の行動が市民の注目を集めており、市民の健康維持に政治的支援を与えることが自らの団体の利益になると考えたためであろう[39]。

皮肉なことに、保健局はタマニーの影響が強い時代に成長し、タマニーに反対する改革派市長が誕生した時に予算を削減された。セス・ロウにせよ、ジョン・ミッチェルにせよ、非効率で財政規律の緩い市政を批判して当選を果たした改革派市長は、財政の引き締めという形で保健局を縛った[40]。ロウは保健局の抗毒素やワクチン販売を商業主義として批判し、予算と人員を削減した。また、ミッチェルによる市の組織改革提案、すなわち市政府の集権化を食い止め、クイーンズやブルックリンなど各地区にある程度の自立性を認めようとの提案は、とりわけ保健局にとっては衝撃となった。医学専門家を頂点に感染症対策を具体的に推し進めてきた病理・細菌・消毒課は、この提案に真っ向から反対する。専門家の知識と知見をどのように市政に生かすかという問題は、20世紀初頭には未だ扉を開いたに過ぎなかった[41]。

ニューヨーク市公衆衛生局における医学専門家は、タマニーの自己抑制によってそれなりの実績を上げていた。パークは実に1930年代までラボの中核として活躍し、アンナ・ウェッセル・ウィリアムズは1918年のスパニッシュ・インフルエンザ大流行の際に原因特定とワクチン開発に尽力した。また、彼らはロックフェラー医学研究所やメイヨー・クリニック、シカゴ感染症記念研究所など民間研究施設や、ジョンズ・ホプキンス大学など大学所属の研究者たちと交流や情報交換を行い、20世紀初頭の感染症研究の推進力ともなった。しかし、多額の資金を要する感染症研究は市の財政を圧迫することは事実であり、常に予算の引き締めの圧力がかかった。また、市民は感染症の流行を過ぎれば再び厳しい監視の目を光らせた。ニューヨーク市保健局の病理・細菌・消毒課の地位は、後に予算の潤沢なロックフェラー医学研究所に引き継がれていくことになる[42]。

1908 年にニューヨーク市保健局の下に設置された児童衛生課（Department of Child Hygiene）は、課長に初めて女性を登用したことで有名であるだけでなく、その政策が実験的であったこと、そして乳児死亡率の低下という具体的な数字で効果を表したことにより全米のみならずヨーロッパ諸国やトルコ、中国、日本など世界各地の公衆衛生家の関心を呼んだことでも知られている。児童衛生課の活動の特徴は、個別的であること、指導がシンプルであること、メディアの扱いに長けていたことにあった。これはある意味、これまで展開されてきた市民団体によるアメリカ化運動の具体的方法とも共通している。

　課長ジョセフィン・ベイカーはロウアー・イーストサイドの乳幼児の夏期死亡率に注目し、イタリア人移民の多い地区における訪問看護婦の活動を開始した。ヘンリー・ストリート・セツルメント・ハウスのリリアン・ウォルドの協力を得て訪問ナースの指導を行い、彼女たちを通してイタリア系家族の育児を観察し、新しい方法を提案した。母乳を重視すること、外気浴を頻繁に行うこと、身体を洗うこと、ヨーロッパ風の重い衣服ではなく手足を自由に動かせるような薄い衣服を着用させることなど、イタリア人だけではなくアメリカ人にとっても新しい方法が指導された。看護婦の訪問は育児方法に関していえば一般に歓迎されており、ベイカーはイタリア人の母親たちが「アメリカ婦人がうちの小さなジョバンニの事をこんなに心配してくれる」ことに感激していたと書いている。この活動により、当該地区の乳児死亡件数は前年よりも 1200 件減少した[43]。

　訪問と個別指導は、単にパンフレットを配布するよりも効果を得やすい。英語の読めない移民や、母国語の読み書きさえ不自由な移民は、パンフレットや新聞よりも訪問を歓迎する。しかも、移住したばかりの移民たちはアメリカの新しい方法をそれほど抵抗なく受け入れた。これは対象が室内の整え方や調理の仕方といった文化的抵抗の現れやすいものではなく、育児という具体的な効果が目に見えるもの ── 子供の顔色が良くなった、体重が増えた、下痢がとまったなど ── であったからかもしれない。

　一方でそれは多くの人員を必要とする。ベイカーは訪問に関して女性市民団体の協力を得ることで市職員のコスト抑制を図った。ミドルクラスの女性たちはすでにさまざまな形で社会に関わりを持っていた。女性の職業として看護やソーシャルワークを選ぶ者も多く、こういった女性たちはセツルメントハウスや病院、孤

児院などで活動していた。そして、健康や福祉に関心をもつ女性たちは、さまざまな機会に接触し、情報を交換し、時には人材の紹介や融通を行っていたのである。児童福祉や健康、医療問題を扱う団体は数多くあったが、「不思議なことにこういった団体にはリリアン・ウォルドやアニー・グッドリッチ、それに私など、いつも同じ顔ぶれが集まっていたのです」とベイカーは書いている[44]。

　ベイカーはまた、指導がシンプルであることの重要性を強調している。女性市民団体の活動経験から、また彼女自身訪問医として各家庭を回った経験から、ベイカーは何事においても手順が複雑になればなるほど一般の人々は指導を無視することについて理解していた。これは児童衛生部のミルクステーションでの指導に生かされている。

　ミルクステーションはネイサン・ストロースによって1893年にロウアー・イーストサイドに開かれ、貧しい家族に無料、もしくは安値で加熱殺菌を施した安全な牛乳を提供した。各地でこれに倣う施設が開かれ、1910年には38都市で297のミルクステーションが設置されている。ニューヨーク市においてミルクステーションは、後に児童ヘルスステーションと改名されて児童衛生課の所轄となる。児童ヘルスステーションを訪れる母親たちに、安全な牛乳だけでなく、育児方法のアドバイスも提供することを考慮した組織再編である[45]。ベイカーはここで、それまで実施されていた牛乳の処理方法であるロッチ法を改め、家庭でも実施できる処理方法を指導した。処理した牛乳を配るだけではなく、家庭で母親が処理できるよう、煮沸と子供の体重に応じた添加物――水、砂糖、ライムウォーターなど――を紹介した。シンプルな方法こそ人々が本当に実施してくれる方法であるとの信念から、ベイカーは乳幼児を危険にさらすと主張する医師会や加熱殺菌設備投資に二の足を踏む生乳業者の猛反発を退けた[46]。

　ベイカーが成功した理由は、個別指導とシンプルな方法の提案に加えて、メディアを効果的に利用したからである。これは彼女がビッグスのようにメディア利用に長けていたというよりはむしろ、ニューヨーク市で初めての女性課長という点で、彼女自身が新聞や雑誌の注目を集めたからである。新しい児童ヘルスステーションの開設や、夏期の水分補給の重要性、衛生知識の欠けた助産婦の危険性など、児童衛生部の通常の活動のみならず、新しい話題を求めて新聞記者が訪れた際にとっさに考えついた夏用の風通しのよい子供服のアイディアを提供するなど、

彼女はあらゆる機会をとらえて広報するウィットも持っていた。1918 年にジョン・ハイランが市長となり、ロックフェラー財団との繋がりを理由にベイカーに退任を迫った時は、新聞各紙が批判記事を繰り返し掲載した。彼女自身が書いているように、男性が課長となればそれはもう 1 つの組織の誕生にすぎないが、女性が課長になればそれ自体でニュースであった[47]。

乳児死亡率の低下はさまざまな要素が複合的に働いており、ベイカーの活動やビッグスの成果のみが効果をあげたわけではない。実際、アメリカ全土でこの時代の乳児死亡率は低下している[48]。経済状況の好転による栄養改善、各種ワクチンの開発と接種率の向上、上下水道の整備に伴う水質改善、連邦純正食品・薬事法の施行がもたらした粗悪食品加工品の排除などで、死亡率は特に若い世代において低下している。さらに、白人の出生率低下により子供に対するケアの質が高まったことも影響しているだろう。

とはいえ、ニューヨーク市保健局が果たした先導的役割は見逃すべきではない。人口が集中するニューヨーク市では、集住に伴う感染症の爆発的流行や、移民・移住者が持ち込む各種の細菌、都市環境に由来する騒音や悪臭や大気汚染、そして後の時代には交通量の増大に伴う事故の多発など、さまざまなリスクが存在した。一方で大都市に特有の巨大資本蓄積と専門的知識の集結が、リスク対策の模索を可能とした。ビッグスが先鞭をつけパークが発展させた病理・細菌・消毒課は、この時代に民間や大学の医学研究所を凌ぐ先進的な研究機関と成長した。児童衛生課は市内に拠点を置く市民団体との連携の下でさまざまな実験的政策を実施し、全米のみならず世界各地から視察団が訪れるほどになった。子供は簡単に死亡するものではなく、新しい情報と実践を取り入れることで生き延びるものになったのである。

5. おわりに

20 世紀への世紀転換期には、ニューヨーク市における公衆衛生行政の焦点は、上下水道の整備や道路清掃といった大規模な衛生管理から、個人の啓蒙と感染症の予防的措置へと変化した。上下水道の整備が完了したわけではなく、道路清掃

やゴミ収集も継続的に行われていたが、行政やミドルクラス団体の注目は明らかに移民や貧困層への個別指導へと移っていった。この転換の背景には細菌理論の一般への浸透だけでなく、専門化・近代化が進行する医療、増大する移民人口、ビジネスの成長に伴って活発化する物資の流通と人口移動、さらには社会改良に意欲を持つ高学歴女性の集団間ネットワークが存在した。そして、人々は以前からの習慣や価値観というフィルターを通して新しい知識を導入した。

　行政の指導が先行することについて、ニューヨーク市民は一方では違和感を感じつつも、感染症の大規模流行と乳幼児死亡率の高さという現実の前に批判を控えていた。幼児は夏に死ぬものであるという当時の医者の一般的理解に従えば、児童衛生指導は医療現場への介入であり、育児という私的分野への干渉であり、生乳業者への圧力でもある。ジフテリアが避けられない神の罰とするならば、抗毒素の研究と大量生産は予算の無駄遣いであり、民間製薬会社の成長に対する圧迫であり、診断を下す医者の権威への挑戦である。しかしこういった違和感は、20世紀初頭の政治的・文化的文脈と、科学の時代の到来という高揚感の中では、大きな批判にはならなかった。

　とはいえ市の予算には限りがあり、市民は一般的に危機を自覚できなければ公衆衛生局の活動に厳しい目を向ける。ある意味、公衆衛生局の予防的活動が成功すればするほど、市民は公衆衛生に対する予算措置に慎重になる。世紀転換期にそれほどの予算の縮減がなかったのは、感染症の危機が繰り返し報道されたことに加え、この論考では触れなかったが公立学校衛生プログラムが採用されたり、ウィラード・パーカー病院やキングストン・アヴェニュー病院など感染症患者を積極的に受け入れる病院を整備するなど、市民の公衆衛生行政に対する期待が形を変えて出現したことが関係しているだろう。

　ただし、新しい発見に多くを負っている公衆衛生行政も、実施の際には伝統的な価値観によって左右される。移民に特定の病気のイメージを持つこと、移民の生活改善が感染症の予防につながると考えることはその例である。さらには世紀転換期に増えつつあった黒人移住者への対応も同様であった。ミドルクラス市民団体は黒人への援助や指導をあからさまに否定はしなかったが、白人の訪問看護婦や助産婦の派遣については慎重だった。一方で黒人医や看護婦の存在も微妙な緊張をもたらした。医学部や看護学校を卒業した黒人医療関係者はわずかながら

存在したが、彼らは白人に対する医療行為は行えず、さらには黒人患者を多く受け入れることもできなかった。治療費を支払える黒人患者の多くは黒人医を信用せず、白人医の診察を求めたからである[49]。ただし、この時期のニューヨーク在住黒人の公衆衛生活動について何らかの解釈を行うにはさらなる資料の掘り起こしが必要である。ニューヨーク市保健局の週刊発行物に黒人に関する情報はほとんどなく、ベイカーの自伝でも黒人に関する記述は存在しない。

　公衆衛生は科学的な装いを保ちつつも、実際には社会的、政治的、歴史的に構築された概念である。公衆衛生が政策という形を成し、実行に移されるときには、文化、習慣、前例、予算、政治が、政策の決定と実行に大きく影響する。ニューヨークにおいては移民が貧困層と等しいものとみなされ、そこから黒人はこぼれ落ちた。貧しい移民が病原菌の発生主体と理解され、病原菌対策や生活習慣改善が実施された。1916年のポリオ大流行の際には、実際にはミドルクラス以上の家庭でポリオが多発したにもかかわらず、貧困層への対策が先行したのみならず、汚れと埃が原因であるとの噂が長くミドルクラスを支配した[50]。これは現代でも同様である。エイズと同性愛者との結びつき、肥満と自己管理不能者との連関など、同様の見方が今でも各地で散見される。科学的発見は既存の社会的文脈で解釈され、歪められ、受容されるのである。

　公衆衛生は社会保障の一分野であり、政府がある程度の責任を持つことが現代では当然視されている。その政府が選択する政策と、市民が課される義務に対する受容、そして市民の側の自発的行動は、これまで見たように文脈依存的である。そこで保護されるべき者、資金を投入すべき場所、優先されるべき案件の選択は、まさに「科学を利用するひとつのアート」となる。その意味で公衆衛生は社会福祉とは違った形での社会的・価値的分析が可能になる分野であるといえよう。

注

1) Monroe Lerner & Odin W. Anderson, *Health Progress in the United States 1900-1960* (Chicago: The University of Chicago Press, 1963).

2) John Duffy, *A History of Public Health in New York City, 1866-1966* (New York: Russel Sage Foundation, 1974).

第2章 20世紀世紀転換期ニューヨーク市公衆衛生行政 —— 細菌・他者・行政組織 —— 87

3) ジョン・ダフィー『アメリカ医学の歴史 —— ヒポクラテスから医科学へ』網野豊訳（二瓶社、2002）p.206.
4) David Rosner, *Hives of Sickness: Public Health and Epidemics in New York City* (NJ: Rutgers University Press, 1995).
5) Alan M. Kraut, *Silent Travelers: Germs, Genes, and the "Immigrant Menace"* (Baltimore: The Johns Hopkins University Press, 1994).
6) Daniel Eli Burnstein, *Next to Godliness: Confronting Dirt and Despair in Progressive Era New York City* (Urbana: University of Illinois Press, 2006).
7) Suellen Hoy, *Chasing Dirt: The American Pursuit of Cleanliness* (New York: Oxford University Press, 1995).
8) John Teaford, *Municipal Revolution in America: Origins of Modern Urban Government, 1650-1825* (Chicago: University of Chicago Press, 1975), pp.102-06.
9) L. L. Lumsden, *Rural Sanitation: A Report on Special Studies Made in 15 Counties in 1914, 1915, and 1916*, Public Health Bulletin, No. 94 (Washington D.C.: Government Printing Office, 1918), p.40; 平体由美「アメリカ南部公衆衛生行政の展開 —— ロックフェラー衛生委員会と20世紀初頭の鉤虫病コントロール」『アメリカ史研究』第32号（2009年）。
10) 都市アリ地獄説、もしくは都市墓場説。速水融『歴史人口学で見た日本』（文春新書、2001）pp.64-66.
11) Elizabeth Blackmar, "Accountability for Public Health: Regulating the Housing Market in Nineteenth-Century New York City," in David Rosner, *Hives of Sickness*, pp.43-46.
12) Elizabeth Fee and Evelynn M. Hammonds, "Science, Politics, and the Art of Persuasion: Promoting the New Scientific Medicine in New York City," in Rosner, *Hives of Sickness*, pp.189-90 n60.
13) たとえば「チフスのメアリー」の例が知られている。Judith Waltzer Leavitt, *Typhoid Mary: Captive to the Public's Health* (Boston: Beacon Press, 1996); 金森修『病魔という悪の物語 —— チフスのメアリー』（ちくまプリマー新書、2006）。
14) John Duffy, *The Sanitarians: A History of American Public Health* (Urbana: University of Illinois Press, 1990), p.91.
15) ここでは便宜的に公衆衛生局という名称を使用しているが、実際にはHealth Office Commission (1799-)、Metropolitan Board of Health (1866-)、New York City Department of Health (1870-) と名称は変化している。公衆衛生局は当初、港湾検疫と伝染病監視、人口動態統計を行う小さな組織として出発したが、後に道路清掃課や衛生課（1870年）、食品監視課（1881年）、公立学校監督医の設置（1886年）、そして後に議論する病理・細菌・消毒課や児童衛生課設置など、市民生活のさまざまな分野をカバーするようになる。公衆衛生局は場合によっては警察と連携し、監督を実施すること

があった。注13で触れたチフスのメアリーは、公衆衛生局の要請により、警察の協力を得て拘束された。Arthur Bushel, "Chronology of New York City Department of Health, 1655-1966," http://www.nyc.gov/html/doh/downloads/pdf/history/chronology-1966centennial.pdf(2010年1月31日取得)

16) Kraut, *Silent Travelers*, pp.58-60.
17) Burnstein, *Next to Godliness*, Chapter 1.
18) Margaret Ripley Wolfe, *Lucius Polk Brown and Progressive Food and Drug Control: Tennessee and New York City 1908-1920* (Lawrence: The Regents Press of Kansas, 1978), p.2.
19) David Rosner, "Introduction: "Hives of Sickness and Vice"," in Rosner, *Hives of Sickness*, p.3.
20) Rosner, "Introduction," pp.8-9.
21) Fee and Hammonds, "Science, Politics, and the Art of Persuasion" pp.161-63.
22) もっとも、伝染病が流行していなければマシーンの保健局に対する配慮の優先順位は低下した。市民は保健局の仕事が成功すればするほど、その役割の重要性に対する理解は後退し、予算上の「無駄」を削減するよう要求した。Pascal James Imperato, *The Administration of a Public Health Agency: A Case Study of the New York City Department of Health* (New York: Human Sciences Press, Inc., 1983), p.34; Duffy, *A History of Public Health in New York City*, p.68.
23) Kraut, *Silent Travelers*, p.155; Irving Howe, *World of Our Fathers, The Journey of the East European Jews to America and the Life They Found and Made* (New York: Harcourt Brace Jovanovich, 1976), pp.149-50; Samuel Kelton Roberts Jr., *Infectious Fear: Politics, Disease, and the Health Effects of Segregation* (Chapel Hill: The University of North Carolina Press, 2009); Johanna Schoen, "Teaching Birth Control on Tobacco Road and Mill Village Alley: Race, Class, and Birth Control in Public Health," in John W. Ward and Christian Warren, eds., *Silent Victories: The History and Practice of Public Health in Twentieth-Century America* (New York: Oxford University Press, 2007), pp.285-86.
24) 松本悠子「消費と国民化 —— 大量消費社会の到来と行動規範 ——」岡田泰男、須藤功編著『アメリカ経済史の新潮流』(慶応義塾大学出版会、2003) p.193.
25) Mabel Hyde Kittredge, "Housekeeping Centers in Settlements and Public Schools," *Survey* 30 (May 3, 1913), pp.190-92.
26) Georgina D. Feldberg, *Disease and Class: Tuberculosis and the Shaping of Modern North American Society* (New Brunswick, NJ: Rutgers University Press, 1995), pp.30-31, 44.
27) S. Josephine Baker, *Fighting for Life* (New York: Arno Press, 1974, c1939), pp.85-86.

第2章　20世紀世紀転換期ニューヨーク市公衆衛生行政 —— 細菌・他者・行政組織 ——　*89*

28) Constance A. Nathanson, *Disease Prevention as Social Change: The State, Society, and Public Health in the United States, France, Great Britain, and Canada* (New York: Russell Sage Foundation, 2007), p.87.
29) Memorandum, "Issues of Special Session of Midwifery," Second Annual Conference of American Association for the Study and Prevention of Infant Mortality, November 10, 1910, Lillian Wald Papers; F. Elisabeth Crowell, "The Midwives of New York," Reprinted from *Charities and the Commons*, January 12, 1907.
30) Katherine Ott, *Fevered Lives: Tuberculosis in American Culture since 1870* (Cambridge, MA: Harvard University Press, 1996), pp.108-10.
31) Imperato, *The Administration of a Public Health Agency*, pp.31-32.
32) United States Census Reports, *Vital Statistics* 1900, part 1, p.286.
33) ニューヨーク州における1歳未満の乳児1000人当たりの死亡件数は1880年245.33、1890年279.25、1900年167.7、1910年143.6、1920年104.8。United States Census Reports, *Vital Statistics* 1940, part 1, p.156; *Vital Statistics of New York City and Brooklyn*, 1890, p.10.
34) Thomas McKeown, *The Role of Medicine: Dream, Mirage, or Nemesis?* (Princeton: Princeton University Press, 1979).
35) たとえばNew York County Medical Society（1806年設立）は、19世紀末の細菌理論定着時より政治の分野に影響力を及ぼした。Fee and Hammonds, "Science, Politics, and the Art of Persuasion," p.177.
36) Fee and Hammonds, "Science, Politics, and the Art of Persuasion," pp.169-71; Nathanson, *Disease Prevention as Social Change*, p.56.
37) ニューヨーク市の社会福祉政策の推移についてはAugustus Cerillo, "The Reform of Municipal Government in New York City: From Seth Low to John Purroy Mitchel," *New York Historical Society Quarterly*, 57(1), 1973; 西山隆行『アメリカ型福祉国家と都市政治 —— ニューヨーク市におけるアーバン・リベラリズムの展開』（東京大学出版会、2008）。
38) Imperato, *The Administration of a Public Health Agency*, p.38.
39) Duffy, *The Sanitarians*, p.261.
40) ビッグスとパークは予算上の制約から、ラボに賃金の安い女性研究者を登用した。ニューヨーク市保健局は科学を専攻した大卒女性にとっての数少ない選択肢の1つとなった。一方でパークは市政府や議員らからハーレムを形成しているとの批判も浴びた。Fee and Hammonds, "Science, Politics, and the Art of Persuasion," p.171.
41) Fee and Hammonds, "Science, Politics, and the Art of Persuasion," pp.180-81; Imperato, *The Administration of a Public Health Agency*, p.41. ニューヨーク市保健局のラボによる薬品開発については、多くの都市がワクチンを購入し、また方法論を学んでい

た。これは民間企業も例外ではない。企業はこれらの保健局の研究成果を取り入れるだけではなく、人員の引き抜きなどを行い、後には医薬品開発のイニシアティブを巡って保健局に対抗した。Jonathan Liebenau, *Medical Science and Medical Industry: The Formation of the American Pharmaceutical Industry* (Baltimore: Johns Hopkins University Press, 1987), p.55.
42) スパニッシュ・インフルエンザの流行により、原因究明やワクチン開発のために全米のトップレベルの研究者間交流が活発化した。これをきっかけにアメリカの感染症研究は大きな前進をみることになる。ジョン・バリー『グレート・インフルエンザ』平澤正夫訳（共同通信社、2005）p.446.
43) Baker, *Fighting for Life*, p.86.
44) Baker, *Fighting for Life*, p.144.
45) Nathanson, *Disease Prevention as Social Change*, p.55; Imperato, *The Administration of a Public Health Agency*, p.37.
46) Baker, *Fighting for Life*, pp.129-30. ロッチ法とは子供の年齢、健康状態、肌や目の色、国籍、星座のデータに応じて医師が牛乳を調整するものである。
47) Baker, *Fighting for Life*, pp.88, 97, 114-117; Imperato, *The Administration of a Public Health Agency*, p.42.
48) 白人の乳児死亡率は1890年の150.7／1000から1920年の82.1／1000へと変化している。黒人に関しては1890年の全米データは存在せず、1900年に170.3／1000から1920年に131.7／1000と、白人よりは高いものの低下はしている。http://eh.net/encyclopedia/article/haines.demography,（2010年1月31日取得）。
49) Jeff Kisseloff, *You Must Remember This: An Oral History of Manhattan from the 1890s to World War II* (Baltimore: The Johns Hopkins University Press, 1989), Words of Dr. Harold Ellis, pp.300-01.
50) Naomi Rogers, "A Disease of Cleanliness: Polio in New York City, 1900-1990," in Rosner and Macdonald, *Hives of Sickness*, p.116.

第3章

アメリカ医師会と医療保険
―― 日本との比較の中で ――

1. はじめに

　医療問題は、現在アメリカ合衆国（以下、アメリカ）と日本において大きな争点になっている。アメリカではバラク・H・オバマ（Barack H. Obama）大統領が、医療制度改革を 2008 年の大統領選挙から重要政策の 1 つとして位置づけた。そして、2010 年 3 月 23 日オバマ大統領は、医療制度改革案に署名した。その目玉は、10 年間で医療保険を持たない人々の数を大幅に減らそうというものであった。しかし、いわゆる「オバマ・ケア」に反対する共和党は 2010 年 11 月に行われる議会選挙に勝利し、同法を廃止ないしは骨抜きにすることを目指している。このように医療制度改革は未だ先が見えない状況である。アメリカにおける無保険者問題は、貧困者にはメディケイド、高齢者と障害者にはメディケアという公的医療プログラムが用意されているものの、その他の市民は民間保険に加入するとされているがそれが任意であるという制度が原因となっている。

　他方日本では、国民皆保険制度があって全国民が比較的平等な医療サービスを受けられているにもかかわらず、「医療危機」「医療崩壊」などという言葉が近年メディアを賑わせている。特に、救急車で搬送される妊婦が病院から受け入れ拒否にあってたらい回しになるなどの事件が象徴するような医師不足問題や、それが原因で起こる医者の長時間労働が大きな課題となっている。このような問題には、1980 年代からとられた政府による医療費抑制政策などが影響を及ぼしている。すなわち、診療報酬の低さが原因で、産婦人科や小児科のような採算が合わない診療科を縮小または閉鎖せざるを得ない病院が存在するということである[1]。

このように、日米両政府が取り組もうとする医療改革の方向性は、両国に存在する医療保険制度に大きく左右される。本章は、なぜアメリカと日本がこのような医療保険制度を歴史的に発展させてきたのかを、医師会の採用してきた戦略に注目して論じることである。日本医師会(特に1957～1982年の武見太郎会長時代)やアメリカ医師会が政府の改革案に対して激しい抵抗を行っているのがしばしばメディアを通じて報道される。このような報道は、医師会は政府による医療への介入に対して一貫した戦略に基づいて反対しているかのような印象を与える。しかし、実際には医師会の医療保険に対する戦略 ── 言い換えれば政策選好 ── は首尾一貫したものではなく、さまざまな要因によって変化する。

図3-1は、医師会がどのような環境で医療保険に対する戦略を決定しているのかを示すものである。第1に、政府がどのような改革案を示すか、ということが重要になる。特に改革案の中で、医師会が医療サービスの質、量、価格の決定に対してどのような権限を持つのかによって医師会の戦略は変化する。第2に、その国が持つ政治文化も医師会の戦略に影響を与える。具体的には、より個人主義的な政治文化を持つか、より集団主義的な政治文化を持つかで、医師会が主張できることが左右される。第3の要因である医療経済というのは、医療サービスの価格や、国民の財政状況をいう。医療サービスの価格が低い場合には、患者は比較的容易に医療費を全額負担することができるが、医療技術が高まるなどしてサービスの価格が高騰すると、医療保険の助けが必要になる。また、国民のほとんどが医療サービスを受けられる財政状況にあるのか否かも医師の収入に影響を及ぼすため、医師会の医療保険への態度に影響する。

第4に、既存の政策も医師会の戦略に影響を与える。ここでの既存の政策とは、公的医療保険や民間保険制度などをいう。ポール・ピアソン（Paul Pierson）などは、経済学で発展した経路依存性（path dependency）という概念を政治学に

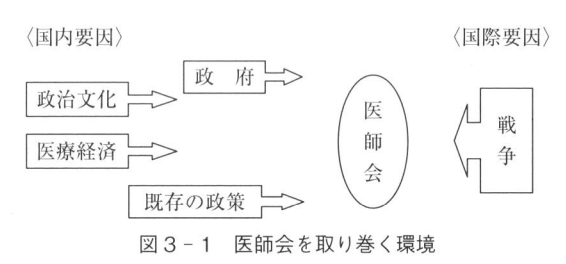

図3-1　医師会を取り巻く環境

援用しながら、ある時期における政策決定が、その後の政策発展の仕方に及ぼす影響に注目する[2]。経路依存性は、政策の選択肢が一時的に拡大する決定的転機（critical juncture）に選択された政策が、自己補強メカニズム（self-reinforcing mechanism）を引き起こすことから生まれるものである[3]。キャスリーン・テーレン（Kathleen Thelen）は自己補強メカニズムを支えるものとして学習効果（learning effect）を挙げる。これは、集団が持つ政策選好については不変なものではなく、それは現存する制度に左右される、というものである。社会の中の集団は、理想の政策案を追い求めるよりも、既存の制度の枠組みの中でその利益を最大化することを選択する、とテーレンは結論づける[4]。

医師会の戦略に影響を与える最後の要因は、国際関係である。医療政策をはじめとする社会保障政策の歴史的発展についての分析は、そのほとんどが国内要因に焦点を当ててきた。そのような傾向に対して、アメリカではマーティン・シェフター（Martin Shefter）やアイラ・カッツネルソン（Ira Katznelson）は、戦争をはじめとする国際的な要因も重要であると主張した[5]。また日本においても、第二次世界大戦が戦後経済・政治制度に与えた影響に注目した総力戦論という切り口から国際的要因を国内制度の発展に取り入れようとする努力が近年見られる[6]。本章は、他の国内要因も視野に入れながらも、第二次世界大戦と医師会の動向との関係を事例にとることによって、戦争と国内制度の発展との関係を論じる研究をさらに発展させるものである。

本章では以上のような視点で日米の医師会が医療保険に対して採用した戦略の背景を分析する。もちろん、医師会の決定にはその他さまざまな要因が考えられる。例えば、医師会の内部的要因である。すなわち誰が医師会長であるか、また医師会がどのような意思決定過程を持っているかなどは医師会の政策選好を考える上で重要である。本章は、このような要因の重要性を認識しながらも、まずは医師会を取り巻く環境について整理することによって、より包括的な理解をするための分析枠組み形成の一助となることを目的とする。

1910年代から1940年代を研究対象とするということには2つの理由がある。第1に、20世紀初頭においては、日米両国は医療保険分野ではヨーロッパに後れをとっていた。それが両国において1910年代にはヨーロッパに倣って公的医療保険を導入しようとする動きが強まり、さらに1940年代末までには、両国で国

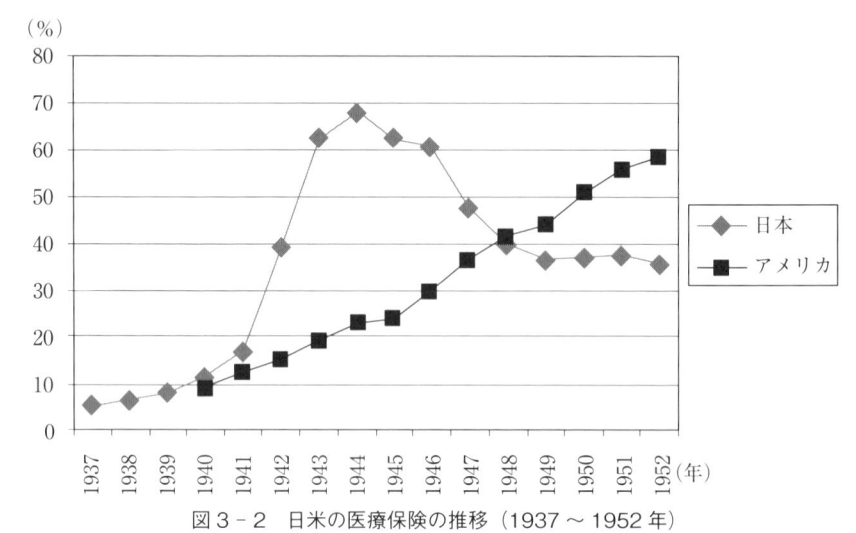

図3-2 日米の医療保険の推移（1937〜1952年）
出典：厚生省五十年史編集委員会『厚生省五十年史 ― 資料編』中央法規出版、1988、pp.869-874. Department of Commerce, Bureau of the Census, Historical Statistics of the United States, Colonial Times to 1970 (Washington, D.C.: U.S. Government Printing Office, 1975), p.82.
注）アメリカの数字には、退役軍人は含まれていない。なぜなら退役軍人の中には民間保険にも加入するものが多数いたと思われるからである。したがって、アメリカの実数は多少上回ると考えられる。

民のおよそ過半数にまで医療保険が普及したのである（図3-2を参照：日本は、戦中には約70％にまで拡大するが、戦後直後には混乱の中でその率が低下した）。

第2の理由は、日米両国において1940年代末までに現在の医療制度の基礎が築かれたということである。特定のグループにのみ公的保険が適用されて、残りの市民は民間保険へ任意で加入するというアメリカの医療保険システムは、1940年代までに定着した。他方、日本でも1940年代末までに一般労働者だけでなく自営業者までも対象とした公的保険が準備され、現在の皆保険制度の礎が築かれた。すなわち、1910年代には両国は医療保険の発展（特にその規模）という観点からみて類似した状態であったものが、1940年末までにはお互いに大きく異なる医療保険システムを採用したということになる。両国の医師会の戦略形成を分析することは、なぜ両国で異なる医療保険システムが採用されたのかを理解するために重要である。

本章は2節で構成される。第1節では、1910年代から1940年代にかけて日

本医師会がどのような背景で医療保険への戦略を変化させてきたかを明らかにする。第2節では、同時期におけるアメリカ医師会の戦略の変化を論じる。最後のまとめでは、日米比較から得られた仮説をまとめ、今後の課題を示したい。

2. 日本医師会と医療保険

1868年に日本が近代国家としての歩みを始めたとき、日本の医療は漢方医によって支えられていた。漢方は症状がでた患部を治療するということより、むしろ全身のバランスを整えることで回復を目指すという傾向を持っていた。また、漢方医は正式な医学教育を受けることは稀で、師弟関係の中で診断の方法や薬の処方などを学んだ。患者への請求は、診断に対してではなく処方する薬に対して行われるのが常であった[7]。

明治維新後に「西洋医術差許」が出され、公に西洋医学が認められると西洋医学を日本医学の中心に据えようとする機運が生まれた。西洋医たちは、西洋医学の普及のために正式な医学教育制度や医師の免許制度の形成を政府に求めた。そして政府は1877年に東京帝国大学に医学部を設立し、それを西洋医学の研究と教育の中心とした。その他の医学校・医学部の設立は、その教員の中に東京帝国大学の卒業生を含まなければならないことが政府によって公式なものとして認められるための条件であった。さらに1906年に制定された医師法によって、政府が認めた医学教育を受けていなければ医師免許を与えない、ということが明確化された[8]。西洋医学の普及の背景には、漢方医の力を減退させようとする目的があるのは明らかであった。

明治維新後の西洋医学の普及に危機感を持った漢方医たちは1879年に温知社そして帝国議会の設立に合わせ、1890年には帝国医会を形成し漢方の存続を訴えた。しかし、日清戦争の中では敵国の制度と非難され、1898年には長年の漢方医の指導者であった浅井国幹が死亡すると、漢方復活に向けての大規模な運動はもはや見られなくなった[9]。

このような漢方医の組織化に対抗するべく、西洋医学を学んだ医者たちの中に医師会を形成しようとする動きが地方で出始めた。1886年には東京医会が作られ

た後、西洋医による医師会形成の動きは各地に広がっていき、西洋医の利益が主張されるようになった[10]。このような流れの中で全国規模の医師会を組織しようという西洋医が現れた。1893年に開催された日本医学会で、長与専斎などによって大日本医会が提唱され、翌年第一回大会が開かれた。この大会の決議事項では、漢方医存続に対する反対が唱えられた[11]。そして1916年には、全国規模での医者の組織化をさらに進めるべく大日本医師会（北里柴三郎を会長）が発足した。しかし、大日本医師会はあくまでも任意団体であり、発足後すぐにそれを法定医師会にすべきだという運動が起きた。そして1923年の医師法によって日本医師会が設立され、同じく北里柴三郎が会長に就任した[12]。

このように明治維新後、漢方医を排除するというのが西洋医の医師会を組織する大きな動機となっていた。そして20世紀初頭までにはその目的は達成された。しかし、その後に医師会は新たな問題に直面した。それは医療保険に対して医師会はどのように対処すべきか、ということであった。

(1) 公的保険への支持から反対へ ― 1910～1930年代 ―

19世紀末において、ヨーロッパ諸国と比べると日本は福祉国家としては後発国であった。ヨーロッパに倣って社会福祉制度の拡大を図ろうとする動きが日本国内で起こった。それに関連して、この時期には多くの政府官僚がヨーロッパ諸国に国費留学した。後藤新平もその中に含まれた。後藤は主にドイツに滞在し、当時オットー・フォン・ビスマルク（Otto von Bismarck）宰相の下で急速に拡大する社会福祉制度を学んだ。日本へ帰国すると、1892年、彼は「疾病の保険法」を示して労働者を対象とする強制医療保険を提案する。彼は労働者の健康状態の悪化を指摘し、さらに「一時の労力不堪能は遂に労力不堪能を起し、然うして其の積んだ所のものは、国民全体の労働力の減少を起しますから、富国強兵にも影響を及ぼしまする様なことになります[13]」と主張した。結局、後藤の提案は実を結ばなかったが、それまでの日本における社会保障の発展を考えると、後藤の法案作成は画期的な出来事であった。

20世紀前半に入ると、著書や調査結果などで、労働者の劣悪な労働環境が広く一般に知れわたるようになった。東京帝国大学助手で内務省嘱託の石原修は、国家医学会例会で「女工と結核」と題した発表を行った。その中で、都市部から農

村部に帰郷する女工の7割が結核に罹っているという事実を明らかにした[14]。

このような歴史的文脈の中で、日本において本格的な労働立法として最初に登場したのが1911年に成立した工場法であった。工場法は、15人以上の労働者を雇用する工場を対象として、労働時間の短縮など労働環境の改善を目指すというのが目的であった。そしてその中で、労働災害に遭った労働者への医療サービスの提供が雇用者に義務付けられた。工場法は、労働組合運動の活発化がその成立の後押しをしたといわれている。1903年9件（参加者1,339人）であったストライキが1907年には57件（参加者1万938人）と増加しており、政府は何らかの対処を行う必要に迫られていたのである[15]。

しかし工場法で提供される医療サービスは、基本的に労働災害の時に限られており、労働者が職場と直接関係ないところで思った疾病は対象外となった。そこで一般疾患に対する公的医療保険として1922年に成立したのが健康保険法であった。健康保険法は、工場法と鉱業法が対象としていた労働者に対して業務外の疾病や出産に対する医療サービスの提供することを、雇用者に対して義務付けた[16]。保険料は、労働者と雇用者（ただし所得の3％以下）の折半となった。健康保険法の成立の背景には、労働運動の高まりが挙げられるが、その他にも憲政会と政友会との男子普通選挙法の成立に向けた労働者の取り込み競争も大きく作用したといわれる[17]。

以上のように20世紀に入ると、政府による医療分野への介入が拡大してきた。それに対して日本医師会はどのような態度をとったのであろうか。健康保険法案が立法されるまで、日本医師会は基本的に協力的な姿勢をとった。

大日本医師会（日本医師会の前身）は、以下の5つの理由もあって健康保険法案には基本的に賛成の意を示した。第1に、日本医師会は、これを機会に地方医師会や医者に対する影響力を拡大しようとした。すなわち健康保険法の下では、日本医師会が政府から被保険者の数に応じて診療報酬を一括して受け取り、それを自らが認めた保険医に自らが決めた診療報酬表に従って配分するという団体契約方式が採られたのである。このようにお金の流れを支配することによって、日本医師会は地方医師会や医者個人への影響力を拡大したのである[18]。第2に、健康保険法の形成過程において医師団体の意見も反映された。北原龍二は「政府とりわけ内務省と……医師団体との間に、非公式の接触・折衝が相当に進行して

いたと推定される[19]」と述べ、その中で日本医師会が政府を説得することに成功したものに先に述べた診療報酬制度の採用があり、そして自由開業医制度の堅持があった。第3に、日本医師会は健康保険法が医者の収入にそれほど大きな影響を与えるとは考えていなかった。プログラムの対象となる労働者は限定されており、実際にプログラムが運営された当初は約3％のみにしか適用されないという見積もりであった。そして第4に、公的医療保険が日本に登場するのは初めてで、さらには民間保険も広く普及していない状態で、多くの医者が彼らの医療活動にとって医療保険がどのような影響を及ぼすのかをそれほど深く認識していなかったことが挙げられる[20]。新しい制度が導入されるときには、導入されて初めて明らかになる利害関係というものがあり、健康保険法の及ぼす影響というものを日本医師会が正確に予測することは困難であったのである。

日本医師会が健康保険法を容認した最後の要因として、当時日本医師会が直面していた民間医療組織との対立が挙げられる。20世紀初頭には医療利用組合というものが農村を中心に拡大した。これは主に医師不足の地域の住民が自衛のために組合を形成し、時には独自の医療施設を設け、医者をある一定の給与で雇うことによって医者不足の解消を図るというものである。これが東京などにも広がって、新渡戸稲造なども設立者の一人となった東京医療利用組合はその中でも有名である[21]。また、医療保険とはいえないが、実費診療所というものが都市部を中心に拡大した。1911年に内務省は鈴木梅四郎などによる実費診療所の設立を認め、当初その診療所は医師会が定める診療報酬の3分の1の価格で医療サービスを提供した[22]。これらの民間で発達した制度は、一般開業医にとって脅威となった。医師会はこれらの民間制度を制限するべく圧力をかけていた。その中で、政府に対する影響力を拡大でき、なおかつ医療利用組合や実費診療所などと比べると診療報酬や開業医の自由という点でよりよい条件が得られる可能性があった健康保険法は、日本医師会にとって魅力的であったのである。

しかし健康保険法が成立したことで日本における公的医療保険の拡大が保障されたというわけではなかった。健康保険法は関東大震災でその施行が1927年にまでずれ込むが、プログラムが開始されても、医者を含む各方面から反発が生じた。医者からは、新たな事務手続きが煩雑であり、また設定された診療報酬が不十分であるなどの不満が出た。そして不満を持つ医者が保険診療を拒否したため、

被保険者である労働者からも反発が出た。さらに、健康保険法によって保険料の拠出を求められた企業側からは、労働者が医者に必要以上にかかることによって財政負担が増加することや労働能率が低下することへの懸念が示された[23]。このような状況の中、公的医療保険のさらなる拡大は困難な状況であった。

(2) 第二次世界大戦、医療保険、医師会

1931年に満州事変が起きて、日本は国際社会から孤立していく道を歩み始めた。1932年には満州国を国際的に認めないと結論づけるリットン調査団の報告を拒絶し、そして1933年3月には国際連盟からの脱退を宣言した。そして1937年7月の盧溝橋事件によって、日本は中国との全面戦争に突入する。戦線は1940年になると中国以外にも拡大し、日本は1941年12月の真珠湾攻撃によって連合国との直接対決の道を選んだ。このような国際社会からの孤立、そして世界戦争への参加という国際関係の変化は、医療保険の議論に大きな影響を及ぼした。戦時動員が高まっていくと、医療保険は戦時動員政策の一環となった。より強い兵士を戦地に送り出し、より強い労働者を軍需産業に従事させるために医療保険の拡大が唱えられたのである。

1930年代半ばになると、陸軍と内務省から農村部の疲弊に対する政策の実施を求める声が出るようになった。農村部は、経済状態が長期的に悪化していたのに加え、結核などの病気が蔓延し、さらには大恐慌が起きたことによって大きな打撃を受けていた[24]。内務省内の革新官僚と呼ばれる官僚グループは、このような農村部の疲弊に対する解決策を模索した。1933年4月には内務省社会局が農村部住民に対する医療保険の可能性を研究し始めており、その一年後には最初の草案が作られた[25]。

日本医師会は、このような社会局の試みに対して反対の姿勢をとった。これは既述したように医師会や医者個人が1927年に実施された健康保険法の下でいわば苦い経験をし、それが日本医師会の否定的な姿勢に影響したといえる。さらには、国民健康保険法案では健康保険法に明示されたような政府と日本医師会との団体契約が曖昧な形になっていたことも反対要因の1つであった。日本医師会は新たな公的医療保険案に対して1937年1月に「国民健康保険法案に関する政府当局の見解を反駁す」を示し、以下のように批判した。「これはまったく医療の真

精神を理解せず、医療を単なる技術、商品と同様に考へている当局者の根本誤謬を暴露したものである[26]」。日本医師会は、社会局と公衆衛生局との対立を利用しながら、社会局に圧力をかけた。また、日本医師会は、「国民健康保険はわれらを殺す[27]」という電報を社会局に送りつけて反対運動を行った。

日本医師会の反対にもかかわらず、国民健康保険法案は、1938年4月に帝国議会に提出され、可決された。国民健康保険法案の成立には、やはり1937年7月に盧溝橋事件が起こり、そして日中間の戦争が長期化する様相を呈してくるという状況が大きく働いていた。そして1937年末にかけてさらなる動員数の増加が見込まれ始めると、徴兵時の身体検査における不合格者問題がより深刻なものとして取り上げられた。そして、徴兵される若者の85%が農村部出身であるという事実が国民健康保険の成立を後押しした[28]。さらには軍需産業の拡大も1つの要因となった。というのも、軍需産業の労働力の多くが農村部出身者であったからである。陸軍医務局長の小泉親彦は「工業労働力、農業労働力の調整問題というやうなことがありますやうに、この産業問題は生産力拡充問題、労働力の保育培養の問題、悉くこの農業労働力と関係なくして出来ないのであります[29]」と述べている。

最後に、国民健康保険法案が成立した背景には、法案に日本医師会の反対を和らげる規定があったということもある。まず、国民健康保険案では日本医師会と敵対関係である医療利用組合の拡大を防止する妥協が挿入されていた。さらに重要なのは、国民健康保険はその設立と国民の加入は任意とされており、医者が保険医となるか否かも医者の判断に任されていた、ということである[30]。したがって、国民健康保険法案は、法案の内容も日本医師会にある程度の妥協がなされたものであったため、戦争からの圧力が加わった時に成立する方向に向かったのだといえる。

国民健康保険が成立した後も、日本医師会は公的医療保険に対しての不信や警戒心を捨てさることはなかった。他方、厚生省や陸軍省をはじめ中央政府では医療保険制度を拡大するための研究を続けた。そして、1939年には健康保険法の対象とはならないホワイトカラー労働者のために職員健康保険法、そして船員のために船員保険が成立した。いずれも戦時動員政策の一環として明確に位置付けられることによって成立をみた[31]。しかし、これらの成立は急進的な改革というより、

漸進的なものであったといえる。大きな医療制度改革の機会が訪れたのは1942年になってからであった。

1940年から1942年の時期は、日本にとって戦争の性格が大きく変化した時期である。1940年7月には近衛文麿総理大臣が大東亜共栄圏構想を発表し、中国以外のアジア地域に戦線を拡大することの正当性を訴えた。そして同年9月には、日独伊三国同盟を締結したことで、アメリカとイギリスなどの連合国との全面戦争がまさに現実的なものになった。図3-3にあるように、兵士動員数は1940年に人口比2.14％であったのが、1942年には3.94％、1944年には7.39％に増加した[32]。

このような戦争の性格の変化と並行して、1941年に元陸軍医務局長の小泉親彦が厚生大臣となったことで、医療制度における大改革の可能性が高まった。彼は戦争のために国民の健康度を向上させるために「健民健兵」のスローガンを打ち出し、医療制度の改革の必要性を訴えた[33]。小泉は、民間の医者と病院に大きく依存した日本の医療制度が戦時に有効に機能しないことに対して大きな不満を持っていた。大臣に就任して最初の記者会見で、彼は医師会の改組について聞かれると、以下のように述べた。「勿論必要である、時代は移るものである。旧体制下のものが新体制下の今日その侭通用すると思ふことが根本から間違っている。

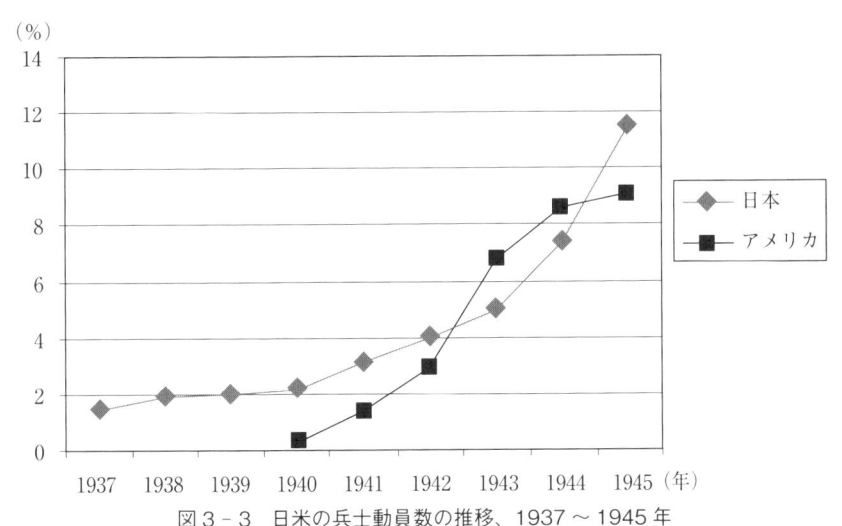

図3-3　日米の兵士動員数の推移、1937～1945年
出典：U.S. Department of Commerce, Historical Statistics of the United States, 18, 1141
　　　内閣官房編『内閣制度七十年史』大蔵印刷局、1955、p.621.

……自分（医師会）がやらねば、政府が手をつける[34]」。このように小泉は医師会を含む医療制度の大改革を訴えた。

それが1つの形となって現れたのが1942年2月に成立した国民医療法である。これは長年日本の医療制度を支えてきた自由開業制度の前提を否定するものであった。国民医療法は3つの目標を持っていた。第1に、民間病院の建設を制限すること、第2に、公的病院を拡大することである。この2つの点を進めるために設立されたのが国民医療団である。国民医療団は民間病院を買い取り、医療関係者を教育し、そして無医村などに公的病院を設立するという役割を託された[35]。

国民医療法の第3の目標は、医師会に対する政府の権限を拡大することであった。これを具体化するために1942年8月に「医師会及び歯科医師会令」が出された。その中で、日本医師会を、政府が任命する会長の下で再出発させる、というものであった[36]。そして初代の会長に日本医療団の稲田龍吉会長が兼任の形で就任した時、官製日本医師会が誕生した。

このような病院、医師会の官営化に向けて動き出していくのと並行して、医療保険制度も拡大していった。小泉は、「国民皆兵、国民皆保険[37]」というスローガンによって、医療保険を戦時動員の効率化のための政策であることを強調した。1942年の健康保険法の改正によって、被保険者となる報酬の限度を1,200円から1,800円に引き上げたり、さらには扶養家族への法的給付がこの時点で初めて確立したりした。それらの改正は健康保険の適用範囲の拡大を後押しした。

これと同時に、国民健康保険法の改正も行われた。1938年の設立時は、国民健康保険は任意設立と任意加入が前提となっていた。それが1942年の改正で、共に強制化された。小泉は1941年10月に3年以内にすべての市町村に国民健康保険組合を設立することを宣言していたが、この改正はそれを実現するためのものであった。その結果、1945年までには95％の市町村が国民健康保険組合を持つに至った[38]。また、実際の加入者数は、1938年の10年計画では1,800万人の目標であったものが、以上のような戦争の影響もあって4,100万人にまでに達した[39]。

日本医師会は、以上のような医療に対する国家権力の拡大に対してもはや抵抗することができなかった。すでに1939年には、朝日新聞が以下のように書いている。「医薬制度の改革は、結局、現在の医療界の自由主義的営業方針または職

業意識の是正によらなければならない……[40]」。1942年には読売新聞が「日本医師会は伝統的な自由主義的精神を捨てて、日本医療団と協力すべきである[41]」と書いている。このような流れの中で、1941年11月には、医界の指導者の一人であった谷口弥三郎（1950〜1952年に日本医師会会長となる）などの呼びかけで大政翼賛会主催の医界新体制協議会が開かれ、日本医師会内部からも体制側に近づく動きが見られるようになった[42]。それが、1942年には国民医療団の設立を見、そして日本医師会会長の官選を受け入れた時には、もはや日本医師会の国家権力からの独立はほとんどなくなってしまった。三輪和雄はこの時点で「福沢諭吉、北里柴三郎、北島（多一）とつづく医療における自由主義ラインは敗退した[43]」と述べている。日本医師会は、まさに政権と運命を共にすることになったのである。

(3) 公的保険支持 ── 1945年以降 ──

戦争終結時の日本には、戦時動員の増加とともに急激に発展した公的保険制度が存在した。しかしそれは法律の上であって、終戦間際そして終戦後の経済や社会の混乱で実際には活動を休止しているものが多数あった。例えば国民健康保険組合はその約67％しか実際に活動を行っていなかった[44]。このような医療保険制度を戦後どのような形にするのか、というのが課題となった。その議論の方向性を大きく左右したのが、ダグラス・マッカーサー（Douglas MacArthur）元帥率いる連合国最高司令官総司令部（GHQ）であった。そして日本医師会は医療保険の将来をめぐる議論の中で、歴史的、政治的、イデオロギー的な制約に直面した。

終戦後、それまでに発展した医療保険制度をすべて解体して戦前の状態に戻そうという考えは、ほとんど選択肢にならなかった。戦時中に発展した医療保険制度を基に、どの程度までそれを整理し拡大させるのかということが議論の中心となった。その議論の中心となったのが、GHQ側はクロフォード・F・サムズ（Crawford F. Sams）准将が率いる公衆衛生福祉局（PHW）であり、日本側は厚生省であった。

占領開始直後から占領軍は、兵士の保護という観点で医療政策分野に関与していた。それが次第に、日本の経済・社会を再建するための手段として考えられるようになった[45]。1945年12月、GHQの経済科学局内にアメリカから専門家を招聘して設置された労働諮問委員会は日本の労働・社会政策の調査を行い、公衆

衛生福祉局にこれを報告した。この諮問委員会の委員長であったポール・L・スタンチフィールド（Paul L. Stanchfield）はアメリカ政府で戦時動員政策を担当していた人物であった[46]。

　労働諮問委員会は、日本の公的医療保険制度が自営業者なども広範囲に含み、皆保険に近いようなものであることを称賛した。しかし同時に、医療保険を含めた社会保障プログラムの整理・統合を行うべきであると結論付けている[47]。包括的社会保障制度の創設を目指すという提案は、当時イギリスでウィリアム・H・ベヴァリッジ（William H. Beveridge）が提出した社会保障改革案を意識したものであった。労働諮問委員会は、医療保険における診療報酬もイギリスの制度に倣ったものを導入すべきであるとした[48]。次節で詳しく述べるように、戦後のアメリカでは民間保険が拡大していく一方で、公的保険の対象は軍関係者のみに限定していた。まさに、GHQの職員に多くいたといわれるニューディーラー（ローズヴェルトの改革路線を支持した者）が夢見た国民皆保険に近いものが日本にあったといえる。

　1946年4月には、社会政策の改革への必要性が高まっていくなかで、GHQは社会保障・社会保険部を設立して組織の拡充を図った。それまではたった1人の職員が社会保険政策を担当していたのである[49]。そして社会保障制度改革への動きはさらに続く。1947年3月には、サムズはアメリカ合衆国社会保障局に対して日本の社会保障制度に関する勧告を行うための使節団を派遣するよう依頼した[50]。この背景には、日本政府側が、さらなる社会保障分野の研究のためにアメリカから専門家を招聘することをGHQに対して要請していたことが背景にある[51]。さらに、GHQ側にも「（アメリカからの使節団が実現すれば）日本における社会保障問題への関心が高まり、日本の経済状態に対処するために各種プログラムを統合整理するための立法を行うことを議会に促すことができる[52]」という考えがあった。すなわち社会保障使節団は日米両側の思惑が一致したものであったといえる。

　社会保障使節団は、社会保障局で1942年から1944年まで雇用保障局基準課長を務めたウィリアム・ワンデル（William Wandel）を団長にして1947年8月に来日を果たした。この使節団にはアメリカ国内で医療制度改革の旗振り役の一人であったマイケル・M・デイビス（Michael M. Davis）の息子であるバーネット・M・デイビス（Burnet M. Davis）なども含まれた[53]。使節団が来日する直前の1947

年6月にはGHQが公的医療保険に対する国庫支出を増やし、さらには各種プログラムを統合するよう勧告を行っており、社会保障制度の統合に向けての動きが強まった[54]。

日本の官僚や研究者の中には、このようなGHQの勧告に対して積極的に協力する者が多かった。1946年3月、厚生省は社会保険制度調査会を設置し、医療保険を含む社会保険制度全般の調査を行った。そして社会保険制度調査会は1946年12月に「現行社会保険制度の改善方策」、そして1947年10月には「社会保障制度要綱」を提出し、包括的で統合された社会保障制度の確立を訴えた[55]。その内容がイギリスでベヴァリッジが唱えた改革案に似ていることから、この要綱は「日本版ベヴァリッジ案」と呼ばれた[56]。そして、1948年7月に出された社会保障使節団からの「社会保障制度えの勧告」も、それまでのGHQと日本政府側から主張されていた社会保障の拡充という方向性を基本的に支持していた。医療保険の分野でも各種プログラムの統合を図り、将来的には国民皆保険を目指すことが含まれた[57]。

このようにGHQ側からも厚生省側からも医療保険制度を整理し拡大するための改革が叫ばれているなか、日本医師会はどのような立場を主張したのだろうか。答えは、日本医師会はどのような意見があったとしても、それを主張するのは困難な状況であったということである。終戦後数年間は、日本医師会は解体され改組されるなかでその政治的影響力は極めて限定されていた。日本の医療保険制度についてGHQ内のニューディーラーが羨むとすれば、日本の公的医療保険が広範な国民を対象としていたという点であった。ただし、それ以外の点についてGHQはおおむね批判的であった。GHQが最重要課題の1つとして取り組んだのは、戦時中に事実上の官営団体となってしまった日本医師会の解体と再組織化であった。GHQは、戦時中に全体主義体制の一部となってしまった日本医師会を日本の民主化を妨げるものとして位置付けたのである。日本医師会は、1947年10月「医師会、歯科医師会及び日本医療団の解散等に関する法律」によって解散を命じられた[58]。

野村拓は医師会にとって戦後「虚脱と惰性の時代」がしばらく続いたと述べている[59]。民主運動に対する虚脱と、戦時体制と官製医師会への惰性から、日本医師会はすぐには脱することができなかった。水野肇も「医師会は、厚生省の立案したも

のにたいして声明を出すだけで、あとは自民党などに斡旋してもらって事足れりとしていた。まがりなりにも自分たちで意見を討議して、それで闘おうということをはじめたのは武見（太郎：1957年に日本医師会に就任）が最初であった[60]」と述べ、戦後直後の日本医師会の不活発さを指摘している。日本医師会が占領期にその政治的役割を十分果たせずに終わる原因には、GHQの公衆衛生福祉局局長であったサムズが日本医療を欧米諸国と比べ遅れたものであると考えており、その後進性を日本医師会の責任としていたことがあげられる。特にインターン制度が存在しないことや、医薬分業がなされていないことなどが槍玉にあげられた。1949年には、医薬分業をめぐって日本医師会がGHQの怒りを買って、田宮猛雄会長と武見太郎副会長が辞任に追い込まれるということもあった[61]。

　結果的に占領期は、その後に成立する国民皆保険制度の礎を築いた時期となった。戦後の混乱の中で、終戦までに出来上がった公的医療保険制度の基本的な仕組みを存続させ、それをさらに発展させるための改革がなされた。診療報酬を引き上げることによって、医者と患者の医療保険離れを抑えられた。また1948年には、国民健康保険の運営権限を国民健康保険組合や医療利用組合から市町村に移管することによって財政的、制度的強化を図った。そのような政府の改革もあって、次第に公的医療保険制度は戦後の混乱から回復した。そしてそれまでは貧困者のみが公的医療保険を使用すると考えられていたものが、1950年には過半数の患者が保険診療を行うまでに普及した[62]。そして社会保障使節団から提出された報告書に従って、社会保障政策に関する研究・提言を行う組織として作られた社会保障制度審議会が、1949年5月に第1回の会合を開催した。その後、この審議会は日本の将来の社会保障制度の在り方を議論する中心の1つとなった[63]。このような改革は、占領軍や日本政府によって医療保険が戦後復興の一部として位置付けられたことで可能になった。また、日本医師会が敗戦後、その責任を取らされ改組に至ったということも、GHQと日本政府主導の改革が可能になった一因であった[64]。

3. アメリカ医師会と医療保険

建国期からの19世紀前半に至るまで、日本と同様アメリカの医療はヨーロッパに後れを取っていた。当時のアメリカでは、聖職者が礼拝に集まる会衆に対して、医療サービスを提供するようなことが行われていた。それ以外は、社会的身分の低いものが、正式な医学教育を受けることなく医療サービスの提供を行うことが多かった。医療技術が未熟で、それに対する報酬も低かったことが、このような背景にあったと考えられる[65]。

このような状況を憂いたネイサン・デイビス（Nathan Davis）は、各地にばらばらに存在していた医師会をまとめるために、全国レベルの医師会の設立を1845年に提唱した。それを受けて、1847年にアメリカ医師会が誕生した。アメリカ医師会は医学教育の向上、医療倫理の確立、医療の科学化などを目的として掲げ、アメリカ医療をより専門化させるための努力を行った。アメリカ医師会の攻撃にさらされたのは、骨つぎ、助産、中絶などを行う者、またトムソニアニズム（植物治療運動）やホメオパシー（同種療法）などのような、彼らによって「非科学的」であるとされたものである。20世紀初頭までには、このようないわば異端とされた治療法はかなりの程度排除され、当初の目標は達成されたかのように見えた。しかしここで、アメリカ医師会は新しい問題に直面した。それが医療保険の登場であった。

(1) 公的保険への支持から医療保険全般への反対へ —— 1910～1930年代 ——

アメリカでは19世紀半ばから急速に産業化が進んだ結果、主要都市に大量の労働者が流入し都市問題が発生した。アメリカの貧困問題に取り組んだ、1879年に刊行されたヘンリー・ジョージ（Henry George）『進歩と貧困』は、1880年代には聖書に次ぐベストセラーとなったほど広く読まれた[66]。彼はこの中で、経済発展は全体的には富を拡大したが、富める者がさらに富み、貧しいものは救われることはないと論じた[67]。しかし19世紀までのアメリカをステファン・スクロウニック（Stephen Skowronek）が「裁判所と政党の国家」と評したように、当時の連邦政府はヨーロッパとは違ってこのような問題に対処する官僚組織も権力も持ち合わせ

ていなかった(68)。

20世紀になると、連邦政府による都市問題に対して、ヨーロッパに倣って社会政策の導入・拡充を求める声が大きくなってきた。その運動の旗振り役となったのが、アメリカ労働立法協会（Association of American Labor Legislation: AALL）である。AALLが提唱した社会政策の中に、ドイツ型の公的医療保険の導入が含まれていた。これは州単位で運営する医療保険であり、診療報酬の形態などの詳細についての規定は当初のAALL案には含まれていなかった(69)。アメリカ医師会は、AALLの公的医療保険案に対して「医療、経済、政治的な側面からの総合的な判断」の結果、好意的な態度をとった(70)。そしてアメリカ医師会は、AALLと法案作成への意見交換をするためにニューヨークにあるAALL本部と同じ建物内に作業委員会を設置した(71)。

しかし、1920年までにアメリカ医師会は公的医療保険案への態度を一変させる。アメリカ医師会は「州政府や連邦政府によって提供され、運営され、または規制されるいかなる強制的医療保険に対して……反対することを宣言する」という声明を出した(72)。なぜこのようなことが起こったのか。このような戦略転換の大きな契機となったのは第一次世界大戦であった。AALL案に無関心または懐疑的であった者たちはそれを「親独的」であると攻撃し始めた。また、1917年にロシアで内戦が起こり、世界初の共産主義国が誕生するという流れのなかで、アメリカ医師会がAALL案を「社会主義的な医療」として非難したことで、彼らの主張がアメリカの政治文化に支えられたものであるとすることができた。さらに、第一次世界大戦による戦時経済で、医者の財政状態が改善されたことも公的保険に対して消極的姿勢に転じた原因の一つである(73)。

それではアメリカ医師会は公的保険に反対する決意をする一方で民間保険を支持したのか、といえばそうではない。アメリカ医師会は、民間保険に対しても対決姿勢を貫いていた。民間保険は、まず19世紀末に疾病で休職中の給与を補償する形で始まり、20世紀に入って医療サービス自体を対象とするようになっていった。1929年には250人以上を雇用している企業の15.5％がその労働者に医療保険を提供していたが、その数が1939年には38.3％になった(74)。この民間保険の成長の背景には、1910年代以降、雇用者側と労働者側との対立が先鋭化したのを受けて、大企業の経営者を中心に労働者に対して社会福祉サービスを提供し

ようとする動きが広まったことが挙げられる[75]。大企業が提供する医療保険のなかでも、アメリカ医師会が最も警戒したものの一つに、大企業が医者を給与ベースで雇用し、従業員に医療サービスを提供する形態のものがある。ポール・スター（Paul Starr）は「アメリカ医師会の『社会主義的な医療』に対する嫌悪は広く知られていたが、企業内医療サービスに対しても同様の警戒心を抱いていた」と述べている[76]。

また医師会は複数の医者が契約を結び、前払い方式でグループ診療を行うような民間保険に対しても警戒した。1880年代に始まったメイヨー・クリニック（Mayo Clinic）がグループ診療の先駆けであり、アメリカ医師会はこのような診療形態の拡大には反対の姿勢を貫いた[77]。医師会は、公的保険であっても、民間保険であっても、医療保険は医者と患者の間に入る第三者としてこれを嫌ったのである。

このようなアメリカ医師会の公的保険と民間保険両方に対する反対姿勢は1930年代も続く。1933年には大恐慌を受けて民主党のフランクリン・D・ローズヴェルト（Franklin D. Roosevelt）が大統領に就任し、アメリカ福祉国家の拡大が唱えられた。1935年に成立した社会保障法（Social Security Act）には、高齢者向け年金、失業保険、児童扶養世帯補助制度などがその中に含まれた。ローズヴェルトはもともとこの社会保障法に公的医療保険制度を含むつもりであった。しかし、アメリカ医師会は連邦議会に圧力をかけるために地方医師会の代表を緊急会議に招集するなど、猛烈な反対運動を展開した[78]。結局医療保険は社会保障法全体をつぶしてしまう「ダイナマイト」となり、ローズヴェルトは医療保険を社会保障法に含めることをあきらめざるを得なくなってしまったのである[79]。

その挫折の後も、ローズヴェルトは公的医療保険の成立への希望をつなげるべく準備を進めた。社会保障法の運営を監督する組織として、各省庁の次官級官僚をメンバーとした委員会を設立した。その組織は、将来に向けた社会政策に関する提言を行う任務も負わされていた。この委員会内の医療担当チームは、既存の医療保険制度を分析し、医療保険制度改革案を作成するという作業を行った。社会保障法によって設立された社会保障局のアーサー・J・アルトマイヤー（Arthur J. Altmeyer）と彼の側近であるイシドア・S・フォーク（Isidore S. Falk）がこの中でリーダーシップを発揮した[80]。

1938年7月には、この医療担当チームの呼びかけで全国医療会議がワシントン

D.C. で開催された。これは労働組合が初めて正式に全国規模の会議に招かれたものであった。この全国医療会議で作成された医療保険制度改革案は、翌年ロバート・F・ワグナー（Robert F. Wagner）上院議員（民主党 ─ ニューヨーク州選出）が上院に提出したいわゆるワグナー法案によって一つの形となって現れた。ワグナー法案は、雇用者と労働者が拠出金を分担し、州政府による労働者向けの公的医療保険の設立することを提唱した[81]。

このような連邦政府レベルの動きに対して、アメリカ医師会は徹底抗戦を継続するという姿勢をとった。アメリカ医師会は 1930 年までにはアメリカで最も有力な利益集団の 1 つになっていた。1901 年には医者のわずか 7％がアメリカ医師会員であったが、1930 年にはその数が 65％になった。会員数の増加に加え、シーダ・スコッチポル（Theda Skocpol）は、アメリカ医師会が「連邦構造、すなわち地方医師会に所属している者が自動的にアメリカ医師会の会員となる構造で支えられていたことが、連邦制をとるアメリカにおいて大きな影響力をもつ原因となった」と指摘する[82]。このように強力になったアメリカ医師会は、ワグナー法案を廃案に追い込むのに重要な役割を果たした[83]。

このような公的医療保険をめぐる対立の一方で、民間保険は少しずつでありながら拡大を続けた。その拡大を支えた一つの要因に、ブルークロスとブルーシールドの登場が挙げられる。これらは民間保険が量的に拡大することのみならず、質的に大きく変化することも意味していた。

ブルークロスは、1929 年にテキサス州のベイラー大学病院が、教員グループを対象に年 6 ドルの保険料で 21 日までの入院を保障するという内容の保険を開始したのが起源である[84]。このタイプの保険は、いわば保険を専門とする企業ではなく、医療提供者自らが設立した本格的な医療保険ということで画期的なものであった。ブルークロスは教員や労働者などのグループを対象とすることによって逆選択問題（より病弱な人が保険に加入する）という問題を克服し、それは全国に広がり、1940 年までには 600 万人がブルークロスに加入した[85]。

病院サービス保険を対象としたブルークロスの普及をみて、「一匹狼」的な医者たちが、医者サービスを対象とした同じような保険を作れないか模索を始めた[86]。そこで登場したのが後にブルーシールドと呼ばれるものである。1939 年には、カリフォルニア、ミシガン、ペンシルヴァニア州などの医師会が州民に対して医者サー

ビスを対象とする医療保険を提供し始めた[87]。

このようにブルーシールドに対して一部の地方医師会は積極的な姿勢をとったが、アメリカ医師会は民間保険に対する反対の姿勢を継続させた。アメリカ医師会は、ブルーシールドもあくまでも医者が患者に提供する医療サービスの量、質、価格を決定する自由を奪うものとして考えていたのである。1938 年にアメリカ医師会は以下のように述べている。「被保険者への保険の支払いが現金支給を前提としない民間保険は認められない。医療サービスに直接影響を与える保険は排除されるべきである[88]」。アメリカ医師会は、それまでの民間保険に対する警戒心を払拭することはできなかったのである。

このようにアメリカ医師会は、1910 年代に AALL 案が示された当初は、公的保険に対してそれを支持する側になった。他方民間保険に対しては反対の姿勢をとった。すなわち前節で取り上げた日本医師会と同時期に同じような戦略を採用していたことになる。しかし、1920 年代初頭までに日本とアメリカの医師会の戦略は少しずつ異なった方向性を持つようになる。日本では日本医師会の協力の下、健康保険法が成立される一方で、アメリカではアメリカ医師会は公的保険反対の態度に転じて、結局労働者向けの公的医療保険が成立することはなかった。両国の医師会の戦略転換にはさまざまな要因が考えられる。第一次世界大戦は考慮に入れなくてはならない要因の一つである。アメリカでは、第一次世界大戦を契機に、公的保険に対するアレルギー反応が増幅した。日米ともドイツが敵国であったことは共通しているが、日本は集団主義的文化を持ち、中央政府に少なくとも工場法の運営の経験があった。ところが、ドイツの政治制度を参考にして国家形成を行ってきた日本と異なって、自由主義に根ざした政治文化を持つアメリカには、それ以前に連邦レベルの労働者保護プログラムは存在しなかったという歴史的背景もあり、ドイツ型の医療保険を受け入れる素地は日本と比べて備えられていなかったといえる。

(2) 第二次世界大戦、医療保険、医師会

1930 年代までにアメリカ医師会は、公的、民間を問わず医療保険に対する反対を貫いてきたが、1940 年代に入るとアメリカ医師会を取り巻く環境が大きく変わ

る。第二次世界大戦が、アメリカ医師会の政治的立場に大きな影響を与えたのである。

1940年のアメリカは、ドイツのヨーロッパでの戦線の拡大に恐怖を感じながら、近い未来におけるドイツとの対決に向けて着々と準備を進めていた。1940年には、平時において初めて徴兵制が導入され、アメリカ各地で徴兵検査が開始された。同時に、軍事産業に従事する労働者も急増することとなった。多くの一般市民が兵士として、そして労働者として戦争に参加し始めると、日本で起こったように医療保険政策が国防政策の一環として組み込まれるようになった。

1941年の夏になると、ローズヴェルト大統領は、ヨーロッパにおける連合国側の劣勢に加え、アメリカの商船ロビン・ムーア号がドイツの潜水艦に沈められるという事件を受けて、国家非常事態宣言を発した。それまではローズヴェルトもアメリカ市民も基本的にはアメリカの中立を支持していたが、ここに至ってアメリカの参戦がにわかに現実味を帯びてきた[89]。

議会は、非常事態宣言以前は兵士の動員数の上限を90万人と定めていたが、これを撤廃した。アメリカ市民を兵士としてそして軍事産業の労働者としてより効率的に動員するために必要な施策が、ローズヴェルト政権内で考えられた。動員の効率性の向上が争点となったのには、徴兵された若者の多くが徴兵検査で不合格になるという問題があった。1940年の8月にはすでにニューヨークタイムズ紙が徴兵検査において約3分の1の若者が不合格となっていることを伝えている[90]。1941年1月に連邦政府から出された報告でも、徴兵検査において約3分の1が不合格となるだろうと推計されていた[91]。できるだけ不合格者を減らし、さらにはより健康度が高い頑強な兵士をつくるという意味で、医療問題に焦点が当てられたのである。

ローズヴェルト政権内において公的医療保険法案形成の中心的役割を果たしていたアーサー・J・アルトマイヤーは、1941年4月に「周到な医療プログラムが国防のために必要不可欠である[92]」と述べ、来るべき戦争への準備のために連邦政府がより積極的に医療分野において関わっていくべきであると訴えた。

連邦政府内のこのような動きに対して、アメリカ医師会は敏感に反応した。1941年7月にアメリカ医師会の事務局長であったオーリン・ウェスト（Olin West）は、連邦政府による戦時動員の中で中心的役割を果たしていたポール・V・マクナット（Paul V. McNutt）に対して以下のような文章を送っている。「社会

保障局はこれまでになく連邦政府による医療政策の拡大を訴えているようである。そして、社会保障局の官僚たちは、強制的公的医療保険を含む医療政策を国防の一環として議会の承認を得ることなくして進めようとしている[93]」。アメリカ医師会は、アメリカが戦争への準備を着々と進める中で、彼らを取り巻く政治環境が変わっていくのを感じ取っていたのである。

1941年12月の日本の真珠湾攻撃によってアメリカは参戦し、戦時動員の効率化はより深刻な問題となった。動員される兵士の数は1942年には人口比2.88%であったのが、1943年には6.74%、1944年には8.62%に急増した(図3-3を参照)。兵士にとられる若い父親が増えると、残される家族と子供に対する何らかの施策が兵士の士気を維持するためにも必要となってきた。そのような政策の一つとして1943年に登場したのが、緊急母子医療プログラム（Emergency Maternity and Infant Care Program）である。このプログラムは、州政府が下級士官の妻子に対して産婦人科と小児科のサービスを提供するのを補助するものであり、その医療サービスは比較的手厚いものであり、その診療報酬は州政府と児童福祉局が設定したものを採用した[94]。

また、1944年頃になると、大量に動員された兵士の一部が退役してくるようになった。その彼らが、よりスムーズに一般市民としての生活に戻るための政策が必要となった。そこで1944年6月に成立したのが、退役軍人援護法（通称GI Bill of Rights）であった。この法律の中には高等教育、住宅、起業活動に対する補助などが含まれた。さらにこれには、退役軍人向けの医療サービスの拡大も含まれていた。また、新たな退役軍人病院を建設するために500億ドルの予算が計上された[95]。

退役軍人病院では医者に対して給与制をとり、退役軍人局で定められた診療報酬に基づいて診察が行われた。さらに、それまでの退役軍人病院の伝統を引き継ぎ、戦争に関係する疾病だけではなく、戦争とは直接関係ない疾病も治療の対象となった[96]。この法案の成立については、退役軍人による当時最大規模の利益集団であるアメリカン・リージョン（American Legion）が大きな役割を果たした[97]。

軍関係者以外の一般市民に対する公的保険拡大運動も続けられた。1945年1月には、連邦政府の医療分野への積極的な関与を進めようとするクロード・ペッパー（Claude Pepper）上院議員（民主党 — フロリダ州選出）が委員長を務める戦時医療教育委員会（通称ペッパー委員会）が、社会保障の充実を主張する中

間報告を発表する中で、労働者とその扶養家族に対する公的医療保険の設立を唱えた[98]。ペッパー委員会のこの報告が契機となり、これまで以上に医療保険が重要な争点として取り上げられるようになった[99]。それまで公的医療保険の導入に難色を示していたフォーチュン紙が、好意的な記事を掲載するということも起こった[100]。

　世論においても公的医療保険に対して支持の広がりが見られた。フォーチュン誌が1942年に行った世論調査では、74.3％の人々が医療保険に対する支持を表明した[101]。ギャラップが1943年に行った調査でも、59％が現行の社会保障プログラムに医者サービスや病院サービスを含むことに賛成した。以上のことからも戦争が進むにつれ、軍関係の人員を対象とした公的医療保険の拡大が進み、さらに国民皆保険への運動も活発化した。イギリスでも1942年12月にベヴァリッジ報告が出され、戦後における社会保障の拡大が唱えられた。イギリスから大西洋を渡ったアメリカにおいても、多くの改革派が同じ夢を共有していたのである。

　アメリカが参戦したことで、アメリカ医師会の政治的影響力は減退した。医師会の会員の多くが軍にとられ、また各地の医師会は、徴兵検査などの戦争関係の活動で忙殺された[102]。さらに、アメリカ医師会にとって一番の痛手だったのは、戦争下で愛国心が強まり国家権力の拡大が正当化されるようになると、公的保険導入への動きに対して、「医者の国家権力からの自由」を盾に抵抗することが困難になったということである。アメリカ医師会としては緊急母子医療法や退役軍人援護法などに対しても基本的には反対の姿勢をとったが、時局ゆえに軍関係者向けのプログラムの成立を阻むことはできなかった。

　しかし1944年初頭までには戦局が大きく変化し、連合国側の勝利が確実になってくると、アメリカ医師会は国民皆保険への動きに対して反撃を再開した。1944年6月、アメリカ医師会の事務局長であるアーネスト・E・アイアン（Ernest E. Iron）は「個人主義は異なった地域の多様な経済・社会状況に対応するためには不可欠なものである。……アメリカにおいては我々の生活そして発展は自由な行動 ― 自由な起業 ― によって支えられている」と述べ、アメリカ医師会の1920年代からとっていた主張を繰り返した。そして、1945年6月になると、アメリカ医師会は「アメリカの自由な民間の活動こそが世界史上最も悲惨な戦争に勝利する要因だったのである[103]」と述べ、アメリカ医師会の主張がアメリカの勝利を導

いたといわんばかりの主張を行った。後述するように、戦後においてアメリカ医師会はこのような主張を繰り返すことになる。

以上のように、第二次世界大戦は公的医療保険の議論に対して影響を与えた。しかし、医療保険についてはもう一つ重要な変化が第二次世界大戦によって引き起こされていた。それは民間保険の拡大である。アメリカの参戦によって、多くの企業が深刻な労働力不足に悩まされていた。その結果、賃金引き上げ競争が起こり、インフレの懸念が出てきた。そこで、連邦政府は取り決め以上の賃金引き上げを禁止した。それを受けて賃金上昇による労働力確保ができなくなった企業に連邦政府が行ったのは、医療保険を含む給与外報酬に対して税控除の措置をとるということであった。企業は戦時中の増税によって苦しんでいたこともあって、給与外報酬は拡大した。その結果、民間医療保険は戦時に拡大することになったのである[104]。

このような文脈で、ブルークロスとブルーシールドは大きく成長した。1941年にはこれらの加入者が人口比で6.4％であったのが、1945年には14.2％に伸びた[105]。アメリカ医師会は、もはやこれらの急成長を無視することはできず、1943年に各州医師会が運営するブルーシールド・プログラムを全国的に調整する委員会を設置した[106]。しかし、これはアメリカ医師会の民間保険全般に対する積極的支持を意味するものではなかった。積極的支持に転じるのは戦後になってからである。

(3) 民間保険支持、公的保険拒絶 ── 1945年以降 ──

終戦を迎えた時、医療保険は戦前のものとは異なったものになっていた。退役軍人向けの医療サービスと民間保険は戦争を期に拡大した。さらに国民皆保険に向けての動きも政府内で活発化した。しかし、そのような動きに対してアメリカ医師会は反撃の準備を整えた。

1945年4月にローズヴェルトの死去を受けて副大統領から昇格したハリー・S・トルーマン（Harry S. Truman）は、同11月に議会にアメリカ史上初めて医療分野に限定した特別教書を送付して、十分な医療サービスを受けられないアメリカ市民が多数いることを指摘し、医療分野における政府の役割拡大を訴えた。トルーマンは1935年に設立された高齢者向け年金プログラムに倣って、連邦政府が運営する唯一の公的医療保険プログラムの設立を訴えた。トルーマンは「民間

医療保険は近年拡大してきた。しかしそれでは一部の人々の必要性しか満たせない[107]」と述べ、民間保険では問題の解消につながらないと強調した。

ワグナー・マレイ・ディンゲル法案がトルーマンの特別教書に合わせて上下両院に提出された。この法案は基本的にトルーマンの提案に則って、1939 年のワグナー法などと比べるとより中央集権的な公的医療保険を設立することを唱えた。人口の 75％から 80％を対象とするプログラムの運営の責任は、公衆衛生局長官にあるとされた[108]。そして、このプログラムの中では、非営利の民間消費者団体による医療組合は運営団体として含めるが、州医師会などが運営するブルーシールドなどの民間医療保険は含めないとした[109]。

アメリカ医師会はこの法案に猛反発した。既に述べたように、アメリカが戦争で勝利したことはアメリカ医師会にとって追い風となった。アメリカ医師会の機関紙の編集長を長らく務めたモリス・フィッシュベイン（Morris Fishbein）は以下のように述べて、戦後における急進的な改革の必要性はないと訴えた。「大戦における勝利は世界中のアメリカ軍によってもたらされたものである。……アメリカの兵士は身体的に優れた兵士であることを証明したのだ。彼らは我々が生み出した身体能力が高い市民を代表していたのである[110]」。そしてアメリカ医師会はワグナー・マレイ・ディンゲル法案を「医療を国家権力に完全に従属させ、医療関係者、医療産業、そして労働者を社会主義に貶めるためのもの[111]」であると非難した。

そのようなアメリカ医師会の反発に対して、トルーマンはアメリカ国民に急進的な改革の必要性を説得することができなかったといえよう。戦後のアメリカは「通常への回帰」が叫ばれ、ニューディール期から戦時中にかけて拡大した連邦政府の権力に対する見直しが必然となっていた。1946 年の中間選挙の結果はまさにその戦後の政治的雰囲気を示していた。トルーマンに反対する共和党は「もう十分だろ？（Had Enough?）[112]」というスローガンを掲げた。トルーマンはそれに対して有効な反論ができなかった結果、1932 年以来初めて上下両院の多数が共和党の手に落ちた。

それでも、その 2 年後の大統領選挙でトルーマンが大半の予想に反して再選を果たした時、改革派はかすかな希望を再び持った。しかし、皮肉にもこの選挙でより活気づいたのは反対勢力であった。アメリカ医師会は「最後の大決戦

（Armageddon）がやってきた[113]」と会員に対して警告を鳴らし、25ドルの臨時会費（1949年のアメリカ人の平均年収は1,320ドル[114]）を「トルーマンとの戦争[115]」のために徴収した。そして、反対運動を行うためにウィテイカー・アンド・バクスター（Whitaker & Baxter）というコンサルタント会社と契約を結び、「全国教育キャンペーン」と銘打って、メディアを通じて法案反対のメッセージを流したり、「強制医療保険 — 政治的医療 — はアメリカに悪をもたらす」という題のパンフレットを百万枚配布したりした。1949年にはこのような反対運動に150万ドルが費やされた[116]。

このような反対運動に加え、ウィテイカー・アンド・バクスターはアメリカ医師会の戦略について大きな変化をもたらした。それは、戦時中に拡大した民間保険を公的保険の代替物として積極的に支持することである。ウィテイカー・アンド・バクスターはアメリカ医師会に対して「もし我々が来年中に一千万人を民間保険に加入させ、さらに同じ数を次の年にも達成できたとすれば、社会主義的医療の脅威はアメリカから消えるであろう[117]」と述べている。このようなアメリカ医師会の攻勢は実を結んだ。医者サービスを対象とする民間保険に加入する者は、1948年には人口比の23.2％、1950年には35.8％、1952年には46.6％にまでに拡大した[118]。トルーマンは1949年に公的医療保険の設立を再び訴えるが、議会の委員会での審議以上の成果は得られなかった。そして1952年の一般教書ではもはや公的医療保険について触れることもなくなってしまったのである[119]。

アメリカ医師会がなぜ戦後にこのような勝利を得ることができたのか。アメリカ医師会を取り巻く環境を日本医師会のものと比較することが、この問題を理解するための一助となる。第1に、アメリカが戦争に勝利したことで、アメリカ医師会はその勝利を自らの勝利であると主張できたことである。それに対して、日本医師会はいわば敗戦の責任を取らされ改組を余儀なくされている。第2に、アメリカにおいては、日本が経験したほどの戦後「復興」は必要でなかったということである。本土がほとんど無傷で、比較的経済状況が良好だったアメリカにおいて、連邦政府はその権力を拡大できる環境にはなかったのである。最後に、アメリカにおいては戦時中に民間保険が急成長を果たしたことである。他方、日本においては対象的に、民間保険はその成長の芽が戦前において摘まれており、医師会は公的保険の代替物として民

間保険の拡大を主張することはもはや選択肢として登場してこなかったのである。このようにアメリカ医師会は、それを取り巻く環境が大きく作用して、トルーマン案を葬り去ることができたのである。

4. むすびにかえて

 1910年から1940年代にかけて、日米医師会ともその戦略というのは決して首尾一貫したものではなかった。本章では医師会の動向を考える上で、政府から出される法案の内容、政治文化、過去に発展した制度・政策と合わせて、戦争の影響を取り入れる重要性を再確認した。さらに、戦争が重要であるということだけでなく、各国の戦争体験の相違が医師会や医療保険政策にどのように影響を及ぼすのかを考えていくべきであることを示した。ここでは、各国の戦争体験の相違を考える上で、日米比較から見えてきた2つの点についてまとめると同時に今後の課題を示したい。
 第1に、戦争が「いつ」起こったのか、ということで医師会を取り巻く政治的環境が影響されるということである。日米比較でもわかるように、戦争が始まると、医療保険政策が戦時動員政策の一環として位置づけられ拡大する運動が生まれる。第二次世界大戦が起こった時点で、アメリカにはブルーシールドのようないわば医者により好意的な民間保険が登場していたことは、戦時中に民間保険が拡大し、そして戦後にアメリカ医師会が民間保険に対する積極的な支持を決定する大きな要因であった。それに対して日本では、民間保険の発展は限定的なものにとどまっており、戦中、戦後にわたって民間保険の拡大は医師会や政府の選択肢として登場してこなかった。この例からもわかるように、戦争が「いつ」起こったのかというのは医師会の戦略を理解するために重要である。
 第2に、戦争が「どのように」進んだのか、ということである。戦争の長さだけをとっても、日本は1937年7月から中国との全面戦争に突入したのに対し、アメリカの参戦は1941年12月になってからである。戦争が長引けば長引くほど、政府にとっては大きな医療制度改革のための準備を行うことができる。また、戦時動員数が多ければ、政府は兵士だけでなく労働者や非労働者らも対象とする医

療保険をつくることに関心を示すようになる。さらに、急激な戦時動員がいつ起こるかということも改革の可能性に影響する。動員率が高くなってそれが長期化すると、国家の権力が強まることになり、他方医師会の政治的影響力は減退することになる。さらには、戦争が進展していく中で、飛躍的に動員数が増加するタイミングが前半にくるか、後半にくるかということも重要である。アメリカは、開戦すると同時に実質的な総動員に近い体制になるが、日本の場合、日中戦争以降はしばらく比較的動員数が低い状態が続き、動員数が急激に上昇したのは対米開戦を意識した1941年に入ってからである。1937年に日中戦争が始まってから、国民健康保険、職員健康保険、船員保険などが成立し、さらに医療制度についての研究がなされ、それが1942年に行われた大改革の基礎になったと考えられる。最後に、戦争がどのように終結したのか、ということが戦後の医療保険改革に影響を及ぼした。例えば、日米を比較すると本土がどの程度被害にあったかは、戦後再建で政府がどの程度の権力を行使し得るかを左右することになった。

　以上の2点が、医師会の政策選好や医療保険の発展に戦争体験の相違がどのように影響を及ぼすかについて日米比較から得られた仮説である。これからの課題としては、第二次世界大戦に参加した他の国々とも比較研究を行うということが挙げられる。それによって日米比較によって得られた仮説をさらに発展させることができる。まず、事例研究を増やすことによって、具体的にどの程度戦時動員数が多くなり、そしてどの程度長期化すれば医師会の政策選好や政治的影響力が変化し、医療保険の大改革が行われる可能性が高まるのかをより明確に示すことができる。さらには、戦争という要因がどのように他の要因と関係し合うのかということも明らかになる。政治制度、政治文化、政策などは、戦争によって大きく変わるものもある。例えば、政治文化は戦争によって大きく変わる。国家存亡の危機となれば、個人主義的な政治文化を持つ国であっても、国家の利益が最優先となることを許容するしかない。しかし他方、国家存亡の危機だからといって、それまであった制度や政策をまったく無視して白紙の状態から新しいものを作るのは困難である。例えば憲法の枠を大きく逸脱した行為は、たとえ戦時下であっても行われることは困難である。このように、今後は事例研究を増やしていくことで、戦争、医師会、そして医療政策の関係について考える理論的枠組みを形成しようとする取り組みをさらに進めていきたい。

注

1) 産婦人科などは医療過誤訴訟が多いため、その他の診療科での勤務を希望するものが多いという理由も挙げられる。
2) Paul Pierson, "When Effect Becomes Cause," *World Politics* 45 (1993): pp.595-628.
3) Ruth B. Collier and David Collier, *Shaping the Political Arena: Critical Junctures, the Labor Movement, and Regime Dynamics in Latin America* (Princeton, N.J.: Princeton University Press, 1991).
4) Kathleen Thelen, "Historical Institutionalism in Comparative Politics," *Annual Review of Political Science* 2 (1999), pp.369-404; James M. Mohoney, "Path Dependence in Historical Sociology," *Theory and Society* 29 (2000), pp.507-48.
5) Ira Katznelson and Martin Shefter, eds., *Shaped by War and Trade: International Influences on American Political Development* (Princeton, N.J.: Princeton University Press, 2002).
6) 例として以下の2つが挙げられる。経済政策分野では、野口悠紀夫『1940年体制 — さらば戦時経済』(東洋経済新報社、1995)。社会保障分野では、鍾家新『日本型福祉国家の形成と十五年戦争』(ミネルヴァ書房、1998)。
7) 厚生省五十年史委員会『厚生省五十年史 — 記述編』中央法規出版、1988、62. 徳川時代の医療制度については、布施昌一『医師の歴史：その日本的特長』(中公新書、1979)を参照。
8) 菅谷章『日本医療政策史』日本評論社、1977、p.101.
9) 川上武『現代日本医療史』勁草書房、1965、p.155.
10) 川上『現代日本医療史』pp.231-232.
11) 川上『現代日本医療史』p.232.
12) 川上『現代日本医療史』p.242.
13) 社会保障研究所『日本社会保障前史資料 — 社会保険』至誠堂、1981、p.8.
14) 川上『現代日本医療史』p.314.
15) 菅谷章『日本医療政策史』pp.78-92. 川上『現代日本医療史』pp.284-286.
16) 鉱業法は1905年に成立した鉱夫に対する労災補償政策である。
17) 笠原英彦『日本の医療行政 — その歴史と課題』慶應義塾大学出版会、1999、p.81.
18) 吉原健二・和田勝『日本医療保険制度史』東洋経済新報社、1999、p.54.
19) 北原龍二『健康保険と医師会 — 社会保険創始期における医師と医療』東信堂、1999、p.32.
20) 厚生省五十年史委員会『厚生省五十年史 — 資料編』中央法規出版、1988、pp.869-870.
21) 菅谷『日本医療政策史』pp.199-201.
22) 川上『現代日本医療史』pp.45-46. 菅谷章『日本医療制度史』原書房、1976、pp.185-

193.
23) 北原龍二『健康保険と医師会』p.166、pp.221-231. 菅谷『日本医療政策史』p.137.
24) 厚生省五十年史編集委員会『厚生省五十年史 — 記述編』p.91.
25) 川上『現代日本医療史』p.419.
26) 日本医師会「国民健康保険法案に関する政府当局の見解を反駁す」社会保障研究所『日本社会保障前史資料 — 社会保険』p.140.
27) 廣瀬久忠「社会不安を除く社会政策を」厚生省二十年史編集委員会『厚生省二十年史』構成問題研究会、1960、p.4.
28) 「どん底の農民救済 — 窮乏に見かねて陸軍も遂に立つ」『読売新聞』(1932年6月7日).
29) 小泉親彦「保険国策の根本問題」『日本産業衛生協会会報』90号（1938年12月）p.7.
30) 佐口卓『国民健康保険 — 形成と展開』光生館、1995、p.23. 川上『現代日本医療史』p.422.
31) 川上『現代日本医療史』pp.440-441. 厚生省五十年史編集委員会『厚生省五十年史 — 記述編』pp.532-543.
32) 内閣官房『内閣制度七十年史』内閣官房、1955、p.565.
33) 川上『現代日本医療史』pp.438-439.
34) 野村拓『日本医師会』勁草書房、1976、pp.45-46.
35) 武井郡司『厚生省小史 — 私の在勤録から』厚生省問題研究会、1952、pp.91-97. 厚生省五十年史編集委員会『厚生省五十年史 — 記述編』p.423.
36) 川上『現代日本医療史』p.456. 野村拓『医療と国民生活 — 昭和医療史』青木書店、1981、pp.91-92.
37) Gregory J. Kasza, "War and Welfare Policy in Japan," *The Journal of Asian Studies* 61 no. 2 (2002), p.424 に引用。
38) 菅谷『日本医療政策史』p.201.
39) 鐘『日本型福祉国家の形成』pp.121-122.
40) 川上『現代日本医療史』p.452.
41) 「医師会新体制決まる — 政府の健民政策に協力する」『読売新聞』(1942年8月19日).
42) 川上『現代日本医療史』p.453.
43) 三輪和雄『猛威武見太郎』徳間書店、1995、p.171.
44) 荒木和成「国民保険組合の現状とその経営対策」『社会保険時報』20巻7-8号、1945、p.1.
45) 杉山章子『占領期の医療改革』勁草書房、1995、p.44. Toshio Tatara, *1400 years of Japanese Social Work: From Its Origins through the Allied Occupation, 552-1952*, Ph.D. Dissertation, Bryn Mawr College (1975), p.410.
46) 竹前栄治「GHQ労働課の人と政策 — GHQ労働課の群像」『日本労働協会雑誌』24

巻 9 号、1982、pp.68-69.
47) SCAP PHW, "Report on the Japanese Social Insurance Programs by the Labor Advisory Committee," 5, May (no date) 1946, RG 331, Records of Allies Operational and Occupational Headquarters, World War II, 1907-1966, Box Com 2-Japan, National Archives, College Park (NACP).
48) SCAP PHW, "Report on the Japanese Social Insurance Programs by the Labor Advisory Committee," 15.
49) Paul L. Stanchfield, "Memorandum to Colonel C.F. Sams: Suggested Organization and Personnel Requirement of 'Social Security and Insurance Division'," April 17, 1946, RG 331, Records of Allies Operational and Occupational Headquarters, World War II, 1907-1966, Box 9382, File 8, NACP; SCAP PHW 1946b; SCAP PHW, "Request for Personnel," April 18-9, 1946, RG 331, Records of Allies Operational and Occupational Headquarters, World War II, 1907-1966, Box 9382, File 8, NACP; SCAP PHW, "Message," June 19, 1946, RG 331, Records of Allies Operational and Occupational Headquarters, World War II, 1907-1966, Box 9382, File 8, NACP.
50) SCAP PHW, "Message," March 24, 1947, RG 331, Records of Allies Operational and Occupational Headquarters, World War II, 1907-1966, Box 9382, File 8, NACP.
51) "Memorandum to Chief of Staff," August 22, 1947, RG 331, Records of Allies Operational and Occupational Headquarters, World War II, 1907-1966, Box 9382, File 8, NACP.
52) SCAP PHW, "Memorandum for Record," January 21, 1947, RG 331, Records of Allies Operational and Occupational Headquarters, World War II, 1907-1966, Box 9382, File 8, NACP.
53) Forest Harness, "Letter to the Honorable John Taber, United States House of Representatives," September 9, 1947, RG 331, Records of Allies Operational and Occupational Headquarters, World War II, 1907-1966, Box 9383, File 8, NACP; Monte M. Poen, *Harry S. Truman Versus the Medical Lobby: The Genesis of Medicare* (Columbia: University of Missouri Press, 1979), pp.42-43.
54) 社会保障研究所編『日本社会保障前史資料 ― 社会保険』p.10.厚生省五十年史編集委員会『厚生省五十年史 ― 記述編』p.816.
55) 厚生省五十年史編集委員会『厚生省五十年史 ― 記述編』p.811.吉原、和田『日本医療保険制度史』p.132.社会保障研究所編『日本社会保障資料Ⅰ』至誠堂、1975、pp.163-167.
56) 佐口卓「ベバリッジ報告書と我が国社会保障計画 ― 日本社会保険史の一節」『早稲田商学』143 号、1960 年 1 月、p.71.
57) 杉山『占領期の医療改革』pp.101-104.社会保障研究所編『日本社会保障資料』p.24.

58) 野村『日本医師会』p.55.
59) 野村『日本医師会』p.56.
60) 水野肇『誰も知らない日本医師会』草思社、2003、p.64.
61) 三輪『猛医武見太郎』徳間書店、1995、pp.175-176.
62) 中静未知『医療保険の行政と政治 ― 1895 ～ 1954』吉川弘文館、1998、p.308.
63) 総理府社会保障制度審議会事務局監修『社会保障制度審議会三十年の歩み』社会保険法規研究会、1980.
64) 日本医師会の反対がなかったのにもかかわらず、なぜ日本でイギリス型のより包括的で中央集権的な医療保険制度が日本で成立しなかったのか、という疑問に対してなされる説明の多くは、1948 年後半から GHQ によってとられたドッジ・プランに基づく財政緊縮政策に注目する（Yoneyuki Sugita, "Universal Health Insurance: The Unfinished Reform of Japan's Healthcare System," in Mark E. Capiro and Yoneyuki Sugita eds., *Democracy in Occupied Japan* (New York: Routledge, 2007), pp.162-165 などを参照）。政府による歳出がこれによって抑えられて、社会保障は政府内の優先順位が低くなってしまったとする。また、このような説明の他にも、アメリカ医師会の影響力を指摘する研究もある。アメリカ医師会は、社会保障使節団の来日前後から GHQ に圧力をかけ、いわば「アメリカ流」ではない改革がアメリカ人の手によって日本で行われることへの非難を彼らのアメリカ国内の反医療制度改革運動と絡めて行ったのである（以下を参照。Adam D. Sheingate and Takakazu Yamagishi, "Occupation Politics: American Interests and the Struggle over Health Insurance in Postwar Japan," *Social Science History* 30 no. 1 (Spring 2006), pp.137-164.）。
65) Paul Starr, *The Social Transformation of American Medicine* (New York: Basic Books, 1982), pp.30-40.
66) Fred Nicklason, "Henry George: Social Gospeller," *American Quarterly* 22, no. 3 (Autumn 1970), p.654.
67) Henry George, *Progress and Poverty: An Inquiry into the Cause of Industrial Depressions and of Increase of Want with Increase of Wealth* (New York: Page & Co., 1912 [1879]).
68) Stephen Skowronek, *Building a New American State: The Expansion of National Administrative Capacities, 1877-1920* (Cambridge: Cambridge University Press, 1982).
69) Starr, *The Social Transformation of American Medicine*, p.243; Odin W. Anderson, *Health Services in the United States: A Growth Enterprise Since 1875* (Ann Arbor, Michigan: Health Administration Press, 1985), p.67.
70) Anderson, *Health Services in the United States*, p.67.
71) Ronald L. Numbers, *Almost Persuaded: American Physicians and Compulsory Health Insurance, 1912-1920* (Baltimore: Johns Hopkins University Press, 1978), p.113.

72) Morris Fishbein, *A History of the American Medical Association, 1847-1947* (Philadelphia: Saunders, 1947), p.332.
73) Starr, *The Social Transformation of American Medicine*, p.246; Fishbein, *A History of the American Medical Association*, p.286; Numbers, *Almost Persuaded*, p.113.「社会主義的な医療」は「Socialized Medicine」の筆者による日本語訳である。その他の日本語訳としては「医療社会化制度」(Yoshio Koike ed., *Kenkyusha's New English-Japanese Dictionary*, 5th ed. (Tokyo: Kenkyusha, 1980), p.2007) などや、日本史の文脈では「医療の社会化」(川上『現代日本医療史』参考) と呼ばれることもある。しかし、アメリカの場合、「socialized」がより社会主義に対する警戒と関連させて使用されると考えられるため、本章では「社会主義的な医療」とした。
74) Frank R. Dobbin, "The Origins of Private Social Insurance: Public Policy and Fringe benefits in America, 1920-1950," *The American Journal of Sociology* 97, no. 5 (March 1992), p.1424.
75) Jennifer Klein, *For All These Rights: Business, Labor, and the Shaping of America's Public-Private Welfare State* (Princeton, N.J.: Princeton University Press, 2003), pp.16-17.
76) Starr, *The Social Transformation of American Medicine*, p.200.
77) Fishbein, *A History of the American Medical Association*, p.332.
78) Jacob S. Hacker, *The Divided Welfare State: The Battle over Public and Private Social Benefits in the United States* (New York: Cambridge University Press 2002), p.206.
79) James A. Morone, *The Democratic Wish: Popular Participation and the Limits of American Government* (New York: Basic Books, 1990), p.257; As quoted in Sven Steinmo and Jon Watts, "It's the Institutions, Stupid! Why Comprehensive National Health Insurance Always Fails in America," *Journal of Health Politics, Policy and Law* 20 No. 2 (1995): p.339.
80) Daniel M. Nelson, "Social Security Administration," in Donald R. Whitnah ed., *Government Agencies* (Westport, Connecticut: Greenwood Press, 1983), p.493; Alan Derickson, "Health Insurance for All? Social Unionism and Universal Health Insurance, 1935-1958," *The Journal of American History* 80 No.12 (1994), p.1337; Theodore Marmor, *The Politics of Medicine* (New York: A. de Gruyten, 2000), p.9.
81) Starr, *The Social Transformation of American Medicine*, 266; Derickson, "Health Insurance for All?" p.1338.
82) Theda Skocpol, *Protecting Soldiers and Mothers: The Political Origins of Social Policy in the United States* (Cambridge: Belknap Press, 1992), p.55.
83) Daniel S. Hirshfield, *The Lost Reform: The Campaign for Compulsory Health Insurance in the United States from 1932 to 1943* (Cambridge, MA: Harvard University Press,

1970), pp.145-151.
84) アメリカでは、病院に行くと病院サービスと医者サービスに対するものという2つの請求書を受け取る場合が多い。これは、開業医が必要に応じて病院施設を使用するといういわゆるオープンシステムの伝統がアメリカにあるためである。
85) Anderson, *Health Services in the United States*, p.123; Starr, *The Social Transformation of American Medicine*, p.298.
86) Anderson, *Health Services in the United States*, p.124.
87) Anderson, *Health Services in the United States*, p.125.
88) Starr, *The Social Transformation of American Medicine*, p.306 に引用。
89) George Q. Flynn, *The Mess in Washington: Manpower Mobilization in World War II* (Westport, Connecticut: Greenwood Press, 1979), p.188; Selective Service System, *Selective Service at Work in Peacetime* (Washington, D.C.: U.S. Government Printing Office, 1942), p.122.
90) "Guns and Health," *New York Times*, August 18, 1940.
91) "Third of Draftees Physically Unfit," *New York Times*, January 27, 1941.
92) "Social Security and National Defense: An Address by Arthur Altmeyer, Chairman, Social Security Board, at the Fourteenth Annual National Conference of the American Association for Social Security," April 5, 1941, 6, RG 47 Records of the Social Security Administration, 1946-1950, Box 4-speech, NACP.
93) Olin West, "Letter to Paul V. McNutt," June 27, 1941., RG 47 Records of the Social Security Board, Central File, 1935-1947, Box 60-056.1, NACP.
94) Eliot, "Maternity Care for Service Men's Wives," 114; Sue Tolleson Rinehalt "Maternal Health Care Policy: Britain and the United States," *Comparative Politics* 19 no. 2 (1987), p.199.
95) Arco Publishing Company, *GI Bill of Rights for Service Men and Women Wives, Mothers Families* (New York: Arco Publishing Company, 1944), p.13.
96) Roland R. Cross, "The V.A. Hospital and the Private Physician," *Medical Economics* 103 (February 1953): 76; Major Thomas M. Nial, "Men Not Disabled in Service Can Obtain Hospital Care," *New York Times*, May 30, 1945.
97) Edward N. Scheiberling, "A Look Ahead," *The American Legion Magazine* 37 no. 5 (November 1944), p.6.
98) U.S. Congress, Senate, Committee on Education and Labor, "Wartime Health and Education: Interim Report from the Subcommittee on Wartime Health and Education to the Committee on Education and Labor, United States Senate, Pursuant to Senate Resolution 74, a Resolution Authorizing an Investigation of the Education and Physical Fitness of the Civilian Population as Related to National Defense" (Washington, D.C.:

U.S. Government Printing Office, 1944).
99) Poen, *Harry S. Truman Versus the Medical Lobby*, p.50.
100) Poen, *Harry S. Truman Versus the Medical Lobby*, pp.44-50.
101) Steinmo and Watts, "It's the Institutions, Stupid!" p.341.
102) Morris Fishbein, "Doctors at War," in Morris Fishbein, *Doctors at War* (New York : E.P. Dutton & Company, Inc., 1945), p.4.
103) American Medical Association, "Constructive Program for Medical Care," *Journal of the American Medical Association* 128 No. 12 (1945), p.883.
104) Helen Baker and Dorothy Dahl, *Group Health Insurance and Sickness Benefits Plans in Collective Bargaining* (Princeton, NJ: Industrial Relations Section, Dept. of Economic and Social Institutions, Princeton University, 1945), p.16.
105) U.S. Department of Commerce, Bureau of the Census, "Persons covered by Private Health Insurance for Hospital and Surgical Benefits: 1939-1970," *Historical Statistics of the United States, Colonial Times to 1970*, Part 1 (Washington, D.C.: U.S. Government Printing Office, 1975), p.82.
106) Jill Quadagno, *One Nation Uninsured: Why the U.S. Has No National Health Insurance* (New York: Oxford University Press, 2005), p.25.
107) Harry S. Truman, "Special Message to the Congress Recommending a Comprehensive Health Program," November 19, 1945, *Public Papers of the Presidents of the United States, Harry S. Truman, Containing the Public Messages, Speeches, and Statements of the Presidents, April 12 to December 31, 1945* (Washington, D.C.: U.S. Government Printing Office, 1961), pp.486-488.
108) "Statement of Arthur J. Altmeyer, Chairman, Social Security Board on S. 1606, Before the Senate Committee on Education and Labor, April 4, 1946," 15-6, RG 47 Records of the Social Security Administration, Records of the Office of the Commissioner, Speeches and Articles, 1946-1950, 2-S.1606, NACP.
109) Poen, *Harry S. Truman Versus the Medical Lobby*, p.98.
110) Morris Fishbein, "Doctors at War," in Morris Fishbein ed., *Doctors at War* (New York: E.P. Dutton & Company, Inc., 1945), p.10.
111) Joseph J. Huthmacher, *Senator Robert F. Wagner and Rise of Urban Liberalism* (New York: Atheneum, 1968), p.320.
112) Poen, *Harry S. Truman Versus the Medical Lobby*, p.66 に引用。
113) Starr, *The Social Transformation of American Medicine*, p.284.
114) U.S. Department of Commerce, *Statistical Abstract of the United States 1952* (Washington, D.C.: U.S. Government Printing Office, 1952), p.258.
115) Frank D. Campion, *The AMA and U.S. Health Policy since 1940* (Chicago: Chicago

Review Press, 1984), p.154 に引用。
116) Poen, *Harry S. Truman Versus the Medical Lobby*, p.145; Starr, *The Social Transformation of American Medicine*, p.284.
117) Hacker, The Divided Welfare State, p.228 に引用。
118) US Census Bureau, *Historical Statistics of the United States: Colonial Times to 1970* (Washington, D.C.: U.S. Government Printing Office, 1975), p.82.
119) Poen, *Harry S. Truman Versus the Medical Lobby*, p.202.

第4章

アメリカ児童福祉の解釈

1. アメリカの児童福祉

(1) 問題の所在

　アメリカの社会保障は、「一般の福祉（general welfare）」という概念に支えられて成立し、「特定の利益（special interest）」という概念に支えられたものに変化した、と考えられてきた。各プログラムの受益者たちが利益集団を形成し、給付範囲の拡大と給付額の増加を求めてきたからである。事実、年金保険には退職者協会、失業保険には労働組合、障害者福祉には障害の種類ごとの利益集団が、連邦政府の社会保障政策に大きな影響を及ぼしている。そして、児童福祉は、利益集団政治の弊害が最も顕著に現れたといわれている。利益集団化したソーシャル・ワーカーや各種NPOが児童福祉を歪めて拡大した、と指摘されたからである。ここから、利益集団の過剰な影響力が、アメリカ政治の伝統、なかんずく自由主義の伝統を終焉に向かわせているとの批判も現れた[1]。

　しかし、多元主義から児童福祉を解釈することには問題がある。第1に、かような利益集団の影響力が永続的ではない点である。ソーシャル・ワーカーのために拡大されたとまでいわれたアメリカ版児童手当AFDC（Aid to Families with Dependent Children）は1996年に廃止され、受給する期間に制限があるTANF（Temporary Assistance for Needy Families）に切り替えられた。この改革が成立した大きな要因は、ニューディール以来の民主党多数議会が共和党多数議会に交代したことである。これにより、民主党と密接なつながりをもっていたソーシャル・ワーカーらの影響力は弱まっていった。だが、児童福祉分野で、彼らに代わ

る別の利益集団が台頭することはなかった。また、利益集団化したソーシャル・ワーカーらが共和党に接近することもなかった。TANFの成立は、利益集団の強力な支持があったからではなく、TANFを推し進めようとする政権と議会が妥協した結果だったのである。第2に、児童福祉を改革するという政治問題では、政治エリートのイデオロギー対立として解釈されることが多い点である。今日ほど「共和党＝保守」「民主党＝リベラル」という色分けが明瞭ではなかった1960年代末から1970年代初頭においても、児童福祉改革の議論は、保守リベラル双方の政治エリートが主導権を握ってきた。そのため、児童福祉という政策では、プログラムの拡大には多元主義的解釈、縮小削減にはイデオロギーからの解釈が存在するのである。2つの解釈をもって、アメリカの児童福祉を理解するのは容易なことではない。

そこで本稿は、これらの問題を入り口に、アメリカ児童福祉についての新たな解釈を提示し、児童福祉をめぐる政治を読み解いてみたい。

(2) 用語の定義

アメリカ児童福祉の新たな解釈を検討するにあたって、社会保障に関連する紛らわしい用語を定義しておく。社会保障に関する紛らわしい用語は、国によって定義が異なる上に、時代によって意味が変化することもある。『現代政治学小辞典』によれば、「社会保障（social security）」は、「英米では年金などの所得保障の意味で用いる。だが、ドイツで社会政策と呼ばれるものは、ILOでは社会保障と呼ばれている」という。また、「社会福祉（social welfare）」は、「社会の良好な状態（well-being）という意味で用いられる一方、高齢者などへの対人的な社会サービスの意味でも用いられている。日本では、2000年の介護保険導入から普遍主義的な支援政策に変わりつつある」と記されている[2]。

そこで本稿においては、社会保障関連用語のなかで、最も広い概念の言葉を、「公共政策（public policy）」とする。「公共政策」は、連邦政府、州政府、郡市政府、公共的な役割を担う機関が行う施策の総称と定義する。公共政策のなかで、さまざまな社会問題の解決を図ろうとするものを「社会政策（social policy）」とする。社会政策の中で、基本法たる社会保障法（Social Security Act）が規定する部分を「社会保障（social security）」とする。「社会保障」という言葉は、ニューディール期に社会保障法が制定された際、新しく作られた言葉であった。「社会保障」は、

当初、大恐慌のなかで貧困に陥った人々を救済する年金保険、失業保険、児童手当、職業訓練、母子保健サービスの総称として用いられていた。そして、医療費に関する所得保障や雇用創出プログラムなど、社会保障法で管轄する領域が拡大するにつれて、「社会保障」が意味する範囲も拡大した。この「社会保障」のなかで児童に関わる部分を「児童福祉」とする[3]。

ただし、「福祉（welfare）」という言葉自体は定義しない。「福祉」の前に置かれた言葉によって、「福祉」の意味自体が変わってくるからである。たとえば、「社会福祉」は社会が「良好な状態」を意味するが、「公共の福祉（public welfare）」ないし「一般の福祉（general welfare）」は「社会を構成する人々の利益」という意味になる。さらに、「公共の福祉」ないし「一般の福祉」の概念は、ヨーロッパの絶対君主制のもとで、国家権力の集中を図るための理論的武器であったため、絶対君主が存在しなかったアメリカにおいては、意味の変化が大きかった。「公共の福祉」が「公共の利益（public interest）」と同様の意味を持つようになり、政府は「公共の利益」という言葉を多用したのである[4]。

なお、連邦レベルの機関は、「福祉」という名称を使わない組織改編を行っている。連邦議会上院は、1977年に「労働および公的福祉委員会（Committee on Labor and Public Welfare）」から名称変更して以来、「福祉」の名称は用いず、現在は「健康教育労働および年金委員会（Committee on Health, Education, Labor, and Pensions）」となっている。また、連邦政府の省庁も、1979年に組織を改編した際、保健教育福祉省（Department of Health, Education and Welfare）から保健人間サービス省（Department of Health and Human Service）へと名称変更した[5]。

(3) 社会保障プログラムの現在

現在の社会保障法に基づいたプログラムも極めて多岐にわたっている。そこで、あらかじめ、現行法が規定しているプログラムの整理を行っておく。なお、保険料の徴収と支給の関係から厳密に言えば、「保険」とはいえないものもあるが、保険の定義は本章が論じようとする内容と深い関わりはないので、厳密な定義は行わず「保険」と表記する。

1) 年金保険

　年金保険には、州プログラム（Title I）と連邦プログラム（Title II）がある。州プログラムは、社会保障法が定める要件を満たせば連邦政府から補助金を受け取ることができる。これに対し、連邦プログラム OASDI は、連邦政府が直接運営するものである。しかも、OASDI の適用範囲は、自営業者、農業労働者、家事使用人、軍人を含む公務員へと順次拡大していった。給付額も、物価の上昇や保険料の引き上げと連動した。

2) 失業保険

　失業保険は、州プログラム（Title III）が柱であり、年金保険と同様、社会保障法が定める要件を満たせば連邦政府から補助金を受け取ることができる。ただし、景気悪化の影響を受け、1970年代から各州の失業保険財政は逼迫した。そのため、連邦政府は、州政府の求めに応じて、貸し出しを行わざるを得なかった。連邦政府は、雇用創出のための公共事業なども行ったが、決して積極的なものではなかった。

3) 児童福祉

　児童福祉は、連邦プログラム（Title IV）と州プログラム（Title V および Title XXI）がある。連邦プログラムは TANF と呼ばれ、世帯単位で支給する児童養育のための所得保障である。1996年の制度改革で、受給期限のない州プログラム AFDC から3年期限の連邦プログラムへと切り替わり名称も変更した。現在の州プログラムは子ども向けの健康保険である。また、連邦政府は、妊婦および子どもへの健康サービスを目的とする包括的補助金（Block Grant）も支給している。

4) 障害者福祉

　障害者福祉も、連邦プログラム（Title XVI）と州プログラム（Title X および Title XIV、Title XVI、Title XVII）がある。連邦プログラムは SSI（Supplemental Security Income for the Aged, Blind, and Disabled）と呼ばれる所得保障である。州プログラムは、受給者がもつ障害の種類によって4つに分類されている。目の見えない人のため、先天性障害と全身障害をもつ人のため、高齢者と目の見えな

い人と体の不自由な人のため、知的障害者のため、という分類である。これは、1935年社会保障法と比較すると、大幅に拡大された分野である。

5) 公的健康保険および社会サービス

公的健康保険は、1935年社会保障法には存在しなかった。商業保険会社とアメリカ医師会の組織的な反対にあい、議会審議の過程で削除されたからである。だが、現在では、連邦プログラム（Title XVIII）と州プログラム（Title XIX）が存在する。連邦プログラムは、65歳以上の年金受給者と65歳未満の障害年金受給者、慢性肝臓障害受給者を対象としたメディケア（Medicare）である。州プログラムは、低所得者を対象としたメディケイド（Medicaid）である。メディケイドの給付基準は州が定めているので、全国一律の貧困線（poverty line）以下とは限らない。なお、州が実施する社会サービスに対して、連邦政府は包括的補助金を支給している[6]。

2. アメリカ政治の解釈

(1) 多元主義

政治問題としての児童福祉を考えるにあたって、いくつかのアメリカ政治の解釈をふりかえっておく。アメリカ政治を理解するうえで、多元主義的解釈は相当程度の有効性をもつと考えられてきた。多元主義は、社会集団の多元的な存在やその自由な活動を基盤に政治を解釈しようとする理論である。特に、20世紀後半になると、多元的な社会集団の自由な活動が社会的利益の均衡を生むという利益集団の均衡理論が提起され、アメリカ的自由主義体制におけるさまざまな政治過程を説明した。その後、政治エリート内部での多元性と、各種利益集団が事実上の拒否権を行使し合っている状況が指摘され、集団主義の理論と多元主義的解釈は似たような意味内容で理解されることが多くなった。ここで、それぞれの利益集団に影響力が分散している状況が強調された。そして、議会を通過する法律案や政府の政策は、多くの利益集団の対立・競合・交渉・妥協の結果であるという理解につながったのである[7]。

しかし、特定の利益集団が大きな影響力をもち、毎年変わることなく政府からの保護や補助金などを獲得していることも、多元主義のひとつの側面である。利益集団、議会委員会、担当官庁の三者から成る「鉄の三角形」と呼ばれるこの利益同盟は、農業政策、兵器調達政策、運輸政策では、典型的な政策決定パターンと考えられた。「鉄の三角形」的政策決定過程は、参加者の数が少人数かつ閉鎖的である代わりに、安定性と予測可能性が高く、政権や議会の多数党の交代による影響を受けることが少なかった。その反面、「鉄の三角形」に参加する利益集団は、競争に勝ち残る強力な組織力が必要とされた[8]。

こうした利益集団のなかで、消費者運動や環境保護運動などを担う公共利益集団は、関与する団体や人間の数が多く結果予測の不安定な政策決定過程に参加した。豊富な資金力と多くの会員数を有する公共利益集団が雇用した有能な専従専門家は、主義主張や公共利益への情熱、あるいは知的関心などをもって、自ら「鉄の三角形」を解体する要因となり始めた。彼らは議会や行政府を横断する人的ネットワークを形成し、特定の争点において大きな影響力を発揮するにいたった[9]。

(2) 制度論

多元主義的解釈に対し、制度論的解釈は、「国家」という政府の公式の制度や組織の存在に注目した。「社会」に焦点を当てた多元主義が国家の社会的属性や特定のアクターに焦点をあわせていたことに対し、制度論的解釈は国家の自律性に目を向けたのである。社会が国家に及ぼす影響ではなく、国家が社会を規定する面を見直そうとしたのである。だが、比較政治学で盛んに行われたこの批判は、すぐに乗り越えがたい限界に直面した。第1に、国家の強さをはかる指標である。政府制度や組織を構成する官僚の数を指標とするなら、日本のように、中央政府で働く官僚の数が少ないながら強い国家とみなされる国を説明できない。第2に、国家が強くなったり弱くなったりする要因である。これは各国固有の歴史や文化的伝統でしか説明し得ない[10]。

これらの問題を打開する糸口として、経済発展の過渡期に形成された諸々の制度が政治経済を規定する各国の体制を形成したとする経済史研究者の業績が注目された。ここから生まれたのが、制度の起源や生成過程を歴史的に検証する「歴史的制度論」である。また、制度の背景にある経済学的メカニズムを検証する「合

理的選択論」も精緻化した。そして現在では、この2つの潮流に、もうひとつを加えた3つの潮流から解釈されることが多い。追加される潮流は、「社会学的制度論」「組織論的制度論」「社会構成主義的制度論」「構造的制度論」など、論者によって提示するものが異なる[11]。

この追加されたもうひとつの潮流は、制度を公式のものだけでないとしていることに共通性がある。つまり、社会慣習、規範、組織配置まで含み、非公式で広範な要素が社会的に共有化され、人々が何の疑問ももたずに従う「制度」になると考えるのである。ただし、いくら政治制度を広くとらえて比較可能な理論に発展させても、さまざまな前提条件を設定する必要があり、限定的な議論にとどまってしまう。

(3) アメリカ政治を理解する新たな手がかり

多元主義とも制度論とも異なる立場からアメリカ政治を解釈するのは、ニューディールを基点とする解釈である。分権的な政府の構造をもっているアメリカでも、ニューディール期には連邦政府への権力移譲が進んだ。ニューディールは1932年の大統領選挙で当選したフランクリン・ローズヴェルト（Franklin D. Roosevelt）が行った一連の政策体系である。一般に、ニューディールは、連邦政府による強力な干渉を志向していた1935年夏頃までを第1次ニューディールとし、穏健化した1935年秋頃からを第2次ニューディールとして、区別している[12]。

だが、アラン・ブリンクリーは、ニューディールの転換点をローズヴェルト政権2期目の1937年と考えた。ニューディールを支えた「ブレイン・トラスト(brain trust)」と呼ばれる政策顧問たちの顔ぶれが変化したからである。第1次ニューディールはコロンビア大学教授だったレイモンド・モーリー（Raymond Moley）らが中心であったのに対し、第2次ニューディールではモーリーらは政権を離れ、より若い世代のブレインが主要な役割を担うようになった。彼らは、ニューディーラーという自覚を持ちつつも、モーリーらが前面に出した関心や信念を表出することはなかった。つまり、資本主義と資本家を懐疑的にみながらも、国家統制的な政策には同調しなかったのである。また、独占を敵視したり、連邦政府を手放しに賞賛することもなかった。ブリンクリーの主張は、この若い世代のブレインの考え方が彼らに続く世代のリベラルに影響を及ぼし、継続的に維持されたとい

うものである[13]。

　第2次ニューディールで変質したリベラリズムが現代に続く基本制度を形作っているとすれば、社会保障はこの典型例といえる。だが、1935年に制定された社会保障法（Social Security Act, 1935）は、ブリンクリーが指摘した1937年より若干早い。これをどのように考えればよいのか。この問題を考えるうえで、社会保障に関する先行研究をふりかえってみたい。

3. 社会保障に関する先行研究

(1) 代表的な研究
1) 産業主義（Industrialism）
　1953年の第8回ソーシャル・ワーク国際会議で提出された資料をもとにしたハロルド・ウィレンスキーとチャールズ・レビーの研究によれば、かつて、農民は故郷を離れ工場で働く賃金労働者になると、怪我、病気、加齢による失業の危機に晒されたという。そこで、公的支援を求める社会的要求が高まり、国家は社会保障に関する基本政策に取り組むようになった。ここで国家が行った政策は、イギリス救貧法（Elizabeth Poor Act, 1601）に基づいた植民地時代以来の屈辱的な救済とは異なっていた[14]。

　屈辱的な救済とは、救済プログラム自体に屈辱的な何かが付随しているという意味ではない。公的なものであれ私的なものであれ、救済を受ける側が屈辱感をもつ、という意味である。アメリカでは、働くことを美徳と考える勤労倫理（work ethics）という考え方が、19世紀のジャクソニアン・デモクラシー時代から農民や職人の間にも広まり、少なからぬ影響をもっていた。勤労倫理と産業の高度化の因果関係は明確でないものの、価値観や慣習など、その他の複雑に絡み合った事象と表裏一体の関係にあった。そのため、働くことができずに何らかの救済を受けることは、美徳を失うことであり、恥と考える人が多かったのである[15]。

2) 福祉資本主義（Social Capitalism）
　産業主義が19世紀を中心とした経済発展に軸足を置いていたとするなら、福

祉資本主義は20世紀以降のアメリカの経済発展に注目した理論である。ウィアム・ドムホフの研究は、近代的な経済発展の背景にある経済格差の拡大について、組織管理の観点から、企業経営者が労働者の安定雇用を図って福利厚生を拡充したと解釈した[16]。

この解釈は、サービスの性質および目的で「社会保障」を広く定義することが前提である。所得税や税額控除といった間接的な所得移転、寄付などを財源とした民間的な所得移転も含めるのである。そのうえで、経済市場と社会市場との相互作用がこの広範な社会保障を形作っていると考える。経済市場は成長と利益を追う場であり、売り手と買い手は同じ価値があるとみなしたものを交換する。一方、社会市場は、より大きなものを有する方から少ない方への所得移転を行う。福祉資本主義は、経済市場と社会市場それぞれの過不足を補い合うことで、経済格差が是正され、社会的不平等を減少させると考えるのである。別の言い方をすれば、経済社会では経済的な困難、依存、競争力のなさによって購入できないものを、社会市場が福利厚生の充足という形で提供していると考えるのである[17]。

3) 社会民主主義 (Social Democracy)

産業主義と福祉資本主義が、産業発展や産業の高度化を念頭に置いていることに対し、イエスタ・エスピン・アンデルセンは、ヨーロッパの社会民主主義を念頭に置いた説明を行った。社会民主主義は、自由主義経済のなかで発生する諸問題を政府の介入によって解消し、社会の公正と平等を実現していこうとする概念である。これは、形式的な政治民主主義に対して、実質的な民主主義を社会と経済の領域で実現するという意味で、マルクス主義者自身が行った区別である。ヨーロッパでは、この社会民主主義に、暴力革命とプロレタリア独裁に同調しない社会主義政党とその党員が分類された。労働者を支持母体とした政治政党が存在しないアメリカでは、民主党リベラルが、最もこれに近い存在といわれている[18]。

4) 自由主義 (Liberalism)

社会民主主義と同じく、ガストン・リムリンガーは、ヨーロッパを念頭に置きながらアメリカの独自性を強調した。ここでいう独自性とは、階級対立が顕著にならず、社会的ないし政治的平等が広く受け入れられてきた自由主義の伝統がア

メリカにあるという解釈である。この自由主義は、革新主義の時代に「アメリカ的な」ものとして強調され、ニューディール期に「現実的な」改革として実行に移された。これらの改革の多くは、非自由主義的なニューディールの中でも、自由主義的「信念」を強く維持した。そして、ニューディールが後戻りできない政策だと認識されると、自由主義はアメリカ人の中に広く受け入れられた価値観として長らく存在し続けるようになったという。この自由主義は、企業の自由な活動を容認していることから、自由放任主義的な性格が強いといえる。自由放任主義は、個人の努力によってなしえた業績や自助を尊重し、社会保障を拡充することへの大きな抵抗となる。アメリカとは逆に、自由主義の影響が弱く、家父長的社会の理想とキリスト教的社会の倫理が強かったドイツでは、社会保障政策が発達したといえる[19]。

(2) 歴史主義

　産業主義と福祉資本主義に基づく説明は、焦点を当てる時代に違いがあるものの、アメリカの社会保障を肯定的に捉えている。社会民主主義と自由主義に基づく説明は、ヨーロッパ先進国の社会保障が念頭にあり、アメリカの社会保障をやや否定的に捉えているという点で違いがある。そして、これらの先行研究には、それぞれ異なる批判がある。

　産業主義の代表的な批判は、社会保険政策の起源と産業の高度化が、19世紀から現代に続く社会保険立法と何ら関係がないというものである。教会が運営する慈善団体などの救済が大きな役割を果たしていたため、公的な救済制度の発達を阻害したという解釈もある。福祉資本主義への批判は、企業経営者たちが公的な社会保障立法に反対してきた歴史的事実を見落としている、というものである。社会民主主義への批判は、アメリカの独自性を踏まえた社会民主主義の定義に尽きる。強権的な社会主義への対抗概念にすぎなかった社会民主主義は、ヨーロッパを中心とした国々の社会保障を説明する上で有益だった。だが、アメリカの社会保障を説明していくには、ヨーロッパ各国との違いが多すぎて説明しきれない部分が多い。自由主義への批判は、社会保障の細部を説明できないことである。たとえば、1960年代の人種差別是正措置や「偉大な社会計画」による貧困政策などを説明できないのである[20]。

これらの問題点を踏まえ、シーダ・スコチポルは、アメリカ社会保障の二律反的な性格が生んだ矛盾に焦点を当てた解釈を提示した。スコチポルのいう矛盾とは、ニューディール期に形成された社会保障の中に、自由放任主義的なものと社会民主主義的なものが共存することをさしている。元来、アメリカでは、国家、すなわち連邦政府が国民のために行うことは「押し付けられた」ものと受け止められることが多かった。だが、大恐慌によって経済的に困窮した中産階級や労働者階級は、社会保険料の徴収があるにもかかわらず、社会保障法成立を支持し、連邦政府は富の分配や所得移転を行うことができた。そして、アメリカ経済が回復し彼らが貧困から脱却すると、マイノリティのみが社会保障法の恩恵を受け続けるという状況が残された、というのである[21]。

　スコチポルの説明は「社会保障」の定義に問題がある。「社会保障」を、「かつて労働者であった時代に積み立てた社会保険料を政府が返金する義務（obligation）」と定義したからである。そして、所得移転である「福祉」を「勤勉に働くことのなかった貧しい人に政府が支給する施し」と定義し、「社会保障」から切り離した。これにより、ナチス・ドイツからの攻撃を受けた全国民を救済する必要があったイギリスの「福祉国家」と、すべての国民を適用範囲としないアメリカの「社会保障」を区別することができた[22]。

　支払った保険料と払い戻される給付金が同額になるという収支相等の原則が厳密に実施されている状況であれば、スコチポルの定義は説得力をもつ。だが、現実は異なる。数十年あまり保険料を積み立てている間に、インフレーションが進行すれば貨幣価値は変化する。年金保険では、積み立てた保険料に運用益を加えても、物価の上昇に追いつかない場合があり、COLA（Cost of Living Allowance）のような物価調整手当が導入されたこともある。

　また、スコチポルの説明では、連邦政府の制度と州政府の制度を併用していることを区別できないし、多様な州プログラムをひとくくりにもしている。たとえば、年金保険は、連邦直轄のOASDIと州政府が運営する年金保険の2つがある。OASDIは保険料を社会保障税として内国歳入庁が徴収し、給付は社会保障庁が行っているが、州政府が運営する年金保険は各州さまざまである。社会保障法第2条の規定以外のすべてを各州に任せているからである。大雑把にいえば、所得保障的色彩の強い北部諸州のプログラムと最低限の保障を旨とする南部諸州のプ

ログラムでは、性格付けが大きく異なる。

　しかし、アメリカの社会保障を限定的かつ矛盾を抱えているとみるスコチポルの説明は、アメリカ社会保障の全体像を的確に捉えている。また、このスコチポルの指摘は、連邦最高裁が下した合憲判決からも見いだすことができる。

(3) 連邦最高裁の合憲判決
1) 社会保障法の違憲性

　そもそも、社会経済立法は、法的手続きなしに雇用主と従業員の間に存在する「契約の自由」を剥奪するので、合衆国憲法に反するものと解釈されていた。そのため、第1次ニューディールの社会経済立法は、最高裁からの違憲判決を受けたのである。ローズヴェルト大統領は裁判官を入れ替えることで違憲判決を覆そうとしたが、連邦議会と世論の大きな反対を受け、実現しなかった。この流れの中で、社会保障法の合憲性を争う訴えが起こされた。小口投資家ジョージ・デイビス（George P. Davis）は、連邦政府が運営する年金保険の保険料が給与税（payroll tax）という名称を用いて内国歳入庁に支払われていることを問題視し、株主の利益侵害にあたると訴えたのである[23]。また、この原告デイビスは、社会保障法が規定した失業保険を導入する際の初期費用46.14ドルをスチュワート機械が支払ったことについても、失業保険が「一般の福祉」を供するに値しないものとして会社を訴えた[24]。なお、ここでの「一般の福祉」は、「公共利益」と極めて近い意味として使われている。さらに、スチュワート機械事件が波及し、アラバマ州の南部石炭コークス社と湾岸諸州紙業社が税と称する失業保険料（unemployment compensation taxes）の一部を負担することについて、州の課税権を侵害しているという訴えも起こされた[25]。

　これら3件の訴えに対し、ローズヴェルト政権2年目の1937年5月24日、連邦最高裁は合憲判断を下した。年金保険の保険料について争ったヘルヴァリング事件、失業保険の導入費用について争ったスチュワート機械事件は7対2で合憲を支持する判事の数が上回り、これに対する反対意見は述べられなかった。失業保険料について争ったカーマイケル事件は、5対4でかろうじて合憲とする判事の数が上回った[26]。

2）連邦最高裁の判断

　デイビスが訴えた2件の裁判に共通した争点には、「合衆国憲法において連邦に委ねた権限および州に禁じた権限を除いたすべてが州と人民に留保される」という修正10条への抵触があった。年金保険を問題としたヘルヴァリング事件について、カルドーゾ判事（Benjamin N. Cardozo）は、「連邦議会が『一般の福祉』のために予算を支出する」ことに合憲性の根拠を求めた。カルドーゾ判事によれば、「これは争いを蒸し返すものではなく、バトラー判決を援用しているもの」だった。バトラー判決は、生産統制、加工税、補償金制度を付帯した農業調整法に対し、連邦政府の権力濫用であるとの理由で下された違憲判決のことである[27]。「バトラー判決を援用している」とは、連邦政府による権力濫用とは認められない場合、違憲とはみなされない、ということである。ただし、「一方の福祉と他方の福祉の間に、また特定の福祉と一般の福祉の間に一線を画さなければならない。この一線は、前もって定式化することはできない。一般的な自由裁量権の中ほどにあるからである」という理由で、「この自由裁量権は裁判所に委任されない」とした。つまり、「特定の利益」と「一般の福祉」を区別するのは連邦議会の権限なので、議会が「一般の福祉」のために行った立法は、合衆国憲法には反しないと判断したのである。カルドーゾ判事が強調した問題点は、連邦政府の社会保障分野への介入ではなく、むしろ各州や地方政府が行うことによる非効率にあった。非効率なので、貧しい高齢者や扶養されている高齢者が不利益を被る結果になったというのである。そして、高齢者問題のように、全国にわたる懸案事項に取り組む権限は、国民全体に奉仕する連邦政府に属するべきとした[28]。

　また、カルドーゾ判事は、失業保険の導入費用について「保険料（the excise）は、合衆国憲法修正10条違反にはあたらない」という判断を下した。なぜなら、「保険料は連邦歳出を目的としたものになる」からである。そのため、「失業保険料は、州が望まなくなるまで、連邦政府から必要とされ続ける」ものとされた[29]。

　これらの判決と関連して、ストーン判事（Harlan F. Stone）は、失業保険料を支払う合憲性について争ったカーマイケル事件に合憲判決を下した。ストーン判事が問題としたのは、合衆国憲法修正14条のデュープロセス条項と平等保護条項であった。そこで、「本来的に、課税権は州の権限である。デュープロセスも平等保護も、州に平等な課税を厳格に義務づけていない」ゆえに、「各州は、州

法によってのみ、権限の行使を制限できる」ことになるとした。つまり、社会保障法が成立したからといって、州の社会保障関連法が無効にはならないという判断だったのである[30]。

しかし、ここに、ジョージ・サザーランド判事（George Sutherland）の反対意見が添えられた。サザーランド判事は、アラバマ州の失業保険法について、「合衆国憲法修正14条が規定するデュープロセス条項や平等保護条項に反しないよう立法することも、その目的のひとつ」としたからである。そして、ウィスコンシン州の失業保険法と比較して、「アラバマ州の失業保険法は公平さが乏しく、デュープロセス条項と平等保護条項の両方を否定するにも不十分である」と述べた[31]。

3）判断の留保箇所

このような判断を連邦最高裁が下した背景には、法に基づく適正手続を意味するデュープロセスの崩壊があった。アメリカでは裁判所が議会の定めた手続きの適切さを審査することもあったが、19世紀末から20世紀初頭にかけて、全国的商業資本が形成され、多くの賃金労働者が都市に移り住むようになり、変化が生じた。経済格差をはじめとした社会問題が表出し、州が社会経済規制に積極的に乗り出したからである。この規制に対抗するものとして、資本家は州の社会経済規制が、「デュープロセスなしに実体として彼らの財産を剥奪している」と、実体的デュープロセスを主張するようになった。だが、ニューディールを通じて、実体的デュープロセスは崩壊した。1936年の大統領選挙で、ローズヴェルトが圧倒的勝利を収めて再選されると、第1次ニューディールで可決した法律に違憲判決を下してきた司法府の改革に乗り出したからである。ローズヴェルトが連邦最高裁判事を入れ替えようとしたことをめぐり、行政府と司法府は対立した。それでも、連邦最高裁が譲歩し違憲判決を下すことが少なくなり、結果として判事の入れ替えにも成功した。この過程において、デュープロセスは、法律が目的と現実の実質的関係を有していることのみを要求するとしつつ、州は「公共の福祉」を促進すると思われる経済政策を採ることができ、その是非に裁判所は関知しないものとなったのである。そして、平等保護が実体としての権利を保護する機能を果たすようになった[32]。

ここから、「一般の福祉」を盾に、連邦最高裁が判断を避けた部分があること

は明らかである。連邦最高裁が判断を避けたのは、第1に、「一般の福祉」と「特定の利益」の区別である。「一般の福祉」をはじめ、「一般の利益」「公共の福祉」「公共の利益」という概念は、極めて定義しにくいものといえる。第2に、連邦政府が「一般の福祉」より具体的な問題に立ち入ることのできる「危機的状況」の定義がされていない。「危機的状況」の定義が示されていないことにより、連邦政府と連邦議会が「危機」と判断した状況であれば、「一般の福祉」を実現することを目的とした立法は違憲判決を下されることがなくなった。

他方、「一般の福祉」と「危機」の判断をする場となった連邦議会は、社会保障プログラムの適用範囲を国民の一部とした。高齢者、失業者、子ども（のちに保護者も含む）、体の不自由な人に限定したのである。ただし、彼らは貧困状態に陥りやすく、貧困によって生命の「危機」を脅かされる可能性があった。仕事もなく住むところのない高齢者や子どもが凍死したり餓死する可能性もあったのである。そのため、社会保障プログラムの適用範囲を横断する形で、貧困層も社会保障の適用範囲に含められた。

この時代、社会保障法が違憲判決を受け、無効になる可能性が十分あったことを考えれば、合憲判決が下された1937年はアメリカ社会保障の転機といえる。これは、ブリンクリーが指摘したニューディール・リベラリズムが変質した時期とも一致する。また、社会保障法に解釈の余地を生み出し、スコチポルの言うアメリカ社会保障の「二律反的な性格」の源泉ということもできる。

(4) いくつかの留保

これまで論じてきたとおり、アメリカの社会保障は、独自の自由放任主義的な性格をもち、ヨーロッパとの比較で未発達だと考えられてきた。この独自性を肯定的に論じた研究の中には、連邦政府以外が行う富の分配や所得移転もアメリカの社会保障制度の中に含めて「社会保障」を定義するものもあった。用語の定義を丹念に行うことは非常に重要であるが、各国で概念が異なることはある程度含んでおく必要がある。この点から、本章はあえて福祉国家論そのものに深く立ち入って論じなかった。

また、1980年代以降、盛んになった社会保障法の評価をめぐる議論にも触れなかった。議論の中心が、立法過程におけるリベラル派経営者たちの主導権の有無

に集中しているからである。現実の政治では、社会保障法の成立にリベラル派経営者たちが中心的役割を果たしたとは言い切れない。社会保障制度の導入を強く求めた社会運動や革新的な改革を志向するリベラル派の政権加入の影響も否定できないからである。明確な事実は、社会保障法がリベラル派経営者の参入と保守派の反対によって一定程度制約された、ということである[33]。

4. 新しい研究傾向

(1)「特定の利益」への回帰

「一般の利益」の政策が「特定の利益」の政策に変化するという傾向は、社会保障に限ったことではない。ほとんどの政策領域で、利益集団のロビイストが「特定の利益」を増加させるための活動を行い、実績を上げていたからである。たとえ、「一般の利益」の政策に戻す改革が行われたとしても、徐々に「特定の利益」の政策に引き戻されてしまうこともある。

この点に注目したエリック・パタシュニクは、改革の継続性（reform sustainability）という観点から、改革のその後を分析した。もちろん、改革が成功するのは容易なことではなく、改革は政治力学の過程としてみられるのが一般的である。パタシュニクによれば、改革法は明確で永続的な政府政策の優先順位を破壊するので、改革法案の成立は政治対立の口火を切る役割を果たすという。だが、改革を継続する力学と比べて、元に戻そうとする力学の方がずっと強いので、改革を元に戻そうとする力学は自主的な内部再編を促す、と主張した[34]。

パタシュニクの研究は、2つの点で新しいものだった。第1に、改革法の制定に関わった利益集団連合から一定のパターンを見いだそうとした点である。いくつかの利益集団が連合を組んで法案を可決させる傾向を踏まえたものだったが、一定のパターンを見いだすことはできなかった。第2に、改革後に焦点を当てて分析した点である。これにより、改革法が成立したからといって、改革が継続するとは限らないことを明らかにした。

ただし、これを「改革の失敗」と言い換えるなら、ネイザン・グレイザーの説明もある。AFDC改革の失敗に関するグレイザーの分析は、リベラルな実務家の

失敗として捉えていることが特徴である。リベラルは、貧困を撲滅し、貧困地区をなくし、教育程度の違いや富裕層と貧困層の違いを打開することができると信じていた。そこで、データに基づいて効果を算出し、新しい部局を立ち上げた。だが、彼らが新しい行動指針を示すたびに、あちらこちらで対立が生じた。現場の役人は勘と経験で仕事を行い、仕事ができると思われた役人が新しい仕事や難しい仕事を任されていたからである。そのうえ、リベラルが去った後には新たに投入された専門家と現場の役人が残され、彼らは「特定の利益」を有する利益集団と化していった。また、リベラルが作った新しいプログラムは、家族、民族や近隣、慈善団体を代用する役割も果たしたので、家族などの役割は弱まり、身内を頼らず政府を頼る貧困層が増加した、と指摘したのである[35]。

(2) 時代の変容

　児童福祉に限定すれば、時代の変容から捉えた新しい研究がある。リベラルな政治エリートが政策を作り、アメリカの保守が改革を行わせたという主張である。

　児童福祉に関する政府の役割を自然環境ないし社会環境の犠牲となっている子どもを救済するものと捉え、ローレンス・ミードは2つの軸から説明した。第1の軸は、リベラルと保守の違いである。リベラルは社会を不公平なものと考える。社会が不公平であるがゆえに、貧困層は家族を支えるのに十分な仕事を得ることができない。そのため、結婚や仕事に失敗しないよう政府が支えていく必要性を強調する。他方、保守は、ほぼすべて自己責任と考える。第2の軸は、政治エリートと一般市民の違いである。政治エリートであるほど、リベラルと保守の違いは先鋭化する。一般市民はさほど党派的ではないが、矛盾を抱えている。彼らは、政府が子どもや貧困層を救済することに賛成はするが、現行制度での救済には反対するからである。また、貧困層への責任感を感じながら、所得保障給付の拡大には反対するのである。そして、彼らの矛盾は、時代の変容と連動する。アメリカ社会が全体的にリベラルだった1960年代には、一般市民の矛盾は表立つことはなかった。だが、アメリカ経済が落ち込んだ1970年代後半から勤労義務が強調された1980年代になると、彼らの矛盾はAFDC改革で顕著になった。この流れのなかで貧困と関係した犯罪が減少すると、G.W.ブッシュ（George. W. Bush）大統領は、AFDCから切り替えられたTANFに好意的な態度を示すよう

になった。貧困問題に対する大きな役割を教会に求め、歳出削減は問題視しなかったのである[36]。

このミードの研究は、アメリカの保守化を踏まえ、既存研究を1つにまとめ上げたともいえる。ミードが指摘したリベラルは社会民主主義的な児童福祉を志向し、保守は福祉資本主義的あるいは自由主義的な児童福祉を志向したと言い換えることができるからである。

(3) 改革過程における言説

3つ目の新しい研究も、アメリカの保守化を踏まえている。ミードの研究との違いは、児童福祉改革に作用した文化的要因を強調したことである。利益集団などの利害関係者や議会委員会改革などの制度再編は、児童福祉改革を論じる重要な要素であるとしながら、児童福祉 AFDC を受ける低所得世帯を一体視することを問題とした。また、多元主義に立脚した研究が「特定の利益」を強調しすぎるがゆえに、政策の賛否をめぐる一般論化が難しいことも指摘した。

この立場から、ブライアン・スティーンスランドは、AFDCを縮小削減する改革のアイデア形成に焦点を当てた。そして、利害関係者と制度再編の相互関係が主要な利害関係者の言説に現れるとし、これを追うことから改革に及ぼした文化的要因を抽出した。1960年代、AFDCは不可避な問題として広く受け入れられていた。単なる経済問題ではなく、既存の社会保障制度や都市問題と関連して捉えられていたからである。だが、1960年代末に誕生しAFDC改革を掲げたニクソン政権は、AFDCを拡大してきたリベラルに大きく妥協した改革案を提示してきた。そして、4年間にわたるAFDC改革の議論は、誰をAFDC受給者とするかの認定に集約されていった。これについて、スティーンスランドは、「貧困削減（poverty reduction）」や「社会問題（social problem）」という言説が減り、「財政運営（fiscal management）」や「労働に対する態度（work behavior）」という言葉で児童福祉が語られることが増えた、と統計的に示した。つまり、貧困削減や社会問題を是正するためにAFDCを拡大増額するという文脈から、財政運営や受給者の労働に対する態度に問題があるのでAFDCを縮小削減するという文脈に変化したのである。そのうえで、この変化は、保守派の台頭という政治力学で引き起こされたことではなく、倫理観や象徴秩序（symbolic order）から論じ

られるべきものだと強調した[37]。

　スティーンスランドの研究は、倫理観や象徴的秩序から児童福祉改革を論じたことが新しい。倫理観、すなわち善悪を区別する価値観は、近年のアメリカ政治を分析する鍵のひとつであり、アメリカの保守化をすすめた要因のひとつでもある。先行研究の多くは、妊娠中絶問題や公教育問題などで表出する極端な行動を分析することが多い。だが、児童福祉改革を支持した保守勢力は、そういった人々ばかりではない。穏健な保守勢力が主導する議論から財政保守が主導する議論、倫理を強調する保守が主導する議論へと変化していったからである。この過程をみるうえで、スティーンスランドの研究は意義がある。

5. 結　論

　これまで行ってきた先行研究の検討から、児童福祉をめぐる政治は、多元主義では解釈が難しいといえる。その理由として、利益集団の影響力の限界がある。児童福祉の拡大は利益集団の影響力から説明できるが、児童福祉の縮小はアメリカの保守化で語られることが多いからである。保守化の文脈で語られても、AFDC改革を推し進めようとする保守的な利益集団の目立った活動が指摘されることもない。利益集団ではなく、政治エリートが重要な役割を果たしていたからである。

　そこで、多元主義に代わる解釈として、アメリカの政治制度から解釈することは有益といえる。ただし、比較政治の分析に耐えうる枠組みではなく、ニューディールが作り上げた社会保障制度からの解釈を強調したい。そして、アメリカの社会保障制度の起源を、社会保障法が成立した1935年ではなく、合憲判決を受けた1937年とみなしたい。

　このニューディールが作り上げた社会保障制度は矛盾を内包したものであり、アメリカの社会保障が解釈の余地を残したままでいたことから生まれた。そして、この矛盾は、アメリカの社会保障について、さまざまな切り口から説明することを可能にした。たとえば、公的支援を求める社会的要求の高まりから社会保障法が成立したとしても、実際に公的支援を受けることは恥とみなされた。企業経営者が福利厚生を拡充したといっても、彼らは社会保障法の成立には抵抗した。社会民主主義

といっても、ヨーロッパのそれとは異なり、自由主義的な信念が広く維持された。

　ニューディールが作り上げた社会保障の矛盾は、児童福祉改革の議論の中で、いろいろな政治対立を引き起こした。ニューディール以来の厚生官僚と政治任命職の新旧対立、保守とリベラルのイデオロギー対立、理想主義的な政治エリートと現実的な現場の役人の対立などである。そして、20世紀後半からは、アメリカの社会と政治が保守化傾向を強めていったことから、児童福祉改革は保守とリベラルのイデオロギー対立として語られることが多くなっていった。

　しかし、単純なイデオロギー対立として児童福祉改革を論じることには問題がある。「児童福祉の推進＝リベラル」対「児童福祉の改革＝保守」のように、議論を単純化しすぎる傾向が強いからである。実際には、児童福祉を削減する改革が論じられていたとき、政治エリートの間にも一般市民の間にも改革の必要性が認識されていた。そして、児童福祉改革の必要性は、誰をAFDC受給者とするかの議論に集約されていった。貧困層を一律認定しようとするリベラルと、働いても所得の低い世帯のみを認定しようとする保守の対立が深刻化したなかで、保守が議論を先導するようになっていった。ゆえに、児童福祉改革の議論では、保守が好む「財政運営」や「勤労に対する態度」という言説が増えたのである。

　以上のことから、アメリカの児童福祉をめぐる政治は、矛盾を抱えたアメリカ型社会保障制度に起因すると解釈することが最も適切といえる。ただし、本章は先行研究の理論的な検討を行ってきたため、実証分析を行っていない。今後の課題として、四半世紀以上もの期間を要した児童福祉改革を、本章が提示した枠組みで検証していきたい。

注
1) セオドア・ロウィ・村松岐夫監訳『自由主義の終焉：現代政府の問題性』木鐸社、1981；Martha Derthick, *Policymaking for Social Security* (Washington, D.C.: Brookings Institution, 1979); Richard A. Hays, *Who Speaks for the Poor: National Interest Groups and Social Policy* (New York: Routledge, 2001); Steven Rathgeb Smith, "Privatization, Devolution, and the Welfare State," In *Restructuring the Welfare State: Political Institutions and Policy Change* (New York: Palgrave Macmillan, 2002), pp.78-101; Anna Leon-Guerrero, *Social Problems: Community, Policy, and Social Action* (Thousand

Oaks: Pine Forge Press, 2008).
2) 阿部齋他編『現代政治学小事典 [新版]』有斐閣、1999
3) Edwin E. Witte, *Social Security Perspectives* (Madison: The University of Wisconsin Press, 1962), p.3; Stella Z. Theodoulou, "The Contemporary Language of Public Policy: A Starting Point," In *Public Policy: The Essential Readings* (Upper Saddle River: Prentice Hall, 1995), pp.1-2; John Baldock, Nicholas Manning and Sarah Vickerstaff Ed., *Social Policy* (New York: Oxford University Press, 2007), pp.6-12; Michael E. Kraft and Scott R. Furlong, *Public Policy: Politics, Analysis, and Alternatives* (Washington DC: CQ Press, 2007), p.5.
4) 阿部他編『現代政治学小事典 [新版]』; Hobart Burch, *Social Welfare Policy Analysis and Choices* (New York: Routledge, 1998), pp.5-6. 一般には、連邦政府が運営する年金保険を social security、貧困層に対する所得保障を welfare と呼ぶこともある。
5) "Committee records discussed in this chapter," (January 2010). http://www.archives.gov/legislative/guide/senate/chapter-14.html; "Historical Highlights," (January 2010). http://www.hhs.gov/about/hhshist.html
6) 社会保障研究所編『アメリカの社会保障』東京大学出版会、1989；"Complelation of the Social Security Laws," (December 2009). http://www.ssa.gov/OP_Home/ssact/comp-ssa.htm；菊池馨実『年金保険の基本構造』北海道大学図書刊行会、1998、pp.59-61.
7) William Alton Kelso, *American Democratic Theory: Pluralism and Its Critics* (Westport: Greenwood Press, 1978); Wayne C. Booth, *Critical Understanding: The Powers and Limits of Pluralism* (Chicago: University of Chicago Press, 1979); Samuel P. Huntington, *American Politics: The Promise of Disharmony* (Cambridge: Harverd University Press, 1981).
8) 阿部齊・久保文明編『現代アメリカの政治』放送大学教育振興会、2002、p.166.
9) 久保文明『現代アメリカ政治と公共利益 — 環境保護をめぐる政治過程』東京大学出版会、1997；Kevin W. Hula, *Lobbying Together: Interest Group Coalitions in Legislative Politics* (Washington: Georgetown University Press, 1999).
10) 河野勝「新しい比較政治学の序奏」『アクセス比較政治学』日本経済評論社、2002、pp.112-116；Robert O. Keohane and Joseph S. Nye, *Power and Interdependence: World Politics in Transition* (Boston : Little, Brown, 1977); Stephen D. Krasner, *Defending the National Interest: Raw Materials Investments and U.S. Foreign Policy* (Princeton: Princeton University Press, 1978); Kenneth N. Waltz, *Theory of International Politics* (New York: Random House, 1979); Robert Gilpin, *War and Change in World Politics* (New York: Cambridge University Press, 1981).
11) 宮本太郎「比較政治学における新制度論の可能性」『政策科学』8-3、2001年2月、pp.329-342.

12) 齋藤眞『アメリカ政治外交史』東京大学出版会、1975、pp.198-212；アーサー・シュレジンガー・ジュニア・佐々木専三郎訳『ニューディール登場』論争社、1963、pp.416-488；William E. Leuchtenburg, *Franklin D. Roosevelt and the New Deal, 1932-1940* (New York: Harper & Row, 1963), pp.252-274.
13) Alan Brinkley, *The End of Reform: New Deal Liberalism in Recession and War* (New York: Vintage Books, 1996), pp.265-271.
14) Harold Wilensky and Charles Lebeax, *Industrial Society and Social Welfare* (New York: Free Press, 1965), pp.27-32.; Phillips Cutright, "Political Structure, Economic Development, and National Social Security Program," *American Journal of Sociology* 70 (March 1965), pp.537-550.
15) Daniel Rogers, *The Work Ethics in Industrial America 1850-1920* (Chicago: The University of Chicago Press, 1974), pp.xi-xii.
16) William Domhoff, *The Higher the Circles: the Governing Class in America* (New York, Random House, 1970), pp.9-32; Edward Berkowitz and Kim McQuaid, *Creating the Welfare State: The Political Economy of Twentieth-Century Reform* (New York, Praeger, 1988), p.225.
17) ニール・ギルバートら・伊部秀監訳『福祉政策の未来 ― アメリカ福祉資本主義の現状と課題』中央法規出版、1999、pp.1-9.
18) Gosta Esping-Anderson, *Politics against Markets: The Social Democratic Road to Power* (Princeton: Princeton University Press, 1985), p.3-38; Frank Castles, *The Social Democratic Image of Society* (London: Routledge & Keagan Paul, 1978), pp.44-45; Jill Quadagno, *Transformation Old Age Security: Class and Politics in the American Welfare State* (Chicago: University of Chicago Press, 1988), p.19.
19) ルイス・ハーツ・有賀貞訳『アメリカ自由主義の伝統』講談社、1994、pp.18-58、pp.346-376；Gaston Rimlinger, *Welfare Policy and Industrialization in Europe and America* (New York: Wiely, 1971), pp.333-343.
20) Peter Frora and Jens Alber, "Modernization , Democratization, and the Development of Welfare State in Western Europe," In *The Development of Welfare State in Europe and America* (New Brunswick: Transaction Books, 1981), pp.37-80; David Collier and Richard Messick, "Prerequisites Versus Diffusion: Testing Alternative Explanations of Social Security Adoption," *American Political Science Review* 69, (November 1975), pp.1299-1315；ロイ・ルバヴ・古川孝順訳『アメリカ社会保障前史 ― 生活の保障：ヴォランタリズムか政府の責任か』川島書店、1982
21) Theda Skocpol, *Social Policy in the United States: Future Possibilities in Historical Perspective* (Princeton: Princeton University Press, 1995), pp.11-33.
22) *Ibid*, pp.211-14.

23) Helvering v. Davis, 301 U.S. 619 (1937).
24) Chas. C. Steward Mach. Co. v. Davis, 301 U.S. 548 (1937).
25) Carmichael v. Southern Coal & Coke Co., 301 U.S. 495 (1937).
26) "Mr. Justice Cardozo for the Court-," (December 2009). http://www.ssa.gov/history/court.html
27) U.S. v. Butler, 297 U.S. 1 (1936).
28) Helvering v. Davis, 301 U.S. 619 (1937).
29) Chas. C. Steward Mach. Co. v. Davis, 301 U.S. 548 (1937).
30) Carmichael v. Southern Coal & Coke Co., 301 U.S. 495 (1937).
31) 301 U.S. 495 (1937) (Sutherland J. dissenting).
32) 田中英夫『英米法研究2 デュープロセス』東京大学出版会、1989、pp.193-203.
33) 中島醸「1935年社会保障法をめぐる政治構想の対抗」『アメリカ研究』40号、2006年3月、pp.177-179；Jill Quandagmo, "Welfare Capitalism and the Social Security Act of 1935," *American Sociological Review* 49 (1984), pp.632-647; Theda Skocpol and Edwin Amenda, "Did Capitalists Shape Social Security? Comment on Quadagmo," *American Sociological Review* 50 (1985), pp.572-575; J. Craig Jenkins and Barbara Brents, "Social Protests, Hegemonic Competition and Social Reform: A Political Struggle Interpretation of the American Welfare State," *American Sociological Review* 54 (1989), pp.891-909; Edwin Amenta and Sunita Parikh, "Capitalists Did Not Want the Social Security Act: A Critique of the 'Capitalist Dominance' Thesis," *American Sociological Review* 56 (1991), pp.124-129.
34) Eric M. Patashnik, *Reform at Risk: What Happens After Major Policy Change Are Enacted* (Princeton: Princeton University Press, 2008), pp.3-4.
35) Nathan Glazer, *The Limits of Social Policy*, (Cambridge: Harvard University Press, 1988), pp.1-17.
36) Laurence M. Mead, "A Summary of Welfare Reform," In *Welfare Reform and Political Theory* (New York: Russell Sage Foundation, 2005), pp.12-16.
37) Brian Steensland, *The Failed Welfare Revolution: America's Struggle Over Guaranteed Income Policy* (Princeton: Princeton University press, 2007), pp.1-27.

第5章
アメリカにおける1996年福祉改革法とジェンダー
―― 第104連邦議会の女性議員に見るフェミニズムと福祉 ――

1. はじめに

　1992年の大統領選挙戦において福祉改革を公約の1つとして掲げ、アメリカ社会のセイフティー・ネットの見直しを提言してきたウィリアム・クリントン大統領は、1996年8月に個人責任と就労機会調整法（Personal Responsibility and Work Opportunity Reconciliation Act: PRWORA、以下、1996年福祉改革法）を成立させた。同法は1935年の社会保障法の制定以来、連邦政府による公的扶助として、子供のいる貧困家庭へ給付されてきた要扶養児童家庭扶助（Aid to Families with Dependent Children: AFDC）を廃止し、代わりに貧困家庭への一時的扶助（Temporary Assistance for Needy Families: TANF）を導入することを定めた。TANFは連邦から州へ交付される一括補助金を財源とし、制度の運営は州が行うが、補助金には上限が設けられているため、一定の要件を満たせば、すべての国民に給付が保障されてきた福祉に事実上、終止符を打つことになった。またTANFの受給は、生涯で5年以内に制限され、受給開始後、2年以内に就労することが義務付けられるなど、福祉受給者に対する厳しい措置が設けられた。
　こうした1996年福祉改革法の成立は、1994年の中間選挙で共和党が上下院の過半数を占め、福祉改革の議論を主導するようになったことで可能となった。同法の原型は、前年に連邦議会へ提出されたHR 4であり、これは、共和党保守派のニュート・ギングリッジが作成した「アメリカとの契約」で提示された個人責任法の基本的な考え方を体現したものであった。HR 4は、社会福祉財政を大幅に削減することを目的としており、給付開始から2年以内の就労を受給者に義務

付けるとともに、未成年の未婚の親に対する給付を停止したり、福祉受給中に生まれた子供への AFDC の増額を止めるなどの条項を設けることによって、婚外子や 10 代の若者の出産を減らすことに重点を置いていた。

　HR 4 は 1995 年 1 月に連邦議会へ提出され、上下院を通過したが、翌年 1 月に、こうした福祉改革は、貧困家庭の子供をさらなる窮状へ追い込むことになるという理由で、クリントン大統領が拒否権を発動し廃案となった。

　しかし共和党の法案を批判したり拒否権を発動するだけでは、自らが大統領選挙戦以来、掲げてきた福祉改革への見通しは立たず、1996 年の再選に向けて有利な状況をつくり出すこともできないと判断したクリントンは、その後、共和党の法案に可能な限り修正を加え、妥協することで福祉改革の実現を目指すようになった。彼自身、アーカンソー州知事時代から、民主党指導者会議（Democratic Leadership Council: DLC）の中心的なメンバーであり、民主党内では中道派として、福祉の受給期間の制限や就労の促進によって福祉への依存を断ち切ることの重要性を説いていた。そのため、個人の責任や伝統的な家族の価値観を重んじる共和党の福祉改革とは、少なくとも理念の上では一定の親和性を持ちえた[1]。

　そのような状況下で、1996 年 5 月に共和党による福祉改革法案（HR3734、S1956）が出されると、わずか数カ月という短い審議の間に、穏健派を中心とした共和党議員と中道派を軸にした一部の民主党議員が歩み寄り、8 月に 1996 年福祉改革法が成立した[2]。

　このように 1996 年福祉改革法は、HR 4 という非常に保守的な共和党案をベースとしながらも、それに共和党と民主党の一部の議員が、審議の過程でさまざまな修正を加えて成立させたものであり、その内容には多面的な性格が見られる。本章では、1996 年福祉改革法を、特にジェンダーの視点から検討することによって、その多面性とそれがはらむ問題点を明らかにしていきたい。

　上述のように同法は、社会福祉支出を大幅に削減し、連邦や州の財政状況を改善するという大義の下に、結婚の奨励や婚外子の出産の抑制、10 代の妊娠や出産の減少など、受給者の大半を占めるシングルマザーとその予備軍とされる若い女性の生活やセクシャリティーに厳しい規範を課すことを定めている。こうした同法の規定には、伝統的な家族の価値観を強調する共和党保守派のジェンダー観が強く前面に押し出されている[3]。

しかし同法の成立過程を詳しく見ると、そうした保守的な価値観が追求される一方で、子供に対する父親の扶養義務の強化、働くシングルマザーのための補助金による保育の充実など、フェミニズムの観点から多くの修正が行われ、法として成立したことがわかる。だが、こうしたフェミニズムは、あくまでも白人中産階級的な視点に貫かれたものであり、福祉の受給者である貧困女性、とりわけその多くを占めるマイノリティの女性のニーズや生活の実態に必ずしも見合ったものではなかった[4]。

本章では、連邦議会の議事録や福祉改革の成果に関する調査報告書や実証研究を用いながら、1996年福祉改革法に体現された多面的なジェンダー観を明らかにし、そこに見られる白人中産階級的なフェミニズムの影響と、法の施行面におけるそうしたフェミニズムの限界を明らかにしていく。

本章の構成は次の通りである。まず第2節では、1996年福祉改革法に定められた、結婚、妊娠・出産、子供の養育義務、保育に関する規定を概観する。つづく第3節では、連邦議会において、共和党穏健派と民主党の一部の女性議員が時には超党派で協力することによって、フェミニズムの観点から、法案の穏健化が図られたことを検討する。そして第4節では、実際に同法の結婚、妊娠・出産、子供の養育義務、保育に関する規定が、どのような成果をもたらし、いかなる問題を提起しているのかを論じていく。

2. 1996年福祉改革法の結婚、妊娠・出産、子供の扶養義務、保育に関する条項

1996年福祉改革法では、冒頭の第1編101項「事実認定」において、同法の背景と目的、基本的な理念について説明がなされている。そこでは、現行の社会福祉制度が破綻しており、「国家的な危機」ともいえるような状況にあることが、次のようなデータを用いて論じられている。まず、AFDCを受給している世帯の子供の月平均人数は、1965年には330万人であったが、1970年には620万人、1980年には740万人、1992年には930万人へと増加の一途をたどっており、保健社会福祉省の推計では、10年後には1,200万人に上るとされている。アメリカ全体では少子化の傾向にあり、0歳から18歳の子供の数は、1965年から1992年

の間に 5.5% 減少しているにもかかわらず、AFDC を受給している家庭の子供の数がこの間、3 倍近くにまで増えているのは、たいへん憂慮すべき事態であることが述べられている[5]。

次に論じられているのは、こうした AFDC 受給世帯の子供の数が増加している背景には、片親家庭の急増があり、AFDC 受給世帯の 89% が母子家庭で占められ、経済的な困窮ゆえに福祉への依存を高めているという点である。そして、母子家庭の増加は離婚よりも、全出産数に占める婚外子の比率が 1970 年から 1991 年の間に 10.7% から 29.5% へとほぼ 3 倍に増えたことに原因があり、今日では片親家庭の子供の 35% が婚外子になっているという。こうした事態に対し、早急に何らかの対策が必要であるとされている[6]。

なかでも深刻なのは 10 代の未婚の母親の問題であり、福祉依存の主な要因となっていることが論じられている。ここで提示されている統計によると、1976 年には 1,000 人の未婚の 10 代のうち、婚外妊娠をした女性の数は 54 人であったが、1991 年には 66.7 人へと 23% も増加している。またすべての年齢層の女性の婚外妊娠も、1980 年の 90.8 人から 1991 年の 103 人へと 14% 増加しており、こうした傾向が続けば、2015 年には全出産数の 50% が婚外子になる可能性があるという[7]。

なぜ婚外子が非難されなければならないのかという点に関しては、道徳的な問題以前に、子供自身が抱える問題として、低体重で生まれてくることが多い、知的発達が遅い、勉学への意欲に乏しい、10 代で妊娠する確率が高い、成人してから福祉を受給する確率が一般の人よりも 3 倍高いといった傾向が指摘されている[8]。

こうした「事実認定」を踏まえて、第 1 編 401 項では、1996 年福祉改革法の目的が宣言されている。すなわち、従来の福祉が掲げてきたような、貧困家庭へ扶助を与え、親が子供を育てることができるようにすることに加えて、就労と結婚を奨励することによって福祉への依存を減らすこと、特に婚外子を減らし、両親のそろった二親家庭の形成と維持を進めることである[9]。

ここで強調されているのは、異性間の結婚が「社会が成功するための基盤となる制度」であるという点であり、婚姻関係に基づいて生まれた子供に対する「父親と母親の責任を高めること」が、子供の幸福な成長に「不可欠」であり、こうした目的を達成するには、抜本的な福祉改革が必要であるという点である[10]。

これらの目的を達成するための具体的な施策として、1996 年福祉改革法の本編

では、次のような条項が定められている。まず10代の妊娠を減らすための取り組みとしては、婚外子の妊娠を減らす唯一、確実な方法は、10代の若者の性交を抑制することであるという考えから、それに向けた学校や地域での教育・啓蒙活動を支援するための連邦補助金が設けられている。その主な内容は、婚外子を産みそうな若者を対象に、純潔教育や性交を抑制する指導やカウンセリングなどを実施するための母子保健包括補助金 (Maternal and Child Health Block Grant)、年間5,000万ドルを、5年間にわたり、州へ交付するというものである[11]。また健康社会福祉省長官が、10代の妊娠を減らすための全国的な数値目標を定め、少なくとも25%の地方自治体に、10代の妊娠を防ぐためのプログラムを実施させることも明記されている[12]。

こうした教育・啓蒙活動にもかかわらず、10代で子供を産んだ者に対しては、次のような厳しい規定が設けられた。まず、高校かそれに相当する教育機関や職業訓練校に通学していること、そして親や親戚などの成人の監督者と同居していることが、福祉を受給するための条件とされ、受給資格の厳格化が図られた。これは親元を離れたいがために、妊娠して子供を産み、福祉に依存しながら独立した世帯を持とうとする10代の若者を減らすための対策であるとされた[13]。

さらに10代に限らず、あらゆる年齢層の女性による婚外子の出産を減らすための対策として、各州が削減のための数値目標を設定し、その成果を連邦政府へ報告することが義務付けられた。特に人工妊娠中絶を1995年の水準以下にとどめながら、婚外子の出産を減らすことに成功した上位5州に対して、ボーナスとして年間2,000万ドルを支給することが定められた[14]。また福祉受給中に新たに生まれた子供に対し、給付の増額を行わないことを定めた、いわゆるファミリー・キャップを導入する権限も州へ与えられることになった。

福祉を受給している世帯の大半が母子家庭であり、父親が子供の養育に関与していないことが貧困を引き起こしているという認識から、父親の扶養義務を強化することも、1996年福祉改革法の重要な柱のひとつとされた。父親の扶養義務については、すでに1975年の社会保障法改正以来、児童扶養強制履行制度 (Child Support Enforcement: CSE) と呼ばれる制度の下で、実父を確定して子供を認知させ、扶養義務を負わせることが定められてきた。1996年福祉改革法では、この規定をさらに強化することによって、母子家庭の経済状況を改善しようとして

いる。

　同法では、連邦の基準に適った CSE プログラムを各州が導入することを義務付け[15]、養育費を滞納している場合は、父親の給与から養育費を強制的に天引きする権限を州へ与えている[16]。また父親の所在や収入、財産などに関する情報の収集を可能にするような全国的なデータ・ベースを作ることも定められた。企業や工場、商店などは、新規に人を採用した場合、その人の氏名、住所、社会保障番号、雇用者番号を、20日以内に州のディレクトリへ届けることが義務付けられ、養育費の未払いや滞納がないかデータ・ベースで照合した結果を、連邦のディレクトリへ報告しなければならないことになった[17]。また養育費を滞納している父親に対しては、パスポートや運転免許証、職業上のライセンスなどを取り消す権限を州に与えることも定められた[18]。

　さらに福祉受給者である女性の側にも厳しい条件が課され、子供の父親がだれであるのかを明らかにし、養育費を徴収すべく福祉事務所に協力しない者には、州が25％以上、給付を削減したり、給付を停止することができるようになった[19]。

　また1996年福祉改革法は、受給開始から2年以内に就労することを義務付けており、受給者の就労支援が重要な位置を占めているため、母子家庭の母親が就労する際、最も大きな問題となる託児や保育に対し、手厚い予算が計上された。それまで重複が多く、複雑な仕組みになっていた、福祉受給者の就労を進めるための保育サービスへの補助金を統合し、保育と発達のための一括補助金（Child Care and Development Block Grant: CCDBG）としてまとめ、最初の6年間（1997〜2002年）に総額138億5,200万ドルが計上された。また補助金の使途については、連邦政府による規制を緩和して州の裁量を広げ、それぞれの地域の実情に見合った保育サービスを提供できるようにした[20]。

3. HR 4 から 1996 年福祉改革法へ ── 女性議員とフェミニズム ──

　このような1996年福祉改革法の結婚、妊娠・出産、子供の扶養義務、保育に関する条項は、連邦議会でのいかなる審議を経て、最終的に定められたのだろうか。本章の冒頭でも述べたように、1996年福祉改革法は、1995年1月に連邦議

会へ提出され、上下院を通過した後、1996年1月にクリントン大統領が拒否権を発動したHR 4を原型としている。HR 4は、共和党保守派の議員、なかでも1994年の中間選挙の際に、ギングリッチの「アメリカとの契約」に同意した議員が提唱した強硬な福祉改革を結実させたものであり、結婚の奨励や婚外子への非難、福祉の受給資格の厳格化、社会福祉行政の州への大幅な移譲などがその中心的な内容であった。

しかし第104議会第1会期に行われた審議では、当初、提出されたHR 4の原案に対して上下院でさまざまな修正案が出され、穏健化が図られた。とりわけ、母子家庭の母親に対する生活や就労上の支援などが新たに付け加えられ、フェミニズムの立場からの議論がこうした修正案の審議においてなされた。そして、第104議会第2会期で提出された福祉改革法案は、HR 4に対して出された修正案の多くを継承するとともに、審議の過程でいくつかの新しい修正案が加えられ、さらなる穏健化が図られた。

こうした背景には、次のような事情があった。福祉改革法案の審議は、期間が短かったこともあり、福祉改革の実現を目指す両党の議員が現実的な対応を見せた。民主党は当時、上下院で少数派であり、法案の可決を阻止する力がなかったため、共和党法案の可決が確実であるならば、可能な限りそれに修正を加え、貧しい女性や子供のためにより良い福祉改革が行われるよう働きかけようとする動きが一部の民主党議員に見られた。共和党の側にも、財政や国防には保守的な立場を取りながらも、社会問題に関しては比較的リベラルな考えを持つ穏健派がおり、民主党の議員の中には共和党穏健派の呼びかけには積極的に応じ、時には超党派で協力した者もいた[21]。

1996年福祉改革法の結婚、妊娠・出産、子供の扶養義務、保育に関する条項の中でも、とりわけ次の4点において、HR 4から大きな変更がなされた[22]。

① 10代の未婚の親に対する給付の制限

当初、下院へ提出されたHR 4では、子供の親が未婚で18歳未満の場合は、福祉を給付しないことが明記されていた。しかしその後、上院で修正案が出され、10代の未婚の親に福祉を給付するか否かは、各州の判断に任されることになった。1996年福祉改革法でも、10代の未婚の親に給付を認めるかどうかは、各州に判断が委ねられ、連邦レベルで給付の停止を義務付けないことが定められた。しか

しその代わりに、1996年福祉改革法では、18歳未満の未婚の親は、福祉の受給の条件として、高校かそれに相当する教育機関や職業訓練校に通学し、保護者の監督の下で暮らさなければならないことになった。

② ファミリー・キャップ

福祉の受給中に新たに子供が生まれた場合、その子供に対する追加的な給付を行わないという規則であり、下院へ当初、提出された HR 4 では義務化されていたが、上院で修正され、ファミリー・キャップを導入するか否かは各州の判断に任されることになった。ファミリー・キャップを連邦レベルでは強制しないという考え方は、1996年の福祉改革法へと引き継がれた。また、人工妊娠中絶を増やすことなく婚外子の出産を減らした州には、2,000万ドルのボーナスを与えることが、1996年福祉改革法で新たに付け加えられた。

③ 子供の扶養義務

HR 4 には、これに関する規定はなかったが、1996年福祉改革法では、実父を確定し、子供の扶養義務を命じるために、州と連邦が情報を共有できるようなシステムを構築するなどの新たな対策が盛り込まれた。また養育費を滞納している父親に対しては、運転免許証やパスポートをはじめ、職業上のライセンスを取り消す権限を州に与えた。

④ 保育サービス

HR 4 では、保育に関する補助金を CCDBG にまとめ、1997年から2002年の間に110億ドルの予算が計上された。また、各州の裁量によって使うことができる基金へ、毎年10億ドルを追加的な予算として入れることを定めた。1996年福祉改革法でも、CCDBG に補助金をまとめるとともに、1997年から2002年までの間に138億5,200万ドルの予算が計上された。また、追加的な予算として2001年まで、年間10億ドルを基金へ入れることが定められ、保育関連の補助金の総額は HR 4 よりも増やされた。

このように1995年に提出された HR 4 の原案が、その基本的な性格や理念を保持しながらもいくつもの修正を経て、より現実的で穏健な1996年福祉改革法へと変えられていった背景には、どのような要因があったのであろうか。特に伝統的な家族の価値観を強調する保守的な性格を持ちながらも、母子家庭への支援を盛り込んだ多面的な法へと変容したのは、いかなる理由によるのだろうか。

まず①10代の未婚の親に対する給付の制限と②ファミリー・キャップについては、双方を義務化した当初のHR 4の規定に対して、民主党議員のみならず、共和党穏健派の議員からも批判があいついだ。特に上院では、共和党穏健派のピート・V・ドメニチ（Pete V. Domenici、ニューメキシコ州）がファミリー・キャップの導入を州の判断に委ねる修正案を出したのに対し、共和党院内総務のボブ・ドール上院議員（Bob Dole、カンザス州）がファミリー・キャップを再び義務付ける修正案を提出するといった、激しい応酬が見られた[23]。

最終的には、婚外子の増加を抑制するために厳しい措置を取るという原則を示しながらも、その施行については、州の判断に委ねるという立場が選択されたが、これは連邦から州へ福祉を可能な限り委譲し、分権化を進めようとする共和党の福祉改革の基本路線に沿いながらも、共和党内部の対立を緩和し、民主党議員の賛同もある程度まで得られるよう配慮した決着であった[24]。

またファミリー・キャップのオプション化については、別の観点からの圧力もあった。それはファミリー・キャップの導入により人工妊娠中絶が増加するのではないかと懸念するキリスト教右派による反対であった。とりわけ、クリスチャン同盟、フォーカス・オン・ザ・ファミリー、アメリカを憂慮する女性の会などが、活発なロビー活動を展開し、ファミリー・キャップは、婚外子の削減という目的の下で、暗に中絶を勧めることになるとして抵抗した。こうしたキリスト教右派への配慮もあり、最終的には、連邦レベルでファミリー・キャップを強制するのではなく、その導入を各州の判断に委ねるという妥協案が選択された。さらにこうした勢力へ歩み寄るための追加的な措置として、中絶を増やすことなく婚外子の出産を減らした州へボーナスを支給するプログラムが1996年福祉改革法には入れられた[25]。

次に、③子供の扶養義務は当初HR 4にはなく、同法案への修正として追加され、1996年福祉改革法へと継承されたものである。これは、④の保育サービスへの補助金の増額とともに、共和党の穏健派と民主党の一部の議員の協力によって実現した。特に共和党穏健派の女性議員と福祉改革の実現に関心を寄せる民主党の女性議員の連携が見られ、フェミニズムの観点から超党派で出された修正案が法案に盛り込まれ、上下院で可決された。

こうした女性議員の中でも、歳入委員会の古参の委員であり、共和党の指導部に

直接働きかけることによって1996年福祉改革法に最も大きな影響を及ぼしたのが、共和党のナンシー・ジョンソン（Nancy Johnson、コネチカット州）下院議員であった。ジョンソンは、HR 4に対して、1995年2月に児童扶養責任法案（Child Support Responsibility Bill: HR785）を提出し、父親の居場所を追跡して、子供の養育費の支払いを求めるための全国的なデータ・ベースの設立を呼びかけた[26]。

この法案には、58人もの共同提出者が名を連ね、そのうち33人が女性下院議員であった。その内訳は、23人が民主党、10人が共和党であり、女性議員を中心とした超党派での取り組みであった[27]。この法案に賛同する理由として、民主党のリン・C・ウールセイ下院議員（Lynn C. Woolsey、カリフォルニア州）は、まず福祉を初めて受給する人々の実に91％が、子供の父親から養育費がもらえないことを受給の理由としてあげていること、また今日、年間500億ドルの養育費が未徴収であり、これらが徴収されて母子に支給されれば、多くの女性が福祉への依存を断ち切ることができることを指摘した[28]。

このようなウールセイの主張は、若い頃、シングルマザーとして福祉を受給していた自らの経験に基づいたものでもあった。彼女は下院の審議で次のように発言している。「27年前、私は独身のワーキングマザーで、［元夫から］養育費を受け取っていませんでした。そのため働いていたにもかかわらず、1、3、5歳の幼い子供たちに、医療、保育、食料を与えるために福祉を受給することを余儀なくされました」[29]。

同じように共和党のジェニファー・ダン（Jennifer Dunn、ワシントン州）下院議員も、自らの経験に基づいて、この問題に関心を寄せていた。ダンは今日、莫大な額の養育費が未徴収であり、養育費を支払う義務がありながら支払っていない親の30％は、支払いを逃れるために州外へ転居していることを非難した。ダン自身、2人の息子が6歳と8歳の時から20年間、シングルマザーであり、自分は前夫から養育費を支払われていたが、それがなければ非常に生活が困難であったと法案の審議で語った。かつて自分が当事者であったことから、「私はこの問題を理解できますし、男性の同僚に説明してあげることもできます。何人かの議員は、［この法案の］採決に際して、私に判断を仰ぎました」と述べている[30]。

上述のジョンソンも、子供の扶養義務を法案に盛り込むことに消極的な共和党の男性議員に対して、もし法案に反対票を投じれば、有権者から「反子供、反家族」

と見られるが、それでもよいのかと問いかけ、説得にあたった[31]。

こうした流れを受けて、1996年の福祉改革法案の審議では、再びジョンソンが、バーバラ・ケネリー（Barbara Kennellly、民主党、コネチカット州）下院議員と、オリンピア・スノー（Olympia Snowe、共和党、メイン州）、ビル・ブラッドレー（Bill Bradley、民主党、ニュージャージー州）両上院議員とともに、超党派で児童扶養向上法案（Child Support Improvement Act of 1996, HR3465）を提出し、連邦のデータ・ベースに州がアクセスし、子供の父親に養育費の支払いを請求することができるよう求めた[32]。

また同様の内容の法案を、女性問題のための連邦議員連盟の委員長を務め、共和党の穏健派であったコニー・モレラ（Connie Morella、メリーランド州）下院議員が、キャッスル・タナー超党派福祉改革法案（Castle-Tanner Bipartisan Welfare Reform Bill, HR3266）として提出し、子供の養育費の徴収のために連邦のデータ・ベースを設立することを呼びかけた[33]。モレラはまた、子供の養育費を支払わない父親から、自動車免許証やパスポート、職業上のライセンスなどを取り上げることを提案し、あらゆる手段を用いて「無責任な父親」から養育費を徴収することを求めた[34]。

さらに、福祉受給者の子供の保育を拡充するための補助金の増額に関しても、共和党穏健派の女性議員が、超党派の取り組みを主導した。共和党議員の中には、社会福祉財政の削減にのみ目を向け、福祉受給者に対する具体的な自立支援策にはほとんど関心を払わない者も少なくなく、福祉改革によって受給者数が減れば、州が「自由に使える財源」が増えるので、それを州が独自に保育サービスへ回せばよいのではないかと主張する者もいた。しかし、ジョンソンをはじめとする共和党穏健派の女性議員は、こうした考えに真っ向から反対した[35]。

保育サービスのための補助金の増額を求める理由として、ジョンソンらは次のような理由をあげた。まず、AFDCを受給している家族の63％が5歳未満の子供がいるため、保育に十分な予算が向けられなければ、福祉から就労への移行は不可能であること。また福祉受給者だけでなく、いわゆるワーキング・プアにも保育予算の増額は非常に重要であり、当時、35州でワーキング・プアの子供が、補助金で運営されている保育所への入所を待たされている、いわゆる待機児童となっていること。さらに多くの予算を保育士や幼児教育の専門家の人件費に割り

当てて保育の質を高めていかなければ、子供の健全な育成にはつながらないことを強調した[36]。

このような理由から、ジョンソンは、年間1億5,000万ドルを保育の包括補助金へ追加し、2000年度まで合計年21億ドルを支出するようHR 4を修正することを求め、この案は下院で採択された[37]。またジョンソンとともに、ダンと2人の女性下院議員が共同で、5年間で7億5,000万ドルの保育の追加予算と、州へ支払われる補助金を年21億ドルとする修正案を提出した[38]。

さらに上院ではHR 4に対し、40の修正案が提出されたが、そのうち10案は女性議員の手によるものであった[39]。その中で最も注目を浴びたのは、共和党のナンシー・ランドン・カッセバウム（Nancy Landon Kassebaum、カンザス州）であった。カッセバウムは、同法案の一部を審議する権限を持っていた労働・人的資源委員会の委員長を務め、両院協議会の唯一の女性上院議員でもあったことから、同法案の行方に大きな影響力を持っていた。この委員会は、保育関連の3つの連邦補助金をまとめ、保育所の認可、保健衛生基準の順守を定めた法案を1995年5月に可決し、これはのちにHR 4の修正案として採択された[40]。カッセバウムによると、この法案の主眼は「親、子供、保育者が一体となった保育制度を作ること」にあった[41]。

翌年の福祉改革法案は、予算調整法案として連邦議会へ提出されたため、議場での審議はわずか20時間に限られ、保育関連の修正案は少なかった。しかし、カッセバウムの主導の下で、HR 4の審議において出された修正案の多くが福祉改革法案に盛り込まれ、その大半が上下院を通過した[42]。

また、こうした短い審議期間に可決された重要な修正案としては、次のようなものがあった。スノー上院議員が、クリストファー・ドッド（Christopher Dodd、コネチカット州）上院議員による修正案の共同提出者のひとりとなり、保育所が受け入れる子供の数を増やすとともに、保育の質を高めるために費やすことを義務付ける額をCCDBGの3%から4%へと引き上げることを提案し、可決させた[43]。

スノーは、超党派でドッド修正を支持する理由として、保育関連の補助金の使途を明らかにする必要があることを強調し、保育所の安全を確保すること、保育所児の感染症を予防すること、保育士の質を高めるための研修を行うことの3点

に連邦の補助金が重点的に使われるべきであると論じた。スノーによると、こうした規定が盛り込まれていないことは法案の重大な欠点であり、とりわけ無認可の保育所は、往々にして安全や保健衛生に関する基準に見合わない保育サービスを提供しており、それが野放しにされていることは健全な保育の実践において大きな障害となっていることを指摘した[44]。

4. 福祉改革の成果とジェンダー

前節で見たような連邦議会での審議を経て、最終的に1996年福祉改革法に定められた結婚、妊娠・出産、子供の扶養義務、保育に関する条項は、その後、どのような成果を生み出しているのであろうか。特に連邦議会の審議において、共和党穏健派と民主党の一部の女性議員の尽力によって実現したフェミニズムの観点からの施策は、貧困女性の生活の改善に実際、どれほど役立っているのだろうか。以下、4項目に焦点を当てて、検討していきたい。

(1) 10代の妊娠と婚外子の減少

1996年福祉改革法の中でも、最も充実した予算が組まれた10代の妊娠と婚外子を減らすための対策は、各州でどのように実施され、いかなる成果を生み出しているのだろうか。各州で行われているプログラムの種類や数については、リチャード・ワルトハイマーとアーバン・インスティチュートが行った調査によると図5−1のようになっている。1996年福祉改革法の施行後、それ以前から重視されていたエイズや性感染症に関する学校での教育に加えて、多くの州で、妊娠を防ぐためのメディア・キャンペーン、禁欲や避妊に関する教育、家族計画のカウンセリングなどが行われるようになった[45]。

特に10代の若者に対しては、初体験を遅らせる、無防備な性交の危険性を知らせる、避妊をさせる、異性からの誘惑や異性と性的な関係を持つことを煽る仲間からのプレッシャーに負けないようにするなどの指導が重要であるとされている。そのため、中学や高校での性教育に加えて、地域で非営利団体などによって、異性との関係や避妊に関する教育やカウンセリングが行われている[46]。また婚外

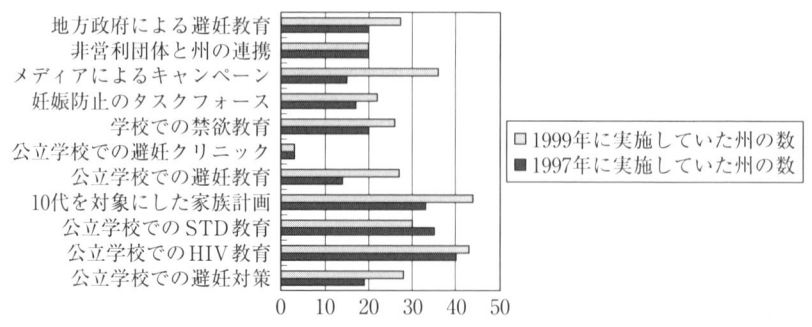

```
地方政府による避妊教育
非営利団体と州の連携
メディアによるキャンペーン
妊娠防止のタスクフォース
学校での禁欲教育
公立学校での避妊クリニック
公立学校での避妊教育
10代を対象にした家族計画
公立学校でのSTD教育
公立学校でのHIV教育
公立学校での避妊対策
```

□ 1999年に実施していた州の数
■ 1997年に実施していた州の数

図5-1 10代の妊娠予防プログラムへの州の参加
出典：Sawhill (2001), Figure 3.

子を減らすための成人向けのプログラムも実施されており、なかでも妊娠したカップルに結婚を勧めるカウンセリングや、高校を卒業させ、就職を勧める対策に重点が置かれている[47]。

これらのプログラムは、連邦からの補助金と州や地方自治体の予算を組み合わせて実施されているが、10代の妊娠を防ぐために費やされている予算を10代の女性一人当たりに換算すると、平均で年間わずか8ドルにすぎない[48]。また一人当たりの予算にも、州によって大きな差があり、最高はカリフォルニア州の78ドルであるが、ミシシッピ州、ネブラスカ州、ネヴァダ州は0ドルである[49]。

一方、婚外子を減らした州への最初のボーナスは1999年に支払われ、アラバマ州、カリフォルニア州、ワシントンD.C.、マサチューセッツ州、ミシガン州が対象となった。翌年はアラバマ州、アリゾナ州、ワシントンD.C.、イリノイ州、ミシガン州がボーナスを獲得した。このように婚外子の減少率の順位によって、ボーナスを獲得する州が決められているわけであるが、これらの州の2000年の婚外子の減少率を見てみると、ワシントンD.C.が4.13%で最も大きいのに対し、最低のイリノイ州は0.022%となっている。こうした微々たる減少は、政策的な取り組みの成果というよりは、人口動態の変化によるものではないかという指摘もあり、婚外子がそれほど簡単に減少しているわけではないことがわかる。

さらにこうしたボーナスの問題点としては、いかなる方法と計画に基づいて婚外子を減らしているのかを、各州が連邦へ報告することが義務付けられていないことがあげられる。また実際にボーナスを獲得した州が、どのような取り組みによって婚外子を減らしたのか、その方法を公表し、他州が経験を共有するような

試みも行われていない。今後、各州で実施されているプログラムの有効性を吟味し、その成果を比較検討することが求められている[50]。

10代の妊娠や婚外子の減少は、1996年福祉改革法の成立以前からすでに始まっていた現象であった。図5-2から明らかなように、10代の妊娠は、1990年代前半から減りつつあり、その後、こうした傾向は加速化した[51]。婚外子の数も、母親の年齢が15歳から17歳の場合、1994年から1999年の間に20%減少し、18歳から19歳では10%減少している。このような減少は、特に黒人、低所得、低学歴のグループにおいて顕著に見られた[52]。また、10代の妊娠や婚外子の出産の減少が、妊娠数の減少によるものであり、人工妊娠中絶の増加によるものではないことは注目に値する[53]。

こうした傾向が、福祉改革法が成立する数年前から見られたということは、福祉改革によるさまざまな取り組み以外の要因が作用していると考えられるが、それに関しては次のような点が指摘されている。まず1990年代初頭以降、エイズや性感染症への関心が高まり、予防のためにコンドームの使用が増加したことがある。またピルの服用に加えて、デポ・プロベラ（合成黄体ホルモンの注射）やノルプラント（皮下に埋め込む短小棒状の合成黄体ホルモン避妊薬）など、新しい避妊方法も普及し始め、選択肢が増えたことが、妊娠数の減少につながった[54]。

また、多くの調査が指摘しているのは、10代の若者の性に対する見方が保守化

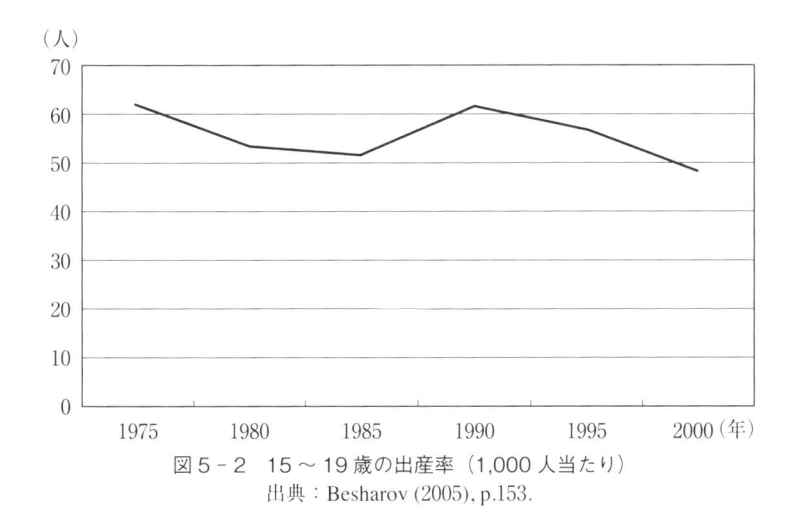

図5-2　15〜19歳の出産率（1,000人当たり）
出典：Besharov (2005), p.153.

したことである。これを統計的に把握することは容易ではないが、たしかに長期的な分析によると、そのような傾向が見られる。例えば、シカゴ大学の全国世論調査センターが行った GSS（General Social Survey）によると、婚前に性交渉を持つのは悪いことであると回答した18歳から24歳までの若者の比率は、1972年にはわずか10％にすぎなかったが、1998年には23％になったという。また、1988年から1995年に17歳から19歳の男性を対象に行われた性行動に関する調査でも、性交の経験がある者の割合は、この間、76％から68％へと減少している[55]。

こうした背景の下で、1990年代前半には10代の妊娠や婚外子の出産が減少し始め、1996年福祉改革法によって福祉の受給条件が以前よりも厳格化されたことや、10代の妊娠や婚外子を減らすためのさまざまな取り組みが実施されるようになったことが、減少に拍車をかけたと見ることができる。

(2) ファミリー・キャップ

1996年福祉改革法が成立する以前は、子供の数が増えれば、AFDCの給付はそれに応じて増額されたが、同法の成立後は、福祉受給中に新たに子供が誕生しても、その子供に対する付加的な給付は認めない規定を、各州の判断に基づいて、定めることができるようになった。こうした措置が取られた背景には、保守派の論客、チャールズ・マレーが1980年代から論じてきたように、福祉制度そのものが婚外子の出産を増やしているという認識があり、これ以上、子供の数を増やさないよう、受給者に経済的なインセンティブを与えるべきであるという考え方があった[56]。

それに対し、ファミリー・キャップに反対する人々は、そうした措置が貧困家庭の子供の生活をいっそう困窮させるばかりでなく、福祉を受給している女性の人工妊娠中絶を増加させることになると指摘している[57]。また統計的にも福祉受給世帯の子供の数は全国平均と大差なく、福祉を受給し続けている年数と子供の数には、何ら相関関係は見られないという議論もある[58]。

今日、福祉改革法の下で24州が何らかの形のファミリー・キャップを導入している。しかしそのうち15州は、同法の成立以前から、州レベルで独自にファミリー・キャップを施行してきた州である[59]。

ファミリー・キャップの効果に関する網羅的な調査は少なく、2001年に出され

たGAO（General Accounting Office）の報告書が、ある程度、信頼できるものとして参照されることが多い。この調査によると、ファミリー・キャップを導入した20州について見ると、2000年の月平均で、10万7,554世帯がファミリー・キャップの影響を受けており、これは福祉受給世帯の8.9%に相当するという。しかし州によるばらつきも大きく、ファミリー・キャップの影響を受けた世帯が全受給世帯に占める比率は、イリノイ州の19.6%からテネシー州の0.6%まで、かなりの差が見られる。またファミリー・キャップがなければ、子供が生まれたことによって増加したはずの給付額の月平均は100ドルであり、ファミリー・キャップによって給付額が20%減じたことになる[60]。しかしファミリー・キャップの影響を受けている世帯は、現実にはこのGAOの統計よりも多いのではないかという指摘もなされている[61]。

　ファミリー・キャップの導入が、福祉を受給している女性の出産や中絶をめぐる選択にいかなる影響を与えているのかという点については、1996年の福祉改革法の成立以前からファミリー・キャップを導入していた州で行われた調査がいくつかある。1992年に全米で初のファミリー・キャップを採用したニュージャージー州でラトガーズ大学が行った調査によると、同州では1992年10月から1996年12月までの間にファミリー・キャップのために出産が1万4,000件減少し、低所得の女性の中絶が1,400件増えたという。しかし、女性が出産や中絶に関して何らかの決定をする際には複合的な要因が作用するため、ファミリー・キャップの影響だけを抽出して分析するのは非常に困難であり、このニュージャージー州の調査に対しても、方法論上の問題があるという批判がなされている[62]。

　特に近年では、ファミリー・キャップのある州とない州を比較して、ファミリー・キャップは、福祉受給者の出産や中絶に有意な影響を与えていないと結論付ける調査も数多く出されている。例えば、ダイアーとフェアーリが、ファミリー・キャップを最初に導入した5州[63]と導入していない州について、1989年から1999年のCPS（Current Population Surveys）を用いて、低学歴で子供のいる未婚女性を対象に行った調査では、ファミリー・キャップが婚外子の出産を減少させているとは証明できないとしている[64]。

　また同じくCPSを用いて、1992年から1999年にファミリー・キャップが導入されていた18州について調査したジョイスらの研究でも、低学歴の未婚女性で

子供のいる者といない者を比較した結果、ファミリー・キャップは出産にも中絶にも有意な影響を与えていないとしている[65]。さらに 15 歳から 34 歳の女性の出産率について、ファミリー・キャップのある州とない州を 1989 年から 1998 年にかけて比較したカーニーの研究でも、両者にほとんど差は見られないと結論付けられている[66]。

　福祉を受給している女性にファミリー・キャップの影響について直接聞き取りをした調査もいくつかあるが、ファミリー・キャップが導入されている州でも、ファミリー・キャップの存在自体を知らない女性が少なからずいることが指摘されている。2001 年にアリゾナ州の郡の福祉事務所で行われた調査によると、29％から 37％の福祉受給者がファミリー・キャップを知らないと答えている。またファミリー・キャップを知っていても、自らの妊娠や出産に何の影響も及ぼしていないと回答する女性も多い。ニュージャージー州の調査では、福祉受給者の 50％強が、受給額と子供を産むか産まないかの決定には関係がないと答え、関係があるとしたのは 39％にとどまった[67]。

　ファミリー・キャップの効果について、人種による違いを検討した研究では、黒人が他の人種よりもファミリー・キャップの影響を受けていることが指摘されている。なかでも興味深いのは、1984 年から 1998 年という長期にわたり、疾病予防管理センターのデータを用いて、ファミリー・キャップが黒人女性の出産にもたらした影響を分析したサビアによるものである。それによると、この間、ファミリー・キャップの影響を受けた未婚の黒人女性の出生率は 2.7％減少しており、サビアは、これを中絶の増加によるものではなく、性行動の変化によるものであると論じている。

　すなわち、子供の数が増えても給付が増額されないという経済的な効果よりも、ファミリー・キャップの導入によって、特に黒人女性の間で、以前よりも婚外子の出産が「恥ずべきもの」とされるようになったことが関係しているのではないかとサビアは見ている。これは黒人女性の福祉への過度な依存が、現行の福祉制度を破綻させているという言説が、福祉改革をめぐる議論の中で繰り返されたことによって、福祉を受給している黒人女性がこうしたイメージを内面化し、性行動を抑制するようになったのではないかとサビアは論じている[68]。

　こうした影響は、ニュージャージー州での調査でも確認されている。ジャガナ

サンとカマッソが、新規の福祉受給者を対象に、1992年10月から1996年12月までの間にファミリー・キャップが出生率に与えた影響を調査したところ、黒人に関してはこの間、出生率が21％下がっているが、白人とヒスパニックでは何ら変化が見られなかったという。特に比較的白人が多い地域に住む黒人についてこうした傾向が顕著に見られ、福祉を受給しながら新たに子供を産むことに対して否定的な見方が浸透した結果、周囲の視線や体面を気にして出産を控える傾向が出てきたのではないかとしている。しかしサビアの研究とは異なり、この調査では、黒人の中絶は32％も増加したとされており、出産の減少が必ずしも妊娠の減少によるものではなく、貧しい黒人女性が以前よりも中絶を選ぶようになったことが指摘されている[69]。

(3) 子供の扶養義務

2001年の保健社会福祉省の統計では、福祉を受給している母子世帯で子供の父親から養育費を支払われているのは25％にすぎないが、1996年福祉改革法による養育費の取り立ての強化により、その比率は以前よりは増加しつつある[70]。しかし親の所在を追跡するためのデータ・ベースの全国化や養育費の支払いを拒んでいる親の給与や資産の差し押さえなど、同法に定められた一連の措置にもかかわらず、依然として、失踪したり、地下経済で働いて所得を隠したりすることで、養育費の支払いを免れようとする親も少なくない[71]。

また収入が少なく、貧困に陥っていたり、病気や障害のために失業していたり、刑務所で服役中であるため、養育費を払いたくても払うことができない親も多い。キャンシアンとマイヤーによるウィスコンシン州の調査では、こうした父親の1998年から1999年の平均収入は8,000ドル未満であり、3分の1が安定した収入がないとしている。彼らは、低学歴で職歴がない、あるいは前科があるなどの理由でよい仕事に就くことができず、養育費の支払い能力に乏しい[72]。2000年度に実際に支払われた子供の養育費の額は、福祉を一度も受給したことのない一般家庭で年平均3,303ドルであるのに対し、福祉を離れた家庭で1,961ドル、福祉を受給中の家庭で年間平均1,646ドルとなっており、大きな差が見られる[73]。

ここには、連邦議会で子供の扶養義務の強化に向けて法案の修正に尽力した女性議員たちの考えが、必ずしも福祉受給者の現実には即していないことが垣間

見られる。女性議員がフェミニズムの観点から、子供の父親に対し金銭的な扶養義務を求める際に想定しているのは、父親の経済力であり、定職に就き、安定した収入のある男性像を当然のこととして描いている。法案の審議で自らの経験を語ったウールセイやダンのように、双方の合意に基づいて離婚した、白人中産階級の元夫からの養育費の取り立てについては、そのような理解が意味を成すであろう。しかし受給者の多くを占める、黒人をはじめとするマイノリティの女性は、子供の父親も経済的に困窮しており、養育費の支払いを請求すること自体に無理があることを知っているのである。

養育費を支払う親が依然として少ないことに加えて、この制度の最大の問題は、支払われた養育費が、いったん州へ納められ、そこから福祉給付分が差し引かれて、残りが福祉の受給世帯へ支払われるため、受給者は、養育費の全額を受け取ることができないという点にある。このように、養育費から受給額を州へ「払い戻す」ことを定めた規則は、AFDCの時代から存在していたが、1996年福祉改革法の下でさらに厳格化された。すなわち以前は、州が差し引くことができたのは、現金で支給される福祉給付のみであったが、同法の下では、それに加えて、保育費や交通費などの名目で給付される額も、養育費から差し引かれるようになった[74]。

さらにAFDCでは、養育費の最初の50ドルは、福祉給付の払い戻しの対象から免除されることが定められ、直接、受給者へ支払われることになっていたが、1996年福祉改革法ではこの規定がなくなり、こうした「パス・スルー」と呼ばれる免除の有無やその金額は、各州の判断に任されることになった。その結果、今日では24州で「パス・スルー」が完全に廃止されている。「パス・スルー」を継続している州でも、その大半がAFDC時代からの50ドルを継続しており、それ以上に免除額を引き上げた州はごくわずかにすぎない[75]。

その結果、徴収された養育費に対し実際に福祉受給者へ支払われた額の割合は、AFDC時代の最後にあたる1996年が16.83%であったのに対し、1996年福祉改革法成立後の2000年には6.37%へと激減した。当然のことながら、こうした措置によって、州政府は社会福祉の財源が以前よりも増えたわけであるが、子供の父親が支払う養育費によって母子家庭の経済的な自立を促すという政策的な目標からは、遠ざかってしまっている。また父親の方も、養育費を支払っても直接、子供のために使われるのではなく、まず州に納められることを知っているため、

養育費を支払う意欲を減退させる要因になっているという指摘もある[76]。

もちろん福祉を離れれば、子供の父親が支払った養育費を全額そのまま受け取ることができるようになるため、こうした措置は福祉を離れるインセンティブにはなっている[77]。養育費を受け取っている母子家庭は、受け取っていない母子家庭に比べて福祉から離れている期間が長いことも、ワシントン州での調査などから明らかにされており、福祉を離れた人の78％が、養育費は家計に「非常に大きな違い」をもたらしていると答えている[78]。

1996年福祉改革法の下では、母親は子供の父親に関する情報（氏名、現住所、生年月日、社会保障番号、勤め先など）を提供する義務を負わされている。こうした規定は、AFDCの時代にもあったが、福祉改革法ではさらに厳格化され、子供の親がだれであるのか明らかにすることを拒んだ場合、州は少なくとも25％、福祉給付を減額することができることになっている。もちろん「正当な理由」がある場合はこれを免除されるが、「正当な理由」の定義については、各州にかなりの裁量が与えられている[79]。

もちろん家庭内暴力を受けていることは「正当な理由」に含まれ、この規定の免除の対象となるが、家庭内暴力そのものの定義や家庭内暴力の被害者であるか否かの認定は、州が行うことになっている。ある調査によると、家庭内暴力を理由に免除を申請した福祉受給者の約3分の2が、十分な証拠を提示できなかったという理由で、申請を却下されている。また自分に関する情報を明かしたことに対して男性が激怒し、女性がさらにひどい暴力や虐待を受けるという事態も発生している[80]。グェンドリン・ミンクが述べているように、こうした「協力の強制」は、福祉を受給している女性が、「現金の見返りにプライバシーを暴露する」ことを強要されることを意味しており、自立した意思決定者としての女性の権利が脅かされる危険性がある[81]。

この点に関しても、連邦議会で法案の修正に奔走した女性議員のフェミニズムと福祉を受給している貧困女性の現実との乖離が見られる。子供の扶養に関する父親との「公平」な分担、「平等」な立場での養育費の請求などは、白人中産階級の夫婦の間では、離婚に際して当然、主張されるべきことであろう。しかし、福祉を受給している女性の中には、婚外子や一時的な関係によって生まれた子供の父親とは連絡を絶ちたい、また相手の男性に経済的に頼ることを最初から考え

ておらず、福祉の力を得てひとりで子供を育てていきたいという者も少なからずいると考えられるが、同法の規定には、こうした貧困女性が抱えるさまざまな事情への配慮は見られない。

(4) 保育サービス

これまで見てきたように、1996年福祉改革法は、それまであった保育関連の連邦補助金をひとつに統合してCCDBGとし、補助金の総額を増やして、州や地方の実情に応じて使えるようにすることによって、福祉受給者の就労を促進することを目指している。さらに、CCDBGに加えて、各州の判断でTANFの包括補助金の一部を保育サービスに振り向けることもできるようにしている。図5-3に見られるように、CCDBGは1997年の19億ドルから、2000年の35億ドルへとゆるやかに増加する一方で、州が保育サービスへ向けるようになったTANFの包括補助金は、1997年の2億ドルから2000年の39億ドルへと急増した。その結果、CCDBGと保育へ向けられるTANFの包括補助金の合計額は、1997年の21億ドルから、2000年の74億ドルへと大幅に増加した。

こうした財源の拡大は、補助金による保育サービスを受けることができる子供の数を大幅に増やすことになった。1996年にはこれらの補助金の対象となる保育

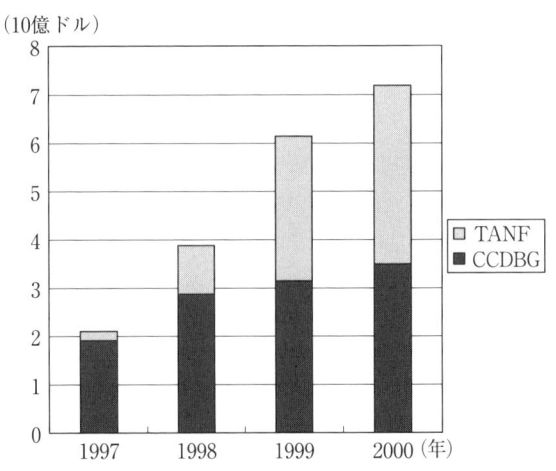

図5-3 保育へ支出されるCCDBGとTANF
出典:Sawhill, *et.al.* (2002), p.191.

サービスを受けた13歳未満の子供の数は、月平均100万人であったが、2000年にはその数は190万人に達した[82]。

　補助金による保育サービスの基本的な方針は、まず親の選択を優先することにあり、バウチャー方式の導入などにより、子供を預ける場所を親が自由に選べるようにしている。1999年のデータでは、補助金による保育を受けている子供の71%が保育所や認可された託児所を利用し、29%が自宅や保育者の家で子供の面倒を見てもらっている。また補助金による保育サービスを受けることができるのは、現在福祉を受給している親だけでなく、福祉を離れた人も対象とされており、福祉を離れた後の就労継続のための支援策としての役割も果たしている[83]。CCDBGを財源とした保育サービスを受けることができるのは、収入が州の世帯所得の中間値の85%未満の家庭の子供であり、親が働いているか、職業訓練などを受けている13歳未満の子供が対象となっている[84]。

　しかしこうした制度にも問題がないわけではない。例えば、補助金による保育を子供に受けさせるための手続きが煩雑で、就労状況などを申告するために頻繁に福祉事務所へ足を運ばなければならないこと、またCCDBGの4%を保育の質を高めるために用いることが州に義務付けられているが、なかなか質の向上が図られていないことなどが問題として指摘されている。特に福祉受給者や低所得者が多く住む地域では保育の質が低い施設しかないことが多く、こうした状況は早急に改善されなければならない[85]。

　さらに、補助金による保育サービスを受ける資格があっても、利用していない親が少なくないという問題も指摘されている。1996年福祉改革法の成立以降、福祉受給者の数が大幅に減少し、就労する人が増えたことによって、保育を必要とする低所得家庭が著しく増加しているはずであるにもかかわらず、現実には福祉を離れた人の80%が、補助金による保育サービスを利用していないという調査結果もある[86]。

　このように利用率が低い理由としては、次のような要因が考えられる。まず福祉を離れた者のうち、実際に就労しているのは60%程度にすぎず、さらにフルタイムで働いているのは45%にすぎない。家族や親族に援助してもらったり、フード・スタンプなどのTANF以外の福祉給付を受けて何とか生活している者も少なくない。第2に福祉を離れた人の子供の多くは、福祉受給中からすでに何らかの

公的な保育サービスを受けており、特に就学前の子供はヘッド・スタートに参加していることが多く、新たに補助金による保育サービスを受ける必要がない場合も多い。また福祉を離れ、就労した人の25％はパート・タイムで働いており、親族や友人に子供を預けたり、ベビーシッターを雇ったりするなど、公的な保育には頼らず、自己負担で、短時間の託児サービスを利用している。現行の政策では、パート・タイムで母親が働いている低所得家庭の保育に対する補助はほとんどなされておらず、今後、こうした多様な就労形態に見合った保育サービスを補助金で提供していくことが求められている[87]。

　こうした補助金による保育サービスの過少利用についても、連邦議会で保育予算の増額に向けて超党派で取り組んできた女性議員の考えと実際の利用者のニーズとの間にギャップが見られる。上述のように福祉から就労へという移行は、思いのほか進んでおらず、福祉受給者の就職は困難である。また就職することができても低賃金の非正規雇用がかなりの部分を占めている。労働市場への参加こそが貧困女性の自立を実現するという考え方が福祉改革の根幹に置かれ、女性議員もフェミニズムの観点からそれを後押ししてきた。しかし現実には補助金による保育サービスが、貧困女性の就労支援策として十分に活用されているとは言い難く、福祉受給者の実態を考慮した多くの変更が必要とされている。

5. おわりに

　これまで検討してきたように、1996年福祉改革法の結婚、妊娠・出産、子供の扶養義務、保育に関する条項には、多面的なジェンダー観が見られる。同法は、異性間の単婚により形成される家族こそが社会の基本単位であり、性交渉は、婚姻関係に基づいてのみ行われるべきであり、婚外子を産むことは、当事者のみならず、社会全体に悪い影響を及ぼすといった、伝統的な家族の価値観に立脚した規範を謳っている。そしてそれらを実現するために福祉制度の抜本的な改革が必要であると論じ、10代の未婚の親に対する福祉給付の制限やファミリー・キャップなどを具体的な施策として設けた。

　しかし同法では、婚外子を産むことが罪悪であるとされ、片親家庭の子供の

35％が婚外子であることが深刻な問題として指摘される一方で、離婚による母子家庭の増加については表立った非難はされてはおらず、離婚率が高いアメリカ社会の一般的な状況への配慮が見られる[88]。AFDC 受給世帯の 89％が母子家庭であるという現状を鑑みて、フェミニズムの観点から、連邦議会の女性議員が活発に審議に加わり、時には超党派で子供の扶養義務の強化や保育サービスに対する補助金の増額などを修正案として提出し、法に盛り込んだ。

　このように 1996 年福祉改革法には、共和党保守派による伝統的な家族の価値観を強調するジェンダー観と、共和党穏健派と民主党の一部の女性議員を中心としたフェミニズムに基づいたジェンダー観の共存が見られる。しかし、後者で提唱されているのも、あくまでも白人中産階級のフェミニストが思い描く家族や夫婦のあり方に依拠したジェンダー観であり、福祉を受給している当事者である貧困女性の考え方やニーズを必ずしも代弁してはいない。

　こうしたフェミニズムにおいては、女性は、常に合理的・理性的な判断を下すことができる主体として想定され、結婚や離婚、妊娠や出産、子供の養育に関して、女性は自由な選択に基づいて自己決定をし、男性との「公平」で「平等」な関係を求めることによって、自らの立場を向上させることができると主張される。1996 年福祉改革法に定められた子供の扶養義務の強化は、まさにこうした考えに基づいたものであった。しかし上述のように、現実には子供の父親から強制的に養育費を徴収しようとすることが、必ずしも貧困女性の生活の向上につながってはいない。

　また同法は、貧困に苦しんでいる女性が、仕事を見つけ経済的に自立することによって、福祉を離れるというシナリオを描いている。しかし現実には、低学歴で職業経験に乏しいシングルマザーの就職は困難であり、仕事が見つかっても、その多くは低賃金で不安定な非正規雇用である。福祉改革の議論を主導したフェミニストのシナリオでは、経済的な自立を志向し、それに向けてひたすら日々、努力することが絶対的な善であると想定されているが、現実には福祉受給者をただ単に労働市場へ押し出すだけでは、貧困女性が抱える問題の解決策とはなっていない。事実、福祉を離れたが、就労もしていないという人が少なくなく、そのことが補助金による保育サービスの過少利用にもつながっている。

　さらに皮肉なことに、共和党保守派の提唱するファミリー・キャップは、女性

は妊娠・出産に関して自己決定権を持つというフェミニストの主張と、ともすると共鳴してしまう危険性をはらんでいる。アンナ・マリ・スミスが指摘しているように、フェミニズムにおいて提唱されているリプロダクティブ・ヘルス／ライツは、福祉を受給している女性がピルや合法的な中絶へのアクセスにおいて不利な状況にあるという事実を看過し、妊娠や出産は自己責任によるものであり、福祉受給中に生まれた子供の生活を税金で支援する必要はないという議論に転化させられてしまうおそれもある[89]。

今後、こうした白人中産階級的なフェミニズムの限界や「罠」についてさらに議論を深め、貧困女性の置かれた実情に見合った生活支援のあり方に照準を合わせた福祉改革の可能性を探ることが、重要な課題となっていくであろう。

1996年福祉改革法は、その後、2006年の財政赤字削減法によって再認可され、基本的な内容は今日に至るまで継続している。しかしその一方で、貧困女性が置かれている現実に見合った形での法の施行を求める動きも、マイノリティを中心とした女性の福祉受給権を求める運動によって、少しずつではあるが進められている。

とりわけファミリー・キャップに関しては、上述のようにさまざまな調査によってその有効性に疑問が投げかけられており、廃止に向けた活動が、地方自治体や州レベルで進んでいる。その結果、メリーランド州では、2002年10月から各郡にファミリー・キャップを廃止するか否かの判断を任せるようになり、最終的にはすべての郡が廃止することになった。また、イリノイ州でも、2004年以降、新たに生まれた子供にファミリー・キャップを適用することを止め、2007年7月までに完全に廃止した。

さらにファミリー・キャップの廃止に向けて、連邦議会で法案も提出されている。1998年のクリス・スミス下院議員（Chris Smith、共和党、ニュージャージー州）、2001年のパッツィー・ミンク下院議員（Patsy Mink、民主党、ハワイ州）に続いて、2003年には、デニス・クシニッチ下院議員（Dennis Kucinich、民主党、オハイオ州）が、ファミリー・キャップを採用している州には、TANFの包括補助金の5％をペナルティとして削減することを求める法案を提出した。今までのところ、いずれも採択には至らず、連邦議会への同様の法案の提出は続けられており、今後の行方が注目される[90]。

注

1) Brendon O'Connor, *A Political History of the American Welfare System* (Oxford: Rowman & Littlefield Publishers, Inc., 2004), pp.188-189.
2) HR3734 は共和党のジョン・R・ケイシック下院議員（オハイオ州）によって提出され、7月18日に賛成256（共226、民30）、反対170（共4、民165、無所属1）で可決された。S1956 は共和党のピート・V・ドメニチ上院議員（ニューメキシコ州）によって提出され、7月23日に賛成74（共51、民23）、反対24（共1、民23）で可決された。1996年福祉改革法の成立過程については、次を参照した。Ron Haskins, *Work over Welfare: The Inside Story of the 1996 Welfare Reform Law* (Washington D.C.: Brookings Institution Press, 2006); R. Kent Weaver, *Ending Welfare as We Know It* (Washington D.C.: Brookings Institution Press, 2000); 砂田一郎「連邦制・地方自治・立法過程」藤田伍一、塩野谷祐一（編）『先進諸国の社会保障7 アメリカ』（東京大学出版会、2000年）。
3) 1996年福祉改革法をジェンダーの視点から批判的に検討している文献として、次を参照した。Anna Marie Smith, *Welfare Reform and Sexual Regulation* (Cambridge: Cambridge University Press, 2007); 杉本貴代栄『アメリカ社会福祉の女性史』（勁草書房、2003年）；大辻千恵子「1996年福祉改革の意味—20世紀アメリカ社会と『家族』—」『アメリカ史研究』第26号（2003年）、pp.51-69.
4) AFDC の受給者に占める黒人の割合は、1995年には約35％であった。大辻、p.59.
5) Public Law 104-193, Title I, Section 101, Findings.
6) 片親家庭の子供の35％が婚外子であるのに対し、37％は親が離婚しており、残りが死別等である。Ibid.
7) Ibid.
8) Ibid.
9) Section 401, Purpose.
10) Section 101, Findings.
11) 連邦補助金4ドルに対し、州が3ドル支出することを義務付けているので、総額では8,750万ドルになる。
12) Sections 510, 905, 912.
13) Section 408(4)(5).
14) 5州よりも少ない場合は、各州へ2,500万ドルが与えられる。Sections 402, 403 (a)(2).
15) Section 302.
16) Section 314.
17) Section 313.
18) Sections 369, 370.
19) Section 408.

20) Section 418.
21) 共和党穏健派には、ニューイングランド諸州から選出された議員が多く、上院議員では、オリンピア・スノー（メイン州）をはじめ、ジョン・H・チェイフィー（ロードアイランド州）、ジェームズ・M・ジェフォード（ヴァーモント州）、ウィリアム・コーエン（メイン州）、下院議員では、クリストファー・シェイズ（コネチカット州）、マイケル・キャッスル（デラウエア州）、ナンシー・ジョンソン（コネチカット州）らがいた。また、ナンシー・ランドン・カッセバウム（カンザス州）、ピート・V・ドメニチ（ニューメキシコ州）、アーレン・スペクター（ペンシルヴェニア州）、コニー・モレラ（メリーランド州）らも共和党穏健派の中心的なメンバーであった。*Congressional Quarterly Almanac*（以下、*CQ Almanac*）, 104th Congress 1st Session, 1995, vol.LI, p.7:49.
22) Kathleen J. Casey & Susan J. Carroll, "Welfare Reform in the 104th Congress: Institutional Position and the Role of Women," in Nancy Hirschmann & Ulrike Liebert (eds.), *Women and Welfare: Theory and Practice in the United States and Europe* (New Brunswick, NJ: Rutgers University Press, 2001), p.121, Table 5.1; *CQ Almanac*, 1995, p.7:40; *CQ Almanac*, 104th Congress 2nd Session, 1996, vol. LII, p.6:15. その他の変更点としては「子供の保護」があった。HR 4では、これに関する規定はなかったが、1996年福祉改革法では、親が子供を養育できない場合、養子に出したり施設へ預けたりするよりも、親族による子供の養育を優先させることを州に義務付けている。
23) *Congressional Record*（以下、*CR*）, Senate, September 28, 1995, S14562.
24) Ron Haskins, "Liberal and Conservative Influences on the Welfare Reform Legislation of 1996," in Greg J. Duncan & P. Lindsay Chase-Lansdale (eds.), *For Better and For Worse: Welfare Reform and the Well-Being of Children and Families* (New York: Russell Sage Foundation, 2001), pp.29-30.
25) Haskins, Work over Welfare p.61; キリスト教右派の福祉改革への影響については次を参照した。Ellen Reese, "Influence of Right-Wing Think Tanks and Christian Right on Reform," in Keith M. Kilty & Elizabeth A. Segal (eds.), *The Promise of Welfare Reform: Political Rhetoric and the Reality of Poverty in the Twenty-First Century* (New York: The Haworth Press, 2006), pp.174-175.
26) Michele L. Swers, *The Difference Women Make: The Policy Impact of Women in the Congress* (Chicago: University of Chicago Press, 2002), pp.93-94.
27) 当時、下院には49人の女性議員がおり、共和党が18人、民主党が31人であった。
28) *CR*, House, January 31, 1995, H895; *CR*, House, February 1, 1995, H1031.
29) *CR*, House, March 23, 1995, H3720. ウールセイは福祉改革法案の最終的な採決では、反対票を投じた。
30) *CR*, House, July 18, 1996, H7800; Casey & Caroll, "Welfare Reform in the 104th

Congress," p.124.
31) *CR*, House, December 21, 1995, H15520; Casey & Carroll, "Welfare Reform in the 104th Congress," p.123.
32) *CR*, House, May 16, 1996, H838. ケネリーはブラッドレーとともに、福祉改革法案の最終的な採決では、反対票を投じた。
33) *CR*, House, April 17, 1996, H3266; Casey & Carroll, "Welfare Reform in the 104th Congress," p.125.
34) *CR*, House, March 23, 1995, H3629.
35) Mary Hawkesworth, Kathleen J. Casey, Krista Jenkins, & Katherine E. Kleeman, "Legislating By and For Women: A Comparison of the 103rd and 104th Congresses," Center for American Women and Politics (November 2001), pp.46-47. 共和党の女性議員の中にも、バーバラ・F・ヴキャノヴィッチ（ネヴァダ州）やバーバラ・キュービン（ワイオミング州）のように、「アメリカとの契約」にあるような福祉改革をそのまま断行することを主張した保守派もいた。*CR*, House, March 3, 1995, H2588; *CR*, House, March 24, 1995, H3773.
36) *CR*, House, March 23, 1995, H3582.
37) *CQ Almanac*, 1995, p.7:44.
38) *CR*, House, March 22, 1995, H3422.
39) 当時、上院には9人の女性議員がおり、共和党が4人、民主党が5人であった。
40) 104th Congress, 1st session, S850, May 24, 1995; *CQ Almanac*, 1995, p.7:46; Casey & Caroll, "Welfare Reform in the 104th Congress," p.126.
41) *CQ Almanac*, May 27, 1995, 1, p.507; Casey & Caroll, "Welfare Reform in the 104th Congress," p.126.
42) Casey & Caroll, "Welfare Reform in the 104th Congress," p.126.
43) *CR*, Senate, July 18, 1996, S8296; Cassey & Caroll, "Welfare Reform in the 104th Congress," p.129.
44) *CR*, Senate, July 18, 1996, S8112.
45) Richard Wertheimer & Angele Romano Papillo, Child Trends, Inc., "An Update on State Policy Initiatives to Reduce Teen and Adult Nonmarital Childbearing," The Urban Institute, *New Federalism: Issues and Options for States*, Series A, No.A-66 (August 2004), Table 1.
46) Richard Wertheimer & Kristin Moore, Child Trends, Inc., "Childbearing by Teens: Links to Welfare Reform," The Urban Institute, *New Federalism: Issues and Options for States*, Series A, No.A-24 (August 1998), p.5.
47) Wertheimer & Paillo, "An Update on State Policy Initiatives to Reduce Teen and Adult Nonmarital Childbearing," Table 2.

48) Isabel V. Sawhill, "What Can be Done to Reduce Teen Pregnancy and Out-of-Wedlock Births?" *CCF Briefs*, No.8 (October 2001), p.4.
49) Wertheimer & Moore, "Childbearing by Teens," p.7.
50) Heather Boonstra, "Welfare Law and the Drive to Reduce 'Illegitimacy'," *The Guttmacher Report on Public Policy* (December 2000), pp.7-8.
51) 1996年福祉改革法の冒頭の「事実認定」で、10代の妊娠や婚外子の増加が深刻な問題であることを示すために用いられた統計は、主に1992年以前のものであり、その後の変化には言及していない。
52) Daniel T. Lichter & Rukamalie Jayakody, "Welfare Reform: How Do We Measure Success?" *Annual Review of Sociology*, No.28 (2008), p.124.
53) Isabel V. Sawhill, "Teenage Sex, Pregnancy, and Nonmarital Births," in Douglas J. Besharov (ed.), *Family and Child Well-Being after Welfare Reform* (New Brunswick & London: Transaction Publishers, 2005), p.148, Figure 7.4; p.153, Figure 7.9; p.154, Figure 7.10.
54) Sawhill, "Teenage Sex, Pregnancy, and Nonmarital Births," pp.153-156.
55) *Ibid.*, p.155; Leighton Ku, *et.al.*, "Understanding Changes in Sexual Activity Among Young Metropolitan Men: 1979-1995," *Family Planning Perspectives*, Vol. 30 No. 6 (November-December, 1998), pp.256-262.
56) Charles Murray, *Losing Ground: American Social Policy, 1950-1980* (New York: Basic Books, 1984). 1990年代のマレーの議論については、大辻、pp.56, 58を参照のこと。
57) Joel F. Handler-Yeheskel Hasenfeld, *Blame Welfare, Ignore Poverty and Inequality* (Cambridge: Cambridge University Press, 2007), pp.301-302; Jodie Levin-Epstein, "Lifting the Lid Off the Family Cap," *CLASP Policy Brief*, No.1 (December 2003), p.1.
58) Anna Marie Smith, *Welfare Reform and Sexual Regulation*, pp.148-149.
59) Wendy Tanisha Dyer & Robert W. Fairlie, "Do Family Caps Reduce Out-of-Wedlock Births?: Evidence from Arkansas, Georgia, Indiana, New Jersey, and Virginia," *Population Research and Policy Review*, Vol.23 (2004), p.447, Table 1. ウェイバー（waiver）とよばれる連邦法の免除規定を利用して、州が申請すれば、独自にファミリー・キャップを導入することができた。
60) GAO, *More Research Needed on TANF Family Caps and Other Policies for Reducing Out-of-Wedlock Births* (GAO, 2001), pp.15, 17.
61) Rebekah J. Smith, "Family Caps in Welfare Reform: Their Coercive Effects and Damaging Consequences," *Harvard Journal of Law & Gender*, Vol.29 (2006), p.170.
62) Levin-Epstein, "Lifting the Lid Off the Family Cap," p.2.
63) ニュージャージー、ジョージア、アーカンソー、インディアナ、ヴァージニアの5州。
64) Dyer & Fairlie, "Do Family Caps Reduce Out-of-Wedlock Births?, pp.441-473.

65) Ted Joyce, Robert Kaestner, Sanders Korenman, & Stanley Henshaw, "Family Cap Provision and Changes in Births and Abortions," *Population Research & Policy Review*, Vol. 23 (2004), pp.475-511.
66) M.S. Kearney, "Is There an Effect of Incremental Welfare Benefits on Fertility Behavior?" *Journal of Human Resources*, Vol. 39 (2004), pp.295-325.
67) Rebekah J. Smith, "Family Caps in Welfare Reform," pp.173-174.
68) Joseph J. Sabia, "Blacks and the Family Cap: Pregnancy, Abortion, and Spillovers," *Journal of Population Economics*, Vol. 21 (2006), pp.127, 129.
69) Radha Jagannathan & Michael J. Camasso, "Family Cap and Nonmarital Fertility: The Racial Conditioning of Policy Effects," *Journal of Marriage and Family*, Vol. 65 (February 2003), pp.64-65.
70) Demie Kurz & Amy Hirsch, "Welfare Reform and Child Support Policy in the United States," *Social Politics*, Vol.10 No.3 (Fall 2003), p.401; Irwin Garfinkel,"Child Support in the New World of Welfare," in Rebecca Blank & Ron Haskins (eds.), *The New World of Welfare* (Washington DC: The Brookings Institution, 2001), p.445.
71) Kurz & Hirsch, "Welfare Reform and Child Support Policy in the U.S.," p.401.
72) *Ibid*. p.402; M. Cancian & D.R. Meyer, "Fathers of Children Receiving Welfare: Can They Provide More Child Suppport?" *Social Service Review*, Vol. 78 (2004), pp.179-206; Handler & Hassenfeld, *Blame Welfare, Ignore Poverty and Inequality*, p.297.
73) Kurz & Hirsch, "Welfare Reform and Child Support Policy in the U.S.," p.399.
74) Kurz & Hirsch, "Welfare Reform and Child Support Policy in the U.S.," p.400.
75) Michelle Vinson & Vicki Turesky, "State Child Support Pass-Through Policies," Center for Law and Social Policy (June 12, 2009).
76) Kurz & Hirsch, "Welfare Reform and Child Support Policy in the U.S.," p.400.
77) Garfinkel, "Child Support in the New World of Welfare," Comment by Robert I. Lerman, p.456.
78) Handler & Hasenfeld, *Blame Welfare, Ignore Poverty and Inequality*, p.296.
79) Kurz & Hirsch, "Welfare Reform and Child Support Policy in the U.S.," pp.402-403.
80) Jessica Pearson, Nancy Thoennes, & Esther Ann Griswold, "Child Support and Domestic Violence: The Victims Speak Out," *Violence Against Women*, Vol.5 No.4 (April, 1999), pp.427-448; Kurz & Hirsch, "Welfare Reform and Child Support Policy in the U.S.," pp.404-405.
81) Gwendolyn Mink, "Aren't Poor Single Mothers Women? : Feminists, Welfare Reform and Welfare Justice," in Gwendolyn Mink (ed.), *Whose Welfare?* (Ithaca: Cornell University Press, 1999), p.178.
82) Gina Adams & Monica Rohacek, "Child Care and Welfare Reform," in Isabel V. Sawhill,

et.al., *Welfare Reform and Beyond: The Future of the Safety Net* (Washington D.C.: The Brookings Institute, 2002), pp.190-191.
83) Adams & Rohacek, "Child Care and Welfare Reform," p.192.
84) Douglas J. Besharov & Nazanin Samari, "Child Care after Welfare Reform," in Rebecca Blank & Ron Haskins (eds.), *The New World of Welfare*, pp.462-463.
85) Adams & Rohacek, "Child Care and Welfare Reform," p.194.
86) Besharov & Samari, "Child Care after Welfare Reform," p.464. 福祉を離れて就労した人が補助金による保育サービスを利用している比率は、全国平均で20%ほどであるが、マサチューセッツ州の43%からワシントンD.C.の5%まで大きな差が見られる。Gregory Acs & Pamela Loprest, *Final Synthesis Report of Findings from ASPE'S "Leavers" Grants* (Washington D.C.: The Urban Instutite, 2001), p.124, Table VII.5; Julia B. Isaacs, "Mothers' Work and Child Care," in Douglas J. Besharov (ed.), *Family and Child Well-Being after Welfare Reform*, p.254.
87) Besharov & Samari, "Child Care after Welfare Reform," pp.465, 471.
88) Mink, "Aren't Poor Single Mothers Women?" p.180.
89) Anna Marie Smith, *Welfare Reform and Sexual Regulation* p.148.
90) Levin-Epstein, "Lifting the Lid off the Family Cap," p.4; Rebekah J. Smith "Family Caps in Welfare Reform," pp.190-194.

第6章

アメリカの福祉国家再編と対貧困者政策

1. はじめに*

　100年に一度の大不況を迎えたともいわれる今日、アメリカ経済は減速し、失業者数は急速に増大している。にもかかわらず、アメリカで2008年の公的扶助(狭義の社会福祉) 受給者数は増大せず、過去40年間で最低水準となった[1]。また、アメリカは、先進国で唯一、失業者が増大すると医療保険を持たない人が大幅に増加する国であり、無保険者の増大が社会問題となっている。

　アメリカは社会保障を冠する法律を世界で初めて制定した国だが、その福祉国家は不十分な内容しか備えていないと評されている。公的な医療保険が一部の貧困者と高齢者を除いて制度化されていないことに加えて、公的扶助政策が少数の貧困者にしか提供されていないからである。

　1996年のビル・クリントン政権期に行われた福祉改革の結果、ニューディール以後の公的扶助プログラムの中心だった要扶養児童家庭扶助AFDCプログラムが廃止され、一時的貧困家庭扶助TANFプログラムを含む個人責任・就労機会調停法PRWORAが制定された。その結果、公的扶助はエンタイトルメント（義務的経費）として貧困者に与えられることはなくなり、福祉給付期間に制限が加えられると共に、福祉受給者に労働の義務が課されるようになった。また、この改革は連邦政府と州政府の関係を大きく変更させ、一括補助金を導入することによって連邦政府から州政府に交付される財源に上限が設けられた一方で、資金の運用や政策の執行に関する州政府の裁量が大幅に増大した[2]。

　この福祉国家再編はニューディールに並ぶ画期であり、PRWORA制定から10

年以上が経った今日、ようやくその成果を評価する本格的な研究が登場しつつある[3]。本章では、アメリカの対貧困者政策がどのように形作られてきたかを検討した上で、いくつかの重要な研究成果を紹介しつつ、簡単な問題提起を行いたい。その作業を通して、アメリカの福祉国家の現状と課題を明らかにし、理論的な示唆を与えることが、本章の目的である。

具体的には、3つの点に焦点を当てて議論することにしたい。第1は、今日のアメリカの対貧困者政策は、貧困者の生活の向上にどの程度役立っているかである。福祉改革をめぐる政治過程では貧困者に労働の義務を課すことや福祉の受給期間制限を設けることに議論が集中し、貧困者の生活水準の向上については必ずしも十分に議論されていなかった。しかしながら、今日のアメリカの福祉国家の特徴を解明する上で、この問いは不可避であろう。

第2は、州以下の政府に権限が委譲された結果として、ポール・E・ピーターソンがいうところの「底辺への競争」が激化するという主張の妥当性についてである。福祉政策の決定に際して州政府の行使しうる権限が増大すると、貧困者を引き寄せて納税者が離れていく事態を避けるために、各州が福祉政策の水準を切り下げると予想されたのである。この議論は、福祉プログラムが貧困者を磁石のように引き寄せる点に着目して福祉磁石論と呼ばれることもある[4]。

一方、底辺への競争は起こりにくくなっているという説も存在する。福祉国家再編以後、データ・ベースが拡充されて、福祉申請者の受給歴や職歴が容易に明らかになっている。福祉の受給期間制限が存在する今日では、州を移動して申請しても、給付を受けられない可能性が高まった。州を移動するごとに、新規に居住する州の定める就労要件を満たさねばならないことを考えても、貧困者の福祉移住は起こりにくくなっているというのである[5]。

このように、底辺への競争をめぐってはさまざまな仮説が提示しうるが、生涯における福祉受給期間に制限が加えられてTANFの現金給付受給者数が大幅に減少したこともあり、福祉移住についての調査を行うのには困難が伴っている。しかし、この問いの妥当性も含めて、何らかの示唆を得られるようにしたい。

その点とも関連して、第3に、今日のアメリカの福祉国家の枠組みの中で連邦政府と州政府にどのような位置づけがなされるべきかについても検討したい。

2. アメリカの福祉国家再編

(1) 歴史的経緯と政治過程
1) 歴史的経緯

まず、今日のアメリカの対貧困者政策がどのように形作られてきたのかを理解するために、簡単に歴史的経緯を整理しておきたい[6]。

ニューディール以後の公的扶助プログラムの中核を成してきたのが、AFDC プログラムである。これは、家計の長たる役割を期待されていた成人男性のいない、扶養を必要とする児童のいる家庭に対して現金給付を行う、資産調査付きの無拠出型プログラムである。AFDC の主体は連邦政府だが、具体的な執行は州政府に委ねられており、財政的にも連邦政府と州以下の政府が分担して負担することになっていた。このプログラムは連邦政府の州政府に対するエンタイトルメント・プログラムと位置づけられていたが、1960 年代以降の一連の最高裁判所の判決によって、個人に対するエンタイトルメント・プログラムと解釈されるに至った[7]。

AFDC は、制定当初は、労働事故などで家計支持者たる夫を失った寡婦と子供の救済を目的として革新主義時代に各州で制定された母親年金の補完を目的としていたが、1960 年代以降、離婚した女性や未婚の女性が受給者中に占める割合が急速に増大していった。その結果、AFDC は、労働することが身体的にも精神的にも可能であるにもかかわらず、勤労倫理に欠けた人々が生活の手段として活用していると批判されるようになった。この批判は、勤労倫理が欠如した受給者の多くは黒人に違いないという人種偏見により増幅されていた[8]。

一般に、1960 年代はジョン・F・ケネディ、リンドン・B・ジョンソン両政権下で福祉政策が拡充された時代だとされている。しかし、1960 年代は同時に、福祉国家に対する不満、とりわけ、福祉依存に陥っているとされる人々に対する反発が強まった時代でもある。

そして、身体的に労働可能な福祉受給者に就労させよう、あるいは労働の義務を課そうという考え方が、徐々に立法化されていった。その端緒となったのは、1967 年の就労促進 WIN プログラムである。これは、18 歳未満の子供を含む無能力者、病人、高齢者を除く受給者に、原則として労働および職業訓練のための

登録を義務づけている。ただし、教育や訓練を行うための十分な資金が分配されなかったこともあり、このプログラムには実効性がなかった。

そのため、1988年にWINは廃止され、職業機会および基礎技能訓練JOBSプログラムが設けられた。これは、州に教育、職業訓練、就労準備活動、職業斡旋活動を実施することを求め、1995年までに20％の福祉受給者を参加させなければ補助金を削減すると定めていた。このプログラムに関しても、連邦政府は十分な資金援助を行わなかったため、さほど利用されていなかった。しかし、ウィスコンシン州やニューヨーク市などの先進的な地域は、このプログラムを活用して福祉改革を実現していたのである。

2）クリントン政権期における福祉国家再編[9]

1992年の大統領選挙で勝利した民主党のビル・クリントンは、選挙戦の最中から「我々の知っている福祉を終了させる」と宣言し、福祉国家の再編成を目指していた。クリントンは、国民皆医療保険制度の導入と福祉改革の両方を目指していたが、政権就任後、まずは医療保険制度改革に着手した。国民皆医療保険の導入によって、社会福祉の問題も改善すると考えられたからである。

アメリカでは高齢者と貧困者を対象とするメディケア、メディケイドという公的医療保険が制度化されていたが、その他の人々が医療保険を利用するためには、雇用されている企業が提供するサーヴィスを活用するか、個人で民間保険に加入する必要があった。この制度は、貧困者にジレンマを突きつけていた。民間保険に加入するためにはある程度の収入が必要だが、一定水準以上の収入を得ると、メディケイドを利用できなくなるからである。それゆえに、民間保険に加入できるだけの賃金を支払ってくれる、あるいは、保険を提供している企業に就職できる見込みが小さい限り、貧困者はメディケイドを利用するために、あえて就職せずにAFDC受給者の地位にとどまる場合があると推測されていた。したがって、アメリカの福祉国家を再編する上では、医療保険制度改革から着手するべきだと考えられたのである。

だが、クリントン政権の国民皆医療保険制度化の試みは失敗に終わった。政権案は、雇用者、医者、病院、民間保険会社などに負担を求めるもので、諸利害の丁寧な調整が必要だった。にもかかわらず、議会との調整も十分にせずに、ファー

スト・レディーのヒラリー・クリントンを中心にホワイトハウス主導で改革を実現しようとしたことが、失敗の理由と指摘されている。また、アメリカで民間医療保険が発展していることが、改革の実現を阻害する大きな要因となっていた。民間医療保険会社が強力な利益集団として改革に抵抗したのに加えて、民間医療保険に加入している人々がクリントン案の下ではより大きな負担を強いられるのではないかと危惧したからである[10]。

こうして公的医療保険制度の導入に挫折すると、再選を目指す1996年大統領選挙の前に大きな成果を上げる必要のあったクリントンは福祉改革の実現を目指すようになった。

1960年代以降の福祉政策に対する批判は、保守派を中心になされていた。例えば、チャールズ・マレーによれば、1960年代に個人に対してエンタイトルメントが認められた結果、福祉受給者の勤労に対するインセンティヴが弱まるなどの弊害が生まれた。そしてマレーは、大半の福祉政策を廃止することで、貧困者の自律心と責任感を取り戻させようと主張した[11]。また、ローレンス・ミードは、貧困者が勤労倫理や遵法意識などの、議論の余地なく身につけるべき価値観を身につけて建設的な生活を営めるようにしてやるのが真に思いやりのある政策だと述べ、貧困者に労働の義務を課して、政府は貧困者の生活を監督するべきだと提唱した[12]。

保守派による福祉国家批判は単純でわかりやすく、明確な政策提言を伴っていたこともあり、福祉国家のあり方をめぐって大論争を巻き起こした。マレーの提案はそのままの形で受け入れられることはなかったものの、福祉給付をやめることも政策オプションとして考えられるようになった。また、ミードのいう、福祉給付の条件として受給者に労働の義務を課すことは、魅力的な提案だと考えられるようになった。

このような議論に対して、貧困問題の根本にある社会構造を変革する必要性を訴えてきたリベラル派は反発したものの、彼らも次第に保守派の議論から影響を受けるようになった。例えばクリントン政権の福祉改革対策委員会の副委員長を務めることになるデイヴィッド・エルウッドのように、福祉給付に期限を設けることや、労働の重要性を重視する点で、少なくとも表面的には保守派と共通する議論を行う人々が登場するようになった[13]。

重要なのは、保守派やエルウッドが示したのと同様の改革案が、いくつかの州

や都市で実験的に試みられ、幅広い支持を得たことである。

　福祉受給者に労働の義務を課すと共に、要件を満たさない人に対する給付を打ち切ったり、受給に期限を設けるなどの改革を率先して実施したウィスコンシン州やニュージャージー州、カリフォルニア州などは、福祉受給者数の大幅削減に成功した。このような改革を断行した州知事が 1994 年の州知事選挙で再選を果たしたことは、福祉受給者に労働の義務を課したり、受給期間制限を設けることに有権者がさほど反発しないことを明らかにした。これら先進的な地域の取り組みは、その改革案が実現可能性があり、有権者の支持を得られるものであることを証明した。クリントン政権はこれらの改革の成果を取り込み、州以下の政府に大きな裁量を与える形で、1996 年の福祉改革を実現したのである。

(2) 基本的特徴

　新しいアメリカの福祉国家は、以前とは大きく性格を異にしている。もちろん、国民皆医療保険を制度化できていないことなど、変化がない点も存在している。とはいえ、民間保険会社と契約することができない貧困家庭に関しては、メディケイドの利用には大きな制約が生じるようになっている。就労要件を満たさなければメディケイドが受給できないような規則を州政府が作ることが認められるようになったからである。

　以下では、就労要件を重視するワークフェア政策が導入されていること、政策の決定と執行に際して州政府の権限が増大していることを取り上げて、今日のアメリカの対貧困者政策の性格について検討することにしたい。

1) ワークフェア政策

　アメリカの福祉国家は、福祉受給者に労働の義務を課すワークフェア政策を大きな特徴とするようになった。福祉改革をめぐる政治過程で「福祉から就労へ」という表現が頻繁にされたため、ワークフェア政策は、福祉の給付をやめて労働に従事させる、労働でもって福祉に代えるというニュアンスで伝えられることが多い。しかし、就労をもって福祉とする政策が有効に機能するためには、完全雇用が現実的な前提となっていることや、法律で定められた最低賃金が生活を保障するのに十分な額であることなどの条件が整っている必要がある。

だが、実際にはそれらの条件はほぼ達成不可能であり、現実のアメリカのワークフェア政策は、労働する、あるいは労働に必要な訓練を受けたり就職活動をしたりすることを条件として、労働収入を補完するために政府が援助を与える制度になっている。PRWORAの下では、身体的、精神的に労働可能な人に対する支援は、労働を前提とした上でのみ提供されるのである[14]。

この福祉政策のあり方は福祉に関する伝統的な見方とは大きく異なっている。アメリカでは、貧困者を救済に値する者と値しない者に区別する伝統が存在し、一時的な失業者を除いて、身体的、精神的に労働可能であるにもかかわらず労働しない者は、救済に値しないと判断されてきた。アメリカでは、貧困者を援助することと福祉を施すことは明確に区別されており、福祉という言葉には、身体的にも精神的にも労働可能であるにもかかわらず働かない、救済に値しない者に与える施しという否定的なニュアンスが伴っている。これは、一時的に失職した場合を除いて、労働している人に福祉を与えることはないことを前提とした考え方である。労働する人々もスティグマを付されることを嫌って、福祉を受給することはないと想定されてきた[15]。この見方の下では、労働と福祉の受給は対立するものと位置づけられている。

しかし、今日のアメリカの対貧困者政策は、労働と福祉受給を対立的に位置づけていない。身体的、精神的に労働可能であるにもかかわらず労働しない人には、連邦政府からの給付は行われない。現在の対貧困者政策は、労働市場に参画している、あるいは参画しようとしていることを前提条件として、それを補完するものと位置づけられているのである。

例えば、TANFは、児童ないし妊娠中の女性がいる貧困家庭に対する援助プログラム（現金給付部分と職業訓練などの社会サーヴィスの部分から成る）であり、受給者に就労、ないしは就労に向けての活動義務が課されている。今日、TANFの現金給付の割合はAFDC時代と比べて大幅に縮小され、代わりに勤労税額控除EITCが大幅に拡充されている（図6-1）。EITCは今日では貧困就労家庭の収入の大きな部分を占めるに至っているが、これも就労のインセンティヴを高めるための工夫である[16]。

また、貧困者の食糧購入を補助するためのフード・スタンプや、メディケイド、育児補助金などについても、就労、ないしは就労に向けての活動が受給要件とし

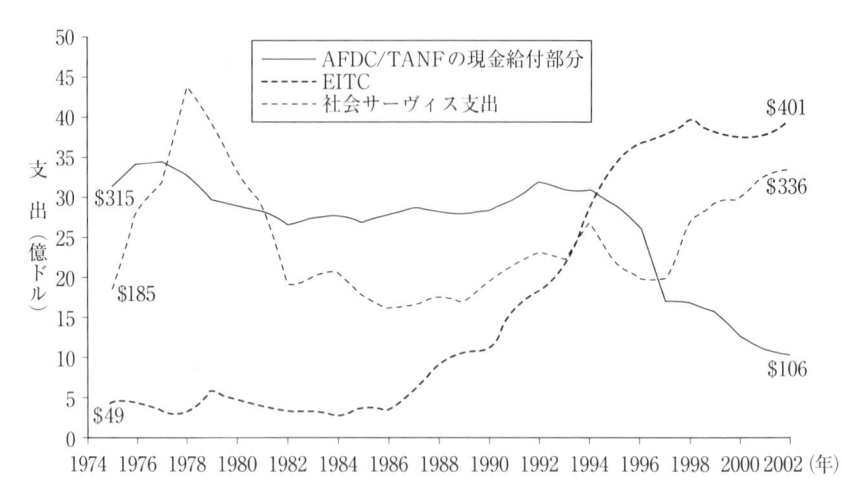

図6-1 AFDC／TANF の現金給付部分、EITC、社会サーヴィス支出の変遷
出典：Scott W. Allard, *Out of Reach: Place, Poverty, and the New American Welfare State* (New Haven: Yale University Press, 2009), p.29.

て求められている。今日のアメリカの貧困者は、スティグマを付されることを避けるために労働するだけでなく、福祉給付を受けるためにも働くことが必要になったのである。

かつては、福祉給付が寛大になれば人々が働かなくなるという想定の下、給付をできるだけ縮小しようとするのが一般的だった。しかし、就労を前提として給付を行う今日の制度の下では、給付を寛大にすれば人々の働くインセンティヴが増大し、結果的に財政支出が減少する可能性もある。そこで、現在では、連邦政府が示すガイドラインの枠内で、州以下の政府が裁量をきかせて給付額や給付条件を策定し執行することが可能になっている。

2）州政府の権限強化

1996年の福祉国家再編についてもう1つ特筆するべきことは、州政府に大幅に権限が委譲されたことである[17]。

クリントン政権による改革以前も、AFDC の実施は州政府に委ねられており、給付対象や給付額について、州以下の政府が多くの決定をすることが可能だった。ただし、AFDC が貧困者個人に対するエンタイトルメントとみなされるようになると、州以下の政府は、福祉給付を拒むことが難しくなった。

1996年の改革が達成される過程でクリントン大統領は、州政府が連邦政府の規制に縛られない試みを行うことを特例として許可した。1996年の改革は、福祉を個人に対するエンタイトルメントでなくすると共に、各州政府における突出した改革の成果を取り込み、その個別性を際だたせることを可能にした。

　例えば、TANFについて、州政府が受給のための就労要件を厳しくしたり、収入要件を緩和することが認められるようになった。メディケイドについては、州政府は貧困線[18]の133%以下の収入しかない家庭に住む妊娠中の女性と6歳未満の児童、並びに貧困線以下の収入しかない家庭の19歳未満の児童には給付を行う義務がある。ただし、州政府はその他の人々について大きな裁量をきかせることができるようになり、妊娠中の女性や1歳未満の子供に寛大な給付を行う州が多くなる一方、TANFの就労条件を満たさない成人に対する給付を拒否する州が増えた。児童健康保険プログラムSCHIPなどの運営についても州政府は大きな裁量をきかせることが可能になっている。

　一方で、州政府が財政的に制約が加えられた面もある。AFDCの下では、州政府が多くの人に福祉を給付しようとすれば、州政府の財政支出は増えるものの、それに対応する割合で資金を自動的に連邦政府から獲得することができた。しかし、PRWORAの下では、連邦政府から州政府に与えられる金額には上限が定められている。資金は一括補助金として与えられるので州政府は柔軟な運用をすることができるものの、受給希望者が増大してもその枠の中でプログラムを運営せねばならないのである。

　このように、州政府の権限が増大する一方で、連邦政府からの移転支出が必ずしも増大しない状況になると、福祉政策において底辺への競争が発生するのではないかと危惧されるようになったのは、理論的に見て当然だといえよう。

　以上、1996年の福祉国家再編の結果、アメリカの福祉国家が就労を前提にするものに改められたこと、連邦政府と州政府の関係が大きく変化したことを説明した。ここまでの議論を踏まえて、次節では、改革後の福祉政策がどのように執行されているかについての重要な研究成果を紹介する。その作業を通して、福祉受給者が十分な生活を送ることができているのか、底辺への競争が実際に発生しているのか、などについて考察を加えたい。

3. 福祉改革後の現状

今日のアメリカの福祉国家は就労を前提とした制度に改められている。就労しているか就労に向けての努力をしている人（これらの人々を就労貧困者と呼ぶことにする）は福祉給付を得られるが、そうでない人には原則的に直接的な給付が与えられないのである。本節では、前半で就労貧困者がどのような収入を得られるようになっているかを紹介した上で、後半部分で就労していない人をめぐる社会政策を検討したい。

(1) 就労貧困者の収入
1) 制度上の設計

新しいアメリカの福祉国家は、就労貧困者に対してどの程度の給付を行うように制度設計されているのだろうか。

問題が複雑なのは、アメリカでは福祉政策が州ごとに、場合によっては地方政府ごとに大きく異なっていることである。給付水準だけでなく、給付条件までもが大きく異なっているので、推計を行うのが困難なのである。以下では、ロバート・P・ストーカーとローラ・A・ウィルソンの研究に依拠して、就労貧困者の現状を紹介することにしたい。

ストーカーらは、単身女性と2人の子供から成る3人家族が現金給付を受けていた状態から脱して13カ月間最低賃金で雇用されている場合を想定し、2000年の給付水準に基づいて、全米50州と首都ワシントンD.C.で勤労収入と福祉給付（現金支給と現物支給を含む）を合わせてどれだけの収入が得られるかを推計している。ここでの福祉給付とは、EITC、フード・スタンプ、育児手当、学校食事提供プログラム、TANF、医療補助、家賃補助のことであり、連邦政府、州政府双方の支給額を含むものである。

その結果を示したのが、図6-2と表6-1である。

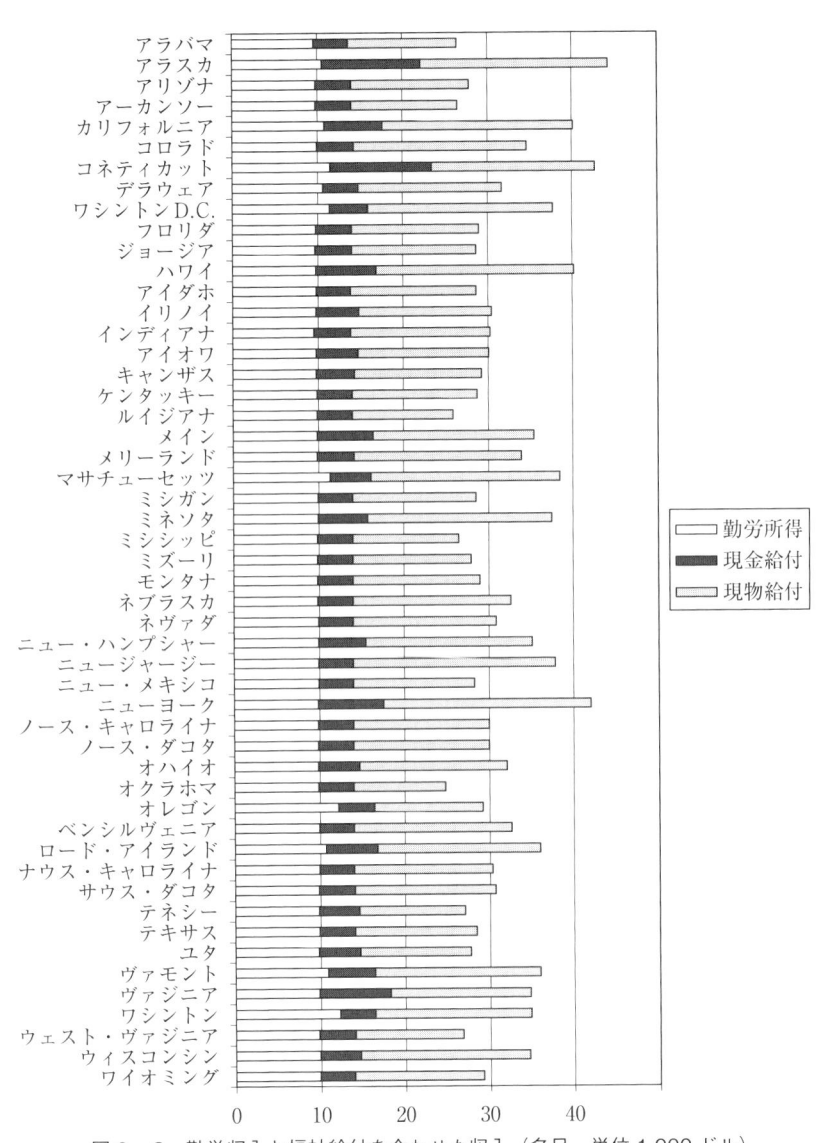

図6-2 勤労収入と福祉給付を合わせた収入（名目、単位1,000ドル）
出典：Robert P. Stoker & Laura A. Wilson, *When Work Is Not Enough: State and Federal Policies to Support Needy Workers* (Washington, D.C.: Brookings Institution Press, 2006), p.90.

表6-1は、名目上の就労支援政策が最も寛大な州と最も寛大でない州を示している。この結果には各州のプログラムへの対応が如実に反映されている。寛大な上位10州の大半が独自に就労支援プログラムを拡充していて、そのうち8州は6つのプログラムのうち4つ以上を拡充している。一方、下位10州のうち7州は何ら拡充しておらず、残りの3州も拡充しているプログラム数は1つないし2つに限られている[19]。ストーカーらは指摘していないが、貧困者は移住用のコストをかけにくいために近距離の移住が多いであろうことを考えると、福祉政策

表6-1 就労支援政策が名目上最も寛大な州と寛大でない州

		就労支援総額（ドル）	TANFの税額控除	親に対するメディケイド	8,000ドル以上の養育支援	最低賃金の増額	州のEITC	4,800ドルを超える住宅補助
最も寛大な州	アラスカ	44,329	○	○	○	○	×	×
	コネティカット	42,689	○	○	○	○	×	×
	ニューヨーク	42,223	○	○	×	○	○	×
	カリフォルニア	40,357	○	○	○	○	×	×
	ハワイ	40,245	○	○	×	○	×	○
	マサチューセッツ	38,413	×	○	○	○	○	○
	ワシントンD.C.	37,976	×	○	×	○	○	○
	ニュージャージー	37,868	×	○	○	○	○	○
	ミネソタ	37,548	○	○	○	×	○	×
	ロード・アイランド	36,075	○	○	○	×	○	×
最も寛大でない州	ニュー・メキシコ	28,108	×	×	×	×	×	×
	アリゾナ	28,010	×	×	×	×	×	×
	ユタ	27,591	○	○	×	×	×	×
	テネシー	27,005	○	○	×	×	×	×
	ウェスト・ヴァジニア	26,763	×	×	×	×	×	×
	アーカンソー	26,636	×	×	×	×	×	×
	アラバマ	26,528	×	×	×	×	×	×
	ミシシッピ	26,356	×	×	×	×	×	×
	ルイジアナ	25,928	×	×	×	×	×	×
	オクラホマ	24,679	×	×	×	×	×	×

出典：Stoker & Wilson, *When Work Is Not Enough*, p.94.

を拡充している州、拡充していない州が地理的に集中していることは、福祉磁石現象が発生する可能性があるという認識に基づいて州政府がプログラムを策定している可能性があることを示唆しているかもしれない。

そして、就労支援の結果得られた貧困家庭の収入の中間値、平均値共に、貧困線の基準となる収入の倍以上と見積もられている。また、勤労収入と連邦と州のEITC、TANF、フード・スタンプの名目価格を合計した額は、50州とワシントンD.C.のすべてで貧困線の基準となる収入を上回っている。この推計に基づいてストーカーらは、今日のアメリカの福祉給付は、積極的な福祉拡充策を打ち出していない州にあっても貧困線の基準額を超える収入を可能にしているという意味で、寛大に制度設計されていると評価している[20]。

ストーカーらは、貧困家庭が受給可能なすべての給付を得ている場合を想定して、得られる収入を計算している。給付の中でも、例えばEITCは控除金額の計算など政府が自動的に行う部分が多いために貧困者が取得しやすいと想定できる。しかし、多くのプログラムは州以下の政府の定める手続きが複雑で厳格に執行されることもあり、受給率が低くなっている。定められた期日に書類を持って面接に行くことは、公共交通機関が発達していないアメリカではしばしば困難だし、そのために仕事を休むことは最低賃金で働く労働者にとって困難である。州政府が独自の財源から負担するプログラムについては、財政状況が悪化した場合には州政府が執行に消極的になることも想定できるだろう。

実際、ストーカーらも、アメリカの福祉政策を肯定的に評価しているわけではない。例えば、1960年のライフスタイルを前提として設定されている貧困線は現状にあっていない。貧困線は地域ごとの生活費の違いを考慮せずに定められているという問題もある。

そこでストーカーらは、住居費に基づいて各地域の福祉給付額を調整し、それを州ごとの基礎家計費と対比させることで、福祉給付の寛大さを位置づけ直している。なお、基礎家計費とは、経済政策研究所が、食費だけでなく、住居費、交通費、保育費、医療費、その他必需品の費用と税金を考慮して地域ごとに算出したもので、平均をとると貧困線の2倍程度となるとされている[21]。

住居費を考慮して福祉プログラムの寛大さを示した表6-2と表6-1を比べると、まったく異なる印象を受ける。表6-1で寛大だと位置づけられていたカリフォ

表6-2 住居費に基づく調整を加えた就労支援政策が最も寛大な州と寛大でない州

		就労支援総額（ドル）	TANFの税額控除	親に対するメディケイド	8,000ドル以上の養育支援	最低賃金の増額	州のEITC	4,800ドルを超える住宅補助
最も寛大な州	ノース・ダコタ	47,346	×	○	×	×	×	×
	サウス・ダコタ	45,627	×	×	×	×	×	×
	ネブラスカ	44,168	×	○	×	×	×	×
	ミシシッピ	43,927	×	×	×	×	×	×
	ウェスト・ヴァジニア	43,874	×	×	×	×	×	×
	アイオワ	43,838	○	×	×	×	×	×
	アーカンソー	43,666	×	×	×	×	×	×
	メイン	42,741	○	○	○	×	×	×
	キャンザス	42,033	×	×	×	×	○	×
	テキサス	41,194	×	×	×	×	×	×
最も寛大でない州	アリゾナ	27,461	×	○	×	×	×	×
	ニュージャージー	26,297	×	○	×	×	×	○
	ネヴァダ	25,624	×	○	×	×	×	×
	コロラド	24,703	×	×	○	×	○	×
	マサチューセッツ	24,624	×	○	×	×	×	×
	ワシントン	24,598	×	○	○	×	×	×
	オレゴン	22,937	×	○	○	×	×	×
	カリフォルニア	22,672	○	○	○	×	×	×
	ユタ	22,432	○	○	×	×	×	×
	ハワイ	17,498	○	○	×	○	×	○

出典：Stoker & Wilson, *When Work Is Not Enough*, p.106.

ルニア州、ハワイ州、マサチューセッツ州、ニュージャージー州が住居費を考慮すると最も寛大でない州に属す一方で、最も寛大でないと評されていたミシシッピ州やアーカンソー州、ウェスト・ヴァジニア州が最も寛大な州にランクされている。名目上も実質的にも寛大でないと位置づけられているのは、アリゾナ州とユタ州だけである[22]。

また、実質的に福祉プログラムが寛大でない10州すべてが、独自に福祉プログラムを拡充している。逆に、最も寛大なプログラムを提供している10州のうち

5州は、独自にプログラムを拡充していない[23]。これらの州が独自にプログラムの拡充を行っている州より実質的に寛大なプログラムを提供していることは、アメリカの福祉国家が大きな矛盾を含んでいる可能性を示唆している。

ただし、ここで得られた結果は連邦と州政府が提供する全プログラムを活用した場合に得られる収入に関するものであり、実際には貧困者がすべてを活用するのは困難である。また、今日の生活を評価する上で貧困線が適切な基準かどうかという問題も踏まえていない。

そこで、ストーカーらは次に、これまでと同様の条件を満たした3人家族が最低賃金でフル・タイムで働いた場合に得られる収入と給付額が基礎家計費に対して占める割合に基づいて、州ごとの給付の寛大さを位置づけている。この推計ではさらなる改良が2点、追加されている[24]。

1つ目の改良点は、①フル・タイムで就労している家族が提供される福祉プログラムのすべてを受給している場合、②税控除とエンタイトルメント・プログラムのみを受給している場合、③税控除と学校での食事提供プログラムのみを受給している場合の3つを想定して、それぞれの比率を計算していることである。2番目のカテゴリーは、予算の制約を超えても実施せねばならない個人のエンタイトルメントと位置づけられていて、申請されれば州政府が却下できないすべてのプログラムを貧困者が受給している場合を想定している。また、3番目は、2番目から州政府の窓口で申請せねばならないプログラムを除いたもので、貧困者が申請に行かなかった場合、あるいは、手続きの問題等で州政府が申請を却下した事態を想定している。この区分は、労働者の手続きの行いやすさの違いが、福祉給付にどの程度の違いをもたらすかを解明するために設定されたものである。

2つ目の改良点は、同一州内でも必要な生活費に大きな違いがあることを踏まえて、州内での生活費が高い地域と低い地域のそれぞれについて割合を推計した点である。

表6-3は、各州のうち、生活費の低い地域での福祉プログラムが、最も寛大な州と寛大でない州を選んで、結果を示したものである。これが示しているのは、まずは、基礎生活費を満たす給付が得られる可能性があるのは、すべてのプログラムを受給できた場合のみだということである。貧困者が申請に行けない場合や州政府が申請を却下した場合には、基礎生活費が達成されないことがわかる。

表6-3 収入が基礎生活費に占める割合(プログラムの参加率と生活費に基づく分類)(%)

		全プログラムを受給		税控除とエンタイトルメント・プログラムのみ		税控除と学校での食事提供プログラムのみ	
		生活費低	生活費高	生活費低	生活費高	生活費低	生活費高
最も寛大な州	ネブラスカ	151.0	117.0	85.0	71.0	66.9	57.0
	カリフォルニア	143.0	76.0	64.6	41.2	56.4	37.1
	マサチューセッツ	131.0	92.0	70.4	54.9	57.1	45.7
	オハイオ	128.0	98.0	72.1	59.3	59.0	49.3
	ワシントン	128.0	100.0	71.7	60.2	60.3	51.5
	ノース・キャロライナ	127.0	101.0	83.8	69.6	65.1	55.2
	ニューヨーク	126.0	69.0	57.6	38.1	45.8	33.2
	サウス・ダコタ	123.0	106.0	72.8	65.1	61.3	55.1
	アイオワ	121.0	96.0	71.9	60.5	58.2	49.7
	コネティカット	121.0	85.0	58.4	44.2	48.0	37.0
	イリノイ	121.0	85.0	67.4	51.8	54.4	42.9
最も寛大でない州	モンタナ	102.0	100.0	67.1	66.0	52.4	51.7
	ジョージア	102.0	76.0	70.5	55.5	55.7	44.9
	ネヴァダ	101.0	96.0	61.5	59.4	49.3	47.7
	コロラド	99.0	80.0	56.8	48.5	48.3	41.5
	メリーランド	98.0	70.0	57.8	44.8	49.2	38.5
	ロード・アイランド	98.0	84.0	51.9	46.3	43.6	39.3
	ハワイ	98.0	89.0	54.2	50.2	41.7	38.8
	デラウェア	96.0	91.0	63.2	60.2	51.1	48.9
	ニュー・ハンプシャー	90.0	77.0	48.6	42.8	42.1	37.3
	ワシントンD.C.	73.0	73.0	44.6	44.6	37.7	37.7

出典:Stoker & Wilson, *When Work Is Not Enough*, p.109.

　また、すべてのプログラムを受給できた場合、生活費の低い地域ではそれなりに基礎生活費を満たすことができるが、寛大なプログラムを提供している州でも生活費の高い地域では十分に基礎生活費が満たされないことがわかる。例えば、生活コストの低い地域では寛大な州と位置づけられるニューヨーク州の中でも、

生活コストの高いニューヨーク市では割合が 69.0 と低くなっている。

　貧困者支援団体は、寛大な福祉プログラムの提供を求めて州政府に働きかけることが多い。しかし、この結果が示しているのは、貧困者が基礎生活費を充足できるかどうかは、コストの低い地域に住んでいるか否かに依存しており、生活水準向上に関して州政府の行いうることは限定的だということである。

2) 現実の評価

　以上の分析を基に、ストーカーらは、実際の就労支援プログラムへの参加率を人口統計調査の結果に依拠して分析している。ただし、これは自己申告に基づく調査であり、メディケイドへの参加者に対してなされた追跡調査だというバイアスがかかっている。また、この調査には州の EITC や学校での無料ないし割引された朝食提供プログラムが含まれていないなどの点で、これまでの推計とは異なる部分がある[25]。

　この調査によれば、貧困者の 72.9％が何らかの就労支援プログラムに参加しているが、そのうちすべてのプログラム（連邦の EITC、メディケイド、無料の学校昼食、フード・スタンプ、住居費補助、TANF、育児支援）に参加しているのは 0.2％、5つ以上参加しているのも 5％未満である。また、労働に従事している家計のプログラム参加率はその他の家計と比べて高く、66％が1つから3つのプログラムに参加している（労働に従事していない家計の参加率は 55.1％である）。利用が多いのは EITC と医療費補助、無料学校昼食であり、フード・スタンプへの参加率は全家計の 15.9％にとどまっている。また、子供がいる家計のプログラム参加率は、他の家計よりも高い。これは、SCHIP など子供向けのプログラムが充実していることから導かれる結果かもしれない[26]。

　いずれにせよ、2000 年の時点で、就労貧困者の家庭の大半が就労支援プログラムから受けている恩恵は 3,888 ドル未満だと推定されている[27]。これは、制度上はプログラムが充実しているものの、実際には福祉プログラムが人々を支援する上で期待された役割を果たせていないことを示している。

　また、ストーカーらは、プログラムへの参加率と、地域ごとの生活費を基に調整された支出額を考慮して、州ごとの実際の福祉プログラム提供に関する寛大さのインデックスを作成している。この結果（図6－3）から読み取れるのは、何ら

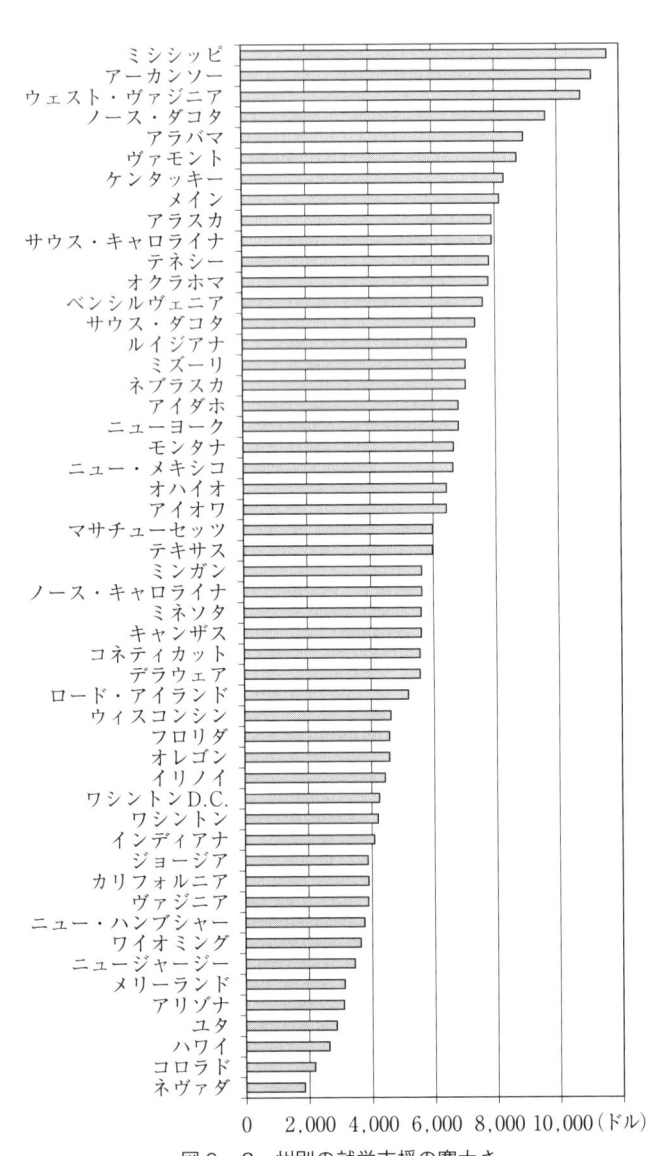

図6-3 州別の就労支援の寛大さ
出典:Stoker & Wilson, *When Work Is Not Enough*, p. 153.

福祉プログラムを拡充していない州の方が、実質的な福祉プログラム提供に関して寛大だということである。生活費の高い州は独自に就労支援プログラムを拡充させているが、それよりも、就労支援プログラムを独自に拡充させていない、生活費の低い州の方が、実質的に充実した就労支援プログラムを提供できているのである[28]。

以上のように、実際の生活費を考慮すると、制度設計の点でも、実際の執行においても、独自に福祉給付を拡充している州よりも独自の対策を行っていない州の方が結果として寛大な給付を行えているという逆説的な状況が浮かび上がってくる。

ピーターソンは、各州が自由に税率や福祉給付の水準と対象者を変更できる制度の下では、貧困者を引き寄せて納税者が離れていく事態を避けるために、各州は再分配政策の水準を切り下げていく底辺への競争を展開すると予想した。独自に福祉政策を拡充していない州の方が実質的に充実した福祉サーヴィスを提供できているというストーカーらの研究が明らかにしているのは、仮にそれらの州をピーターソンに倣って底辺と呼ぶならば、福祉を拡充している州はむしろ底辺に追いつこうとしているということである。この状況を説明する上でストーカーらは、底辺への競争（race to the bottom）に対して、底辺に追いつくための競争（race up to the bottom）という比喩を用いている。この結果は、福祉政策と連邦制に関する伝統的な見方に再考を迫っているといえるだろう。

(2) 社会サーヴィスと慈善活動

1) 非営利団体（NPO）の役割

今日のアメリカの福祉給付は、貧困者が労働に従事していること、あるいは労働に向けて活動していることを条件として行われている。とはいえ、貧困者が就労するためには、多くの場合職業訓練を受ける必要があるし、基礎教育を受けていない場合には教育支援が行われる必要もある。カウンセリングや薬物中毒に対する治療が必要になる場合も多い。今日、これらの社会サーヴィスは、どのように提供されているのだろうか。

また、身体的、精神的に労働可能であるにもかかわらず、労働に従事しないという選択をした人々をどう扱うかという問題もある。アメリカでは日本の生存権

に当たるものが合衆国憲法から当然に導かれる権利とは位置づけられていないため、AFDC 廃止以降、それら貧困者の救済は連邦政府の義務ではなくなった。とはいえ、そのような貧困者を困窮状態に置き続けることは、人道上の問題に加えて、地域の治安が悪化するとの不安を増大させる可能性もある。このような貧困者にどう対処するかは大きな社会問題である。

以上、社会サーヴィスの提供と社会統制という性格の異なる問題を列挙したが、今日のアメリカでこれらの問題に対応することが期待されているのは、非営利団体 NPO である。

高度経済成長の終焉に伴い福祉政策の財政的基盤が揺らぎ始めて以降、アメリカでも福祉国家の縮減が大きな課題となった。ところが、福祉給付を削減すれば、損害を被る有権者から強力な反発を招く恐れがあった。そこで、1970 年代以降、納税者からの政治的抵抗を軽減しつつ福祉サーヴィスを提供するための方策として、民営化を推進して NPO を活用することが増えてきた[29]。

今日、社会サーヴィスの提供や食糧配給は、主に NPO によって行われている。一般に、貧困者は政府による支援プログラムに依存していると考えられているが、扱っているケースの中で顕著に貧困な人の占める割合は、政府機関の場合が 54% に過ぎないのに対して、NPO の場合は 78% に及んでいる[30]。

2) NPO はコスト削減に役立つか

NPO の活用は、保守派、リベラル派の双方にとって容認できる面がある。保守派にとっては、政府の果たす役割を減少させて民間の活動を活発化することにより、政府支出を削減した効率的な社会政策が実施できると期待された。具体的には、① NPO は政府資金のみならず民間の寄付金にも基づいて活動していること、②複数の民間団体が競争を通じてより効率的な運営を行うこと、③ NPO がヴォランティアを活用していること、などが根拠とされ、政府の経費削減を可能にすると期待されていた。リベラル派は、政府が積極的な役割を果たすことを期待し続けるものの、NPO が活動する方がより地域に根ざした人道的なサーヴィス提供を可能にすると評価する者もいた[31]。

では、これらの想定は、どの程度の妥当性を有しているのだろうか。

まず、保守派の想定があまり当たっていないことは、今日ではよく知られてい

るだろう。第1の点については、NPO の主要な収入源は政府から得られる契約金か償還金である。民間からの寄付金は食糧配給等を除いて、福祉関係の NPO の主要な収入源ではない。レスター・M・サラモンによれば、社会サーヴィスに関係している NPO の収入は 1977 年から 1997 年の間に実質価値で 2 倍以上になっている。NPO の民間部門からの収入は同時期に 60％増大しているものの、全収入に占める割合は 18％から 12％に減少している[32]。また、シカゴ、ロサンゼルス、ワシントン D.C. を対象としたスコット・W・アラードの調査によれば、NPO のほぼ 3 分の 2 が政府からの資金に大きく依存している[33]。

また、社会政策は高度な専門性が要求される領域も多いので、第2の点で指摘されるように、自由競争が発生してコストを下げることが可能なほど多くの NPO や営利企業が存在することはあまりない[34]。

最後に、第3の点について、NPO におけるヴォランティアの位置づけは単純ではない。一般に NPO は、社会問題の根底に潜む問題の解決を志向する。また、政治的考慮ではなく、個人のニーズに基づいて資源を分配しようとする傾向が強く、ヴォランティアはそのような使命を果たすために活動しようとする。しかし、NPO が政府の資金に依存するようになると、政府機関としての性格を帯び、政府の求める方法でプログラムを実施する義務を負うようになる。また、政府は資金提供の条件として専門知識を持つ人の割合を増大させるよう要求するし、NPO も政府と契約を結ぶには専門家が多い方が有利なので、NPO の中心は専門性の低いヴォランティアから有給の専門家に移る。そのような転換に幻滅し、NPO を去るヴォランティアも多い[35]。このように、ヴォランティアを活用することで経費を下げるというメリットは、さほど大きくないのである。

3）NPO は地域の実情にあったサーヴィスを提供しているか

では、NPO が活動することによって地域の実情にあった人道的なサーヴィス提供が可能になるという期待についてはどうだろうか。

これについても、先に指摘した要因からいくつかの問題点を指摘することができる。第1に、NPO が政府の資金に依存していて政府の指針に従って社会サーヴィスを行わねばならない以上、NPO が行使しうる裁量の幅は限られる。NPO が財政的に政府に依存する傾向は貧困率の高い地域ほど顕著だが[36]、とりわけ柔軟な

貧困者救済を行わねばならない地域で、NPO は独自の役割を果たせなくなるのである。

第2に、NPO の収入は、貧困者のニーズの増減と逆行して増減することが多い。景気が悪化すれば貧困者が増大してニーズも増大するが、政府も財政支出を減少させるし、民間からの寄付も減少するからである。社会サーヴィス・プログラムは現金給付と比べると社会的な支持を得やすいが、エンタイトルメントではないし、貧困者に対して短期的に直接的な恩恵をもたらすわけではないので、景気悪化時には削減の対象になりやすい。今日のアメリカの福祉国家は、経済の変動に脆弱になっているのである。

それに加えて重要なのは、アラードが指摘するように、社会サーヴィスが地理的に見て、貧困者の手の届きにくいものとなる可能性が高いことである。政府が NPO の地理的な拠点を指定することができないことが最大の要因である。

社会サーヴィスや食糧配給を受けるためには、小切手やクーポンの形で郵送される現金給付型の支給とは違って、サーヴィスが提供される場所に貧困者が赴く必要がある。しかし、NPO は貧困者のニーズに適った所に拠点を構えているとは限らない。NPO にしてみれば、資金の枠内で活動場所が確保できなければサーヴィスを提供できなくなる。資金獲得の観点からすれば、スポンサーに近い所に拠点を構える方が賢明かもしれない。貧困問題を扱う NPO は貧困者を呼び寄せる可能性があるので、そのような NPO が設立されることに反対運動が起こる可能性もある。十分な数の専門家やヴォランティアを確保できる所でなければ NPO も事務所を構えられないので、治安や交通の便を考慮する必要もある。さらにいえば、NPO が貧困地域に拠点を構えたとしても、景気の動向や産業構造の変化に伴って貧困地域が移動する可能性があるのに対して、NPO は容易に拠点を移動することはできないのである。

アラードの調査によれば、シカゴ、ロサンゼルス、ワシントン D.C. では貧困者の約 60% が貧困率が 20% を超える地域に居住しているにもかかわらず、そのような地域に拠点を構える NPO は 39% にとどまっている。貧困率が 40% を超える極度に貧困率の高い地域に拠点を構える組織は 7% にとどまるのに対し、61% の組織が貧困率が 20% 以下の地域に拠点を構えているのである[37]。

これを踏まえてアラードは、サーヴィスへのアクセスの容易さを示す指標を独

自に作成して分析を行い、貧困率の高い地域は各種サーヴィスにアクセスできる可能性が貧困率の低い地域より低いことを明らかにしている[38]。また、アメリカでは人種やエスニック・グループごとに居住地域が異なることを踏まえて、人種的マイノリティ(黒人とヒスパニック)の貧困者はサーヴィスにアクセスしにくく、その傾向はとりわけ黒人貧困者にとって顕著なことも明らかにしている[39]。

このように考えれば、政府よりもNPOの方が地域のニーズにあったサーヴィスを提供できるという想定は、実態に即していないことがわかるだろう。

アラードの研究は大都市を対象としたものだが、今後は郊外における貧困にどう取り組むかが問題となる可能性が高い。最近の調査によれば、1990年代には多くの都市と農村で貧困が減少する一方で、郊外での貧困が上昇している。スラムのような貧困が密集した地域が減少する一方で、貧困が拡散する傾向が見られるようになっているのである[40]。この傾向は21世紀に入って強まり、今日のアメリカは都市よりも郊外により多くの貧困者が居住する時代に入っている。ただし、2005年の時点で、貧困率は大都市の18.8％に対し、郊外は9.4％にとどまっているため[41]、貧困問題が目につくのは圧倒的に都市においてである。これは郊外の貧困問題が表面化しにくく、争点化されにくいことを示している。

サブプライム・ローン問題の発生に伴い、21世紀に入って郊外に住居を構えた人の中で貧困状況に陥った人はさらに増大していると予想されるが、都市と比べて郊外では就労機会を見つけるのが相対的に困難である。貧困問題を扱うNPOも都市により多く存在するといわれている。就労機会を得られない郊外の貧困者が社会サーヴィスや食糧配給を活用しようとしても、貧困者支援のNPOがあまり存在せず、仮に存在するとしても公共交通機関の発達していないアメリカではNPOにアクセスするのが困難だろう。

4) 信仰に基づくNPOとチャリタブル・チョイス

政府がNPOの地理的拠点を強制できない以上、NPOによる社会サーヴィス提供の地理的偏りを政治的に変更することは困難である。ただし、教会を拠点にする信仰に基づく団体FBOが社会サーヴィスを提供できるようにするならば、問題をある程度軽減できる。アメリカでは、教会は貧困地帯にも多く存在しているからである。

歴史を振り返れば、教会による貧困者救済は、アメリカでも最も初期に提供された社会的セイフティ・ネットだった。今日、57％の教会や礼拝所が社会サーヴィスやコミュニティ開発に携わったことがあるという調査がある。また、恒常的に社会サーヴィスを提供しているのは全教会の 20％程度という推計もある。今日、社会サーヴィスを提供する NPO の 5 分の 1 程度が宗教的な組織だと推測されている[42]。FBO は小規模で専門家を擁していない場合が多いものの、食糧などを緊急避難的に与える活動に熱心に取り組んでいる[43]。

 アラードの調査によれば、FBO が非宗教的な組織と比べて、貧困率が高い地域に存在しているわけではない。ただし、FBO のうちでも、サーヴィス提供時に祈りや宗教的原則を強調する物は、貧困率が高い地域で、また、居住人口中に黒人が占める割合の高い地域で、救済活動を行っている[44]。FBO は、アメリカ社会の最底辺でセイフティ・ネットを提供する存在となりうるのである。

 FBO も収入の相当部分を政府資金に依存しているが、政府資金を利用してサーヴィスを提供する場合には宗教的活動の実施が禁止されている。政府資金を得て活動する組織が、信仰を基準としてスタッフを雇用することの妥当性についても論争がある。とはいえ、教会やシナゴーグなどの宗教施設は全米各地に点在しており、それらを効果的に活用すれば、幅広い層に社会サーヴィスを提供できるのではないかとも期待されている。

 その期待を基に PRWORA に組み込まれたのが、チャリタブル・チョイスと呼ばれる規定である[45]。これは、福祉サーヴィスの提供者を宗教性を根拠として差別することを禁じたものである。かつては、政府資金を得るためには、宗教シンボルを使用したり食事前に祈ることが認められず、宗教的信条に基づいてスタッフを雇用することもできなかった。チャリタブル・チョイスはこのような規制を撤廃して、FBO が連邦政府から TANF の資金を獲得することを可能にするべく導入されたのである[46]。

 その後、チャリタブル・チョイスはコミュニティ・サーヴィスや薬物乱用解消プログラム、メンタル・ヘルスなどの領域に拡大されたが、実施している州が限られているだけでなく、連邦政府の支出額に占める割合も低かった。そこで、ジョージ・W・ブッシュ政権は、チャリタブル・チョイスの拡大を提唱した。具体的には、伝統的に政府との契約から除外されてきた、小規模で専門性を持たない、ヴォ

ランティアに依拠している FBO にもチャリタブル・チョイスの対象を広げようとしたのである。

　ブッシュ大統領は行政命令で、信仰に根ざしたイニシアティヴとコミュニティによるイニシアティヴを促進するための部局を設け、その責任者にジョン・J・ディウリオを任命した。ディウリオは黒人の貧困問題の解決に黒人教会を活用することを提唱しており、都市における信仰を基盤としたプログラムが互助的な自発的結社のネットワークの基幹となると論じている[47]。

　チャリタブル・チョイスは、現存の福祉政策の枠組みを所与とした上で、可能な限り貧困者に社会サーヴィスを提供しようとする試みとみなすことができる。ブッシュ政権誕生後に FBO に対する移転支出は増大したが、同時多発テロに加えてハリケーン・カトリーナに対する政権の対応が批判されたこともあり、ブッシュ政権の構想は後景に退いた。ただし、現在のバラク・オバマ大統領は「信仰に基づく近隣パートナーシップ」を提唱し、FBO が福祉問題において積極的な役割を果たすよう期待している[48]。連邦政府が貧困者救済政策を十分に行えない現状では、FBO が果たすべき役割は増大すると考えられる。

4. むすびにかえて

　本章は、クリントン政権期におけるアメリカの福祉国家再編に至る歴史的経緯を振り返った上で、個人の責任と就労を強調する PRWORA の下での対貧困者政策の現状を検討してきた。最後に、冒頭に記した3つの課題に即する形で、本章の議論を整理しつつ、いくつかの知見を加えることにしたい。

　第1の、今日のアメリカの対貧困者政策が貧困者の生活を向上させるのにどの程度役立っているかという課題については、貧困者が最低賃金でフル・タイムで働き、EITC やフード・スタンプなどの給付をすべて受給するならば、50 州とワシントン D.C. のすべての地域で貧困線を越える収入が得られるように制度設計されていることがわかった。ただし、経済状態が比較的良好だった 1990 年代はともかく、失業率が上昇している今日、フル・タイムの仕事を探すのは困難である。また、フル・タイムの職を見つけることができたとしても、すべての給付を受け

ることは困難である。

　地域ごとの生活費の差を考慮に入れた上で、制度上想定される収入を得たとしても、それは多くの場合基礎家計費を満たさないことが明らかになった。基礎家計費の充足率を決める要因は居住地域の住居費の高さであり、州政府が独自に採用する福祉政策の寛大さとは無関係であることも判明した。

　また、就労していない人がカウンセリングや食糧配給を受ける際にはNPOが大きな役割を果たしている。しかし、NPOも政府の資金に大きく依存していて規制に従わねばならないため、貧困者のニーズにあった柔軟な対応をすることが困難である。また、社会サーヴィスや食糧配給を受けるためには貧困者はNPOの近くに居住せねばならないが、NPOは貧困度の高い地域に拠点を構えているとは限らず、その点においても貧困者のニーズに適ったサーヴィスを提供できるわけではないことが明らかとなった。社会サーヴィスの提供に際してFBOを活用することが問題を軽減する可能性があることも指摘された。

　第2の、州以下の政府に権限が委譲された結果として底辺への競争が発生したかという問題については、本章の議論は明確な回答を示していない。本章が紹介した一連の研究は、給付額の多寡に応じて貧困者や納税者が地理的に移動するかという点を検討していないからである。

　ただし、ストーカーらは、独自の福祉拡充策を採用していない州の方が、福祉拡充を行っている地域よりも実質的に貧困者のニーズを満たせていることを明らかにしている。底辺に追いつくための競争が発生しているという彼らの議論は、ピーターソンの議論とは位相を異にするものの、重要な視点を提供している。今後は、政策決定者が福祉移住をどのように認識しているかという認識レヴェルを含めて理論を精緻化する必要があるだろう。

　第3の、連邦政府と州政府がどのような位置づけを与えられるべきかという課題については、ストーカーらの議論が示唆的である。貧困者の権利拡充を主張する団体は連邦政府よりも、州以下の政府に積極的な働きかけを行う傾向がある。これは、多くの団体が特定の地域を基盤にして財政的・人的基盤が弱く、連邦レヴェルで活動する余裕を持たないことを考えればやむを得ないかもしれない。しかし、ストーカーらの研究が明らかにしているのは、州以下の政府が積極的な福祉拡充策を採用することは、目前の貧困者の救済にはプラスになるとしても、全

体としての貧困問題解決にとっては本質的でないことである。積極的な福祉拡充策を採用する州よりも、独自の策をとらない州の方が充実した福祉を提供できていることは、そもそもの制度設計に重大な欠陥がある可能性を示唆している。今後は、連邦政府主導での改革が求められるといえるだろう。

今日、貧困問題の解決に向けて、リベラル派を中心とするさまざまな団体が改革のための提言を行っている。注意すべきなのは、それら提言の多くは公的な医療保険制度の導入や最低賃金の増額、EITC の拡充、フード・スタンプの申請手続きの電子化などに焦点を当てていて、TANF に代表される就労を条件として給付を行うという考え方については、改革の対象とは考えられていないことである。また、NPO の拠点が地理的に貧困者のニーズに適っていないことについても言及されていない。本章で紹介したアメリカの福祉国家の基本的な枠組みは、今後しばらくは変わらないと想定できるだろう[49]。

注

※ 本章は西山隆行「アメリカの対貧困者政策」『甲南法学』50 巻 1 号 (2009 年) を改稿したものである。より詳細な情報は拙稿を参照していただきたい。
1) Jason DeParle, "Welfare Aid Isn't Growing as Economy Drops Off," *New York Times* February 2, 2009.
2) 1996 年の福祉改革に関する包括的な分析として、R. Kent Weaver, *Ending Welfare As We Know It* (Washington, D.C.: The Brookings Institution Press, 2000). 西山隆行『アメリカ型福祉国家と都市政治 ― ニューヨーク市におけるアーバン・リベラリズムの展開』東京大学出版会、2008、第三部も参照。
3) 例えば、根岸毅宏『アメリカの福祉改革』日本経済評論社、2006、木下武徳『アメリカ福祉の民間化』日本経済評論社、2007、渋谷博史・C・ウェザース編『アメリカの貧困と福祉』日本経済評論社、2006。
4) Paul E. Peterson, *City Limits* (Chicago: University of Chicago Press, 1981); Paul E. Peterson & Mark Rom, *Welfare Magnets: A New Case for a National Standard* (Washington, D.C.: The Brookings Institution Press, 1990).
5) Scott W. Allard, *Out of Reach: Place, Poverty, and the New American Welfare State* (New Haven: Yale University Press, 2009), p.243, note 14.
6) 以下の歴史的記述については、西山前掲書を参照。
7) R. Shep Melnick, *Between the Lines: Interpreting Welfare Rights* (Washington, D.C.:

The Brookings Institution Press, 1994), chap.4.
8) Martin Gilens, *Why Americans Hate Welfare: Race, Media, and the Politics of Antipoverty Policy* (Chicago: University of Chicago Press, 1999).
9) 以下の分析は、Weaver, *Ending Welfare As We Know It*; 西山前掲書第8章に依拠している。
10) アメリカでは4,500万人以上の人が医療保険を持っていない。これは、国民皆医療保険制度が存在しないにもかかわらず、6人に5人の人が医療保険を持っていることも意味している。民間の医療保険がアメリカで発達し、政府が租税上の優遇措置を採ることで民間医療保険を間接的に推進してきたことが、かえって医療保険の公的な制度化を阻んでいるのである。Jacob S. Hacker, *The Divided Welfare State: The Battle over Public and Private Social Benefits in the United States* (New York: Cambridge University Press, 2002).
11) Charles Murray, *Losing Ground: American Social Policy, 1950-1980* (New York: Basic Books, 1984).
12) Lawrence M. Mead, *Beyond Entitlement: The Social Obligations of Citizenship* (New York: Free Press, 1986).
13) David T. Ellwood, *Poor Support: Poverty in the American Family* (New York: Basic Books, 1988).
14) Robert P. Stoker & Laura A. Wilson, *When Work Is Not Enough: State and Federal Policies to Support Needy Workers* (Washington, D.C.: Brookings Institution Press, 2006).
15) Michael B. Katz, *The Undeserving Poor: From the War on Poverty to the War on Welfare* (New York: Pantheon Books, 1989).
16) 本段落と次段落で説明するプログラムは、前掲拙稿の補論で詳細な説明を行っている。
17) 以下の分析についても、西山前掲書第8章を参照していただきたい。
18) 1960年代に農務省が策定した節約食糧計画での食費を3倍にした金額が基準として、貧困線は設定されている。
19) Stoker & Wilson, *When Work Is Not Enough*, p.93.
20) *Ibid.*, chap. 4.
21) *Ibid.*, chap. 5.
22) *Ibid.*, p.105.
23) *Ibid.*, pp.105-07.
24) 以下の記述は、*Ibid.*, pp.107-110.
25) *Ibid.*, pp.129-131.
26) *Ibid.*, pp.131-139.
27) *Ibid.*, p.143.

第6章　アメリカの福祉国家再編と対貧困者政策　*211*

28) *Ibid.*, chap. 8. ストーカーらは指摘していないが、EITC が大きな割合を占めているこ とがこの結果をもたらした可能性がある。この調査では州の EITC がデータから除外 されているが、州の EITC を追加して調査すれば、積極的にプログラムを提供してい る州と提供していない州の差が縮まる可能性もある。
29) 西山前掲書第 6 章。
30) Allard, *Out of Reach*, p.61.
31) NPO についての概観を得るためには、レスター・M・サラモン『米国の「非営利セクター」入門』（ダイヤモンド社、1994 年）。
32) Lester M. Salamon, *The Resilient Sector: The State of Nonprofit America* (Washington, D.C.: Brookings Institution Press, 2003); Steven Rathgeb Smith, "Social Services," in Lester M. Salamon ed., *The State of Nonprofit America* (Washington, D.C.: Brookings Institution Press, 2002).
33) Allard, *Out of Reach.*, p.92.
34) Steven Rathgeb Smith & Michael Lipsky, *Nonprofits for Hire: The Welfare State in the Age of Contracting* (Cambridge: Harvard University Press, 1993), chap. 9.
35) Michael Lipsky & Steven Rathgeb Smith, "Nonprofit Organizations, Government, and the Welfare State," *Political Science Quarterly* 104-4 (1989-90), pp.625-48; Smith & Lipsky, *Nonprofits for Hire*, chap. 5.
36) Allard, *Out of Reach*, pp.94-96.
37) *Ibid.*, pp.63-64.
38) *Ibid.*, pp.64-76.
39) *Ibid.*, pp.76-81.
40) Paul A. Jargowsky, "Stunning Progress, Hidden Problems: The Dramatic Decline of Concentrated Poverty in the 1990s," The Brookings Institution, Metropolitan Policy Program, Living Census Series, available online at < http://www.brookings.edu/~/media/Files/rc/reports/2003/05demographics_jargowsky/jargowskypoverty.pdf>, 2009 年 4 月 1 日アクセス。
41) Berube, Alan, & Elizabeth Kneebone, "Two Steps Back: City and Suburban Poverty Trends, 1999-2005," The Brookings Institution, Metropolitan Policy Program, Living Census Series, available online at <http://www.brookings.edu/~/media/Files/rc/reports/2006/12poverty_berube/20061205_citysuburban.pdf>, 2009 年 4 月 1 日アクセス。
42) Allard, *Out of Reach*, p.119.
43) *Ibid.*, pp.129-131.
44) *Ibid.*, pp.128, 131-135.
45) 木下前掲書第 2 章も参照。
46) チャリタブル・チョイスは、サーヴィスの受益者に対して、宗教に基づいて差別をし

たり、信仰を強制することを禁じている。連邦資金を宗教活動に当てることも禁止している。各州は、援助を求める者がFBO以外からのサーヴィス提供を望む場合には、他の選択肢を用意することも義務付けられている。

47) John J. DiIulio, Jr., "Getting Faith-Based Programs Right," *Public Interest* 155 (Spring, 2004).

48) "Obama Announces White House Office of Faith-based and Neighborhood Partnerships," <http://www.whitehouse.gov/the_press_office/ObamaAnnouncesWhiteHouseOfficeofFaith-basedandNeighborhoodPartnerships/> 2009年4月1日アクセス。

49) アメリカ進歩センターやアメリカ最大のコミュニティ組織であるACORN等が中心となって、10年間で貧困を半分にしようというキャンペーンを実施している（http://halfinten.org/)。オバマ大統領は国民政策審議会の長に、アメリカ進歩センターで信仰と進歩的政策を進めるイニシアティヴを主導したメロディー・バーンズを指名したため、チャリタブル・チョイスの拡充を含む対貧困者政策の拡充が成される可能性はある。とはいえ、抜本的な社会福祉改革が行われる可能性は低いだろう。

第7章

社会福祉事業の拡大・拡充とその限界[1]

1. 序　論

　1945年8月、敗戦を迎えた日本は、1952年4月サンフランスシスコ講和条約発効までの約7年間をアメリカの占領下におかれていた。日本の社会福祉事業は、この間にその基礎を築き、高度経済成長とともに拡大・拡充をとげ発展してきた。

　明治以来、欧米列強の脅威のもとに早熟的に開港・近代化を推進してきた日本は、対内的には「天皇制国家」体制を確立し、対外的にはモデルを西欧に求め、いわゆる「脱亜入欧」「富国強兵」政策を推進してきた。この戦前の体制下で推進されてきた救貧制度と、労働者保護政策としての社会保険制度は、敗戦とともに新たな歩みをとげることとなる。その最大の契機は、1946年11月に制定、翌年5月施行された日本国憲法を受け、戦前の前記制度が国民の生活を守る社会保障制度として再構築されたことである。われわれが本章で取り扱う「社会福祉事業」は、いみじくもこの敗戦にともなう戦後の再構築過程で、新たに浮上してきた「当面の政策課題」、しかも緊急課題に対応するところから発生し、今日に至る経緯を持つ。

　したがって、本章では敗戦による緊急政策課題から社会福祉事業への収斂過程、およびその発展過程に焦点をあて論じることとする。その場合、以下の2点に分析視角を置き、歴史展開を論じる。

　第1に、社会福祉事業と社会的扶養の関連性である。なぜならば、社会福祉3法（児童福祉法、身体障害者福祉法、生活保護法）が制定・施行された占領期と比べ、今日の少子・高齢社会では社会保障制度に求められるものは大きく変化している。

とくに社会福祉事業に求められるものは、旧民法下で家長の責任とされていた家族内扶助・援助すなわち互助救済で対応してきた、いわゆる家事労働の領域である。社会福祉事業法が制定・施行されて半世紀を経たその間の、社会的扶養・援助の需要の拡大にもかかわらず、他方においてその供給体制は十分とはいえない。この相反する需要・供給関係を分析する。

第2に、いわゆる家事労働の外部化・商品化と専門職業化の関連を分析する。第1の分析視角である社会的扶養の拡大は、とりもなおさず家事労働の家族内対応の限界と表裏一体の関係にある。一般的に家事労働の外部化あるいは商品化は、資本主義の発展過程で促進されてきたといえる。たとえば、クリーニング業を始めとし、最近では各種の外食産業などをあげることができる。これらの家事労働の外部化・商品化と、介護あるいは保育など社会福祉労働に関連する家事労働の異同性を明らかにしたい。

以上の過程を経て、今日および将来にわたって需要がますます高まるであろう社会福祉労働が専門職業として市民権を得るための提案をおこなう。

なお、本章では「社会福祉」という用語は用いず、「社会福祉事業」を用いる。その理由は、以下の2点にある。第1の理由は、一般的に「社会福祉」という用語を用いる場合、社会保障制度の上位概念として用いる場合と、下位概念として用いる場合があり、概念規定に混乱が見られるからである。本章で取り扱う範囲は、社会保障制度の一環である「社会福祉事業」制度とする。第2の理由は、1961年社会保障制度体系下の社会福祉は、1951年に制定された社会福祉事業法および2000年社会福祉法でその内容が規定されている。したがって、本法に沿うことが妥当と考えることにある。

2. 社会福祉事業政策・法の整備

(1) 社会福祉政策理念の成立

社会福祉事業の前史に当たる第2次大戦前の救貧事業の法的根拠は、1874(明治7)年に出された恤救規則であり、1929(昭和4)年の救護法である。これが戦時下で戦時対応策として拡充されてきた。この戦時体制が敗戦と同時に瓦解し、あ

らたな政策理念すなわち社会福祉政策が登場する[2]。これを明確に示した法的根拠が日本国憲法第 25 条である。そこで戦後処理に追われていた救貧対策が、新たな社会福祉事業として展開する法的根拠をまず見ておく。

日本国憲法がマッカーサー（Douglas MacArthur）草案を基礎に制定されたことは周知の事実である。しかし、第 25 条に限定して述べれば、若干趣が異なる[3]。1946 年 2 月 13 日付けのマッカーサー草案第 24 条は「社会的福祉、自由、正義及民主主義ノ向上発展」のために法律は制定されることを規定する。この条文案は 3 月 6 日日本政府発表「帝国憲法草案」に引き継がれ、4 月 17 日「帝国憲法改正草案」第 23 条となる[4]。マッカーサー草案及び帝国憲法草案からは、現行憲法第 25 条が明確に生存権・生活権を直接規定する経緯は見えてこない。この経緯はマッカーサー草案に依拠するよりもむしろ、日本側の独自の草案にその原型を見ることができる。特に 1945 年 12 月 27 日に憲法研究会が発表した「憲法草案要綱」「国民ハ健康ニシテ文化的水準ノ生活ヲ営ム権利ヲ有ス」に求めることができる。この草案をもとに日本社会党は翌 1946 年 2 月 23 日「新憲法要綱」を発表し、国民が生存権を有すること、および国の責務を明らかにした。日本社会党案は憲法改正審議過程の芦田小委員会（1946 年 7 月 25 日から 8 月 20 日開催）で、現行憲法第 25 条第 1 項を追加、原案を第 2 項に修正・制定された[5]。その背景には、第 1 次世界大戦後のドイツ留学をした森戸辰男のワイマール憲法およびロシア憲法との出会いがあったといわれている[6]。

日本国憲法第 25 条が制定されたことにより、これまで日本に存在していない新たな政策理念・「社会福祉政策」理念が創生された。憲法前文に掲げる主権者たる人々の生存・生活権を実現することを、最高規範である日本国憲法に規定し、われわれの努力目標としたのである。なお、われわれは憲法第 25 条を単独で見る傾向があるが、憲法第 27 条と一対で理解することが重要である。前記芦田小委員会の審議過程で現行憲法第 25 条に国の責務規定を設けることと同時に、現行憲法第 27 条の就労の権利に義務を加える修正が行われた。日本国憲法第 25 条の生存・生活権の保障は、国民の不断の努力を基盤として、勤労の義務と表裏一体で規定されたのである。

日本国憲法第 25 条の制定は、その実現のための具体的制度体系の整備を急ぐこととなる。帝国議会は憲法改正にあたって付帯決議を行い、社会保障制度の確

立を求めた。この具体的作業は、社会保険制度調査会（以下「調査会」という。）および、その後のワンデル（W.H.Wandel）報告に基づき設置された社会保障制度審議会（以下「審議会」という。）で検討されることとなる[7]。

調査会は、敗戦後の社会保険制度の再構築の検討を行っていた。この検討過程で日本国憲法の公布を見る。調査会は 1947 年 10 月 9 日、「社会保障制度に関する答申」をおこない、「全国民のための革新的な総合的な社会保障制度」の確立を目指した。マスコミ各社は「自営業にも手当金（社会保障制度）／第 3 次案委員会で検討」（毎日新聞 1947 年 9 月 9 日）、「画期的な社会保障案／調査会の答申決まる／全国民を対象に」（朝日新聞 1947 年 10 月 9 日）、「老人、子供又は無業者／出産には金と物を／社会保障制度修正最終案きまる」（毎日新聞 1947 年 10 月 9 日）等、好意的な評価を下した。しかし、その実現に際しては 330 億円という巨額の経費を必要としたため、「ビヴァリッジ案を凌ぐ」「夢物語」として実現に向けて検討されることはなかった[8]。その間、1947 年 6 月から GHQ 公衆衛生福祉局社会保障部（GHQ／PHW）は日本の学識経験者（調査会メンバー）と社会保障制度に関する共同研究会を開催していた。したがって 10 月 9 日付け答申は、日本側研究者と GHQ の共同研究の成果ともいえる。

答申を挟んだ 9 月から 10 月に米国社会保障制度調査団が来日し、1948 年 7 月 13 日、ワンデル報告が出される。ワンデル報告は、日本政府の社会保障に向かう姿勢を、長期間の経験に基づき国民に最低限度の生活と福祉を保障するために、民主主義的態度をもってこの制度を利用する熱意があると評価する一方で、過去の経験の根本的弱点に事務運営関係の欠点を表したと評価した。厚生省は「現状を根本的に改革する英国の新社会保障のような画期的なものではなく、再建途上にある日本に最も適した勧告」として受け止め、この「勧告を参考とし、憲法第 25 条の精神に即した、完全な社会保障を創造してゆきたい」と決意した。

なお、ワンデル報告が日本政府に手渡された直後の 1948 年 8 月 3 日から 30 日にわたって、マッカーサーの招へいによりアメリカ医師会調査団が来日した。医師会調査団は 12 月 7 日、ワンデル報告の結論およびその適用に賛成しがたいとの報告書をマッカーサーに手渡した。医師会調査団は、日本の社会保障制度が強制適用を指向していることに対して、全体主義的政府の下で失敗したものであり、社会主義よりも民主主義的な精神から再編成することを主張した。医師会調査団

の来日目的は、ワンデル報告実施のための助言にあったが、結果としてワンデル報告を否定した。

　ワンデル報告と医師会調査団報告の違いは、日本の既存の社会保険制度の評価の違いからくるものである。ワンデル報告が既存の社会保険制度を中核に全国的な社会保険制度の確立をめざしたのに対して、医師会調査団は、それを全体主義的制度と認識し、全体主義すなわち戦争の図式の下に、地方分権型の社会保険制度の確立を目指したのである。この相反する報告を手にした厚生省は、これらの報告をもとに、総合的な社会保障制度の確立に向けた検討を開始することとなる。以降、憲法第 25 条実現のための社会保障制度に関する審議は、社会保障制度審議会（1948 年 12 月設置）の議を経ることとなる[9]。

　審議会の議論の最初は、ワンデル報告に始まる GHQ からの各種報告等の取扱いにあった。これに関し、審議会では参考にしながらも独自の立場で自由な検討を行う方向を採用した。審議会の他の重要な議論は、憲法第 25 条と社会保障制度の範疇に関する議論である。憲法第 25 条 2 項は「国は、すべての生活部面について、社会福祉、社会保障及び公衆衛生の向上及び増進につとめなければならない」と規定する。特に社会福祉と社会保障が憲法では並列記述であり、この両者の関係をどのように解釈するかにあった。当時の国際労働機関（ILO）の解釈は、社会保障とは公的扶助と社会保険の統合である。この立場に立てば、審議会の役割は、憲法第 25 条に規定する「社会保障」に限定される。しかし第 1 項で規定する「健康で文化的な最低限度の生活を営む権利」の保障は達成できない。審議会は、憲法理念を実現する手段として、社会保障の下位概念に社会福祉、社会保険、公的扶助および公衆衛生を置くこととした[10]。この方針に基づき検討された答申が「社会保障制度に関する勧告」（1950 年 10 月 16 日。以下「50 年勧告」という。）である。

　50 年勧告は、憲法第 25 条実現の具体的制度体系を、社会保障制度の一環に社会保険制度、公的扶助制度、社会福祉制度および公衆衛生制度を位置づけた。ここに従来の救貧政策から分離した社会福祉制度という新たな制度体系が構想され、戦後の社会福祉事業の理念的根拠が形成された。

(2) 社会的扶養の法的根拠の形成

こんにちの少子・高齢社会の現状から見ると、日本国憲法第25条と並んで重要な憲法規定は第24条である。憲法第24条は「家庭生活における個人の尊厳と両性の平等」を規定したものである。この規定は1898 (明治31) 年に制定された民法 (以下「明治民法」という。) の親族編および相続編の大幅な改正をはじめとする、関係各法の改正を伴うものである。

明治民法は「家長権とその血縁相続とを法律的特色とする超世代的親族共同生活団体を認める」家族制度を採る[11]。「家」は戸主権によって統率される親族団体であり、戸主の地位は絶対であり、その生存中に本人の意思に反して失われることはない。また、戸主権は「支配権」ではなく、個々の権利義務の集合的名称である。したがって明治民法第747条は戸主の親族に対する扶養義務を規定する。

日本国憲法第24条は、明治民法下の超世代的親族共同生活団体から、夫婦を単位とする家族制度に変更した。このことは、従来の戸主権と表裏一体の関係で規定されていた親族扶養の有り方に変更をもたらすこととなる。憲法第24条に伴う民法改正で最も影響を受けた箇所が「第4編 第2章 戸主及ヒ家族」(第732条から764条) で、一部新民法に継承される箇所があるものの、ほとんど総てが削除された[12]。さらに関連して「第5編 第1章 家督相続」(第964条から第991条) が廃止され、「扶養」に関する規定「第8章 扶養ノ義務」(第954条から第963条) は第877条 (旧954条の整理)、第878条 (旧955条)、第879条 (旧959、960、961条の整理)、第880条 (旧962条) および第881条 (旧963条) の5条に整理・統廃合された。

民法改正の作業過程で問題になった事項が、前記戸主権廃止に伴う親族扶養、とくに尊属扶養である。たとえば「今度の改正は何でも子供、子供といって子供本位にしているから、子供とかあるいは嫁が親を養わなくなるんじゃないか、それをどうしてくれるのだ」というような意見がある。さらには相続に関して「扶養義務と遺留分」を不可分の関係にするか否か、「姻族関係としゅうと・しゅうとめなどに対する扶養義務を結び付けることを非常に警戒していた」などである。

民法親族編・相続編の改正を扶養に関する視点で見た場合、私的 (家族) 扶養義務から社会的扶養を生み出す結果を内在する。改正された民法は、夫婦間と未成年の子供に対する絶対的扶養規定以外はすべて相対的扶養にとどめる規定であ

る。このことは、夫婦を単位とする家族制度が国民の間に浸透し、定着するにしたがって、尊属・姻族に対する私的（家族）扶助意識の希薄化を予測させる。ここに社会的扶養概念の法的根拠が形成されたといえる[13]。社会的扶養概念は、その後 60 年代の高度経済成長期の労働者の都市流入・核家族化に伴い定着していくこととなる。

(3) 社会福祉事業体制の法整備

　敗戦に伴う戦後処理は、敗戦直後の 1945 年 9 月 2 日に出された指令第 1 号により凍結された軍用物資の配給に始まる[14]。日本政府は 1945 年 12 月 15 日「生活困窮者緊急生活援護要綱」を閣議決定し、同月 31 日に「救済並福祉計画」として連合国最高司令官総司令部（GHQ）に提出した。日本政府は、戦時下で対応してきた各種救済対策を、この計画に基づき実施することとしたのである。この日本政府の計画に対する GHQ の承認が、1946 年 2 月 27 日付 SCAPIN775「社会救済」（Public Assistance）である。SCAPIN775 は 31 日付けで日本政府が提出した「救済並福祉計画」の実施にあたって、条件を付して承認した。第 1 に、救済は「差別又ハ優先的取扱」をしてはならないこと。第 2 に、そのための「単一ノ全国的政府機関」を樹立し、その責任体制を「私的又ハ准政府機関ニ対シテ委譲」してはならないこと。第 3 に、「困窮を防止スルニ必要ナル総額ノ範囲内ニ於テハ与ヘラレル救済ノ総額ニ制限」を加えてはならないことの 3 条件である。この条件は、後に生活保護法の基本原理（目的、無差別平等の原理、最低生活保障）に収斂する公的責任、無差別平等および最低生活保障を規定したものである[15]。

　SCAPIN775 は、救済福祉計画の実施条件を出すとともに、現行法の見直しの検討を求めた。その結果、戦時体制下で制定された母子保護法（1937 年制定）、軍事扶助法（1937 年制定）、医療保護法（1941 年制定）、国民徴用扶助規則（1941 年制定）、戦時災害保護法（1942 年制定）、医療関係者徴用扶助規則（1942 年制定）は、救護法（1929 年制定）とともに、1946 年 9 月制定、10 月 1 日施行された生活保護法に統廃合された。

　生活保護法の制定・施行は、敗戦処理をある意味で貧困対策に集約した形で展開することを意味する。当時の日本経済は、外地および戦地からの復員者・引揚者対策、戦争孤児対策さらには傷痍軍人対策等あらゆる敗戦処理を、生活困窮者

として一括して緊急対応せざるを得ない状況にあった。換言すると非軍事化・民主化政策を展開する GHQ の「無差別平等」の原則は、あらゆる生活要因を貧困に一元化したのである。このことがやがて児童福祉法および身体障害者福祉法を生み出すこととなる[16]。

　生活保護法で対応してきた戦災孤児等対策は、その実施過程で新たな問題を発生させた。いわゆる「刈り込み」と称する浮浪児たちの施設収容対策は、児童たちの繰り返す脱走で検討を余儀なくされることとなる。児童対策の必要性は、期せずして日米双方から問題が持ち上がった。日本側から日本婦人団体連盟が母子問題懇話会を創設し、戦前の母子保護法に類する特別法の制定を求めた。アメリカ側からは一人の宣教師による混血児問題が GHQ に寄せられた。これらを契機に「児童」に視点を当てた対策の必要性が検討され、1947 年 12 月児童を対象とした新たな法律「児童福祉法」が制定され、翌年 1 月 1 日施行を見る。

　児童福祉法の制定・施行は、憲法第 25 条に規定する社会福祉事業の実施の第一歩を踏み出す法的根拠となる。同法制定過程で最終的に「児童憲章」として定められた児童の人権思想が、一時期、児童福祉法の前文として掲げる案が持ちあげる。このことから推測しても、児童福祉法は単に貧困児童対策ではなく、まさに近代市民法が掲げた人格権の保障を求めたものといえよう。民法は人格を自然人と法人に整理し、自然人としての権利を自由に行使できる者を成人と規定する。児童は、未成年であるがゆえに、一人の人格を有するものとして、契約社会の中で対等な関係におかれていない。したがって、児童福祉法は成人に達するまでの養育を規定し、「次代の民主主義を担う」者としての成長を支援する[17]。これにより 50 年勧告で謳う「文化的社会の成員たるに値する生活を営むこと」を、児童に保障したのである。

　貧困者対策としての生活保護法の実施の限界は、障害を有する人々の上にも生じた。特に傷痍軍人対策は戦時体制下に整備され、「動員前ノ状態ヲ目標」とする「社会的経済的復活」に資する対策が構想されていた。しかし、敗戦にともなう GHQ の占領政策は、非軍事化政策からこれらの対策をすべて解体し、傷痍軍人対策は無差別平等原則による一般貧困対策として、緊急生活援護対策に埋没することとなる。その中から再度、個別対策の必要性がまず中途失明者対策として浮上してくる。人生の途中で障害を有することは、日常生活訓練を基礎から行う

必要がある。そこには貧困対策と異なる対策を必要とする。日常生活の訓練あるいは援助を伴うことによって、社会の成員としての自立生活が可能となる。身体障害者福祉法はこの理念のもとに1949年12月制定された。

児童福祉法および身体障害者福祉法が生活保護法から分離し、新たに「文化的社会の成員たるに値する生活を営むこと」を保障する法として成立したことにより、生活保護法は経済保障法として純化された。しかし1949年当時のドッジライン（Dodge Line）等の影響を受け、経済保障法としての生活保護法自体の限界が明らかになってくる。最大の限界は「無差別平等」の解釈・取扱いである。生活保護法は、第1条で差別的優先的取扱いを禁止し、第2条で欠格条項を設け、怠惰な者、素行不良な者等を排除した。ドッジラインによる大量の失業者に対する法の適用をめぐる問題、あるいは不服申し立の権利性をめぐる問題等が浮上した。これらの問題を契機として、1950年生活保護法は全面改正された。新法は不服申し立て制度を権利として認めるとともに、欠格条項を廃止し、新たに法の目的に経済保障とともに「自立の助長」を規定した。新法は欠格条項という排除の論理ではなく、自立助長という受容の論理によって無差別平等の原則の実現を求めた。自立助長を法の目的に規定したことにより、生活保護法を単に経済保障法として位置付けるのではなく、「個人個人を社会生活に適応させること」を目的とし「人たるに値する生活」の保障[18]、すなわち社会の成員としての自立生活の保障を目指したのである。

1947年制定の児童福祉法、1949年制定の身体障害者福祉法および1950年改正された生活保護法は、法の目的に社会の成員としての自立生活を掲げる。この3法は社会福祉の基本3法と称され、日本国憲法および50年勧告の求める「社会福祉」を実現する基本の3法である。換言すれば成人に達していないという属性、障害を有するという属性、あるいは経済的に困窮しているという属性によって、社会の成員としての自立生活が困難な場合に自立生活を支援することを社会福祉と規定したのである。

社会福祉3法の共通事項および推進に関する事項を定めた法律が、1951年制定された社会福祉事業法である。この法律により社会福祉を実現するための具体的方法—「社会福祉事業」が明確に規定された。社会福祉事業法制定にいたる経緯は次のとおりである。

1949年11月、厚生省はGHQから1950年度の社会福祉の主要目標①福祉行政地区制度の確立、②市福祉行政の再組織、③厚生省の助言的措置・その実務、④公私の分離、⑤社会福祉協議会の設置および⑥現任訓練の6項目を受け取る（いわゆる「6項目提案」）。さらに生活保護法の第8次改定により、生活保護事務の複雑性と専門性から有給の専門職員の設置が求められ、1950年「社会福祉主事の設置に関する法」が制定された。さらにその年の秋、社会保障制度審議会から50年勧告が出される。以上の経緯を背景に、1951年社会福祉事業法は「3法が公的福祉立法の主軸をなすものとの前提に立って、公私社会事業の基本的共通事項を総合・統一し、この間に近代的社会事業の理念と、これから要請される実践方法を織り込んだ」法律として制定された[19]。ここにいう「近代的社会事業」とは、まさに社会福祉事業法に規定する「社会福祉事業」である。

　社会福祉事業法が制定されたことにより、個別立法として成立していた児童福祉法、身体障害者福祉法および生活保護法が、1つの共通概念すなわち「社会福祉事業」で結ばれた。社会福祉事業とは、社会福祉事業法第2条に規定する第1種社会福祉事業および第2種社会福祉事業をさす。以下、本章において社会福祉事業とは、社会福祉事業法および社会福祉法に規定する社会福祉事業をさす。

3. 社会福祉事業の拡大・拡充の実態

(1) 社会福祉事業・政策対象の拡大 ― 3法から6法へ ―

　社会福祉事業が救貧対策の枠を超えた「社会の成員としての自立生活」の支援を法理念に掲げながらも、なおその実現には日本経済の限界が大きく横たわっていた。社会福祉事業がその限界の中で、類型別低所得者層及び一般階層を中心とする防貧対策へと展開していくのは、社会保障制度全体が整備され、「国民皆年金・皆保険」が実現される1960年代のことである。こうした中で、社会保障における社会福祉事業の位置づけは、1962年の社会保障制度審査会の答申および勧告に見ることができる。すなわち「社会保障制度の総合調整に関する基本方策についての答申及び社会保障制度の推進に関する勧告」は、防貧を目標とする社会福祉政策が重視されなければならないと、その重要性を強調する[20]。

このような社会保障制度に大きな影響を及ぼしたのが、1950年代後半から約20年にわたって続いた高度経済成長である。高度経済成長は国民の生活に激しい変化をもたらした。

第一の変化は、産業構造およびそれに伴う就業構造の変化である。産業別国内純生産でみる日本経済は、1946年度に第1次産業が占める割合は38.8%であり、第2次産業は26.3%、また第3次産業は34.9%であった。それが、1960年度にはそれぞれ14.6%、38.0%および49.1%、1970年度には7.5%、38.0%および54.5%と、急激に変化を遂げる。この産業構造の重化学工業化への急速なシフトは就業構造にも影響する。産業別就業者割合をみると、1950年には第1次産業に従事する人の割合が48.5%であり、第2次産業は21.8%、第3次産業が29.6%であったものが、1960年にはそれぞれ32.7%、29.1%および38.2%となり、1970年には19.3%、34.0%および46.6%となる[21]。

さらに就業構造の変化は、第1に、労働者の農村部から都市部への大量流入をもたらし、そのような労働力の移動に伴って、農村部の「過疎化」、都市部の「過密化」、公害問題など新しい生活問題を生み出した。第2に、就業構造の変化が技術革新を軸に展開したことによって、古い熟練を解体し、単純労働分野を作り出した。単純反復作業で低賃金の、いわゆる「周辺労働」をつくり、その労働ヒエラルヒーの底辺部分に女子労働を導入し、女子労働に対する需要拡大に作用した[22]。第3に、就業構造の変化や成長ペースに乗り切れない高齢者、障害者、母子世帯の生活を、あいかわらず厳しい状況下に置いた。このことにより、とりわけ、核家族化の進行、定年制改善の立ち遅れ、低い年金水準と過重な医療費負担に苦しむ在宅一般高齢者の問題が社会問題化する[23]要因となる。

第2の変化は、産業構造および就業構造の激変に伴う人口動態の変化が、地域における伝統的な共同社会を崩壊し、同時に生活の基盤である家族の形態も大きく変化させたことである。その影響は、第1に、都市部では急激な都市化に対する「不適応老人層」や心身障害者への対策の必要性として、また農村では取り残された老人層への対応の必要性として表面化する[24]。第2に、それまで「地縁・血縁」に支えられて成立していた地域社会の「自助・共助」の機能を大きく後退させるという形で表れる。高度経済成長期を経て、生活問題の要因が経済的貧困のみでなく多様化・複雑化するにもかかわらず、「自助・共助」機能が低下する

中で、生活を支えるため社会福祉の公的な支援やサービスの需要が急速に高まってきた。

以上の現象を予測してか、1956年度の『経済白書』は「もはや戦後ではない」として、戦後経済復興の終了を宣言した。事実、われわれはその後の経済成長を体験することとなる。豊かさは社会福祉事業の法制度に影響を与えた。1960年代には多くの社会福祉関係法が制定される。まず1960年に「精神薄弱者福祉法」(昭和35年法律第37号。精神薄弱の用語整理のため、1998年に「知的障害者福祉法」に改正される。)、ついで1963年には「老人福祉法」(昭和38年法律133号) が制定され、さらに、1964年に「母子福祉法」(昭和39年法律第129号。1981年には法の対象に寡婦を加え「母子及び寡婦福祉法」となる。) が制定される。これら3法と、すでに制定されていた「児童福祉法」「身体障害者福祉法」「生活保護法」の3法をあわせて、「福祉6法」と称し、今日まで継続している。

6法体制は、3法体制の矛盾から始まる。その矛盾は、まず障害のある人々に対する領域で現れた。1949年制定の身体障害者福祉法の厚生省当初案では、結核・精神等を含めたある意味で障害者福祉法ともいえるものであった。この原案を「恩給停止」の代替措置となることを懸念したGHQの意向により、身体障害に関する法律として制定された経緯を持つ。当時の医学に関する社会通念が、結核あるいは精神疾患等は不治の病とみなされていたことを傍証しているといえよう。さらに精神疾患のある人々は「精神衛生法」(1950年制定) により疾病概念で整理されてきた。当初、成人の知的障害のある人々(以下、当時の表現を用いて「精神薄弱者」という。) に対する社会福祉事業は取り残されていた。児童に対する施策は児童福祉法に規定されている。しかし成人に関する同趣旨のものは存在しない。

この矛盾を最初に指摘したのは中央青少年問題協議会である。同協議会は1953年「精神薄弱者対策基本要綱」を明らかにし、政府部内での検討を促した。一方、精神薄弱者を持つ親の会は、児童から成人への対策の不備を問題とし、成人に対する法・制度制定を国に要求した[25]。当事者団体(親の会)の積極的な法制定への動きを背景に1960年に制定されたのが精神薄弱者福祉法である。同法は「精神薄弱者に対し、その更生を援助するとともに必要な保護」を行うことを目的とする。これにより児童から成人に至る一貫した社会福祉事業対策が法に基づいて

行われることになった。同法は法の目的に「更生援助と保護」を据えているが、具体的な措置としては、知的障害のある人々またはその保護者を「精神薄弱者福祉司または社会福祉主事に指導させること」（第16条1）、本人を「精神薄弱者援護施設に入所」（第16条2）させること、「職親に委託すること」（第16条3）の3項目しかなかった。

　精神薄弱者福祉法が制定されたことにより、障害のある人々に対する社会福祉事業の範囲が、身体障害に加え知的障害に拡大された。つづいて障害のある人々に対する法・制度の矛盾は、精神疾患のある人々の間でも明らかになる。疾病概念で制定された精神衛生法は、精神疾患のある人々の社会復帰を取り入れた精神保健法と1987年改正され、1995年には「精神保健及び精神障害者福祉に関する法」（以下「精神保健福祉法」という。）と大幅な改正が行われた。精神衛生法から精神保健福祉法への一連の法改正は、精神疾患が不治の病であるという概念から、治癒可能な疾病概念の変更を意味するとともに、疾病概念から障害概念への変化を意味する。身体障害者福祉法、知的障害者福祉法および精神保健福祉法によって、障害の3領域に対する社会福祉事業が可能となった。この動向はやがて1993年の障害者基本法および2005年の障害者自立支援法[26]へとつながり、戦後混乱期に芽生えた「社会福祉事業」理念 ── 社会の成員としての自立生活の支援 ── を、障害のある人々に実現できる体制が整ったといえる。

　障害のある人々に対する法・制度の拡大に続いて問題となった領域が、高齢者問題である。1950年代から高齢者自身による自然発生的な老人クラブ活動が各地で行われるようになる。また1950年には兵庫県が敬老思想の普及と老人福祉増進を目的として9月15日を「としよりの日」と定めるなど、地域における独自の動きが展開されてきた[27]。

　戦後10年を経過し、経済も成長期になると新たな問題が浮上する。老人福祉法の制定の最初の動きは、1949年11月開催の第2回全国養老事業大会の協議題「老人福祉法に関する法律制定請願の件」にある。その趣旨は、戦後の社会経済の急変に伴い高齢者の生活は苦しく困難に陥っている。児童福祉法が制定され、傷痍者に対する福祉法も制定されようとしている。高齢者に対しても同様の福祉法の制定を要望する、というものである。

　この要望からうかがえることは、生活安定すなわち経済的安定を要望するもの

である。高齢期の経済対策は、1954年の厚生年金保険法の全面改正により「全国民を対象とする年金制度」の構築を付帯決議したことから解決の道が開かれる。また、55年体制の前後から、各政党は戦争犠牲者（特に高齢者、母子家庭）に対する慰労年金等の支給を選挙公約に掲げたことによってもその道が見えてくる。これら国会の決議、政党の動向を背景に、1959年に国民年金法が制定され、同年11月から福祉年金の給付を開始した[28]。

1961年の皆保険体制および皆年金体制の確立は、高齢者の生活基盤の社会的扶養を法的に約束することとなる。このことは、民法改正後の戦後処理を終了したとも言えよう。同時に、高齢者対策が新たな段階に展開してきたことを意味する。すなわち、高齢者生活の経済および健康以外の「社会生活」の支援、「社会の成員としての自立生活」に視点をあてた対策の検討の開始が要求されることを意味する。ここに、1963年の老人福祉法の制定の意義が存在する。高齢者は、成人である。したがって、市民社会の中では自由で対等な契約社会の成員としての自立生活が可能である。しかし、「高齢」が要因となって「自立生活」が阻害される場合の支援・社会福祉事業を、戦後15年を経た経済成長下で法定したのである。

「老人福祉法」は、従来、年金制度を除いて救貧対策に組み込まれていた老人福祉対策を、一般施策として独立したものである。具体的内容は、「健康診査」（第10条）、「老人ホームへの収容等」（第11条）、老人家庭奉仕員による世話（第12条）、老人福祉増進のための事業の地方公共団体に対する努力義務（第13条）である。しかし、老人福祉法が制定されたことは、その後の1973年の老人医療費公費負担制度（いわゆる老人医療費無料化）の導入、1982年老人保健法の制定、2000年の介護保険法の制定への布石と位置付けることができよう。明治民法の家族制度が解体され、現行民法の家族制度で高齢者に対する社会的扶養の拡大の法的根拠が形成されたといえる。

1960年代、高齢者につづいて社会福祉事業の法的拡充が、母子領域で展開される。児童福祉法の成立要因の契機の1つに、母子問題懇話会の動向があったことは先に見てきた。懇話会の趣旨は、戦争遺家族、特に母子家庭に対する戦後処理を要望するものである[29]。母子家庭の経済的支援は生活保護法で、児童は児童福祉法で支援する体制がすでに確立している。しかし母子家庭、とくに「戦争未亡人対策」は1938年の母子保護法と同様の趣旨、すなわち母子一体の考え方に

対する施策を必要としていた。この考え方から1952年「母子福祉資金の貸付等に関する法」を制定し、「戦争未亡人」の生活支援が実施された。

しかし、1960年代に入ると母子家庭の発生原因は戦争から、工場災害・交通事故等へ変化をきたし、対象者を「戦争未亡人」家庭から変更を余儀なくされる。さらに経済成長に伴う急激な都市化は、前記高齢者問題と同時に、母子問題に変化をもたらした。次代を担う児童の健全育成をもとめた、母子一体の理念に基づく生活指導・相談等を内容とする総合的な母子家庭対策が求められたのである。この趣旨に基づき制定された法律が、1964年制定の母子福祉法である。同法は1981年母子及び寡婦福祉法と改正され、さらにその運用においては父子家庭も支援対象とする自治体も増えてきている。

「母子福祉法」は、「母子家庭等の福祉に関する原理を明らかにすること」および母子家庭の「生活の安定と向上のために必要な措置を講じ、もつて母子家庭等の福祉を図ることを目的」(第1条)に、総合的な母子福祉対策を目指すものである。同法の基本理念は、「すべて母子家庭等には、児童が、その置かれている環境にかかわらず、心身ともに健やかに育成されるために必要な諸条件と、その母等の健康で文化的な生活とが保障される」(第2条)ことである。特徴の第1は、従来の児童福祉法が児童を対象としていることに対し、母子福祉法は母子家庭という生活実態を福祉の対象としていること、第2に、福祉の措置として「資金の貸付け」(第10条)、「母子福祉団体に対する貸付」(第11条)など、経済的自立及び福祉の実現を目指すものであったことである。

以上みてきたように1960年代前半に精神薄弱者福祉法、老人福祉法および母子福祉法が制定され、いわゆる社会福祉6法の時代となった。これを称して「社会福祉立法の基本的ユニットを構成するにいたった」[30]とされている。しかし戦後処理体制下で成立した「社会福祉3法」と、1960年代前半に成立した3法とを同一次元で論じることは無理がある。「社会福祉3法」は、市民社会における「社会の成員としての自立生活」の根幹にかかわる問題、すなわち児童(未成年)、障害および経済的理由である。これに対して1960年代前半で成立した3法は、障害領域の拡大(知的障害、精神障害さらに高齢)、年齢要因(高齢者)、児童及び経済的理由の拡大(母子家庭)である。確かにこの体制は現在まで維持されている。しかし、社会福祉事業の基本理念は敗戦直後に成立した「社会の成員とし

ての自立生活の支援」にあり、1960年にその対象が拡大・拡充されたといえる。ある意味で、この拡大・拡充過程は、社会福祉事業の分化過程ともいえよう[31]。

「福祉3法」から「福祉6法」への発展過程の特徴を整理すると、以上の法体制の整備・拡充を受けて、社会福祉関連費用の急速な伸び、さらに社会福祉事業の具体的展開が施設福祉の整備・拡充にある。つまり、第1の法体制の整備・拡充は、社会福祉対象者の範疇の拡大であり、その後1970年代の普遍化を意味する。6法体制成立により社会福祉事業の対象者が、低所得者、児童、身体障害者、知的障害者、高齢者、母子世帯と規定されるにいたるが、その成立の要因ないし対象において事情を異にする。基本的に福祉3法成立時における生活保護法と他の2法との関係は、前者は貧困という経済問題に対応するものであり、後者は児童および障害という対象者の持つ属性の特殊要因に対応するために制定されたものである。やがて経済的事由の拡充（母子福祉法）、児童福祉の拡充（母子福祉法）、障害者福祉の拡充（精神薄弱者福祉法、老人福祉法）というように、6法成立過程は3法に規定された対象領域の拡大過程である。

第2の特徴である被占領期に制定された措置費体系は、基本的に社会福祉事業の必要経費をすべて国費に依存する結果となり、1960～70年代の社会福祉事業関連費用の急速な増嵩をもたらす。この期に社会福祉事業関連費用は生活保護費用を上回り、法体制面のみでなく実態面においても貧困者対策から分離独立した社会生活の支援・育成などの「社会福祉事業」として、経済的要因から独立して社会保障制度の一領域を確立するにいたる。

第3の特徴である社会福祉事業の具体的施策は、施設福祉の整備・拡充がその中心的課題である。この施策は施設福祉を中心的課題とした時代から在宅福祉を中心とした時代へ、そして地域生活支援の時代へと移行する、その展開過程に焦点を当てて、次項において論じることにする。

(2) 施設福祉から在宅福祉、そして地域福祉へ

1960年代、基本的法体系の整備を終了した次の段階は、高度経済成長に支えられ、社会福祉事業の具体的諸施策の拡大・拡充の段階に入る。1970年代以降の日本の社会福祉事業は、各分野の施策をさらに推進するとともに、各施設間の有機的連携を高めるなど施策の統合化・体系化を目指すものであった。また在宅

福祉対策の充実に力点が置かれる時期である。

社会福祉事業の具体的施策を見ていこう。表7-1にあるように、1960年代までは、生活保護法、児童福祉法、身体障害者福祉法の新法成立にともない、法理念の遂行に必要な基本的な施設が建設される。また施設の種類は、救護施設や更生施設など入所施設が主であった。その後、1970年代に入ると社会福祉施設の種類が広がり、施設数も急増する。そこで本項では、1970年代以降の日本における社会福祉事業の展開過程を、施設の種類および設置数の特徴から3期に区分し、以下詳細に記す。第1期は1970年から1980年であり、施設福祉の時代である。第2期は1980年から2000年までであり、在宅福祉導入の時代、第3期を2000年以降とし、地域福祉を推進する時代とする。

第1期 施設福祉の時代（1970年代）

1970年代は、高度経済成長およびそれにともなう国民生活の向上を背景に、社会福祉に投入される財投資金の絶対量が増加し、さらに核家族化の進行、女性労働人口の増加、扶養意識の変化、医学・リハビリテーション技術の進歩などからさまざまな生活問題が生じてきた時代である。福祉に対する国民の関心の高まりを反映して、老人福祉施設などを中心に全体として社会福祉施設数はかなりの伸びを示した。表7-1にあるように、1965年から1970年までの施設数は1万6,453施設から2万3,917施設へと約1.5倍に増加している。しかし過去のストックの絶対量が少なく、1970年度末現在の推計で、ねたきり高齢者が入所している特別養護老人ホームは入所が必要な人全体の3割程度、重度身体障害者が入所する施設では同様に4割程度、重症心身障害児施設では5割程度しか入所能力を有していない[32]。

このような施設の不足に関連して、1970年11月、中央社会福祉審議会から厚生大臣に「社会福祉施設の緊急整備について」の答申が行われる。この答申中に「社会経済状勢の変動に即応して社会福祉施設を拡充整備するため、5か年程度を目途とする社会福祉施設緊急整備計画を樹立し、その実施をはかるべき」ことが提言される。厚生省は、この「社会福祉施設緊急整備5カ年計画」の趣旨に沿って社会福祉施設の重点的かつ計画的整備を実施した[33]。

その結果、同計画の最終年度である1975年度までに、特に老人福祉施設、身

表7-1　社会福祉施設数の推移

(件数：%)

	1955年	1960年	1965年	1970年	1975年	1980年	1985年	1990年	1995年	2000年	2005年
総数	11,984 100.00	13,707 114.38	16,453 120.03	23,917 145.37	33,096 138.38	41,931 126.70	47,943 114.34	51,006 106.39	58,786 115.25	75,875 129.07	94,612 124.69
保護施設	1,284 100.00	905 70.48	504 55.69	400 79.37	349 87.25	347 99.43	353 101.73	351 99.43	340 96.87	296 87.06	298 100.68
老人福祉施設	—	—	795	1,194 150.19	2,155 180.49	3,354 155.64	4,610 137.45	6,506 141.13	12,904 198.34	28,643 221.97	43,285 151.12
身体障害者更生援護施設	143 100.00	139 97.20	169 121.58	263 155.62	384 146.01	530 138.02	848 160.00	1,033 121.82	1,321 127.88	1,766 133.69	2,294 129.90
婦人保護施設	10 100.00	65 650.00	67 103.08	61 91.04	60 98.36	58 96.67	56 96.55	53 94.64	52 98.11	50 96.15	50 100.00
児童福祉施設	10,256 100.00	11,916 116.19	14,020 117.66	20,484 146.11	26,546 129.59	31,980 120.47	33,309 104.16	33,176 99.60	33,231 100.17	33,089 99.57	33,545 101.38
知的障害者援護施設	—	—	70 100.00	204 291.43	430 210.78	723 168.14	1,140 157.68	1,732 151.93	2,332 134.64	3,002 128.73	4,525 150.73
母子福祉施設	—	—	—	52 100.00	60 115.38	75 125.00	88 117.33	92 104.55	92 100.00	90 97.83	80 88.89
精神障害者社会復帰施設	—	—	—	—	—	—	—	57 100.00	160 280.70	521 325.63	1,687 323.80
その他の社会復帰施設	291 100.00	379 130.24	828 218.47	1,259 152.05	3,112 247.18	4,864 156.30	7,435 152.86	7,973 107.24	8,281 103.86	8,418 101.65	8,848 105.11

資料：厚生労働省（旧厚生省を含む）『社会福祉施設等調査』をもとに作成。
注) 1. 1971（昭和46）年までは毎年末現在、1972以降は10月1日現在である。
　　2. 下段の数字は、前年度を100とした場合の指標である。

体障害者更生援護施設、知的障害者援護施設が増加した。表7-1にみることができるように、老人福祉施設は1965年の795カ所から1975年には2,155カ所まで増加し、身体障害者更生施設も約2倍の384カ所に、知的障害者援護施設にいたっては70カ所から430カ所へと急増した。

　施設種類でみると表7-2にあるように、整備計画で緊急に入所の必要があるとされた寝たきりの高齢者および重度の知的障害者・児のための入所施設が設置されていることが顕著な特徴である。それまで雑居的であった施設は、対象者や施設機能によって次第に分化していく。たとえば障害児関係では、児童福祉法制定時には「精神薄弱者施設」と「療護施設」の2種だったものが、1949年の改正で「療護施設」から「盲ろうあ児施設」が分離（ただし盲ろうあ児施設が実際に設置されるのは表7-2にあるように1956年まで待たねばならない）し、翌年には「虚弱児施設」と「肢体不自由児施設」が分離独立した。また、「精神薄弱者福祉法」制定（1960）により、成人の知的障害者を対象に「更生施設」と「授産施設」が設置されたほか、「重度身体障害者更生援護施設」(1963)、「重度身体障害者収容授産施設」(1964)、「重症心身障害児施設」(1967)、「精神薄弱者通勤寮」(1971)、「身体障害者福祉工場」(1972)、「身体障害者療護施設」(1972)、「肢体不自由児療護施設」(1973) と、次々に障害児・者施設が新設または分化していった。

　このような福祉施設の拡大の背景には、第1に、医療・福祉関係者の要求や家族会の運動があった。特に1950年から1960年代にかけての知的障害のある児童に対する法的な保護がほとんどなく、養護学校も特殊学級もみるものがなかった時代において、医療保護を強化する必要性や教育を保障する場、親が安心して入所させられる施設の設置は切実な課題であった[35]といえる。第2に、高度経済成長期によって、施設建設を可能にするだけの国の財政的余裕があったことである。受け入れる社会福祉施設は、1970年には、重度身体障害のある人々が入所する施設では入所が必要な人の4割、重度心身障害児施設では同5割程度の施設しかなかった。それが1971年度を初年度とする「社会福祉施設緊急整備5カ年計画」を立て、1970年度末に2,850人から、1975年度末の9,164人に、心身障害児（者）施設の定員は、1970年度末の62,990人から1975年度末の93,582人に増加した[36]。

　第1期の高度経済成長期に支えられた1970年代の社会福祉施策の特徴は、社会福祉事業の対象となる人を、その分野・程度によって分類して、それに対応し

表7-2 社会福祉施設設置状況の推移

		1951-55年	1956-60年	1961-65年	1966-70年	1971-75年	1976-80年
保護施設		救護施設 更生施設 医療保護施設 授産施設 宿泊提供施設 養老施設 (6)	(6)	△養老施設(63) (5)	(5)	(5)	(5)
老人福祉施設		(0)	(0)	養護老人ホーム(63) 特別養護老人ホーム(63) 軽費老人ホーム(63) 老人福祉センター(63) (4)	(4)	△養護老人ホーム 養護老人ホーム(一般)(74) 養護老人ホーム(盲)(74) △軽費老人ホーム 軽費老人ホーム〈A型〉(74) 軽費老人ホーム〈B型〉(74) (6)	(6)
障害者福祉施設	身体障害者	肢体不自由者更生施設 視覚障害者更生施設 身体障害者授産施設 補装具製作施設 点字図書館 点字出版施設 (6)	聴覚・言語障害者更生施設(56) (7)	(8)	内部障害者更生施設(67) 重度身体障害者授産施設(67) (10)	身体障害者療護施設(72) 身体障害者福祉工場(72) 身体障害者福祉センター(72) (13)	△身体障害者福祉センター(80) 身体障害者福祉センター〈A型〉(80) 身体障害者福祉センター〈B型〉(80) 身体障害者通所授産施設(80) (15)
	知的障害者	(0)	(0)	知的障害者更生施設(61) (1)	知的障害者授産施設(66) (2)	△知的障害者更生施設(71) 知的障害者更生施設(入所)(71) 知的障害者更生施設(通所)(71) △知的障害者授産施設(71) 知的障害者授産施設(入所)(71) 知的障害者授産施設(通所)(71) (4)	知的障害者通勤寮(78) (4)
	精神障害者	(0)	(0)	(0)	(0)	(0)	(0)
児童福祉施設		助産施設 乳児院 母子寮 養護施設 知的障害児施設 盲児施設 ろうあ児施設 肢体不自由児施設 教護院 児童館 (11)	知的障害児通園施設(57) 盲児施設(56) ろうあ児施設(56) (13)	重症心身障害児施設(65) 情緒障害児短期治療施設(62) (15)	肢体不自由児通園施設(69) 児童遊園(70) (17)	(17)	自閉症児施設(80) 難聴幼児通園施設(79) 肢体不自由児療護施設(79) (20)
婦人保護施設		(0)	婦人保護施設(56) (1)	(1)	(1)	(1)	(1)
母子福祉施設		(0)	(0)	(0)	母子福祉センター(66) 母子福祉ホーム(68) (2)	(2)	(2)
その他の社会福祉施設		授産施設(52) 宿泊提供施設(52) 隣保館(52) (3)	結核回復者後保護施設(58) 生活の扶助を行う施設(57) (5)	盲人ホーム(62) 無料低額診療施設(61) (5)	△結核回復者後保護施設(67) へき地保健福祉館(67) 有料老人ホーム (7)	△生活の扶助を行う施設(74) 老人憩の家(73) 老人休養ホーム(75) (9)	(9)

資料：厚生労働省（旧厚生省を含む）『社会福祉施設等調査』をもとに作成。
注) 1. 1971年までは12月31日現在、1972年以降は10月1日現在である。
   2. 1984(昭和59)年10月の法律改正により、身体障害者福祉センター（A型・B型）および障害者更生センターが「その他の社会福祉施設等」から「身体障害者更生援護施設」に、また1990(平成2)年の法律改正により、老人日帰り介護施設（デイサービスセンター）が「その他の社会福祉施設等」から「老人福祉施設」に、知的障害者通勤寮、知的障害者福祉ホームおよび知的障害者福祉工場が「その他の社会

第7章 社会福祉事業の拡大・拡充とその限界　233

1981-85年	1986-90年	1991-95年	1996-00年	2001-05年
⑤	⑤	⑤	⑤	⑤
	軽費老人ホーム〈介護利用型〉(90) △老人福祉センター(90) 老人福祉センター(特A型)(90) 老人福祉センター〈A型〉(90) 老人福祉センター〈B型〉(90) 老人日帰り介護施設(90)	△老人日帰り介護施設(91) 老人日帰り介護施設(A型)(91) 老人日帰り介護施設(B型)(91) 老人日帰り介護施設(C型)(91) 老人短期入所施設(91) 老人日帰り介護施設(D型)(92) 老人日帰り介護施設(E型)(92) 老人介護支援センター(95)	△老人日帰り介護施設 △老人短期入所施設 通所介護 短期入所生活介護	
⑥	⑩	⑯	⑯	⑯
障害者更生センター(84)	身体障害者福祉ホーム(90) 在宅障害者日帰り介護施設(90)	聴覚障害者情報提供施設(91)		身体障害者小規模通所授産施設 盲導犬訓練施設
⑯	⑱	⑲	⑲	㉑
知的障害者福祉ホーム(85)	知的障害者福祉工場(90)			知的障害者デイサービスセンター(01) 知的障害者小規模通所授産施設(01)
⑥	⑦	⑦	⑦	⑨
	精神障害者生活訓練施設(87) 精神障害者福祉ホーム(87) 精神障害者通所授産施設(87)	精神障害者入所授産施設(93) 精神障害者福祉工場(95)		精神障害者小規模通所授産施設(01) 精神障害者地域生活支援センター(01) 精神障害者福祉ホーム（B型を除く） 精神障害者福祉ホーム（B型）
⓪	③	⑤	⑤	⑧
⑳	⑳	㉕	㉕	㉕
①	①	①	①	①
②	②	②	②	②
へき地保養所(84)		地域福祉センター(95)		
⑩	⑩	⑪	⑪	⑪

福祉施設等」から「知的障害者援護施設」になったので、それぞれ改正後の法律による分類に含めた。

3. （　）内の数字は設置年である。〇の数字は施設の種類数である。△は廃止・移行である。
4. 1998（平成10）年9月の法律改正により「精神薄弱」は「知的障害」に用語が整理された。それにともない、1998年以前の施設名は現在の呼び方に改めた。

た入所施設設置数を拡充し、一貫して施設に収容する方針であった。同時期にすでに欧米では、ノーマライゼーション（normalization）理念に基づく脱施設化運動が展開されていたが、日本ではコロニー（colony）のような巨大な入所施設が次々と法定化し建設されていく。この基本的方針は、1973年のオイルショック後の低成長期に政府が「地域福祉」を打ち出すまで続く。さらに言えば、1981年の国際障害者年によってノーマライゼーション理念が導入され、それが普及するまで続くことになる。

第2期　在宅福祉導入の時代（1980〜1990年代）

前述したように、日本は1981年に国際連合の国際障害者年「完全参加と平等」を経験した。誰もが普通の生活を営む権利としてのノーマライゼーション理念が入ってきた。同年の『厚生白書』では、「人間にとって基本的な生活の場は家庭であり、障害者においても、可能な限り、家庭の一員として家族との暖かいふれあいの中で生活をするとともに、地域社会にその一員として参加できる方向に今後の施策の重点を移していく必要がある」と、住み慣れた地域で生活する権利の保障を重点課題にかかげた[37]。

また、1980年代から1990年代初頭にかけて、高齢者福祉を中心に社会福祉改革がおこなわれる。1982年に老人保健法が制定されたのち、まず1986年に社会福祉基礎構想懇談会が「社会福祉改革の基礎構想」を提言し、ついで1989年3月には、中央社会福祉審議会・身体障害者福祉審議会・中央児童福祉審議会の3審議会による福祉関係3審議会合同企画分科会が設置される。同分科会は、中長期的展望にたち、意見具申「今後の社会福祉のあり方について」を厚生大臣（当時）に提出した。さらに同年12月に「高齢者保健福祉推進10ヵ年戦略（ゴールドプラン）」[38]が策定されるなど、さまざまな改革がおこなわれるなかで、その到達点として1990年に社会福祉事業法の一部改正があった。社会福祉事業法、老人福祉法等社会福祉関係8法の改正[39]である。社会福祉関係8法改正法は、次のような4段階で施行されることになった。

第1段階は、社会福祉・医療事業団の基金の設置、老人福祉法における指定法人関係について施行（1990年8月1日）、第2段階は在宅福祉の推進、障害者関係施設の範囲の拡大関係を施行（1991年1月1日）、第3段階は社会福祉協議会

および共同基金、有料老人ホーム関係を施行（1992年4月1日）、第4段階は措置権委譲、老人保健福祉計画関係を施行（1993年4月1日）することである。これらは住民に最も身近な市町村で在宅福祉サービスと施設福祉サービスをきめ細かく一元的かつ計画的に提供する体制確立を目指す改革である。

社会福祉事業改革の方向は、第1に、これまでの政府主導型の社会福祉から、いわゆる分権型社会福祉への志向性をもつもので、市区町村による総合的サービスの役割の重視、第2に、地域を基盤とした福祉という統合化を目指したこと、第3に設置主体の多元化、第4に社会福祉の多元化とともに負担制度の検討、そして第5に「社会福祉及び介護福祉士法」を成立させ、社会福祉事業の担い手を確保したことである。

社会福祉法は、上記のような具体的な改正に法的根拠を与え、同法第3条の社会福祉事業の趣旨を削除し、新たに基本理念を規定する。第3条には「国、地方公共団体、社会福祉法人、その他社会福祉事業を経営する者は、福祉サービスを必要とする者が、心身ともに健やかに育成され、または社会、経済、文化、その他あらゆる分野の活動に参加する機会を与えられるとともに、…地域において必要な福祉サービスを総合的に提供されるように…広範かつ計画的な実施に努めなければならない」と同法の基本理念を規定する。つまり対象を「措置を要する者」から「福祉サービスを必要とする者」に改め、自立や社会参加、社会的統合、地域性の重視、事業の総合的計画的推進を規定した。

さらに、第3条の2に「医療・保健その他関係施策との有機的連携を図り、地域に即した創意と工夫を行い、及び地域住民等の理解と協力を得るよう努めなければならない」と規定した。これらの規定から「社会福祉改革」は、理念的にいえばノーマライゼーションとインテグレーション（integration）であり、社会福祉サービス中心の改革であるといえる。そして今後の日本の社会福祉改革の方向として、市町村福祉、在宅福祉の推進とあわせて「地域福祉の推進」という目標を示すものであった。

社会福祉施設の増加傾向は、特に高齢者分野と精神障害のある人の分野に現れ、高齢者分野で1990年に6,506施設しかなかったものが10年後に2万8,643施設へ、精神障害のある人の分野では57施設から521施設へと急速に整備が進んだ（表7-1参照）[40]。精神障害のある人は、従来医療の対象として精神科医療機関への

入院しか選択肢がなかったが、1987年に他の障害から遅れて社会福祉の対象となったことを受け、遅ればせながら社会福祉施設を充実させようとした時代である[41]。同時期の特徴の第1は、社会福祉施設の種類が入所型から在宅福祉（老人福祉センター、老人日帰り介護、在宅障害者日帰り介護、地域福祉センターなど）へと変化したこと、第2は、精神障害のある人に対する社会福祉施設を法定化したこと、第3は、福祉工場、授産施設など働く場の増加である。

第3期　地域福祉推進の時代（2000〜）

1980年代以降、社会福祉事業はノーマライゼーション理念を掲げて推進してきたが、1997年「社会福祉の基礎構造改革について（主要論点）」、（中間報告）、（追加意見）をうけて、5月には「社会福祉基礎構造改革」を実施するための社会福祉事業法改正をはじめとする社会福祉関連8法改正法が成立した。この改正は社会福祉事業法の名称を「社会福祉法」に改称する内容を含み、これからの社会福祉事業改革の新たな方向性を示した改正である。1990年代後半から社会福祉基礎構造改革によって進められてきた社会福祉制度の再編は、福祉サービスの供給体制、サービス給付や財政の構造、公的責任の在り方などに大きな構造的変化をもたらした。2000年4月に施行された社会福祉法は、90年代後半からの構造改革の集大成であり、20世紀型の社会福祉事業から21世紀型社会福祉事業へのターニングポイントといえる。

最大の方向転換は、「地域福祉」の推進にある。社会福祉法は第1条において、従来と同様「社会福祉を目的とする事業の全分野における共通的事項を定める」ことを目的とすることを規定すると同時に、「福祉サービスの利用者の利益の保護及び地域における社会福祉（以下「地域福祉」という。）の推進を図る」ことをその目的に規定する。そのうえで、第4条で「地域住民、社会福祉を目的とする事業を経営する者及び社会福祉に関する活動を行う者は、相互に協力し、福祉サービスを必要とする地域住民が地域社会を構成する一員として日常生活を営み、社会、経済、文化その他あらゆる分野の活動に参加する機会が与えられるように、地域福祉の推進に努めなければならない。」と定める。21世紀型の社会福祉事業は「地域福祉の推進」にあるといえる。この理念は、まさに日本国憲法第25条に規定する「健康で文化的な生活」の実現、「文化的社会の成員たるに値する生

活を営むこと」の実現をめざすものである。

　社会福祉法の改正を受けて、2003年に介護保険法が改正され、行政による措置から、利用者とサービス提供者の直接契約によるサービス利用の仕組み（支援費制度）へと改められた。2004年には「生活保護制度の在り方に関する専門委員会」は、その報告で、「自立支援プログラム」の導入を提言した。2005年には「障害者自立支援法」が制定され、「障害者及び障害児がその有する能力及び適性に応じ、自立した日常生活または社会生活を営むことができる」ことをめざし、「障害の有無にかかわらず国民が相互に人格と個性を尊重し安心して暮らすことのできる地域社会の実現」を掲げた。

　これら一連の動向は、「地域福祉の推進」を図るものであり、地域社会での自立生活を支援するものである。もちろん、2009年8月の政権交代により、特に制定当初から反対の強かった「障害者自立支援法」の見直しが検討されることが予測される。新法へ向けての検討の際、地域自立生活の理念 ── 国民が相互に人格と個性を尊重し安心して暮らすことのできる地域社会の実現 ── は、経済的保障があって初めて実現できることを忘れてならない。経済的保障のない自立生活あるいは支援費制度は、社会福祉事業の後退を招きかねないことも十分認識すべきである。地域福祉の推進は今後の動向にゆだねざるを得ないが、われわれは経済的保障の上に立って、社会の一員としての自立生活の確保の方向性を支持していきたい。

4．社会福祉事業の拡大・拡充の構図

(1) 社会的扶養の拡大の政策的構図

　前節までで見てきた法・制度上の社会的扶養の拡大過程を整理し、本項では社会的扶養の拡大・拡充の政策的構図を見ていく。

　1960年代前半までの社会福祉6法成立以降の社会的扶養の拡大は、6法体制下でそれぞれの特徴を見て取ることができる。最も顕著に現れている領域が、高齢者の領域である。高齢者の領域は大別して2つの特徴をもって拡充される。第1は、高齢者自身に直接つながる就労支援、すなわち高齢者雇用政策である。1971

年、高齢者等雇用安定法が制定され、経済成長を背景に中高齢者の雇用促進の方針がとられる。1986年には60歳定年制を全企業の努力義務化の方針を打ち出し、1990年には65歳定年制の努力義務化、さらに1995年60歳定年制義務化および65歳継続雇用の努力義務化を打ち出す。この高齢者雇用政策の背景には、老齢年金の支給開始年齢の引き下げがある。老齢厚生年金の給付開始年齢は1954年改正で55歳から60歳へと繰り下げられ、ついで1985年改正で本則規定は65歳とされた。

　公的年金制度の依存度の高い高齢者の経済生活を維持するために、稼働所得から年金所得への移行をスムーズに行うことが重要である。したがって、老齢年金の給付開始年齢に合わせる雇用政策をとらざるを得ない結果である。換言するならば、公的年金制度の充実はそのまま、私的扶養の縮小化・社会的扶養の拡大化を表明しているといえる。高齢者世帯の所得の7割は公的年金であり高齢者世帯の6割が年金所得のみで生活を維持している[42]。公的年金制度が「完全積立方式」を採用しない限り、高齢者の経済的生活は社会的扶養に依存せざるを得ない。政府がうちだす「世代間扶養」である。

　高齢者に対する経済的扶養問題は、それに付随して新たな社会福祉事業を生み出した。日常生活自立支援事業（権利擁護事業）である。本事業の本来の趣旨は、近代市民社会の構成員である「合理的な経済人」概念の限界から現代的市民概念、すなわち基本的人権を限りなく保障し、限りなく自立生活を可能にするために支援する方向に変化した、禁治産者から成年後見制度への変更と対概念をもつ。高齢者が地域で日常生活を行えるように、金銭管理を主として日常生活を支援する制度である[43]。しかし、本事業から垣間見えてきた実態は、金銭管理にまつわる高齢者虐待、あるいは不法な商取引等、高齢者の経済的支援に関するさまざまな支援の必要性である。

　高齢者領域の第2の特徴は、健康および介護支援の領域であり、高齢者に対する社会福祉事業の主要な部分を占める領域である。第2節でみてきたように老人福祉法の制定当時の施策は、制定前から予算措置化されていた事業であり、生活保護制度から養護老人ホームが移管されるなど、実質的な変化をみることはできない。高齢者施策が積極的に展開するのは80年代以降である。1973年導入された老人医療費の公費負担制度（いわゆる無料化）は、高齢者の受診機会を大幅に

増したことは周知の事実である。このことは他方において「病院のサロン化」「梯子受診」などの造語を生み出す要因ともなった。1982年に家庭奉仕員の大幅な増員を行うとともに、医療費問題に対応するべく老人保健法の制定を見、やがて介護保険法へとつながる一連の高齢者介護制度を形成していく。

　高齢者の介護をはじめとする身体的支援は、核家族化が進展する以前は、家族で担ってきた領域であり、地域社会で支えてきた領域である。しかし、家族形態は、大家族形態から核家族形態へ完全に移行し、さらに単身世帯の増加傾向にある。このような家族形態の変化は、いわゆる「家事労働」と称されて高齢者の介護・身体的支援の社会的要求をもたらす。いわゆる「社会的介護」の要求である。これに応えて介護保険法は制定された。

　この高齢者介護支援の動向に、ある程度歩調を合わせる動きが、児童領域に現れる。1991年以降の児童領域の政策展開は、直接児童に対する支援は1947年に制定された児童福祉法から、2001年に児童虐待防止法が制定されるまで大きな変化はない。このことは、児童という社会福祉事業の対象者に対する社会支援の基本理念は、児童福祉法で完成されていると評価することができる。近年、児童に接する側の問題が出現したことにより新たな法・児童虐待防止法が制定されたのである。さらに、児童の領域では養育者に対する支援、いわゆる子育て支援（育児支援）である。1981年の延長および夜間保育の容認、1991年の育児休業法等をはじめとして、21世紀になって相次いで制定される。この現象は、後述する女性の就労と表裏一体の関係で、従来家族が担ってきた領域の支援である。このような高齢者の介護および子育ての領域は、まさに家族内問題から社会的問題への展開を物語るものであり、社会的扶養の拡大が求められる典型的な領域といえる。

　以上の高齢者施策および児童施策に対して別の典型的な展開を示すのが、経済領域である。1950年の生活保護制定以後、1961年児童扶養手当法、1964年特別児童扶養手当法、1971年児童手当法等の児童扶養に関する経済的支援法が相次いで制定されるが、その後1980年代1990年代には基本的な動きはない。経済領域で変化が現れるのは2001年以降となる。

　また、障害領域は1947年の身体障害者福祉法および1960年の知的障害者福祉法（制定当時は精神薄弱者福祉法）以後、1997年の精神障害者保健福祉手帳交付まで基本的な動きはない。障害者領域の法的特徴は、社会福祉事業の対象とな

る人々が（重複障害を有する者を除いて）重複しないことである。このことは社会福祉事業の対象者が数的に拡大することを意味する。高齢者および児童に対する社会福祉事業は、事業内容の拡充に政策展開のポイントがあったが、障害に関する社会福祉事業は、支援対象となる人々の拡大化に政策展開がみられる。

以上の社会福祉事業関連法の動向は、戦後20年間でその基本構造が形成され、20世紀を通じた分化過程の中で拡大・拡充を図ってきたといえる。この20世紀型社会福祉事業に、本格的な少子・高齢者社会の到来を迎えた世紀転換期のこの20年間は、見直しあるいは再構築の時期にあるといえる。

(2) 女性の労働形態の変化

第2次世界大戦前の日本では、女性は参政権を有しておらず、政治的活動も制限されていた。家庭の中でも家父長制の下での負担と束縛を受けるとともに、高等教育を受ける機会は極めて少なく、当時の女性の就業は、繊維工業に従事する若年の女性労働者に見られるように、低賃金、長時間労働等過酷な状況下にあった。このため、この時代の女性問題としては男女差別の撤廃が目標とされ、参政権の獲得、政治活動の自由、結婚の自由、夫婦の平等、教育の機会均等、職業選択の自由、労働条件の改善等に力が注がれることになる。第2次世界大戦後、1946年に制定された日本国憲法第14条において「すべての国民は法の下に平等であって、人種、信条、性別、社会的身分または門地により、政治的、経済的または社会的関係において差別されない」と規定され、普遍的原理として法の下の男女平等が保障されるにいたった。さらに第24条で婚姻に関する両性の平等がうたわれ、一人の女性としての地位が確立された。

このことは、女性の社会生活あるいは家族生活に大きな変化をもたらすことを意味する。本項では、これまで社会福祉事業の担い手の大半が女性であったことを考慮して、女性の労働形態の変化を見ていく。したがって、本項の中心課題を、現在の社会福祉専門従事者の問題として社会的認知と賃金の低さを挙げ、その理由に歴史的に社会福祉労働が家事労働の延長線上におかれたことによるものであることを述べたい。そこで、第1に高度経済成長期に変化・拡大した女性労働の特徴から女性雇用者数の増加に伴う新しい「女性向き」職種の創設について、第2に「女性向き」職種が「マス」と「エリート」に二極化される過程を検証し、

第3に社会福祉専門職の現状と課題を挙げる。

　第1に、高度経済成長期以降の女性労働の特徴を見る。

　まず、女性雇用者は、1964年には1,518万人と、はじめて1,500万人を超え、1960年の約2倍となり[44]、2007年には2,297万人（前年差20万人増、前年比0.9％増）となる[45]。また、総就業者数に占める女性雇用者の割合も、1950年の26.4％から1970年には33.2％という伸びを示し[46]、2007年には41.6％となった[47]。さらに、従業上の地位別就業者数の構成比推移をみると、1970年の女性労働人口のうち、「雇用者」「家族従事者」「自営業者」の割合は、それぞれ54.7％、30.9％および14.2％であり、「雇用者」と比べて「家族従事者」と「自営業者」が高い比重を占めている。その後、1980年にはそれぞれ63.2％、22.9％および13.7％となり、1990年には72.3％、16.7％および10.7％、2007年には86.4％、7.3％および5.8％を示す。これは、女性労働者が高度経済成長期には第1次産業を中心にした小規模・零細経営分野で家内労働者として従事していたが、第1次産業の解体とともに自営業や家族従事者が減少する一方、第2次・第3次産業分野の雇用者総数に占める女性の割合が増加したことを示す。また、女性比率が5割以上の産業は、「医療、福祉」（78.4％）、「飲食、宿泊業」（60.5％）、「教育、学習支援業」（51.7％）である。

　職業別にみると、男女とも「サービス業」が増加し続けているが、特に女性の伸びが顕著である。総務省統計局「労働力調査」による産業別雇用者数において、女性は「サービス業」が1985年は464万人、1997年は737万人、2007年に907万人と大きく増加した（ただし、産業分類の改定（2002年3月）前に「サービス業」に分類されていた「医療・福祉」「教育、学習支援業」「サービス業（他に分類されないもの）」を合わせたもので改定前の「サービス」業の総数とは一致しない）。男性も増加しているが、女性に比べると増加率は小さい（1985年に435万人、1997年に451万人、2007年に331万人）。

　女性のサービス業従事について、職業中分類を詳細にみていく。1985年から1995年を比べると「接客・給仕職業従事者」（24万8,738人増）、「その他のサービス職業従事者」（17万7,164万人増）、「飲食物調理従事者」（16万4,726万人増）の増加が大きい。まさに「家事労働」の外部化の要請が高まった結果といえよう。

　1995年と2005年を比較すると、「その他のサービス職業従事者」が51万4,469人と大きく増加し、そのうち「介護職員（治療施設、福祉施設）」が35万5,297

人と69%を占める。「家庭生活支援サービス職業従事者」では27万4,878人増であり、そのうち「ホームヘルパー」が26万1,595人と95%を占める。ホームヘルパーと介護職員は、女性の就業者数の増加率の大きい職業の1位と2位である[48]。従来、老人福祉法の下で、家事労働の延長線上で認識されていたこれらの職業が、社会的職業として外部化される必要性が高まったことの現れといえよう。この現象は、2000年の介護保険法施行により、介護サービス分野における雇用者が急速に増加したことを如実に物語っている。介護保険法の施行により、その資格の法的根拠が明確化されたことも増加要因の一つと考えられる。

竹中恵美子は、女性労働市場変貌の特徴として次のように集約する[49]。第1は、その量的拡大の加速化と職業分野の変化である。すでに統計を示したように増大する女性労働は産業構造の転換に伴い、その職業分野を変貌させた。すなわち第3次産業の肥大化であり、それにともなう専門技術労働者の増加である。

第2は、フロー型市場の拡大し、かつ構造化し、それらが女性労働によって担われたこと、また就業形態もパート、派遣、アルバイトなど多様化しながら、女性労働に新しい分断構造を生み出しつつあることである。1970年の労働者の女性パートタイム雇用調査では有配偶者が88.3%、死離別者が4.1%と既婚者が9割強を占める数字にも現れる。

第3は、性別職務分離（job-segregation）の新動向である。それは、特定の限定された産業や職業に女性労働者が分離された状態としての水平的・垂直的な分離状況であり、水平的分離とは、「いわゆる女むき職業、男むき職業といわれるように、性別分業を反映した、性による偏った職業分配」である。一方、垂直的分離とは、「同じ職種の中でも専門的知識や技能資格を持ち、管理的能力を有する分野には男性が、他方判断力をあまり必要としない定型的業務には女性というふうに、同一職業の中で、上位職域と下位職域とを性によって固定的に配分」することである。

竹中は、1985年現在の女性比率10%以下の職業として「管理的職業従事者、運輸・通信従事者、採掘作業者、科学研究者・技術者・弁護士・会計士・税理士などの専門職、管理職、採掘作業職、鉄道等運輸従事者、建築関係の作業職・保安職」をあげ、他方女子比率が90%以上の職業として、「助産婦、保健婦、栄養士、看護婦、保母等の保健・福祉専門職、および家政婦などのサービス業」等をあげる[50]。

これらの女性の労働について、1976年の『厚生白書』は、1975年国連「国際婦人年」をうけて副題を「婦人と社会保障」とし、その総論において女性の就労にとっての最大の課題として「家事労働と育児の問題の解決」をあげ、女性が健康で安定した生活を営む上で不可欠な社会保障として次の点を挙げる。第1は妊娠、出産をはじめとする「母性の保護」であり、第2は「家事・育児負担の軽減」、第3は「母子世帯の援護」、第4は「老後の保障」、そして第5に「社会保障を担う人々の問題」である。上記、第5の点における当時の厚生省の認識としては、「看護婦、保母、家庭奉仕員等の職業は婦人の適正を十分生かしたもの」であり、また「社会保障の分野において重要な役割を果たすもの」であることから、「今後も引き続きこれら職種の確保と待遇改善を図っていくこと」が望まれるとするもので[51]、いわゆる「女性むき職業」の固定化を示唆するものであった。

　竹中のいうように、総じて女性の労働市場は、フロー型労働市場の拡大をともないながら、新技術のもとでの性別職務分離を進め、女性労働をマスとエリートに二極分化しつつある。女性労働の二極化傾向は、流動的調節弁としての「周辺労働」に従事するマスとしてのパートタイマー等の存在と専門的な職業につく一部のエリートへの分化である。ただし、専門職業も、「女性の適性を十分に生かす職業」「女性向き職業」といわれる性別分業を反映した職務分離により、同一職業の中で、上位領域と下位領域とを性によって固定化されるという特徴を有していた。

　次節では、そのような女性労働に対する歴史的な認識を背景としながら、現在、社会福祉サービス労働が社会的労働として機能する必要性に迫られながら、社会的かつ専門的労働として認識されていない実態とその課題に迫る。

(3) 社会福祉サービス労働の社会的労働化

　竹中は、出産・育児・介護等の家事労働に女性が従事することによって、女性の企業への定着率が低いと分析する。この竹中の論を展開させ、本項では1980年代後半から新しく制定された職種である社会福祉関連サービス事業を担う人材について考えてみる。福祉・介護サービス労働は、上記の二極化論では説明ができない新しい問題を発生させた。むしろ、誰にでもできる家事労働の延長線上にある仕事であるという認識を残したまま、専門職として資格化されたと考えられ

る。社会福祉専門職は、専門資格として制度化されながらも、勤務実態は低賃金であり、社会的地位は低い等、多くの問題を抱えているということが本項の問題意識である。

　1980年代後半に制定された福祉専門職としての社会福祉士は、高齢社会の進展を背景に、経済的豊かさの実現とともに国民の福祉ニーズが多様化・高度化する中で、中長期的見直しの必要が生じたことから、福祉資格の法制化が検討されることになる[52]。その結果、1987年5月に社会福祉士および介護福祉士法が制定された。社会福祉士と介護福祉士が日本でようやく専門職として国家資格化された。ついで1997年精神保健福祉士法に基づき精神保健福祉士が制度化された。社会福祉士の登録者数は109,158人、介護福祉士登録者数は729,700人（2009年2月末現在）[53]、精神保健福祉士の登録者数は43,419人（2009年10月末現在）[54]である。

　福祉・介護サービスの就業従事者数は、2005年現在328万人であり、2003年と比べて4.6倍となっている。とりわけ高齢者に関連するサービス従事者の伸びは著しく、2003年の約17万人と比べて、2005年には約197万人と約12倍に達しており、従事者の多数を占めている[55]。そのような従事者の特徴として、厚生労働省は次のように分析する。第1に、女性の占める割合が高く、介護保険サービスにおいては、2004年の実績で約8割を占めること、第2に、非常勤職員の占める割合が年々増加してきており、介護保険サービスにおいては、2005年の実績で約4割、このうち、訪問介護サービスについては非常勤職員が約8割を占めていること、第3に、入職率および離職率が高く、2004年における介護保険サービスに従事する介護職員の数に対するその後1年間の採用者数の割合は約28％、離職者数の割合は約20％であること、第4に、給与の水準が2005年の従事者の給与平均を他の分野を含む全労働者の給与平均と単純に比較すると低い水準にあることである[56]。

　つぎに、社会福祉事業関連職種の専門職種としての位置づけを見ておく。国勢調査に用いられる「労働力調査職業分類」においては、社会福祉専門職は、「専門的・技術的職業従事者」の大項目に分類される。中項目は「技術者」「教員」「その他」に分かれ、社会福祉専門職は「その他」に属する。小項目は「技術者」「教員」「科学研究者」「保健医療従事者」など13項目に分類され、「社会福祉専門職業従事者」に属する。しかし「社会福祉専門職業従事者」に列挙される主な職種には「保育士」

と「その他の社会福祉専門職業従事者」があるのみで、社会福祉士や精神保健福祉士の資格名は載っていない。

　社会福祉の専門職は、「専門的・技術的職業従事者」に分類されながらも社会福祉士、精神保健福祉士という資格の名称としては挙がってこず、また、厚生労働省の実施する「毎月勤労統計調査」においても「医療・福祉」がまとめられて計上されているため、統計上は社会福祉専門職の実態がみえてこない。たとえば、2008年度「毎月勤労統計調査」の「産業別給与総額」を比較すると、調査産業全体では平均月額33万円強であり、最も高い「電気・ガス・熱供給・水道業」は57万5000円、最も低い「飲食店・宿泊業」では14万3000円である。これに対して「医療・福祉」は32万296円である。「医療・福祉」には「医療業」「保健衛生」「社会保険・社会福祉・介護事業」が含まれているため、福祉職の実態は浮かび上がってこない。このことは社会福祉サービス従事者に対する専門職としての、社会的認知の低さを表している[57]。

　実際は、「介護福祉士等現況把握調査」[58]によると、社会福祉士の給与水準は15万円から20万円が22.7％、20万円から25万円が28.7％であり、精神保健福祉士はそれぞれ24.5％、26.7％と、いずれも産業全体平均と比べて低い数値となっている。介護福祉士になるとさらに低く、15万円から20万円が39.2％、20万円から25万円が29.8％となる。また、専門職としての資格手当は、「なし」と回答した人が、社会福祉士、53.0％、介護福祉士42.4％、精神保健福祉士49.1％であり、社会的評価の低さが現れる。

　同調査から、社会福祉分野で働こうとした理由のトップは「働きがいのある仕事だと思ったから」49.9％、次に「自分の能力・個性・資格を活かせると思ったから」46.4％が続く。精神保健福祉士は、「働きがいのある仕事だと思ったから」56.4％、「自分の能力・個性・資格を活かせると思ったから」51.6％と、社会福祉士よりも働きがいや自分の個性等を重視している。「現在の仕事をし続けていく上で改善してほしいこと」の設問には、「資格に見合った給与水準に引き上げる」が社会福祉士52.5％、精神保健福祉士47.4％、介護福祉士60.6％であった。「福祉・介護分野の仕事を辞めた理由」としては、第1位はいずれも、「給与等の労働条件が悪いため」であり、社会福祉士25.5％、精神保健福祉士20.5％、介護福祉士32.2％を占めた。さらに、「福祉・介護分野へ復帰する上で改善してほしいこと」

としては、いずれも「資格に見合った給与水準に引き上げる」とする割合が最も高い（66.2％、58.6％、65.3％）。その他、社会福祉士、精神保健福祉士については「社会的な評価を向上させる」「経験に見合った給与体系の構築」である[59]。

　この調査による、両福祉士の回答は、前述の統計項目あるいは資格手当に表れているように、国の認識および事業所の社会福祉専門職に対する認識の低さからくる回答といえる。

　第3に家事労働と専門職の関係を見ておく。竹中は、特定の限定された産業や職業に女性労働者が分離された状態を、水平的・垂直的な2つの形態として解説する。水平的分離とは、「いわゆる女むき職業、男むき職業といわれるように、性別分業を反映した、性による偏った職業分配」である。一方、垂直的分離とは、「同じ職種の中でも専門的知識や技能資格を持ち、管理的能力を有する分野には男性が、他方判断力をあまり必要としない定型的業務には女性というふうに、同一職業の中で、上位職域と下位職域とを性によって固定的に配分」することをいう。そして女性比率が90％以上を占める職業は「助産婦、保健婦、栄養士、看護婦、保母等の保健・福祉専門職、および家政婦などのサービス業」である。これらの職種のうち第2次大戦後制定された職種は、保育士などの社会福祉専門職などである。

　これらの職種は、従来家事労働みなされていた領域である。社会福祉事業に従事する専門職は、実態として社会的扶養の拡大に伴いその必要性を求められながら、他方において「誰にでもできる」家事労働の延長線上の職種として位置づけられている現状にあるといえよう。本章を通じて述べてきたように、現在の少子高齢社会において、戦前の家族機能を現在の家族が担うことは不可能である。たとえ、歴史的に家事労働と位置づけられていた領域であったとしても、もはや家族内でその機能を担うことができない以上は、社会的労働として位置づけ、それを担う専門職がその機能を十分に発揮できる社会的環境の整備を行う必要がある。

5. 結論　家事労働の社会的労働化と専門職業化の志向

　われわれは本章を論じるにあたって、あえて2つの大きな課題を課した。1つは社会福祉事業と社会的扶養の関連性についてである。2つは、いわゆる家事労働の外部化・商品化すなわち社会的労働化と専門職業化の関連である。

　本論で述べてきたように、現在の少子高齢社会は社会福祉事業を必要としている。その必要性は、6法が制定された時代に比して格段の差がある。特に、今日のような経済情勢においては、従来は社会福祉事業と無関係であった人々が、その支援を必要とする。ある意味で、すべての住民が「理念」としてではなく、「直接」「具体的」な社会福祉事業の支援を求めているといっても過言ではない。日本国憲法第25条に規定する「すべて国民は」が現実のものとなった時代といえよう。民法改正後の家族制度の変化および経済成長に伴う家族形態の変化は、従来家族が持っていた機能を弱体化させ、その機能を家族以外の所に求め、社会的扶養の拡大・拡充を図ってきた。そこにはかつていわれた「日本型社会福祉」を安易に持ち出すことはもはやできない。少子・高齢社会の社会的扶養の需要に対応した供給体制を確立することが求められる。

　その場合、われわれは農耕民族としてかつて持っていたわれわれ祖先の文化を再認識し、再構築することも1つの手がかりになると考える。21世紀は「地方分権」の推進が図られようとしている。2000年の社会福祉法はまさに「地域福祉」の推進を目指した改正である。日本の土壌に定着する地域福祉の構築が求められる。その場合、中山間地域あるいは島嶼部での生活は、都市部の生活様式と異なる。これらに対応した生活支援が今後求められることになろう。

　2つ目の課題である家事労働の社会的労働化および社会福祉専門職業との関連である。1987年社会福祉士及び介護福祉士法が制定され、同法に基づき国家試験が実施され20年を経過している。また97年に精神保健福祉士法が制定され10年を経過している。しかし、現実をみると、たとえば福祉事務所の職員のうち社会福祉士の有資格は、査察指導員で2.6%、生活保護担当現業員2.8%、五法担当現業員3.9%といずれも低く、高い有資格者を採用している老人福祉指導主事でも8.9%にすぎない[60]。この他の職員は1950年に制定された社会福祉主事の任

用資格で対応している現状である。まず、公的機関から社会福祉事業の専門職化の実現が望まれる。

さらに、いわゆる社会福祉の現場と称される社会福祉施設で提供される社会福祉事業は、従来家族内で担ってきた類似機能である。したがって、われわれの潜在意識の中に家事労働あるいはその延長線上の職種と認識する傾向がある。しかし、これらの社会福祉事業は、社会の成員としての自立生活を支援するものであり、家事労働の延長ではないことを認識することが重要である。すなわち、社会的労働として明確な位置づけが求められる。

注
1) 本章は、村上貴美子と宇都宮みのりの共同研究を取りまとめたものである。執筆は主として次の分担で行った。村上貴美子：2 (1) (2) (3)、4 (1) 宇都宮みのり：3 (1) (2)、4 (2) (3)、1 と 5 は共同執筆である
2) 戦前・戦中・戦後の歴史に関して「断絶説」と「連続説」がある。社会保障制度を総体として見た場合は連続説をとる。しかし、社会福祉事業 ― 貧困対策から独立した「社会の成員としての自立生活」の支援・援助という政策理念 ― および権利としての社会保障理念は、日本国憲法および社会保障制度審議会 1950 年勧告の検討過程で確立してきたものである。
3) 村上貴美子『戦後所得保障制度の検証』勁草書房、2000、pp.74-78.
4) 1946 年 4 月 17 日　帝国憲法改正草案第 23 条　法律は、すべての生活部面について、社会の福祉、生活の保障及び公衆衛生の向上及び増進のために立案されなければならない。
5) 憲法改正に関する文献は、戦後改革研究会編『戦後資料 20 年史 III』日本評論社、1966、佐藤達夫『日本国憲法成立史』第 1 巻、有斐閣、1957 による。
大石真『日本国憲法史』有斐閣、1995、p.353.
渋谷秀樹『憲法 Japanese Constitutional Law』有斐閣、2007、p.259.
6) 塩田純『日本国憲法　誕生　知られざる裏舞台』NHK 出版、2008、pp.204-211.
7) 村上『戦後所得保障制度の検証』p.79-94、― 以下、1950 年社会保障制度審議会勧告までの関連事項に関する項。
8) 近藤文二・吉田秀夫『社会保障勧告の成立と解説』社会保障調査会、1950、p.3.
9) 社会保障制度審議会委員は 40 名のため、予算確保ができなく実質審議は半年遅れて 7 月からとなった。近藤・吉田『社会保障勧告の成立と解説』p.56.

10) 近藤・吉田『社会保障勧告の成立と解説』pp.49-97、pp.153-161.
11) 我妻栄『親族法・相続法講義案』岩波書店、1898、p.24、以下、明治民法に関する内容は本文献による。
12) 我妻栄編『戦後における民法改正の経緯』日本評論社、1956、巻末資料。
13) 村上貴美子「老人の『生活の基盤』充足政策の展開」原田正二編『シルバー・コミュニティ論』ミネルヴァ書房、1988、pp.207-209.
14) 村上貴美子「GHQ対日救済政策の成立過程」『占領期の福祉政策』勁草書房、1987、pp.1-44.
15) 村上貴美子「生活保護法の成立過程」『占領期の福祉政策』pp.46-95.
16) 以下、児童福祉法の成立過程は、村上「児童福祉法の成立過程」『占領期の福祉政策』pp.98-151、身体障害者福祉法の成立過程は「身体障害者福祉法の成立過程」『占領期の福祉政策』pp.154-210による。
17) 児童福祉法の対象年齢は18歳未満である。民法の成人年齢は20歳である。この2歳の年齢差の要因は不明である。戦前と戦後の年齢の数え方の違いに由来すると考えているが、まだ検証していない。時期を見て明らかにしたいと考えている。
18) 小山進次郎『改訂増補生活保護法の解釈と運用』中央社会福祉協議会、1951、p.84.
19) 福祉事務所10年の歩み編集委員会『福祉事務所10年の歩み』全国社会福祉協議会、1961、p.35.
20) 社会保障制度審議会は、1962(昭和37)年8月、「社会保障制度の総合調整に関する基本方策についての答申及び社会保障制度の推進に関する勧告」を政府に対して行った。その中で、「わが国の社会保障の問題はいまや新局面を迎えた。それは皆保険皆年金によつて全国民をいずれかの制度に加入させるというだけではなく、それは全制度を通じて全国民に公平にその生活を十分保障するものでなければならない。そのためには、各種制度を根本的に再検討し、それら諸制度間のバランスを確立しなければならない。このバランスとは、単に各種医療保険相互間とか、各種年金相互間におけるバランスだけでなく、社会保障制度全般を通じて、より高い次元におけるあたらしいバランスでなければならない」と述べているのも、今後の方向を示すものといえる。
21) 総務省統計局『国勢調査』「産業(3部門)別15歳以上就業者数の推移」(大正9年から平成17年):1950(昭和25)年の統計は14歳以上就業者数で、沖縄県の本土籍日本人および外国人を除く。
22) 竹中恵美子『戦後女子労働史論』有斐閣、1989、p.15.
23) 厚生統計協会『国民の福祉の動向・厚生の指標』臨時増刊・第46巻第12号・通巻723号、1999年度版、p.73.
24) 村上貴美子「社会福祉事業の拡充・展開」横山和彦・田多英範『日本社会保障の歴史』学文社、1991、p.254.
25) 山田明「日本における障害者福祉の歴史」一番ケ瀬康子他編『障害者の福祉と人権講

座　障害者の福祉 1』光生館、1987、p.118.
26) 2009 年 8 月以降の政権交代により政府は「障害者自立支援法」の見直しの検討をおこなうことを決定している。
27) 岡本多喜子『老人福祉法の制定』誠信書房、1993。以下、老人福祉法の制定過程に関する事項は、注を付していない場合は本書による。
28) 村上『戦後所得制度の検証』勁草書房、2000、pp.152-220.
29) 山高しげり『母子福祉四十年』翔文社、1977、p.126.
30) 小川政亮「高度成長下の社会福祉立法」福島正夫編『家族　政策と法　I　総論』東京大学出版会、1975、p.284.
31) 村上「社会福祉事業の拡充・展開」1991、pp.252-259.
32) 厚生省「社会福祉施設の整備・運営　概況」『昭和 46 度版　厚生白書』1971、pp.478-479.
33) 社会福祉施設緊急整備 5 カ年計画」の重点目標は次のようなものである。(1) 緊急の収容保護する必要がある老人、重度の心身障害者等の収容施設を格段に整備すること。(2) 社会経済情勢の変化に対応して、保育所及びこれに関連する児童館等の施設の整備拡充をはかること。(3) 老朽社会福祉施設の建て替えを促進するとともに、その不燃化、近代化をはかること。厚生省は、1971 年度を初年度とする 5 ヵ年の社会福祉緊急計画の完全実施を最大の課題とした。厚生省『昭和 46 年度版　厚生白書』1971、p.479.
34) 施設拡充のための運動として、まず医療保護強化については 1953 年第 1 回精神衛生全国大会（東京）において施設拡充・医療保護の強化などを決議している。次に教育の必要については、1951 年 11 月、日教組の第 1 回全国教育研究集会において特殊教育の分科会が設置されており、また全日本特殊教育研究連盟が 1953 年 2 月「精神薄弱児のための養護学校及び特殊学級拡充に関する請願書」を衆参両院に提出するなどの運動を展開している。さらに家族会の運動としては 1952 年、東京都内の小学校に在籍する知的障害児の 3 人の親が中心となって「精神薄弱児育成会」（通称「手をつなぐ親の会」（現在の「全日本手をつなぐ親の会」）が結成された。同会結成の趣意として、①精神薄弱児のための養護学校及び特殊学級設置義務化の早期実現、②精神薄弱児施設の増設及び内容の充実、③精神薄弱児のための法的措置の整備及び職業補導施設の設置の 3 項目としている。その後 1960 年代以降も運動が展開された。杉本章『障害者はどう生きてきたか、戦前・戦後障害者運動史』現代書館、2008、p.49, 57, 60.
35) 厚生労働省『平成 18 年度版　厚生労働白書』2006、p.152.
36) 厚生省『昭和 56 年度版　厚生白書』1981、pp.151-152.
37) 厚生省『昭和 56 年度版　厚生白書』の総論「今後における障害者対策の方向」において、「社会経済の発展に伴って、リハビリテーション医療、舗装具等の科学技術が進歩するとともに、人的物的な社会資源が在宅対策として活用できるような社会的条件が整

いつつある」として、今後は、雇用・教育・住宅・生活環境等に関する施策の整備と同時に在宅福祉対策の充実を図る必要を掲げている。p.152.
38) ゴールドプランは厚生省、大蔵省、自治省の3省協議により策定されたもので、1999年までの10ヵ年に行う在宅福祉対策の緊急整備を施設の緊急整備と合わせ具体的な数値によって提示したものである。
39) 社会福祉関係8法（老人福祉法、身体障害者福祉法、知的障害者福祉法、児童福祉法、母子及寡婦福祉法、社会福祉事業法、老人保健法、社会福祉・医療事業団法）の改正法は、厚生省社会局、大臣官房老人保健福祉部、児童家庭局にまたがるもので、1990年6月29日に交付された。
40) 厚生労働省統計情報部社会統計課『社会福祉施設等調査』をもとに算定。
41) 1950年に制定された精神衛生法（昭和25年法律第123号）は、法の目的に「医療保護」と「発生予防」を謳い、精神障害のある人を医療の対象として精神科病院への入院を定め、施設拡充策を優先していたが、1981年の国際障害者年「完全参加と平等」を通じてノーマライゼーション理念が普及し、地域福祉理念が導入されたこと、また1984年の宇都宮病院事件をきっかけとして、1987年に同法は改正され、精神保健法（昭和62年法律第98号）へ改名し、法の目的に「人権擁護」と「社会復帰」を追加した。具体的には任意入院制度を創設し、社会復帰施設を法定化した。
42) 厚生労働省『国民生活基礎調査』2008.
43) 大曾根寛『成年後見と社会福祉法制』法律文化社、2000、pp.130-160.
44) 厚生労働省『平成18年度版　厚生労働白書 — 持続可能な社会保障制度と支え合いの循環 —』2006、p.78.
45) 総務省統計局『労働力調査』2007.
46) 厚生労働省『平成18年度版　厚生労働白書』2006.
47) 総務省統計局『労働力調査』2007.
48) 総務省統計局政策統括官・統計研究所『就業者構成　変化する産業・職業構造』2005.
49) 竹中『戦後女子労働史論』pp.286-311.
50) 竹中『戦後女子労働史論』pp.285-306.
51) 厚生省『昭和51年度版　厚生白書 — 婦人と社会保障 —』「総論」1976、p.7.
52) 1987年3月、福祉関係三審議会合同企画分科会小委員会合同会議が「福祉関係者の資格制度について」の意見具申を行った。それによると資格制度の法制化が必要とされる理由は次の3点である。第1に、日本の高齢化に伴い、福祉ニーズが高度化し、専門的対応が必要になったこと、第2に、国際的観点からみて、日本が他の先進諸国と比べて福祉専門職の養成に立ち遅れていることから資格制度の確立が望まれること、第3に、シルバーサービスの動向からも資格制度が必要とされたことである。
53) 厚生労働省『生活保護と福祉一般：社会福祉士・介護福祉士』2009年2月末現在。

54) 財団法人社会福祉振興・試験センター調べ『精神保健福祉士登録者数』2009年10月30日現在。
55) 厚生労働省「『社会福祉事業に従事する者の確保を図るための措置に関する基本的な指針』の見直しについて」2007年8月、p.5.
56) 厚生労働省『社会福祉事業に従事する者の確保を図るための措置に関する基本的な指針』2008年8月28日厚生労働省告示第289号
57) 社会保障、社会福祉に携わる人々のなかで女性の果たす役割は大きい。1874(明治7)年「医制」には「産婆」について規制があり、明治中ごろから看護師養成がはじまった。1899(明治32)年には「産婆規則」が定められ、1915(大正4)年に看護婦規則、1941(昭和16)年保健婦規則が制定される。第二次世界大戦後、戦前から活躍する上記のような職種に加え、「保育士」は、1947年に成立した児童福祉法に規定された専門職である。それぞれに歴史的に長く専門職として認められ、社会的に広く知られている職種と、1987年に資格化された社会福祉士および介護福祉士、1987年の精神保健福祉士は歴史の浅さが統計上「その他」に分類されるほどの認知の低さに結びついていると思われる。
58) 厚生労働省『介護福祉士等現況把握調査』2008年12月25日（2008年9月22日から10月10日までの期間において、2008年3月末日時点で調査に同意した有資格者308,583人に対して行った調査で、186,379人（約60％）の有効回答を分析したもの。）
59) 厚生労働省『介護福祉士等現況把握調査』2008年12月25日。
60) 厚生労働省『平成16年度　福祉事務所現況調査』2004.

第8章
従来日本社会保障パラダイムと日本型社会保障の方向
――「福祉元年」から「社会保障体制の再構築」までを中心として――

1. 従来日本型社会保障パラダイムの構造

　わが国の社会保障の枠組みは、21世紀に入り大きく変化したといわれている。社会福祉基礎構造改革として、福祉的措置から契約によるサービス提供へと福祉供給体制は変更され、高齢者を対象とした介護保険や障害児者を対象とした自立支援制度が成立した。また老齢年金の給付水準の切り下げや医療保険における後期高齢者制度創設が行われている。

　しかしながら、制度を支える思想（制度設計思想）やそうした思想の底流にある国民感情が20世紀から21世紀にはいり大きく変化したといえるのであろうか。社会福祉実践家でもある阿部志郎は次のように述べている。

　「社会は、生産力の回復ゆえに、障害を持つ人の社会復帰を期待します。生産力の回復が、経済効果につながるためです。そうしたなかでも、医療保険制度によって180日以内で回復できない人は、もはやリハビリテーションの対象ではないとされました。これが、現在の日本における社会認識なのです。すなわち、生産力の回復が期待できるから、リハビリテーションを受けることを認めるということです。換言すれば、「生産力が戻らない人に対してまで、リハビリテーションは必要なのか」という疑問を投げかけているのです。」[1]

　こうした考え方は、多くの国民が共有している。また、厚生官僚もこうした思想を基に社会保障制度を策定した。戦前戦後期を通じて社会保険制度構築に携わった黒木利克は、1950年代までの日本の経済財情勢を分析し「わが国における貧困の相当部分は、…広汎な不完全就業のもたらす構造的貧困によって占めら

れる」が、その解決は「高度の経済成長の達成」による他はないと述べている[2]。社会保障は「なかったとしたならば、貧困のもたらす破壊的な影響は、社会的にも経済的にも乗数的に拡大し波及する…その意味で国民生活の安定策である」としながら、「貧困と闘う個々人や個々の家族の努力を社会的に結集し、これを高度に効率化する」ことすなわち「高度の経済成長と達成の要請とよく調和する」制度である必要があるとしている[3]。「雇用増加の面から公共投資が次第に重要性を加えてくる」から[4]、雇用を生み出す施策が優先され、自助努力の集合で経済の高度成長が図られる。ここから脱落した場合には、「最小限度の所得再配分政策」がとられる[5]。

　阿部が問いかけた「生産力回復を前提とした社会保障・社会福祉」に対して、戦後の経済成長期直前に厚生官僚側からの回答がここにある。すなわち、生産力の回復が見こめないのならば、それは、やむを得ない貧困であり、最小限度で社会保障・社会福祉給付が行われる。むしろ、社会保障費を「福祉施設等の整備など投資的経費にふりかえる」方が、より国家にとって有益である。「財源に余裕を生じた場合には、社会保障の増額等…その他の場合は、投資的な公共施設に対する公共事業を推進」する[6]。

　国民意識が社会福祉等を含む社会保障制度の枠組みの設計思想の基となっている。日本の社会保障の枠組みとその設計思想は、「生産力の回復」を前提としている。国民意識や政策形成者の制度設計思想と、それによって実際に形成された制度の枠組みの総体をパラダイムと呼ぶとすれば、わが国の社会保障制度の創設時期に遡って、社会保障パラダイムの形成について検討を加えたい。

(1) 国防国家綱領による社会保障パラダイム形成

　1930年は、戦間期日本の平和時代の最終年であった。公式には、平和期は35年までであり、36年の日独伊防共協定締結もしくは、37年盧溝橋事件を戦時体制の開始としていることが多いが、31年の満州事変以降、太平洋戦争の敗戦までを十五年戦争と規定するならば、その時期は、日本における社会保障制度の形成期でもあった[7]。

　十五年戦争の後半、対米戦争突入直前に企画院を中心として、〈基本国策要綱〉(1940年7月26日閣議決定) が策定され、さらに9本の個別要綱が策定された[8]。

企画院は日本の国家体制を「建国以来世界無比の全体主義国家」と規定し、その維持発展のためには「国防国家」の成立が当然であるとしている[9]。彼らは当時の同盟国ドイツを例に取り、生存圏の確立と経済生活の再建、領土の安全保障が政策上の急務であるとしている。言い換えれば、地域支配と同盟諸国地域との提携に基づく経済政策および通貨の安定とによる高度の国民生活水準の保障が重要だとしている。

「基本国策要綱」では、「新たなる政治経済文化の創成を見ん」がために「国防国家体制の基礎を確立」し、また「国防経済の根基を確立」する。その「原動力たる国民の資質、体力の向上並びに人口増加に関する恒久的方策」を講じ「構成的諸施策の徹底を期する」ことを宣言している。末川博は、このような状態について、「本質的にこれまでの自由経済の下に自然的経済秩序として与えられたものを調整し抑制し規制する統制によって具現せらるべき秩序」と表現している[10]。

国防国家では、「政治も経済も文化も教育も国民生活も、一切の国家国民的な全領域における総括力を、国防という一点に結集して…戦争に従属し国防に基づいて存在せねばならず」、国家に対して「国民は一個人としてではなく、国家とともにあり、国家の胎盤のなかで永久に生きてゆく」ことが求められる[11]。国防国家体制樹立のためには、「生産力の拡充」が必要であるが、そのためには「勤労新体制」すなわち「新しい時代に対応する労働秩序」の確立が必要となる[12]。末川は、その理由として、勤労壮の出征と軍需産業の急進を挙げ、「労力の衰耗、能率の減退等を結果し、ひいては生産拡充計画そのものの円滑な遂行をも著しく困難ならしめる傾向を生じる」こととなったと述べている[13]。

生産力向上のスローガンが「産業報国」であり、1938年に産業報国会が結成される。会の事業計画は26項目にわたるが、福利厚生関係事項の中に「栄養士の配置と栄養指導」、「中央生活相談所の設置及び地方生活相談員の養成」、「不具廃疾者の職業再教育（原文のまま）」があり、一般国策への協力の中に「銃後後援」、「節約と物資愛護」が挙げられている。

国民が戦争に従属した結果、人口減少傾向が著しくなることに対しての対応策も急務となる。「戦争によって消耗した人々を積極的な人口増殖政策によって補い、多くの銃後産業戦士を確保することは、…高度国防国家の建設を急ぎつつある現下の日本が要請する絶対的命題」だと訴えている[14]。国防国家として地域支配をめざ

し、「東亜の盟主として、世界新秩序建設の一環たる東亜新秩序の建設」を遂行するには「悠久にして健全なる日本国民の発展力」が必要とされる。ここでは、「生産力回復を前提とした社会保障」のパラダイムが率直な表現で記述されている。

昭和初期には人口は漸減傾向にあり「このまま放置すれば旺盛な民族発展を維持するは困難」となってきている[15]。人口増加の方策として、出生増加と死亡減少を同時に達成することを狙い、出生増加策として、「早期結婚」と「避妊堕胎の禁止、花柳病絶滅（原文のまま）」を挙げている。早期結婚のために、教育期間の短縮とりわけ女子の教育期間のそれと経済問題の解決を掲げ、後者については婚資貸付や家族手当等「国家が適切なる保護助成を与える」ことが喫緊の課題だとしている。また、死亡減少としては、乳幼児死亡率の減少と結核予防を重視しているが、そのために保健指導と健康保険の充実が最も緊急の課題だとしている。

国防国家構想による社会保障は、戦争遂行のための計画（戦争計画）の一部として設計された。ここまで見てきたように、東アジア全域の政治的経済的支配のための経済産業再配置と戦闘員の補給が最も重要な課題であり、その実現のために良質な国民の増加が求められている。この政策は、健兵健民政策と呼ばれているが、その実現は、天皇を頂点としたイエ意識と、産業報国会や大政翼賛会といった集団協調主義組織を通じて図られた。

国民が「戦いが逞しき意欲を以て為されるには、家の生活の健全は確に必須なこと」であり[16]、「国の存活こそ在内構成体の存活の基礎であり、また在内構成体に於いて国は自らの存活を機能的に実現」[17]するという天皇を中心とした国家＝家思想が社会保障制度にも大きく影響した。

実際の政策・制度としては、家族手当は導入されず、保健指導の拠点として保健所が設置され、国民健康保険の創設により医療保険は国民すべてに適用されることになった。国民に対する直接的な経済給付や保護助成はほとんど実現せず、間接的な施策・制度、例えば母子手帳や保健師による指導といった自助的な制度や健康保険といった共助（社会連帯）的な制度が主として成立した。

(2) 日本型社会保障パラダイムの特徴

日本の医療福祉を含めた広義の社会保障制度形成のパラダイムは、国家目的の完遂を基礎としている[18]。国家の目的が経済優位性の確保である限り、それに必

要な国民は優遇されるが、そうでない場合は、常に無視される。しかも優生思想の普及もめざしていた[19]。当然に優秀な人材を確保するための教育や、人材喪失の危険回避のための医療と費用負担制度は重視されるが、障害者・高齢者の福祉、とりわけ難病を含む障害者のそれは優先順位が低い[20]。

国民は、戦争完遂や東アジアにおける覇権確立のための資源であり、資源としての国民が安心して戦闘や国外派遣に従事できるよう安定した家庭が望まれ、家族の安心のために社会全体が一定の援助を行う。国家はそうした基盤とはなるが、国家による直接の援助は最小限にとどめる。

国民は国家からの給付を当然の権利として享受するのではない。国民が国防国家に協力するのは「何らかの報酬故にではない。丁度それは親に対して子が仕えるのは、何らかの報酬故にではないのと同様」の義務である[21]。給付はそれに対する報酬としてよりも「国恩」として恩賜されるものである。

なお、国家による救貧については、戦前、方面委員制度や救貧制度の研究者であった海野幸徳は次のように述べている。「国家を本位とし、市町村によって運用せらるる救貧制度は最良なる救貧組織ではない。…最良なる救貧制度は私的な救貧を本位として、公的な統制がこれに付加する程度のものである」[22]。さらに、「単純なる救助主義というものは如何にしても濫救に陥らざるを得ない」と述べ、予防的な措置に重点を置くべきであると主張している[23]。

こうした社会保障制度設計思想は、国民資源主義＝集団（家族丸ごと）救済主義＝国家責任最小主義と概括できる。この設計思想が、21世紀まで連続していたかどうかが次の検討課題となる。

2. 厚生行政の長期構想における社会保障パラダイムの継承

(1) 従来パラダイムの見直し

敗戦直後に出されたアメリカの〈初期対日方針〉（1945.9.22）では、日本国民の自力更生が打ち出された。その経済条項の中では日本政府に民主主義に基礎を置いて「平和的経済活動の再開」と発展を目的とした計画の策定・実施を求めている[24]。計画の目的の一つに、「甚だしき経済上の苦難を避けること」とする条項があり、こ

れが戦後社会保障制度の到達点の道標の一つとなった[25]。なお、ここでいう平和的需要は、1930〜34の経済的水準を指している[26]。

敗戦直後には、厚生官僚の中からビバレッジ報告を下敷きにした「理想的社会保障構想」が提案され[27]、社会保険制度調査会では〈社会保障制度要綱〉が審議報告された[28]。ここでいう「理想的社会保障」とは、戦争計画の中で形成されたパラダイムとはことなる新たなパラダイムによった制度設計を意味する。

「理想的社会保障構想」は、生存権保障を理念として打ち出し、包括的社会保険により「国民生活を現実に保障する」ことをめざしていた[29]。均一な社会保険料と政府支出を財源として給付を行うが、特に勤労不能に対する給付は「俸給賃金の全額」かつ無期限の保障としている。また家族手当とりわけ母子家庭への手当は、ほぼ現行生活保護基準と同水準の額に設定されていた[30]。社会保険制度調査会の「社会保障制度要綱」は、「革新的な総合的社会保障制度」として提案された[31]。そこでは、社会保険と生活保護（公的扶助）の統合が指向されていた。

当時の経済状況をみると経済安定本部のまとめでは、1949年水準は、1934〜36年水準（100）に対して貿易は30であるものの、鉱工業生産80、農林水産90となっていて、国民消費水準も70であり、回復傾向が顕著である[32]。また、1947年の連合国最高司令官総司令部（GHQ）の社会保障費試算を1950年の国民総生産にあてはめると国内総生産（GDP）の約5％に相当する[33]。こうした経済状況や社会情勢からは、従来社会保障パラダイムから新パラダイムへの転換は不可能ではなかった。

(2) 従来パラダイムの再構築

前節でみた理想的な社会保障の各案が実現へ向けて展開されなかった理由として重要なものが2つ挙げられる。1つは「理想的社会保障構想」自体の中にパラダイムの転換を阻害する要因が内在していたこと[34]。もう1つは、厚生省に代表される日本政府側が、社会保障に関するGHQ指令の受容に際して従来パラダイムの転換を伴わないように慎重に配慮していたことである。

厚生官僚による構想の提案理由には、戦争中の国民負担への賠償として社会保障を構想したとの記述がある。社会保障は、国民への謝罪と償いであって、その点では国家責任の強調となっているが権利性は十分強調されていない[35]。財源の

多くを社会保険料に依存し、公的支出は、その補完としている点は、共助（互助）の優先といえる。

社会保険調査会の審議やその周辺での議論では、人口の質が強調され[36]、社会保険調査会案では、国籍主義が打ち出されている。この案では、自助努力が前提であり、「自由な個人の責任の補完」として社会保障を位置づけている[37]。

GHQ指令や勧告に対する態度について健康保険を例にすると、「国民健康保険」（1947.6.14）と題する声明でGHQ／PHWは、国民健康保険財政が行き詰まると「国民の経済生活安定に不利益な結果」となるため「中央政府補助金を大幅に増額する」ことを求めた。しかし、日本側は、この要請にはまったく応じていない。また、この声明では「各種の健康給付制度を、統一された国民健康保険制度に統合する」よう要請しているが、これに対しても対応していない。国民健康保険は一旦崩壊し、現行制度が1959年に発足した[38]。

社会保障税に対する態度も同様であった。〈シャウプ勧告〉では、直接税として社会保障税の創設が盛り込まれていたが、日本側では、その実現に消極的であった。社会保障審議会は、〈シャウプ勧告〉による「社会保険税法案」に対して事実上反対の意見を表明し、法案は廃案となった[39]。公刊されている大蔵省資料で〈シャウプ勧告〉の内容をみると、社会保障税関連項目はまったく記載されていない。

結局、1950年の〈社会保障制度の関する勧告〉では、従前のパラダイムに添った制度が提案され、それが、その後の日本の社会保障制度の大枠として現在まで継承されている[40]。

〈社会保障制度に関する勧告〉の解説編をみると社会保険の適用範囲を当面は被用者に限定するとしていて、その理由として「産業労働力を維持培養することは、国の生産力を高める前提として」優先されることを第一に挙げている。また被用者の家族は「給与その他労務管理上の観点からも一体的に扱うことが適当」であり従来制度に従うとしている[41]。受診時の一部負担については、当時の経済情勢上、負担なしの状態が理想であるが一定の負担が避けられないとしつつも、「無責任な医療の乱用の防止」のために、「定額負担せしめることが国民性等から考えても必要」としている[42]。

従来パラダイムの保存は、社会保障制度が「国民経済に及ぼす影響については、とくに、その負担と給付を中心に慎重に考慮されねばならない」という配慮によ

るが、当時の国民所得と財政的な背景も無視できない。1950年までに国民の「所得が著しく均等化し」租税負担率も低下傾向なっていった。税に関して「大部分労働者がこれを負担する」傾向となっていて、その負担を「社会保障給付として労働者に還元すべき」との国民意識が強くなっていた[43]。「生産能力の回復」のための保障、再生産維持＝人口に質の向上のための社会保障を国民が望んでいた。

(3) 国民皆保険の成立とパラダイム転換の展望

1959年に改正＊国民健康保険[44]、国民年金が発足し[45]、国民皆保険制度が完成した。政府は、「社会保障体系は、一応の整備を見ることとなるわけである」としながらも[46]、「その体系においては一応網羅的に各種の制度を包含しているが、その内容についてみると、運用者の面においても、また給付内容の面においても、必ずしも十分ではなく、ILOの「社会保障の最低基準に関する条約」に鑑みても幾多の問題の存するところであり、したがって、国民皆保険ないしは皆年金の実を挙げ、いわゆる「揺り籠から墓場まで」の社会保障を完備するためには、さらに一層の努力が必要」としている[47]。

この間、社会保障制度審議会が1955年におこなった〈社会保障制度の企画運営改善に関する勧告〉では、「社会保障について一貫した総合計画を、樹て…国家財政、国民の経済力その他わが国の特殊事情をよく勘案して、総合的に企画し、かつこれを年次計画的に整備してゆく」ことを提起している。「社会保障制度の企画及び運営を一つの機関に統合する」ことを求め「ばらばらに企画運営されている社会保障に関する行政を…調整するとともに、さらに今後の社会保障制度の総合政策をも企画しうるような、強力な機構を確立する」ことを強調している[48]。ここではシャープ勧告に反対した理由と正反対の見解が述べられている。

また、1960年の〈社会保障制度の推進についての申入〉では、「現在の社会保障制度は、戦前のそれを時々の急に応じて捕綴したものであるために、その多様性にかかわらず、あちこち至る所に相当の欠点がある」と指摘し、「社会保障制度の整備は経済計画と表裏一体でなくてはならぬ。…後者より生ずるおそれのある国民間の所得格差の拡大を防止、縮小する用意を怠ってはならない」として政策の転換を求めている[49]。

厚生省自体は、社会保障制度について1956年度厚生白書の中で、「国民が

自ら個々に守ってきた生活と健康という分野に、国家的な、社会的な手を差しのべるものであって、国民の努力と国家の手による努力が結びつく分野なのである」と規定している[50]。もし、「ゆりかご（傍点原文のまま）から墓場までの生活を国だけの措置と責任において保障すべきであるという考え…この考えは、現在の政治的・社会的制度のもとでは、国権の頂点から下に向かってもたらされる恩恵的施策に転化する危険」が生じると警告している[51]。社会保障は、「国民の納得と、指示と真剣な協力の下において」発展するとまとめている[52]。

このような総括は、当時の経済状況と厚生官僚の経済社会状況認識による。1951年には「朝鮮動乱以来、生活水準は横ばい傾向であり」1930年水準の70%で推移していると分析されていた[53]。それが1955年には「著しい拡大を示し」[54]、それ以降「安定的な成長を遂げている」[55]状況が続いた。しかしながら経済成長の反面、「所得階層分布の拡大、広はんな低所得階級の存在から、所得階層別の格差が拡大し」た[56]。

また、人口構成が急変し、少産少死型となりつつあり、「人口の急激な老齢化…女子人口の相対的過剰…は、女子の結婚難、さらに中年女性の死別・離別者の著増」という現象をもたらした[57]。厚生官僚はこれを「過剰人口の重圧が低所得階層を沈殿させつつある…人口の老齢化がもたらすいわゆる老人問題…母子世帯の生活問題…いずれも人口問題から見たわが国の社会のゆがみ」と捉えている[58]。

これらの問題に対応するため「所得再分配政策や、その他の所得格差の均衡化政策」と、「老人の扶養の方策として、社会的扶養のみちを講ずる」ことが必要となってきた[59]。1957年の新長期計画では「経済発展に取り残されるおそれのある階層についての対策を進め…平均的国民生活の水準の向上にほぼ見合って最低生活水準を引揚を図る…さらに進んでは、国民全般の生活安定を図るための医療保障、所得保障等の諸施策についても、諸制度間の調整を図りつつ、総合的拡充強化を行う必要がある」と記述されている[60]。厚生省の態度は、前述の60年申入に一定の理解を示し、受容したためということができよう。

経済成長を背景にして、国家による所得保障や福祉施策の充実や、家族による扶助から社会的な扶助へ転換を打ち出している。すなわち公的責任の拡大方向であり、それまでの社会保障パラダイムによる集団主義＝国家責任最小化とは異なるパラダイムを提示していると見ることができる。

実際、社会保障制度審議会の1962年勧告〈社会保障制度の総合調整に関する基本方策についての答申および社会保障制度の推進に関する勧告〉では、こうした方向が読み取れる。勧告は、まず社会保障三公準を示している。第1に社会保障の機能定義として「社会保障は、国民生活を安定させる機能をもつとともに、なおそれが所得再分配の作用をもち、消費需要を喚起し、また景気を調節する等の積極的な効果を持つ」ため公共投資や租税政策と同等以上の重要な政策であるとしている。第2に社会保障の地位を引き上げ、国民所得や財政に占める割合を他の自由主義諸国を「下回らない程度にまで引き上げる」必要を説き、第3に、その実現のために「国庫負担、保険料および受益者負担の割合についての原則」を確立し、制度間の均衡を図るべしとしている[61]。

　勧告は、国民皆保険の実現以降の制度の現実について、「高い水準のものもある一方、名ばかりの貧弱な制度もある」と分析し、その改正の方向として「全制度を通じて全国民に公平にその生活を十分保障するもの」を確立するよう提起し、まず、社会保険制度を再検討すべきだとしている[62]。そのために、社会保険制度の中で「絶対的に必要とされる給付に対して一定水準の保険料が受益者負担能力をこえる場合」と「インフレーション…のように国以外に責任をもつものがない場合」には国庫負担を行い、それは、「負担能力の低い層に対して」あつく行うべきであるとしている[63]。給付については、「保険料は能力に、給付は必要に応ず方向に進むべき」とし、「低所得者には特別の給付をする」ことも提案している[64]。

　さらに、社会保障の単位を従来の世帯単位ではなく、個人単位に近づけることを提案している。具体的には社会保障の単位として「夫婦と未成熟の子」を基礎とするとしている[65]。こうした方向性は、前述した「理想的社会保障構想」の下では実現しなかったパラダイム転換の方向に接近している。とりわけ給付や単位は、社会保険制度調査会報告との類似が高い。

　しかし、こうした方向とは別に従来社会保障パラダイム維持を思わせる見解も存在する。人口問題審議会は、人口の傾向について「早く戦前に始まっていた方向を戦時戦後の中断や逸脱からひきもどし、それを継承貫徹した」とみなし[66]、「低い出生率でも将来の労働力確保に不足はなく」という楽観的な見通しを示している[67]。その上で、前述した「ゆがみ」は、「国民経済に対する人口の合理的な適応運動…いいかえれば戦後国民経済の発展段階に即応すべき人口動態の決定的な近代化」の

努力を行っている途中の問題であり、「社会的淘汰」が厳しくなることを当然として「社会的にふるいわけられていく劣質人口の集積」に対する対応策を注視していきたいと述べている[68]。なお、その方策として国際競争力強化＝労働生産性向上を前提とした産業構造＝就業構造の変革や家族計画の普及の他、海外移住にも言及している[69]。これらは、戦前の企画院による各種の国策要綱とよく類似している。

(4) 社会保障体制の一応の完成と厚生行政長期構想による新パラダイム

1971年に児童手当が開始され、社会保障は「制度の骨格の整備が一応完成した」[70]と総括された。ただし、日本の社会保障制度は、一応の完成とされた1971年においても高い水準には無かった。泉谷・姜は、当時の社会保障の欠陥として医療保険各制度間の格差とりわけ国民健康保険給付水準の低さと年金額の絶対的低さとスライド制でないことを特筆している[71]。また、当時の財政状況の不安定さもあり、社会保障制度審議会は、1967年の〈申入書〉で、「財政硬直化の関係から、社会保障に対する配慮が従来よりも低下するおそれがある」との危惧を表明している[72]。

1973年はいわゆる「福祉元年」であるが、それは、経済社会基本計画として提示された。福祉と社会正義により「経済社会の発展が、人々の生活の安定に結びつ」くような社会の構築が提起され、「公害はなく、自然環境が豊かに保たれ、亦教育や社会保障も充実し」た生活の安定とゆとりが約束された社会を「活力ある福祉社会と呼ぶ」としている。こうしたいわばユートピア宣言が、実際の政策に反映された[73]。

そこでは、医療保険、労働災害補償保険、年金保険、失業保険等社会保険のほとんどすべてで改正が加えられた。年金では、5万円年金とスライド制導入が「画期的な改正」[74]であると特筆されている[75]。その後、1975年にはILO102号条約「社会保障の最低基準に関する条約」を批准し、国際的にも一応の社会保障水準を確保した。

こうした中で、厚生省は、1970年に長期計画をとりまとめる。この計画は長期とうたっているが、1975年を目標年度とする五カ年計画として構想されている。その枠組みは、「新経済社会発展計画」[76]の枠組みに沿っている。

この「厚生行政の長期構想」と名付けられた計画では、社会保障水準を高度成

長に合わせて引き上げ、制度の統合により整合性のある制度に変革し、1970年代の変動を予測してそれに備えるとしていた。また、沖縄返還に備え、その福祉水準引き上げと発展途上国への国際協力をも掲げている[77]。なお、この社会変動予測として、1975年までの5年間に、人口構成が変化し、経済成長の負の部分が顕在化し、職場環境が著しく変化するとしている[78]。

計画の目的は、「わが国経済の高度成長に比較して立ち遅れている社会保障の水準をより意欲的に前進させること」であり、社会保障費の対国民所得比について1969年の「5.2%を2%程度引き上げること」にあった[79]。目的設定理由として急速な高齢化、それに伴う「高齢者の生活の保障」と「核家族化の進展」による「後世代負担の増嵩を如何に回避するのか」という年金財源の問題を第1にあげている。第2には、「貧困世帯に対する所得保障」をあげている。「社会全体が貧困であった時期」から「国民生活の多様化・複雑化」という変化から生じた「国民の漠然たる不安感」への対を新たな課題として受け止めている[80]。

結論として、この計画が実現すれば、「先進西欧諸国の社会保障の型に接近する」ことになり、とりわけ年金制度が「一歩も二歩も前進」すれば、「生活保護制度と年金制度の」領界線が次第に明確ではなくなり」2つの制度が所得保障として重なり合うとの見通しを示している[81]。

高齢者については、「経済的な保障、保険、家族関係、就労、リハビリテーション等老齢者の生活すべて」について対策を打ち出すとしている。また、「人間自体の生きがいとは何であろうか」ということへも解答したいと述べている[82]。

財源については、社会保険料の引き上げに言及し、「自助の原則に則りつつ大胆に高福祉に見合う高負担を実現していく」としている。高度成長による国民所得の伸びを社会保険料として徴収し、再分配を行うことにより制度間格差の均衡を図ることを明確に宣言している。この延長線上に1973年の「福祉元年」宣言がある。

こうした方向について反論がないわけではない。人口問題審議会は、1969年の中間答申で、出生力回復の方策についての議論の中で、出生力の低下の主な要因として「戦後における価値体系のいちじるしい変化」を挙げている。その結果女性は、「家の伝承や存続のために出生するという態度はほとんどなくなった」また、日本人全般が「子供を生んで育てるよりも耐久消費財が選択せらるる」ようになっ

たとしている[83]。解決策としては、「適切な経済開発と均衡のとれた社会開発が強力に実施される」ことが必要だとしている[84]。ここでいわれている社会開発の内容は明示化されてはいないが、結論の前提として「わが国の伝統的直系家族制度が、老年人口の生活保障から仕事の配慮、病気の看護から孤独感やさみしさの問題まで、これを処理してきた」ことをあげていることから、伝統回帰を狙っているといえよう[85]。

同審議会の最終答申では、人口資質が人口問題の課題であると繰り返し述べている。「経済発展は物質的な生活基盤の向上をもたらした反面において…人口資質を損なう方向に悪影響を及ぼしつつあり、国民福祉の向上を大いに阻害しつつある」との認識の立ち、体系的な総合対策を提起したとしている[86]。

最終答申では、経済保障策の記述は乏しい。児童手当の充実による「児童負担の軽減」と老人福祉年金の引き上げ以外に具体的な記述は見られない。児童や青少年については「家庭生活の強化」や教育、非行防止が挙げられていて、「家庭の機能が円満に発揮される」ことを重視している[87]。女性は「勤労に対する適性、能力と家事、保育と労働が両立する限度において」就労すべきであり[88]、老齢者の扶養については、「老人を忘れない家庭生活」を確立すべきであるとしている[89]。

最終答申にみられるこうした感覚は、戦前パラダイムへの直接的な回帰につながることが予感できる。「人口資質の問題が生体の精神的、肉体的健康維持増進に集約されるとするならば、それは経済成長の手段ではなく、国家政策の主目標とならねばならない」とする発想[90]は、社会保障の充実や介護保険である程度実現する社会的介護への否定的（もしくは消極的）な態度といえよう。こうした意見は、「日本型福祉社会論」の萌芽とみなしうる。

3. 日本型福祉社会論の形成と従来社会保障パラダイムの継承

(1)「福祉元年」の停止と日本型福祉社会論

前節で見たとおり、1973年は、福祉元年の宣言が出された年であるが、同年秋のオイルショックにより、方向転換を余儀なくされた。日本型福祉社会が提唱され、長期構想による社会保障改革とは異なる社会保障の枠組みが提起された。日

本型社会福祉は、第二次臨時行政調査会の答申によって確立されたとされているが、これは、総まとめであり、臨調に至る過程で、既に大枠はまとまっていた。

日本型社会福祉は、1979年当時の与党である自由民主党の〈政策研修叢書『日本型福祉社会』〉によって最初に提唱されたが、それ以前に、その内容は既に政府内部で方向付けられていた。社会保障制度審議会事務局の総括をみると、1975年は、日本型福祉社会論が最も広範に提唱された年であった。

財政制度審議会は、「わが国の社会保障制度は、…制度的には西欧諸国に見劣りのしない」とし、経済審議会の企画研究グループは、「従来にくらべてかなり低い経済成長率のもとで」の社会福祉のあり方を検討していると記載している[91]。こうした議論によって日本型社会福祉の方向が打ち出され、翌1976年の昭和50年代前期経済計画では、「国民の福祉の向上は、そのすべてが政府の手によって実現されるべきものではなく、個人、家庭、企業の役割や社会的、地域的連帯感に基づく相互扶助が重要」であるとした[92]。

『日本型福祉社会』が刊行された1979年の新経済社会7カ年計画では、「わが国の所得水準が欧米先進諸国の水準にほぼ到達し、国民の意識も生活の質の向上を求めて大きく変化しつつある状況を踏まえ、経済成長の鈍化が予想される中で、今後急速に進行すると見られる人口の高齢化に対応しつつ、国民生活の充実を図っていくためには、わが国は、新しい福祉社会の実現を目指して、今後独自な道を選択しなければならない」ため、日本型福祉社会の構築が必要であるとしている。「これからの国民福祉は、このような傾向を是正し、職場のほか、家庭や近隣社会における潤いのある人間関係の上にうちたてなければならない」と述べ、家族主義や社会連帯を強く打ち出している[93]。

こうした過程を経て、第二次臨時行政調査会は、1981年の〈第1次答申〉の中で「活力ある福祉社会の建設」を基本理念として提示した[94]。高齢化社会の到来を予測し、「活力ある福祉社会を実現するためには、自由経済社会の持つ民間の創造的活力を生かし」、長期的な経済成長にみあった日本社会の特性を発展させることを提案している[95]。「個人の自立・自助の精神に立脚した家庭や近隣、職場や地域社会での連帯を基礎とし」、その上で、「効率の良い政府が適正な負担の下に福祉の充実を図る」体制が望ましい[96]。社会保障は、「真に救済を必要とする者への福祉の水準は堅持」するが「国民の自立・自助活動、自己責任の気風を

最大限尊重し」て縮減・効率化することになる[97]。特に医療保険について、受益者負担が原則であるとの方針を打ち出している。

活力ある福祉社会の実現には上記の気風を妨げる「過剰な関与を厳に慎む」必要があり、その観点で、「医療、年金、福祉、文教等について、制度の根本に立ち返った検討を行う」ことを要請している。それは、「民間の創意と活力が自由かつ適正に発揮される環境」づくりからはじまる[98]。

第二次臨時行政調査会の〈第3次答申〉では、活力ある福祉社会建設について重点を4つ挙げている[99]。第1は、個人の主体性・自立の発揮と社会的役割の自覚である。「社会保障の分野においても個人の自助努力をより一層生かす」ことが重視される。

第2は、家庭、近隣、職場、地域等での連帯と相互扶助の実現である。行政はそのための条件整備を行う。第3は、行政と民間の役割の見直しである。「民間部門がより自由に、積極的に」役割を果たせるよう「公的関与を見直」し、民間も「行政に依存する体質を改める」ことが必要とされる。

第4は、科学技術の応用である。技術・産業革新を進めることが「長期的な発展の基盤」となる。「自立、互助、民間活力を基本とし、適度な経済成長の下で…雇用、健康及び老後の不安等に対する基盤的な保障が確保され」る。

こうした観点から、社会保障について「西欧型の高福祉、高負担」の道を取ることを認めないと結論している[100]。第3次答申で挙げられた4項目の重点は、従来パラダイムへの回帰といえるが、とりわけ重点4は、企画院の政策への直接的な回帰といえよう。

社会保障パラダイムが、長期構想の方向から従来パラダイムへと回帰していき、現在まで、日本型福祉による社会保障パラダイムが存続している。2006年に厚生労働省は、日本の社会保障は、「自助、共助、公助の組み合わせにより形作られている」と総括し、「人は働いて生活の糧を得、…このような自助を基本に、これを補完するものとして社会保険制度など生活のリスクを相互に分散する共助があり、その上で自助、共助では対応できない困窮などの状況に対し、…公助がある」と説明している[101]。

(2) パラダイムの第2の方向

　日本型福祉社会論に対して、社会保障審議会は、1975年の建議で、「経済情勢の急激な変化にともなって、わが国の社会保障は重大な転機にさしかかっている」という現状分析を行い[102]、社会保障制度は、「逐年改善のあとは」あるが「制度全体の根源の洗い直しや各種制度の間の不均衡、不公正の調整は行われず、しかも、あるべき社会保障についての長期の展望を欠いたまま」であるとして、〈厚生省長期構想〉の新たなパラダイムの方向による社会保障構築が進んでいないと結論づけている。その上で、「社会保障の推進に対する国の責任を改めて強調」することで、日本型福祉社会論等は異なる方向を打ち出している[103]。

　個人、家庭と社会、国の役割について「国民の一人ひとりが、自助の精神にのっとって豊かな老後のための準備に努力することは自然なこと」としながらも「老齢者扶養における社会的扶養の役割は急激に重きを加えつつある」として、公共の責任に比重を置いている[104]。

　具体的な政策としては、「公共部門投資中に占める社会保障関係の比重を思い切って増やすことによって、新しい経済循環をつくる」ことを提案している。それにより「総需要の不足、不況の慢性化に対処する」ことができる。つまり、「国民所得中に占める消費の比重はふえざるを得ない」から、「国民所得の配分全体の調整が不可欠であり」、結果として「高福祉・高負担」の社会保障が構築されるとしている。「公的な社会保障の機能を基盤にして、社会連帯の精神を生かした仕組みを確立すること」が、急がれる[105]。こうした立場を事務局は、「当面する問題としては無視し得ぬ重要な事柄であるにせよ、そのために、社会保障の進路を誤ることがあってはならない」いうことであると総括している[106]。

　同じ時期に、厚生省の社会保障長期展望懇談会が提言をまとめている。ここでは、経済成長率の低下や人口構成の変化に合わせて社会保障を見直すことが必要だとの指摘がされている。「社会保障は…個人の自助を前提として国民の連帯による相互扶助を社会的に組織したもの」であり「適正な受益者負担…総合化」と「効率化」を図ることが提案されている[107]。

　年金、医療制度自体や負担率・給付体系の見直しおよび社会福祉サービスの普遍化がその骨子であるが、年金制度の一元化や女性の年金権、医療保険の格差是正や退職者医療制度の検討、在宅福祉の推進、児童手当の改善等は長期構想に沿っ

た提案といえる。一方、年金給付水準の引き下げや、開始年齢の引き上げ、医療費の伸びを国民所得に高齢率を加味した範囲に抑えることや低額の医療費の受益者負担、福祉サービスの受益者負担導入や市場機構を通じたサービス活用等は、日本型福祉社会論に近い提案といえる。厚生省自身は、この提言を「社会保障全体の改革の方向を網羅的に整理したもの」[108]、すなわち日本型社会福祉論に沿ったものとしているが、内容からは、この提言は、従来パラダイムと新たなパラダイムの方向の両者の折衷的なものと捉えることができよう。

その後、1985年に社会保障審議会は、新たな建議を提出している。その中では、高齢者の福祉ニーズについて「何よりもまず、自立自助の精神に基づいて、本人及び家族自らができる限り対応するということでなければならない」とまず自助を強調し、「こうした本人及び家族の努力にもかかわらず」充足できない場合に「はじめて社会的な対応が必要になってくる」との考えを示している。社会的対応として、企業によるサービスの購入を肯定しながらも、「近隣や地域社会の助け合い…がより人間的である」として、「血の通ったサービス」は、企業や公的部門では担えず、ボランティア等「インフォーマル部門の活動が活発な社会」を求めている[109]。ここでは、日本型福祉社会論であるよりも、従前パラダイム形成以前の戦前社会連帯思想にまで遡っている。

4. 1990年代以降のパラダイムの方向

(1) 1995年勧告に見る新たなパラダイム

社会保障審議会は、1995年に〈社会保障体制の再構築〉という勧告を提出している。自社政権下での勧告であり、目的としては、「21世紀の高齢社会にふさわしい社会保障体制への再構築」をめざしたとあり、表題からは、従来パラダイムの方向からの再転換をめざしたようにみえる[110]。この勧告では、社会保障を「第二次世界大戦後広く先進国諸国にみられた新しい社会秩序の規定をなすものと位置づけている。しかし、1980年代に「社会保障の体制と経済・社会との間に摩擦が生じ」、現状では、社会保障は停滞もしくは後退していると捉えている[111]。

日本の社会保障は、第1に、国民の生活の全面にわたって安定をもたらし、第

2に、貧富の格差を縮小し、世界で最も所得格差の小さき国を実現し、第3に安定的な購買力を確保し、経済発展のための安定した資金を供給した。

日本社会は、「世界で最も長寿の国となった」が、少子高齢化や社会構造、経済要因の変化に社会保障制度は、十分対応できていない。その基本的問題は「個人主義の進展である」との認識を示している[112]。社会の「個人化が進展すればするだけ、他方で社会的連関が問われ連帯関係が同時に形成され」ることが必要であり、社会保障は、「個々人を基底とすると同時に、個々人の社会的連帯によって」再構築される必要がある[113]。

そのため、社会保障体系の見直しと国民の安定した生活のための経費・費用負担の配分の見直しが必要となっている。国民の「安定した生活の維持…に対応する社会的経費は…従来はそのかなりの部分が家族や個人の負担あるいは犠牲によって支えられてきた」けれども今後は「基本的には個人的な負担を超えた社会保障の体制によって担われるべきである」との見解は[114]、長期構想のパラダイムを思い起こさせる。そこで提起された新しい社会保障の理念は「広く国民の健やかで安心できる生活の保障」である[115]。

この理念に沿って、普遍性、公平性、総合性、権利性、有効性という5つの推進原則が打ち出された。社会保障制度を救貧・防貧の制度から「全国民を対象とする普遍的な制度」に転換して給付制限を緩和し、同時に応益負担原則を取り入れる（普遍性）。制度間、地域間、男女間格差を解消し、給付と負担の公平さを図る（公平性）。分立主義的な制度間の不整合を是正し体系を整備して、保健医療福祉の総合化を図る（総合性）。給付の権利を明確にして「選択制を備える」制度とする（権利性）。多様なニーズに対して、政策の目的対象を見据えて効率的な資源配分を図る（有効性）[116]。

社会保障の充実は「労働意欲を阻害し…国の活力を弱め、経済成長を抑制する」という議論には与しない。社会保障は「万一の場合に生活を保障することにより国民が安心して働けるようにする」機能を持つ。セイフティネットとしての機能が整備されることで経済発展が見込める。高齢化による社会保障給付費が増加しても「社会保険料や租税といった公的負担が増大したとしても、…個人負担例えば、…利用者負担、…家族による扶養」や「福利厚生面での企業の負担」は減少する。社会保険料は「単なる貯蓄」等ではなく租税と同じ国民の義務である。た

だしその基礎は社会連帯におかれている[117]。

　家族の変容を認めるべきである。あるべき家族像ではなく、多様な家族形態を見据えて、その生活の安定を図るべきである。女性の社会的地位の向上や社会的役割の変化について「男女が対等なパートナーとして」役割に携わり、「あらゆる分野において女性と男性が共同して参画する」視点に立って社会保障を見直す。「その意味で、社会保障制度を世帯中心主義から、できるものについては個人単位に切り替えること」が望まれている[118]。

　この勧告では、社会保障に関する諸問題について、「国民も自らの問題として受けとめ」再構築に関わることを要請している[119]。「すべての施策はそれを国民が理解し納得」するかにかかっている。そのためには「国民に十分な情報を提供する」必要がある[120]。こうした記述から、社会保障政策は、国民的な合意形成が必要であるとの認識を持っていることが読み取れる。社会保障制度を現代の経済情勢、社会情勢の変化に対応させ、普遍主義に原則に立って権利性を重視する。また家族や女性の地位の変化に対応した体系に再構築し、社会保障体制の基本を世帯主義から個人主義へ変換する。さらに、公的責任を重視し、個人や企業と公共の負担について水平的な分担を表明している。その限りでは、日本型福祉論や従来社会保障パラダイムからの転換を打ち出したと見ることができる。

(2) 1995年勧告の限界（従来パラダイムの継承）

　しかし、1995年勧告は、日本型社会福祉論を明確に否定していない。国地方関係についても「責任の所在を明らかにする」といいつつ「それぞれまったく別々の役割を分担すべきであるというわけではなく」と述べていて、従来の中央集権的な体制から踏み出していない[121]。

　社会保障の役割分担について、「公的部門と私的部門が相互に連携して」いくことを重視している。しかし、社会保障制度の維持運営は公的責任であるとしながらも「利用者も相応の負担をしていくことが抵当である」と応益負担原則を打ち出し、育児や介護についても個人の自立と家族の支え合いをある程度予定している[122]。

　改革の方向として、「まず第一に重要なことは、すべての国民が社会保障の心」を持つことだとしているが、それは「自立と社会連帯」を意味する。社会連帯は、

「自分や家族の生活に対する責任を果たすと同じように、自分以外の人と共に生き、手を差しのべること」と定義している。社会保障の限界を明確にし、資源と財源の配分を的確に行う。措置制度を見直して自己選択制に切り替える。こうした点が改革の方向の中で示されている[123]。

保健医療では、予防施策を充実させ、社会的入院を減少させ、リハビリテーションを充実させるが、一方で、老人保健制度を抜本的に見直し、医療資源の適正化のために給付内容・範囲を見直し、応分の利用者負担を導入する[124]。高齢者介護では、介護保険の導入を提起しているが、「過剰利用」の制限と保険財政の破綻防止を求めている[125]。

児童や女性については、少子化対策として児童手当の充実の必要性を述べながら、税制等他の政策との競合や、給与に含まれるいわゆる家族手当との調整への考慮も同時に述べている。女性の社会参加を肯定し、男女双方の「就業と家庭責任の両立の確保」を図ることを求めているが、育児や介護等による女性の離職を前提としていて、再就職のための能力開発を認めている[126]。社会連帯による地域福祉推進のためにボランティア活動を推奨し、福祉教育の中にもボランティア実践を取り入れるように求めている[127]。

この勧告を補強する意見が、2000年に出されている。その中では、まず、勧告の中で取り上げられた経済・社会要因以外に、経済構造改革や行政改革が基本要因としてあげられている。その上で、「民間部門の長所を最大限活用する姿勢が重要」との認識を示し、「公私（官民）の適切な役割分担と相互連携の在り方を柔軟に設計すべき」としている[128]。ここでは、新たな枠組みとして、社会保障に関する国民と政府の役割分担を取り上げているが、まず、国家の限界を論じ、家族の限界は、地域や非営利団体（NPO）等の連携によって支援にするという、日本型福祉論における社会保障の順（自助・共助・公助）が形を変えて表現されている[129]。

95年勧告に先立つ〈第一次報告〉は、2000年意見の原型といえる。そこでは、社会保障理念の見直しを提起しているが、それは、「二十一世紀に向けての新しい社会連帯のあかし」であり、「安心できる生活を保障することを目的として、公的責任で生活を支える給付を行う制度」と規定しているが、一方で「社会保障が機能するための前提となる制度」の必要性を強調している。国民は「自助努力と

高齢化に伴う負担増」を受け入れ、「ボランティア活動に参加する等地域における相互の助け合い活動に積極的に関わる」ことが求められる。そこでの公的責任は「福祉教育」と「基盤整備」に限定される[130]。

この報告では、「障害者や高齢者もできる限り自立する努力をするとともに、…家族による介護を公的に支援する」ことを基本として制度設計を行うことを提案している。家族像の変化による、いわゆる家族介護力の低下に考慮して社会的介護へ転換することを容認していない。また医療・介護の規制緩和や財政支出の規制等いわゆる骨太の方針を先取りしたかのような記載も認められる。

結局、1995年勧告とその補強である2000年意見では、生活保障は、一次的には自助であり（国民が自ら市場での資産形成等）、それを家族や民間支援組織等が補完する。国家はセイフティネットの整備を行うが、基礎保障を上回る部分は、連帯や自助によるとしている。

こうした方向は、厚生省内の議論にも見られる。1994年に出された〈二十一世紀福祉ビジョン〉では[131]、社会保障・福祉について、「一般化、普遍化という要請に適切に応えていく」としながら、「できうる限り効率的なシステム」を構築するとしている。さらに、「個人の自立を基盤とし、国民連帯でこれを支えるという「自立と相互扶助」の精神を具体化するため」には、「個人や家庭、地域組織・非営利団体、企業」がそれぞれの役割を果たすことが求められている。その中で、公的部門の責任と役割分担については、地方自治体、とりわけ市町村を中心とした福祉サービスの展開について述べられているが、国の責任・役割については明確となっていない。

社会保障については、「社会保障費の伸びと経済成長の間のギャップを、税、保険料負担者と受益者との間で分かち」あい、「自立と連帯施新を基礎として国民の誰もが応分の負担をしていくこと…帝政名給付を適正な負担として実現する」ことが重要だとしている。結論として社会保障は、「国民の自立精神を基盤とし…国民自らが主体的に福祉活動に参加」することにより実施が可能となる。そのために「全国民的な運動の展開」も考慮するとしている。ほとんど国家総動員運動を想起させる結論となっている。

ビジョンの方向は、高齢者・障害者分野では、介護保険、障害者自立支援制度の成立と運用によって現実化した。また、財政規制は、生活保護では、老齢・母

子加算廃止や自立支援プログラムによって現実化した。

なお、これらの文書で頻出する言葉について触れておきたい。福祉元年では、「活力ある」や「負担の公平」は、制度間格差の解消を意味した、その後は「受益者負担」の導入や保険料の引き上げを意味するようになった。また、「適正な」という言葉は、公的負担の抑制を意味する。ところがこうした言葉は、「いずれも何らかの意味でプラスイメージをもつものであり、…国民の意識操作のために用いられた」とされる[132]。

井田広行は、こうした従来パラダイムについて、日本の社会保障は「実は家族を単位として設計されている…「救貧的発想」で設計され…「性的役割を内包した家族」を単位として」実施されていると家族まるごと救済論に立脚している[133]。

最初に述べたように、1950年勧告自体が従来パラダイムに沿っていた。脇坂昭吉は、「こうした社会保障に対する見解が「九三報告」(第一次報告を指す)の内容にも基本的に貫かれている」と論じ、第一次報告の「基本的視点は「五〇勧告」のそれを再確認した」と断じている[134]。前節で述べたように、従来社会保障パラダイムは、日本型福祉論によって強化され、21世紀に引き継がれているということができる。

5. 社会保障パラダイムを支える思想的底流

厚生官僚であった河幹夫は、日本人の心理として「なぜ、アカの他人のためにお金を負担するのか」という疑問を持つ者が多いことを示唆している。そこから、「仲間を分けること…仲間であるか否か、そして仲間の中での"うち"と"よそ"が」問われる。その解答は、「多くの人たちの納得を得るためには、『仲間だから』という要素」となる。結果として社会保障制度は、何らかのアクシデントが起こったときに、「お互いに仲間だからお金を負担しても仕方がない」という思想潮流により構築されたと述べている[135]。

この考え方は、集団主義の成立については説明できるが、資源としての人間という人間資源主義を説明していない。冒頭に紹介した阿倍の問いかけに対する直接的な解答とはなっていない。

阿部は、日本のほとんどの制度について、「"血の流れ"を前提として作られている」として、「そうした仕組みが、制度として成り立っている」と考えている。つまり「家制度を守るために、社会的な仕組みを構築してきた」[136]。その結果、一方で、家の存続のために「危険に備えて、次男以下を用心棒的に扱ってきた」そこで「このことを嫌って、次男以下は家を出」ていき、「明治時代の産業革命…戦後の高度成長」も彼等が担った。他方で、「血を穢した者は決して故郷の中に入れません。"よその社会"に排除し」てしまうことになる[137]。阿部の考えは、福祉実践の経験から導き出されてきたものであるが、人間資源主義と集団主義についてよく説明していると共に、冒頭の自らの問に対する解答ともなっている。

　厚生官僚であった炭谷茂は、1990年代を総括して「政治における社会保障の比重が増大し、社会保障抜きには一つの国を理解できなくなった」と述べている。その中で、「自国の政策を考える場合に、他国の社会保障政策の動向を勉強する」必要性が増大し、「国際化の進展によって在日外国人の医療問題のような新たな対応を迫られる課題が増大している」と指摘している[138]。社会福祉基礎構造改革もこの文脈に沿っているとしていて、理念として「一人ひとりが人間として尊重され、…自己実現を図って…人間として、その人らしく自立する…「人権を確立する」ことを挙げている[139]。ところが、人権問題を「限りなく拡大していくと、人権とは何なのか分からなくなる。良識ある国民は、…反感すら感ずる」という感想を述べている[140]。ここでは、個人の尊重＝人権の確立が背景に退き、従来の集団的な社会という意識に戻っている。

　ここでみた２人の官僚の意識は、社会保障パラダイムを支える国民の思想的底流、「国民感情」を代表しているといえる。「仲間意識」が血のつながりをより強固にし、排除の論理と結びつく。そこでは、仲間内だけの倫理によって制度が形成されるため、結果的に国の責任は限りなく軽減され、排除された側は、自助によるかもしくは制限された公助によるしかないことになる。

　脇坂は、93年の社会保障に関する第一次報告を「公的責任の回避」と評し、社会保障は「公的責任として国民の生活を支えるものであると明確に述べているにもかかわらず、他方では…個人、家庭の責任を強調する」矛盾した論理展開となっていると指摘し、「日本型福祉社会論や臨調・行革路線によって…社会保障概念は一層空洞化し」た結果を表していると論じている[141]。社会保障が空洞化したの

ではない。戦争計画の中で形成された従来日本社会保障パラダイムの継承と「理想的社会保障構想」以来、繰り返しあらわれた新たなパラダイムの消極的受容との合成が行われた結果である。これが、現行社会保障の底流となっている。

注
1) 阿部志郎「日本人と老い」阿部志郎・河幹夫『人と社会　福祉の心と哲学の丘』中央法規出版、2008、p.67.
2) 黒木利克『日本社会保障』弘文堂、1959、pp.50-51.
3) 黒木『日本社会保障』pp.50-51.
4) 黒木『日本社会保障』pp.76-77.
5) 黒木『日本社会保障』pp.76-77.
6) 黒木『日本社会保障』p.76.
   なお、ここでいう公共施設もしくは福祉施設は、「幼児、児童に関するもの、教育、衛生に関するもの、生活施設、老人に対するもの」とされている。
   黒木『日本社会保障』pp.76-77.
7) この時期の社会保障制度とそれを支えるパラダイム形成については、増山道康「戦争計画による社会保障制度形成」『岐阜経済大学論集』第37巻第2号2004を参照されたい。
8) 経済新体制確立要綱（1940.12.7）
   財政金融基本方策要綱（1941.7.11）
   日満支経済建設要綱（1940.10.2）
   国土計画設定要綱（1940.9.24）
   科学技術新体制確立要綱（1941.5.27）
   勤労新体制確立要綱（1940.10.18）
   人口政策確立要綱（1941.1.22）
   戦時貿易対策（1941.8-9）
   交通政策要綱（1941.2.14）
   この順序は、策定順ではなく、企画院による国防国家の要綱解説の順序である。各要綱の原文は旧漢字、カタカナづかいであるが、本稿ではすべて新漢字ひらがな表記とした。また基本国策要綱の決定は同解説では、8月1日となっている。
   企画院研究会『国防国家の綱領』新紀元社、1941.
9) 企画院研究会『国防国家の綱領』p.14〈総論〉.
10) 末川博『国防経済法体制』有斐閣、1932、p.2.

11) 企画院研究会『国防国家の綱領』pp.22-23、〈基本国家要綱（1）国防国家とは何か〉.
12) 企画院研究会『国防国家の綱領』pp.213-214、〈勤労新体制確立要綱（5）勤労新体制の必要〉.
13) 末川『国防経済法体制』pp.243-244.
14) 企画院研究会『国防国家の綱領』p.246、〈人口政策確立要綱（1）積極的人口政策確立の要〉.
15) 企画院研究会『国防国家の綱領』pp.244-245、〈人口政策確立要綱（1）積極的人口政策確立の要〉.
16) 酒枝義旗「国防と生活」酒枝義旗・大河内一男・中川友長『国防生活論』1933、p.11.
17) 酒枝「国防と生活」p.122.
18) 以下の議論の詳細は、増山道康「占領初期「理想的社会保障」構想の展開過程」『岐阜経済大学論集』第36巻第4号、2003及び同「日本の社会保障パラダイムの構造」『青森県立保健大学雑誌』第7巻第2号、2006を参照されたい。
19) 人口政策確立要綱　第5（ト）優生思想の普及を図り、国民優生法の強化徹底を期すること。
20) 教育の再編については、以下のように報告されている
　「特に重工業建設のためには工業技術者の養成施設は尚飛躍的の拡充を要す。右と関連し我国の左のごとき大学、専門学校に於ける文化的学科と理科的学科の比率に付いては再検討を要す。〈その後に次の数値表がおかれている（昭和十七年四月入学者に付調査す。大学：文化的64％、理科的36％・専門学校文化的60％、理科的40％)〉」企画院「産業的並びに地域的国民配置計画案要旨」1942.6.9〈13（節の表題はない）〉（枢密院資料：国立公文書館所蔵）
21) 酒枝「国防と生活」p.122.
22) 海野幸徳『貧民政策の研究』内外出版印刷、1928、p.372.
23) 海野『貧民政策の研究』pp.448-449.
24) GHQ／SCAP "United States Initial Surrender Policy For Japan"「降伏後における米国の初期の対日方針」1945、国会図書館憲政資料室所蔵資料
　〈1. Ultimate Objectives〉第一部究極の目的 d
　「日本国民は平時の要求を充足しうるがごとき経済を自力により発展施しむべき機会をあたえらるべし」（CLO訳）
　〈4. Economic〉第四部経済　b民主主義勢力の助長、c 平和的経済活動の再開
　「日本当局に対しては左の目的に役立つ計画を続行、着手、実施することを期待すると共にして必要ある場合に於いてはこれを命令すべし
　4）日本国民の平和的需要を適度に満たしうる如く日本経済の再建を促進すること」
25) GHQ／SCAP "United States Initial Surrender Policy For Japan"「降伏後における米国

の初期の対日方針」1945、国会図書館憲政資料室所蔵資料
〈4. Economic〉第四部経済 c
1) 甚だしき経済的困難を避くること
26) GHQ ／ FEC・PD"Determination of the Peaceful Need of Japan" 1947、国会図書館憲政資料室所蔵資料
27) 無署名（ただし友納武人執筆とされている）「社会保険部門おける戰後対策」『社会保険時報』第 19 巻第 10 号、1945.
内野千一郎「私案」『社会保険時報』第 20 巻第 1 号、1945、pp.10-15.
友納武人「社会保険改正の指向」『社会保険時報』第 20 巻第 9・10 号、1946、p.1-4.
28) 社会保険調査会第 3 小委員会「答申の二」1946　なお、戦後の理想的社会保障制度案提案から現行制度成立までの過程と現実化でき中田理由については、以下を参照されたい。
増山道康「占領初期「理想的社会保障制度」構想の展開過程と帰結」『青森県立保健大学雑誌』第 8 巻第 1 号、2007、pp.77-90.
29) 内野千一郎「私案」『社会保険時報』第 20 巻第 1 号、1945、p.10. なお、末尾に私案の着想は、デンマーク、イギリス、フランス、ソ連の制度参考したと期されている。
30) 内野「私案」pp.14-15.
31) 社会保険制度調査会「社会保障制度要綱」〈第 1-2〉.
32) 経済安定本部「経済現況報告」1950、p.74〈むすび〉.
33) GHQ ／ Scapin-A "Report of the Social Security Mission" 厚生省「社会保障えの道（傍点筆者）」1949、〈巻末資料〉より算出。
34) GHQ ／ SCAP の指令（覚書）に対する厚生省の対応はについては以下を参照されたい。増山道康「占領下日本における社会保障制度への GHQ 指令受容の態度について」青森県立保健大学雑誌』第 6 号第 3 巻、2005.
35) 内野千一郎「私案」『社会保険時報』第 20 巻第 1 号、1945、p.10.
36) 近藤文二「何故にわれわれは家族手当の社会保険化を望むか」「社会保険時報」第 20 巻第 5 号、1946、pp.4-5.「人口の量的増加よりは質的増加こそが家族手当の第一義的役割」
37) 社会保険調査会「社会保障要綱」1947〈その他　3 外国人〉朝鮮人及び中国人を「互恵的にのみ社会保障制度を適用する」
社会保障研究会「社会保障案」社会保障研究所『戦後の社会保障』資料編 1947、p.161.
社会保険は「自己の責任において任意保険その他を利用する」ことを前提とする。
保険局庶務課「社会保険制度調査会第一小委員会の開催状況」『社会保険時報』第 22 巻第 10 号、pp.19-20.
「国民所得の…八割は国民各自の責任と自由において生活しうる」「国家で作る制度は

天から降る雨のようなもので…最小限度にとゞむべきである」
38) GHQ保健福祉部「国民年金」1947（新聞会議における声明発表）社会保障研究所編『日本社会保障資料Ⅰ』至誠堂、1981、p.10.
39) 総理府社会保障制度審議会事務局「社会保障制度審議会十年の歩み」社会保険法規研究会、1961、pp.90-94〈第二章昭和二十四年度における三つの勧告第二節社会保険税法案問題〉.
「シャウプ勧告の…根本精神においては全面的に賛成するものである。しかしながら…現行の社会保険制度には、それぞれの沿革と事情があり、これを簡単に統一することはできない。…これらの前提条件に変更を加えることは必然的に社会保障制度の本質に変更をきたす…行政上混乱に陥らないよう」旨要望する。
40) 社会保障制度審議会「社会保障制度に関する勧告」1950.
大内兵衛〈序言〉では、「いかにして彼らに（国民）に最低生活を与えるか…いかにして国民に健康な生活を保障するか。いかにして最低でいいが生きていける道を拓くべきか」と問いかけ、その最善の対策が韓国であると述べている。
〈前文〉では、「国家の責任は著しく重くなった」しながら一方で「家族制度の崩壊は彼等からその最後のかくれ場を奪った」ことが社会保障の責任を国家が負う理由としている。国民は「社会連帯の精神に立って、それぞれの能力に応じてこの制度の維持と運用に必要な社会的義務を果たさなければならない」責任を負う。
〈総説〉では、「国民が困窮におちいる原因は種々である」が「国家が国民の生活を保障する…それがために国民の自主的な責任の観念を害することがあってはならない」から拠出制の社会保険でなければならないと論じている。
41) 「第四部社会保障制度案の主要事項に対する説明第一節社会保険関係1、社会保険の適用関係」『社会保障制度に関する勧告』1950
42) 「第四部社会保障制度案の主要事項に対する説明第一節社会保険関係4、医療給付に対する一部負担」『社会保障制度に関する勧告』1950
43) 国民経済研究協会社会保障研究会「社会保障研究」1950、p.11.〈其の1 社会保障と国民経済の関連〉（厚生労働省図書館所蔵文書）
44) 国民健康保険法は、1938年制定であり、1958年成立の法は、38年法の改正であり、新法制定ではない。
国民健康保険法（昭和三十三年十二月二十七日法律第百九十二号）
最終改正：平成二一年七月一五日法律第七七号
（最終改正までの未施行法令）
平成十八年六月二十一日法律第八十三号（一部未施行）
平成十九年七月六日法律第百九号（一部未施行）
平成二十一年七月十五日法律第七十七号（未施行）
国民健康保険法（昭和十三年法律第六十号）の全部を改正する。

45) 国民皆年金は世界で 4 番目とされている。
46) 健康保険組合連合会『社会保障年鑑』1962 年版、東洋経済新報社、1962、p.13.「イギリス、ソ連、スウェーデン、ニュージーランドなどにつぐ」
46) 社会保障制度審議会事務局『社会保障統計年報』社会保険法規研究会、1959、p.1.
47) 社会保障制度審議会事務局『社会保障統計年報』社会保険法規研究会、1959、p.1.
48) 社会保障制度審議会「社会保障制度の企画運営方法の改善に関する件」内閣総理大臣宛、1955、内閣府社会保障制度審議会事務局所蔵資料。2001 年の厚生労働省発足は、この勧告の統一した社会保障行政機関の設立といえるかも知れないが、強力な機関といえるかは相当の疑問がある。
49) 社会保障制度審議会「社会保障制度の推進についての申入」1960、内閣総理大臣宛、内閣府社会保障制度審議会事務局所蔵資料
50) 厚生省厚生大臣官房企画室『昭和 31 年度版厚生白書』東洋経済新報社、1956、p.216.
51) 厚生省厚生大臣官房企画室『昭和 31 年度版厚生白書』東洋経済新報社、1956、p.217.
52) 厚生省厚生大臣官房企画室『昭和 31 年度版厚生白書』東洋経済新報社、1956、p.217.
53) 経済企画庁戦後経済史編纂室『戦後経済史(経済施策編)』大蔵省印刷局、1960、p.268.
54) 経済企画庁戦後経済史編纂室『戦後経済史(経済施策編)』大蔵省印刷局、1960、p.391.
55) 経済企画庁戦後経済史編纂室『戦後経済史(経済施策編)』p.14.
56) 経済企画庁戦後経済史編纂室『戦後経済史(経済施策編)』p.391.
57) 厚生省厚生大臣官房企画室『昭和 31 年度版厚生白書』東洋経済新報社、1956、pp.8-9.
58) 厚生省厚生大臣官房企画室『昭和 31 年度版厚生白書』p.9.
59) 経済企画庁戦後経済史編纂室『戦後経済史(経済施策編)』p.393.
60) 経済企画庁戦後経済史編纂室『戦後経済史(経済施策編)』p.393.
61) 社会保障審議会「社会保障制度の総合調整に関する基本方策についての答申および社会保障制度の推進に関する勧告」1962、〈第 1 章総論〉、総理府社会保障審議会事務局所蔵資料。
62) 社会保障審議会「社会保障制度の総合調整に関する基本方策についての答申および社会保障制度の推進に関する勧告」1962、〈第 1 章総論 1 これまでの社会保障制度〉、総理府社会保障審議会事務局所蔵資料。
63) 社会保障審議会「社会保障制度の総合調整に関する基本方策についての答申および社会保障制度の推進に関する勧告」1962、〈第 1 章総論 2 費用の配分(五)社会保険医

対する国庫負担〉、総理府社会保障審議会事務局所蔵資料。
64) 社会保障審議会「社会保障制度の総合調整に関する基本方策についての答申および社会保障制度の推進に関する勧告」1962、〈第1章総論3給付の調整〉、総理府社会保障審議会事務局所蔵資料。
65) 社会保障審議会「社会保障制度の総合調整に関する基本方策についての答申および社会保障制度の推進に関する勧告」1962、〈第1章総論4 社会保障の単位〉、総理府社会保障審議会事務局所蔵資料。
66) 総理府人口問題審議会『人口白書』発行所無し、1959、p.10.
67) 総理府人口問題審議会『人口白書』p.12.
68) 総理府人口問題審議会『人口白書』p.22.
総理府人口問題審議会『人口白書』p.114.
「人口資質に関する問題も、貧困問題と重なり…人口資質の問題はいよいよ重大さをましつつある」
69) 総理府人口問題審議会『人口白書』pp.112-13.
70) 社会保障制度審議会事務局『社会保障統計年報』社会保険法規研究会、1971、p.21.
71) 泉谷周三郎・姜泰権「福祉国家論と日本における社会保障制度」横浜国立大学『横浜国立大学人文紀要 第一類哲学社会学』第37輯、1991、pp.66-67.
72) 社会保障制度審議会『申入書(財政硬直化と社会保障の関係について)』1967、内閣総理大臣宛、内閣府社会保障制度審議会事務局所蔵資料。
73) 経済審議会「経済社会基本計画 ― 活力ある福祉社会のために ―」1973
74) 社会保障制度審議会事務局『社会保障統計年報』社会保険法規研究会、1975、p.22.
75) 福祉元年改革の概要については、泉谷・姜がコンパクトにまとめている。
泉谷周三郎・姜泰権「福祉国家論と日本における社会保障制度」横浜国立大学『横浜国立大学人文紀要 第一類哲学社会学』第37輯、1991、pp.63-66.
76) 1970年策定。目的は「均衡がとれた経済発展を通じる住みよい日本の建設」とされている。法政大学大原社会問題研究所「新経済社会発展計画［経］1970. 4. 9」『大原クロニカ『社会・労働運動大年表』解説編』【大原デジタルライブラリー】http://oohara.mt.tama.hosei.ac.jp/dglb/index.html
「重点課題として〈国際的視野にたつ経済の効率化〉・〈物価の安定〉・〈社会開発の推進〉・〈適正な経済成長の維持と発展基盤の培養〉の4つを掲げたが、その狙いは、政府の対外経済協力の強化と企業の対外進出の促進、輸入抑制策から輸入増大策への政策転換であった．この計画には〈賃金数値(1人あたり雇用者所得)〉の予想値が付されており、賃金抑制と〈所得政策〉導入の意図が示されていた」
77) 厚生省大臣官房企画室『厚生行政の長期構想』社会保険法規研究会、1970、p.9. 〈1「厚生行政の長期構想のねらいにはには四つのものがある」〉
78) 厚生省大臣官房企画室『厚生行政の長期構想』pp.9-11. 〈昭和50年にいたる経済・

社会の発展〉。内容を項目別にまとめると以下のようになる。
① 人口予測：約 11,000 万人
平均初婚年齢が高年齢化し、離婚率が 1.04‰（1967 = 0.86‰）に増加する。高齢化率は 4.4% となる。死亡率は 5.9‰（1967 = 6.8‰）に減少し、死因として癌・成人病が 70% を占める。
② 経済と国民所得の変化：産業構造の高度化と不安定所得階層の減少
第一次産業 12%、第二次産業 46%、第三次産業 42% と予測している。1 人当たり国民所得は約 99 万円（1968 = 42 万円弱）と急増し、余暇に対する支出が消費の 25% を占める。
③ 労働条件の変化：複雑な労働と単純労働の二極化
合理化、技術革新が進み、能力発揮が求められる。メンタルヘルスが重要となる。
④ 経済成長のマイナス面：公害が多発する。
一酸化炭素排出量 1,830 万トン（1967 = 758 万トン）と 2 倍以上となる。産業廃棄物、家庭ゴミも急増し、特にプラスチック廃棄物処理が問題となる。河川の汚染源として有機残留物、窒素、リン酸の処理の技術開発が急がれる。交通事故死も倍増し、性、麻薬に関する事故や新たな疾病、自殺が保健医療の問題となる。国立公園等を憩いの場として重視する。

79) 厚生省大臣官房企画室『厚生行政の長期構想』p.25.〈序 1 ／ (1)（節の表題はない)〉。
80) 厚生省大臣官房企画室『厚生行政の長期構想』pp.26-27.〈序 1 ／ (2)、(3)（節の表題はない)〉。
81) 厚生省大臣官房企画室『厚生行政の長期構想』p.147.〈第 11 節まとめ ― 厚生行政の今後の方向 ―〉。
82) 厚生省大臣官房企画室『厚生行政の長期構想』p.148.〈第 11 節まとめ ― 厚生行政の今後の方向 ―〉。
83) 人口問題審議会「わが国の人口再生産の動向についての意見（中間答申）」1969〈9（項目見出し無し)〉
※ 厚生労働大臣諮問「わが国最近の人口動向にかんがみ、人口問題承徳に留意すべき事項について界の意見を求める」1967
84) 人口問題審議会「わが国の人口再生産の動向についての意見（中間答申）」1969〈21（項目見出し無し)〉
85) 人口問題審議会「わが国の人口再生産の動向についての意見（中間答申）」1969〈19（項目見出し無し)〉
86) 人口問題調査会「最近における人口動向と留意すべき問題点について（答申）」1971〈まえがき〉
87) 人口問題調査会「最近における人口動向と留意すべき問題点について（答申）」1971〈1 最近における人口動向と問題点〉

88）人口問題調査会「最近における人口動向と留意すべき問題点について（答申）」1971〈4　青壮年人口と労働力〉
89）人口問題調査会「最近における人口動向と留意すべき問題点について（答申）」1971〈5　急増する老年人口〉
90）人口問題審議会『日本人口の動向 ― 静止人口をめざして ―』東洋経済新報社、1974
91）総理府社会保障制度審議会事務局『社会保険統計年報』社会保険法規研究会、1975、p.23.
92）経済企画庁「昭和50年代前期経済計画 ― 安定した社会を目指して ―」1976
93）経済企画庁「新経済社会7カ年計画」1979
　　法政大学大原社会問題研究所「日本労働年鑑　第51集　1981年版」〈第三部　労働政策
　　Ⅱ　政府の労働政策　1新経済社会七ヵ年計画〉【大原デジタルライブラリー】http://oohara.mt.tama.hosei.ac.jp/dglb/index.html
　　「この「日本型福祉社会」の実現は、計画期間中およびそれをこえた期間の経済運営の目標とされる。それは、先進工業国に範を求めず、自らの諸条件を生かしたもので、とくに公共部門の肥大化を避け、個人の自助努力と家庭や近隣社会の連帯を基礎としつつ、政府が適正な公的福祉を重点的に保障するような社会である。その際、旺盛な勤労意欲、高い教育水準、社会階層間の流動性、円滑な労使関係などが活かして用いられるなどのことが構想されている。」
94）臨時行政調査会「臨調緊急提言　臨時行政調査会第1次答申」1981、p.11.〈第1行政改革の理念と課題　2行政改革の理念〉
95）臨時行政調査会「臨調緊急提言　臨時行政調査会第1次答申」1981、pp.11-12.〈第1行政改革の理念と課題　2行政改革の理念〉
96）臨時行政調査会「臨調緊急提言　臨時行政調査会第1次答申」1981、p.12.〈第1行政改革の理念と課題　2行政改革の理念〉
97）臨時行政調査会「臨調緊急提言　臨時行政調査会第1次答申」1981、p.19.〈第2緊急に取り組むべき改革方策　3支出に関する個別的方策（1）国民生活と行政〉
98）臨時行政調査会「臨調緊急提言　臨時行政調査会第1次答申」1981、p.35.〈第3今後の検討方針〉
99）臨時行政調査会「臨調基本提言　臨時行政調査会第3次答申」1982、pp.18-19.〈第1部行政改革の理念　3新しい行政の在り方　ア　活力ある福祉社会の建設〉
100）臨時行政調査会「臨調基本提言　臨時行政調査会第3次答申」1982、p.19.〈第1部行政改革の理念　3新しい行政の在り方　ア　活力ある福祉社会の建設〉
　　同時期の経済審議会も同様の結論を答申している。経済審議会「一九八〇年代経済社会の展望と指針」1983（内閣総理大臣宛）、厚生省五十年史編集委員会『厚生省五十年史（記述編）』（財団法人　厚生問題研究会、1988）1516、「社会保険料と租税を含

めた全体のとしての国民負担率は、ヨーロッパ諸国の現在の水準よりかなり低い水準が望ましい」。
101) 厚生労働省『平成18年版厚生労働白書』ぎょうせい、2006、p.172.〈社会保障制度の基盤の整備と地域・職場の在り方の見直し〉。
102) 社会保障制度調査会「今後の老齢社会に対応すべき社会保障在り方について（建議）」1975（総理府社会保障審議会事務局所蔵資料）。
103) 社会保障制度調査会「今後の老齢社会に対応すべき社会保障在り方について（建議）」1975〈序説〉（総理府社会保障審議会事務局所蔵資料）。
104) 社会保障制度調査会「今後の老齢社会に対応すべき社会保障在り方について（建議）」1975〈老齢者扶養の変貌と今後の老齢者対策〉（総理府社会保障審議会事務局所蔵資料）。
105) 社会保障制度調査会「今後の老齢社会に対応すべき社会保障在り方について（建議）」1975〈今後の経済成長と社会保障〉（総理府社会保障審議会事務局所蔵資料）。
106) 総理府社会保障制度審議会事務局『社会保険統計年報』社会保険法規研究会、1975、p.23.
107) 厚生省五十年史編集委員会「厚生省五十年史（記述編）」p.1518.
108) 厚生省五十年史編集委員会「厚生省五十年史（記述編）」p.1518.
109) 社会保障審議会「老人福祉の在り方（建議）」1985〈第3 老人福祉における役割分担と費用負担〉（内閣総理大臣宛）（総理府社会保障審議会事務局所蔵資料）。
110) 社会保障審議会「社会保障体制の再構築 ― 安心して暮らせる二十一世紀の社会をめざして ―」社会保障制度審議会事務局『社会保障の展開と将来 社会保障制度審議会五十年の歴史』法研、2000、p.217.
111) 社会保障審議会「社会保障体制の再構築 ― 安心して暮らせる二十一世紀の社会をめざして ―」p.219.〈序〉。
112) 社会保障審議会「社会保障体制の再構築 ― 安心して暮らせる二十一世紀の社会をめざして ―」p.220.〈序〉。
113) 社会保障審議会「社会保障体制の再構築 ― 安心して暮らせる二十一世紀の社会をめざして ―」p.221.〈序〉。
114) 社会保障審議会「社会保障体制の再構築 ― 安心して暮らせる二十一世紀の社会をめざして ―」p.221.〈序〉。
115) 社会保障審議会「社会保障体制の再構築 ― 安心して暮らせる二十一世紀の社会をめざして ―」p.222.〈社会保障の理念と原則〉。
116) 社会保障審議会「社会保障体制の再構築 ― 安心して暮らせる二十一世紀の社会をめざして ―」pp.224-225.〈社会保障推進の原則〉。
117) 社会保障審議会「社会保障体制の再構築 ― 安心して暮らせる二十一世紀の社会をめざして ―」pp.226-227.〈社会保障と経済〉。

118) 社会保障審議会「社会保障体制の再構築 ― 安心して暮らせる二十一世紀の社会をめざして ―」pp.229-230.〈家族と男女平等〉。
119) 社会保障審議会「社会保障体制の再構築 ― 安心して暮らせる二十一世紀の社会をめざして ―」p.222.〈序〉。
120) 社会保障審議会「社会保障体制の再構築 ― 安心して暮らせる二十一世紀の社会をめざして ―」p.249.〈国民の理解を得るために〉。
121) 社会保障・社会福祉の中央集権体制については、個々では十分に議論できる紙幅がない。従来の国地方関係は以下の文献に詳しい。中野実『現代日本の政策過程』東京大学出版会、1992、〈第三章地方政治と政策決定〉；加茂利男『日本型政治システム ― 集権構造と分権改革』有斐閣、1993
122) 社会保障審議会「社会保障体制の再構築 ― 安心して暮らせる二十一世紀の社会をめざして ―」pp.231-232.〈公私の役割分担〉。
123) 社会保障審議会「社会保障体制の再構築 ― 安心して暮らせる二十一世紀の社会をめざして ―」pp.233-234.〈改革の基本的方向〉。
124) 社会保障審議会「社会保障体制の再構築 ― 安心して暮らせる二十一世紀の社会をめざして ―」pp.235-238.〈健やかな生活のために〉。
125) 社会保障審議会「社会保障体制の再構築 ― 安心して暮らせる二十一世紀の社会をめざして ―」pp.238-241.〈介護の不安を解消するために〉。
126) 社会保障審議会「社会保障体制の再構築 ― 安心して暮らせる二十一世紀の社会をめざして ―」pp.243-245.〈子供が健やかに育ち、女性が働きやすい環境づくりのために〉。
127) 社会保障審議会「社会保障体制の再構築 ― 安心して暮らせる二十一世紀の社会をめざして ―」p.250.〈国民の理解を得るために〉。これに関連して、阿部は以下のような批判を行っている。
阿部 敦「社会保障政策従属型ボランティア政策」大阪公立大学共同出版会、2003、pp.28-30.「ⅰ）本来、行政責任ですべき事柄であるにもかかわらず、制度的不備により福祉系ボランティア活動を中心とした民間活動が、行政サービスの実質的な代替的役割を果たす…福祉系ボランティア活動が、行政の下請け組織として機能する」
128) 社会保障審議会「新しい世紀に向けた社会保障（意見）」社会保障制度審議会事務局『社会保障の展開と将来 社会保障制度審議会五十年の歴史』法研、2000、p.258.〈将来を考えるにあたっての重要な視点〉。
129) 社会保障審議会「新しい世紀に向けた社会保障（意見）」pp.262-65.〈第２生活保障における公私の役割分担と連携〉。
130) 社会保障制度審議会社会保障将来像委員会「社会保障将来像委員会第一次報告」1993、〈報告要旨〉。
131) 高齢社会福祉ビジョン懇談会「二十一世紀の福祉ビジョン ― 少子・高齢社会に向けて」
132) 堀勝洋「国民生活と社会保障」社会政策学会『今日の生活と社会保障改革』社会政策

学会研究大会　社会政策叢書第 19 集、啓文社、1995、p.15.
133) 井田広行「社会保障の単位」社会政策学会『二一世紀の社会保障 ― 戦後五〇年の総括と展望』社会政策学会年報第 41 集、お茶の水書房、1997、p.47.
134) 脇坂昭吉「社会保障概念の「見直し」と「成立」に関する一検討」社会政策学会『今日の生活と社会保障改革』社会政策学会研究大会　社会政策叢書第 19 集、啓文社、1995、p.97.
135) 河幹夫「制度と実践」阿部志郎・河幹夫『人と社会 ― 福祉の心と哲学の丘』中央法規出版、2008、pp.118-119.
136) 阿部志郎「血と土」阿部志郎・河幹夫『人と社会 ― 福祉の心と哲学の丘』pp.34-36.
137) 阿部「血と土」pp.36-41.
138) 炭谷茂『社会福祉の原理と課題』社会保険研究所、2004、p.31.
139) 炭谷『社会福祉の原理と課題』p.73.
140) 炭谷『社会福祉の原理と課題』p.78.
141) 脇坂昭吉「社会保障概念の「見直し」と「成立」に関する一検討」社会政策学会『今日の生活と社会保障改革』社会政策学会研究大会　社会政策叢書第 19 集、啓文社、1995、p.91, 104.

第9章

地域における社会保障システム
―― 「健康づくり」による「地域づくり」の事例を中心に ――

1. はじめに

　本章のねらいは、「社会保障」を人々が生活を営む地域社会から照射することにある。生存権を保障する公の諸制度は、法規や実施機関・施設の整備だけでは機能しない。社会保険、公的扶助、社会福祉、保健医療、いずれの領域においても、それぞれの制度が人々のニーズを満たすにはさまざまな要素が求められる。練り上げられた制度設計、利用しやすい施設、訓練されたサービス提供者、利用者への情報開示等々、配慮を重ねても、一律に定められた法や仕組みだけで多様な個人のニーズに応えることは困難だ。

　仮に、丁寧に検討した制度を万全のサービス体制のもとで実施したとしても、失業やけがや病気といった限りなく個別性を帯びた人生の起伏に十分に対応することは難しい。多くの人は、程度の差はあれ、公的制度では足りない部分を個々に補いつつ暮らしている。現実の生活は、社会保険や社会福祉サービスなどの公的資源と家族や地域社会による私的資源の組み合わせによって「保障」されている。

　市場経済の発達によって、生活を保障する機能は家族や共同体から国家を中心とする公共的団体に移ってきた[1]。しかし、公的制度はあまねく人々の生活を保障してきたわけではない。地域や社会階層、あるいは生活領域によって公的保障がカバーできない部分が常に存在し、それを補うさまざまな動きが現れた。その実態を検討していくと、地域に根ざした多様な活動が、公的制度と重なりあいながら独自の社会保障システムを形成していることに気づく。

　本章では、「健康づくり」活動の実践例をとりあげ、人々が生活を営む地域社

会における「社会保障」の実態について考察する。世界有数の長寿国となった現代日本では、「健やかに年を重ねる」ことは、万人の夢であると同時に国の保健・医療政策の重要課題である。国は、深刻化する医療費増大を背景に「国民の健康づくり政策」を推進し、2002年制定の「健康増進法」では「健康増進を国民の責務」と規定した[2]。

　各自治体は、国の掲げる数値目標達成に向けた保健事業計画を作成し、地域保健活動を展開している。国は、第一次予防の実効を上げるために住民による主体活動を強調するが、上からの住民の組織化では限界がある。限界を切り開く途はどこにあるのか。本章では、国が提示する活動モデルに依拠せず、独自の活動を編み出して成果をあげている町や村の事例を検討し、地域における社会保障システムについて一考を加える。

　まず、現代社会に拡大している「健康不安」とその背景について概観し（1.）、次に国の健康づくり対策の中で独自の事業を展開して成果をあげた長野県の村の実践例を検討する（2.）[3]。さらに活動にかかわる人と組織の動きを読み解き（3.）、地域の社会保障システムの形成について考察する（4.）。

2. 長寿社会における健康不安

(1) 長寿社会と健康

　住み慣れた地域で健やかに過ごしたい — 誰もが抱くささやかな願いが今脅かされている。いつの世も、人は「長寿と健やかな暮らし」を求めてきた。長生きをして、子や孫に囲まれながら穏やかに生活することは、多くの人が思い描く理想の「老後」のかたちである。「長寿」に関しては、人々の願いは実現しつつある。

　日本人の寿命は戦後急激に延びた。1947年に男50.06歳、女53.96歳であった平均寿命は、60年後の2007年には男79.19歳女85.99歳に達した[4]。人生の持ち時間は倍増したわけである。しかし、「健やかな暮らし」は、未だ現実のものとはなっていない。誰しもが希求してきた長生きの実現は喜ぶべきことであるはずだが、長寿社会には喜びより不安が目立つ。なかでも健康への不安を訴える声が少なくない。

平均寿命がここまで延びた要因としては、衛生・栄養状態の改善や生活環境の整備など公衆衛生の向上とともに、医療技術の高度化による延命技術の発展が挙げられる。治療技術の進歩によって、数々の疾患が克服された。しかし、その一方で、死を免れたものの後遺症に悩む人が多数生み出されたことも事実である。

　年々増えている高齢者の中には、長期にわたって療養生活を余儀なくされている人が多い。脳卒中後、迅速な手当てで一命をとりとめたが体の麻痺や言語障害に苦しむ人、糖尿病を抱えて生活管理に苦労する人、人工透析や在宅酸素療法が欠かせないために日常生活を制限されている人、定年退職や家族との離別などの環境変化についていけずに精神的に不安定になる人、認知症によって周囲の人とうまく関係がとれない人等々、健康障害の例は枚挙にいとまがない。

　治療が必要な病気にかからなかったとしても、年とともに心身の機能は少しずつ衰えていく。足腰が弱くなったり頻繁に物忘れをするようになると、日常生活に支障をきたし自分自身の力だけで暮らすことは次第に難しくなる。これは年を重ねれば誰もが直面することで、適切な支援があれば年齢に応じた「健やかな」生活ができるはずだ。しかし、世界でも類のないスピードで進む高齢化に際して、現行の社会保障制度は対応し切れず機能不全に陥っている。

　現在日本の社会保障制度を形成する法規の多くは、1940年代に誕生した。戦中・戦後、復興をへて経済成長をとげる過程で形成された「若くて元気で社会の役に立つ人間」を中心とした社会において、高齢者や病気や障害をもつ者に対する施策は後回しになった。保健・医療の領域では、「治療」中心の仕組みの中で慢性疾患や障害への対応の不備が目立つ。

　療養生活を強いられている高齢者の中には、適切な医療や福祉サービスを受けることができずに長く辛い「老後」を過ごす人が増え、本人のみならず家族の苦労も大きい。今、人々は単なる長寿を望んでいない。健やかに暮らせない日本の長寿社会で、なんとか「健康長寿」を手に入れたいと模索している。

　人々の健康願望を背景に、現代人の生活に入り込む「健康」情報は増加する一方だ。テレビや雑誌には健康食品や運動器具の宣伝・紹介があふれ、スポーツセンターや公共施設では、さまざまな健康づくりのプログラムが開催されている。だが、健康食品やサプリメントをあれこれ試し、健康教室で体によいといわれる運動に汗を流しても、健康への不安が消えるわけではない。それどころか、長寿

や健康に関する過剰な情報にとまどって、不安をつのらせる人は少なくない。

この不安はどこから来ているのか。どうしたら「健康長寿」は実現するのか。この優れて現代的で難しい問題を考えるには、不健康な長寿社会を形作ってきた社会の仕組みとそれを支える考え方を見直す必要がある。

(2) 健康不安の正体

健康とはそもそも何なのだろうか。世界保健機関（WHO）は健康を「身体的にも精神的にも社会的にも、完全に良好な状態であり、単に病気がないとか、病弱でないということではない」と定義し、「到達しうる最高の健康水準を享受することは、万人の基本的権利であり、人種、宗教、政治的信条、社会的経済条件のいかんを問わない事項である」と権利であることも明示した[5]。

しかし、WHOの定義が具現化され人々の健康権が確立している国や地域を見いだすことは容易ではない。身体的にも精神的にも社会的にも完全に良好な状態を実現するための要件は幅広く、各国各地域で大きく異なる。

日本の現状を顧みると、健康の自己管理が「国民の責務」として強調される一方、権利としての側面はなかなか見えてこない。全国一律に示された健康の基準値を達成するように促されて、自分の体が社会的管理下に置かれたような息苦しさを覚える人もいる。かつて、国家が戦争遂行のために国民の健康（体力）管理を企図した時期もあった[6]が、今は違う。一人ひとりの体は一律に管理されるものでなく、それぞれ異なる個人のものであり、健康は国民の基本的権利だ。

個人が自らの健康を権利として管理できる環境が整備されていれば、権利にみあった義務を果たすことに不安が生じる余地は少ないはずだ。健康不安が拡大している日本の現状からは、権利と義務のアンバランスが浮かび上がる。戦後日本では、保健・医療制度の発展によって疾患を治療する環境は急速に整備された。しかし、病気の予防や治癒困難な場合の療養を保障する仕組みは十分とはいえない。

「万人」の基本的権利として健康権を実現するためには、病者や障害者の健康を保障する制度が必要だ。病気や障害と生涯無縁で、「ピンピンコロリ」と最期をしめくくる人は少ない。ところが、健康増進法に基づく活動には、病気にならない身体的能力を到達すべき基準値として設定し、それに向かって健康づくりに励むことを義務化するものが少なくない。これでは、「基準外」に陥る不安が増大し、

人々の健康権は保障されない。

「健康」を「病気や病弱ではないこと」に限定すると、WHOの定義とは異なり、「健康」は一部の人のものに狭められてしまう。健康増進法に規定された国民の義務が、こうした狭い健康権に対応するものであるならば、健康不安が拡大するのも無理はない。漠として捉えがたい健康不安の正体を突き止めるために、戦後保健・医療の流れに目を向けてみよう。

1）経済成長と科学技術進歩の光と影

戦後日本は目覚しい経済成長を遂げ、物質的には「豊かな社会」が実現した。経済の成長と軌を一つにして日本人の平均寿命は年々延び、今や世界有数の長寿国である。世界に類をみないスピードで長寿社会の誕生を可能にした要因は何だろうか。まず挙げられるのは、衛生・栄養状態の改善だ。

敗戦直後に崩壊状態にあった日本人の生活は、その後目覚しい経済成長によって着々と再建された。水道など衛生設備の整備や食生活の向上は感染症をおさえ、乳児死亡率を低下させた。平均寿命はぐんぐん延びて、1971年には男女ともに70歳代に達する。

人々の寿命を延ばしたもう一つの要因は医学・医療技術の高度化だ。戦後輸入された抗生剤や抗結核剤は、やがて国産されるようになり、疾患の克服に大きな役割を果たした。また、輸血や全身麻酔の導入は、手術の安全性を高め、安心して外科手術を受けられる環境が整った。これらの技術は病院制度の進展とともに全国に普及し、医療水準を引き上げ人々の健康を底上げしていった。

ここで見逃せないのは、国民皆保険制度によって医療へのアクセスが確実に保障されたことだ。いくら優れた医療技術が開発・導入されても、一部の国民にしか利用できないのならば、平均寿命の延伸は望めない。生活水準と医療水準の向上が医療保障の仕組みの中で有効に機能したからこそ長寿社会が実現したのだ。

しかし、高度成長が終焉し低成長期に向かう1970年代から1980年代にかけて、長寿社会を生み出した要因の影の部分が目立つようになってきた。

戦後の経済成長は、物質的に豊かな社会を生み出すと同時に人々のライフスタイルを急変させた。戦後日本の産業構造は農業を中心とした第一次産業から第二次・第三次産業へと大きくシフトし、高度産業社会のもとで暮らしは大きく変貌

する。食生活の欧米化と食品産業の発達にともなって栄養過多という新たな栄養障害が現れ、車社会の中で人々は運動不足に陥り、高度に管理された労働環境はストレスを増進させる。高度成長による豊かな生活の中で、栄養・運動・休養と健康管理に欠かせない3つの要素すべてが脅かされるようになった。

医学・医療技術の目覚しい発展にも影の部分がある。「過剰診療」が生み出した薬づけや検査づけなどの弊害、投薬や輸血あるいは諸検査が引き起こす医原性疾患、そしてさまざまな薬害による疾患は、医療が患者の病状改善ではなく病気を作り出してしまうという一面を明らかにした。こうした診療行為に内包された問題に加えて、医療技術の進展が生み出した新たな問題も見逃せない。

医学研究が進み優れた医療技術が開発されても克服できない疾患は数多くある。脳血管障害後の後遺症、がん、心臓病、糖尿病、難病、精神疾患など、治癒に至らない例はむしろ増えている。これらの疾患を抱えた人々には高度な医療管理や手厚い療養介護が求められるが、それを保障する仕組みが整っていないために、医学・医療の進歩ゆえに救われた人が苦しみながら生き続けるという逆説的な状況が広がっている。

さらに皮肉なことに、国民皆保険制度は、医学・医療の進歩がもたらしたパラドックスを国民全体が共有する環境を作り出した。医療保障によって、国民は平等に医療を享受できるようになったが、同時に、医原病や薬害そして治癒困難な病気を抱えて長生きするといういわば影の部分をも引き受けることになったわけである。誰もが高度な医療にアクセスできる環境は、平均寿命の劇的延びを実現する一方で、多くの人が高齢期のさまざまな疾患や障害を抱えて生活せざるをえないという状況を作り出したのだ。長寿社会の光と影が社会全体の問題となったゆえんである。

2) 社会保障制度の限界

経済成長や治療技術の進歩が可能にした長寿を実りあるものにするためには、治療を中心とした狭義の医療保障だけでは十分ではない。障害や加齢がもたらす生活上の諸問題に対応できる社会保障システムの整備が必要だ。戦後初期に今日のような少子高齢社会を想定せずに設計された現行制度は、医療・年金・社会福祉などいずれの分野においても十分機能しているとはいえない。

国民健康保険をはじめとして医療費増大に対応し切れず財政困難に陥る医療保

険が増え、公的年金制度では財政悪化とともに運営上の問題が浮上している。生活を支える仕組みの「揺らぎ」に対して、国民の間には不安が広がっている。最終的に国民の生活保障を担うべき公的扶助制度も、中核をなす生活保護制度の受給制限が目立ち、憲法第25条にある最低限度の生活をする権利までもが脅かされている。

　国は、行き詰まる社会保障制度の変革を目指して、1990年代に社会保障構造改革に着手した。掲げられた理念は人々が互いに支えあう社会連帯である。しかし現実には、利用者の自己負担の増加、年金給付年齢の引き上げや給付水準の引き下げといった国の直接関与を減らす施策が先行し、社会連帯の方向がみえない中で国民の負担感だけが強まっている。

　さらに、医療技術の進歩と人口の高齢化によって増え続ける療養患者に、現行の保健・医療サービスが十分に対応できない現実も見逃せない。治癒しない病気や障害を抱えた高齢者のケアを、家族だけが担うことには限界がある。介護に疲れた家族が高齢患者を虐待したり殺害する例まで現れて高齢者介護は次第に社会問題化していった。一方、自宅に帰ることができずに病院に入院し続ける患者の存在は医療保険を圧迫し、高齢者介護は医療費をめぐる深刻な財政問題となった。

　こうした状況を背景に、2000年に公的介護保険制度が創設された。社会連帯の精神のもとに保険制度で介護に対応しようという試みである。福祉サービス提供の枠組みは、租税による措置制度から利用者とサービス提供者との契約制度へと移行し、民間企業の参入も始まった。戦後の社会保障を大きく変えたこの制度は、創設直後から、要介護認定の方法への疑問、限られた費用と社会資源に基づくケアプランの限界などの課題が浮上し、施行後の見直しを経た今も介護の社会化は道半ばだ。

　措置から契約へという流れは障害者分野にもみられ、2003年には障害者が福祉サービスを選択する支援費制度が発足した。ノーマライゼーションの理念に基づいて設置された新制度は、予想以上に利用が多く財源不足に陥り2006年には障害者自立支援法が制定された。新法では、国と都道府県に費用負担を義務化する一方で原則一割の自己負担を導入して財源確保を目指したが、負担増にあえぐ利用者や運営困難に直面した施設経営者などから見直しの声があがっている。

　自立支援法制定には、財源不足解消だけでなく、身体障害・知的障害・精神障

害といった障害種別ごとの縦割りサービスの弊害を解消し地方自治体間のサービス格差を是正するねらいもこめられていた。現実には、誰がどのように費用を負担するのかという経済的課題がクローズアップされている。

　社会保障構造改革の流れを概観すると、国が「行政処分」として行う措置から脱して社会全体で相互に支えあう仕組みを目指すという理念を掲げつつも、目前の財政困難を切り抜ける弥縫策に終始している感が否めない。理念を具現化する療養や介護を支えるシステムづくりが進まないまま経済的な負担が増大するのでは、人々の健康や生活にかかわる不安感は解消されない。

　高度産業社会が進展する現在、かつて人々が健康や生活上の問題を共有し支えあっていた伝統的共同体は衰退し、それにかわる社会関係づくりが求められている。しかし、現行の社会保障制度は急速な社会の変動に追いつくことに精一杯で、新たな対応を打ち出すには至っていない。

　長寿社会が経済成長と科学技術進歩の光と影をともないつつ形成されたこと、影の部分に対応する社会保障制度が立ち遅れていること、これらが長寿社会ゆえの健康不安の正体である。戦後の社会変動とともに出現した健康不安は、時代の申し子といえよう。

3. 地域における健康づくり活動

　既存の社会保障制度が人々の健康不安に十分に対応できない現在、地域では独自の社会保障システムが生まれている。ここでは、長野県東部佐久地域の村（旧八千穂村）で展開された健康づくり活動に焦点をあてる。

　筆者は、農村医学の先駆者若月俊一[7]が院長を務める佐久総合病院が創立50周年を機に編纂した『佐久病院史』[8]の執筆にあたり、1996年から病院および周辺地域で実地調査を実施した。1999年に病院史が刊行された後は、八千穂村を中心とした佐久地域の健康づくり活動について調査・研究を続けている。

　若月俊一や佐久総合病院の地域保健活動については、若月本人や病院関係者の著作[9]に詳述され、報道番組[10]や映画[11]にも取り上げられてきた。病院は佐久

のさまざまな地域で幅広く活動を展開したが、中でも八千穂村は戦後初期から病院と連携して健康増進活動に取り組んだ地域として知られている。

八千穂村は、佐久病院の協力を得て1950年代から予防を重視した保健医療活動に着手し、1959年には全村健康管理事業を立ち上げた。疾患を治療することは専門職だけでもできるが、予防は住民の主体的な取り組みなしには成功しない。村は病院スタッフの支援のもとで、全村民が毎年健診を受けその結果を健康手帳に記録するという活動を始めた。手帳には、健診結果データだけでなく自分の家族や生活にかかわる記入欄も設けられ、毎年記入することによって一人ひとりの貴重な「健康日記」となるように工夫されていた。

健康手帳を活用して個人の健康意識の喚起をねらった八千穂村の方法は広く注目を集め、国の施策にも影響を与え老人保健法にも導入された[12]。しかし、住民の意識を変えることは容易ではない。健康管理事業を担った病院スタッフは、事業開始から10年の活動をまとめた報告[13]において、住民の意識変革の難しさを指摘している。

注目すべきは、「健康知識は若干ふえ、健康に対して注意するものの率はふえたが、健康意識の点ではそれが個人的なものにとどまり、社会的な認識にまで発展していないということである……自分たちの生活を社会的に改善することなしに、単に個人的努力だけでは健康を守っていくことはできない……さらに多くの年月をかけてこの困難で地味な仕事にじっくりと取り組んでいきたい」という「むすび」の言葉である。八千穂村の健康管理は、個人レベルだけでなく健康生活を守る運動を村の中にもりあげていくことを目指していた。

この報告から20年以上経過した村で、人々はどのような動きをみせ健康意識はどのように変わったのだろうか。筆者は病院の外に軸足を移して変化の過程をさぐってみることにした。病院史が完成した1999年から約10年にわたる調査の対象は、地域の保健・医療機関や役場の担当者から婦人会で活躍する住民の方まで幅広い。

本章では、村の健康管理事業の中で生まれた住民組織のひとつ、栄養グループを取り上げる。1958年の発足からボランティアグループへの移行を経て村のデイサービスセンター創設にいたるまで約40年におよぶグループの足跡をたどり、ボトムアップの健康づくり活動はいかにして形成され成果をあげたのか、その実

態を検討する。

　地域の人々の動きを丹念に調べていくと、村と病院主導で始まった事業が村民の中に定着し人々の意識ひいては社会を変えていく様子が浮き彫りになった。これは「成功物語」の紹介ではない。住民の主体的な取り組みなしには成功しないヘルスプロモーションの展開過程を「地域社会」からとらえるひとつの試みである。

　国は全国一律に法や制度を定め施策の枠組みを示すが、実施方法は地域ごとに異なる。どれだけ地域の個別性をふまえた独自の方法を編み出せるかに成否がかかる。だが、トップダウンで指示される施策を「定型的」に実施することに慣れた地域の中には、ボトムアップの方法まで国の示す「モデル」に依拠する傾向がないわけではない。

　栄養グループの展開には、そうした画一的な発想の限界を切り開き地域独自の方法を創り出すための手がかりが数多く見いだされる。紙幅の制限から今回取り上げる事例は限られているが、八千穂村および周辺の地域には同じような住民の主体的動きが数多くみられ、相互に結びつき重なりあいながら活動している[14]。

(1) 村ぐるみの健康づくり事業 ── 長野県八千穂村[15] ──

1) 佐久病院との連携

　長野県の南東部南佐久郡にある八千穂村は、人口数千人の村である。日本の多くの農村がそうであったように、戦前の住民の暮らしは医療とは縁遠く、医者にかかるのは死亡診断書を書いてもらうときだけという状態であった。戦後になって村の医療環境は少しずつ整備されていく。その過程で生じた佐久病院との関わりは、村が独自の健康づくりを推進する大きな力となった。

　佐久病院は、1944年の設立当初から地域医療活動に力を入れ、医師と看護職のチームが村に出向いて保健活動を展開してきた[16]。当時院長であった若月俊一は、村の診療所に出張して診療に協力し、病院スタッフとともに村の医療者や住民との関係を深めていった。

　1959年、村は、佐久病院の協力を得て全村民を対象とした健康管理事業を開始する。日本が戦後の混乱期を経て高度成長を始めたこの時期、保健・医療分野では感染症などの疾患に対する「治療型」アプローチが主流であった。八千穂村でも、赤痢の集団発生への対応や寄生虫の駆除といった目前の問題を解決するた

めに、専門職が治療や衛生指導に追われていた。村は、そうした状況から一歩踏み出し「病人をつくらない」ことを目指して「予防型」アプローチによる健康管理を着想したのである。

2）全村健康管理事業の開始

この先駆的な動きのきっかけは、国民健康保険医療費窓口徴収反対運動だった。当時村では、医療費の自己負担分の支払い時期を農家に現金収入がある盆暮れに設定しており、住民は懐具合を気にせずに受診できた。ところが、国は、1957年、診療のたびに窓口で医療費を徴収するかたちへと制度変更を打ち出したのである。

毎回窓口で医療費を支払う余裕のある農民は多くはない。費用を準備できずに受診を控える人が増えて住民の健康が脅かされることを懼れた村長は、反対運動を始めた。村の診療に携わっていた佐久病院院長の若月俊一も村長に賛同し、一緒に県に赴いて窓口徴収を阻止しようと働きかける。しかし、国の施策を覆すことはできなかった。

この一件を契機に創出されたのが全村健康管理事業である。病人をつくらない、自分の健康は自分で守ることを目標に事業はスタートした。医療費の工面や支払い時期にこだわるよりも、医者にかからなくてすむように健康になろうという発想だ。窓口徴収反対運動の敗北が、治療をこえた予防活動を生み出したことは興味深い。

村と病院が構想した事業は、地域のさまざまな機関や関係者を巻き込みながら展開され、多くの成果をあげた。事業の形成過程を注意深く検討していくと、その後の発展を可能にした要因が読み取れる。まず見逃せないのは、「健康管理」という語が、行政による住民の健康管理ではなく、住民が自らの健康を管理するという意味で用いられていることだ。

若月をはじめとする佐久病院スタッフは、健康意識の高まりが事業の原動力となると考えて、具体的な保健・医療活動のプログラム作成にあたった。当初から、専門職の一方的な指導に終始することなく、住民一人ひとりが自分の体を守り健康な生活をつくる力を身につける方法が工夫されていることは特筆に値する。

事業展開にかかわる行政と医療機関の連携のあり方も注目される。地域におけ

る保健活動が実効をあげるためには、行政を担当する事務系職員と保健・医療の専門職が協働できる環境が欠かせない。八千穂村と佐久病院の関係をみていくと、それぞれの機関が持ち味を活かして役割を果たしながら、地域づくりのパートナーとして有機的に結びついていることに気づく。

そして、この地道な予防活動によって、村の国民健康保険医療費が縮減した事実も見逃せない。健康管理事業は、自分の体を顧みる余裕のない農民の間に潜在していた疾患の早期発見・治療を促した。手遅れによる重篤な患者が着実に減少していくことによって、村の医療費は低下した。「予防は治療にまさる」ことが財政面からも裏付けられたのだ[17]。

八千穂村のように国民健康保険加入者の比率が高い地域では、健康増進事業による住民の行動変容はストレートに保険医療費の縮減となって表れる[18]。一方、住民の加入する医療保険が多岐にわたる都市部では、個人の生活レベルに働きかける第一次予防の効果は見えにくい。ともすれば、「予防」と「治療」に関する議論は、予防接種などの予防行為と治療行為の費用対効果に限定されがちだ。

だが、検診と臓器移植にかかる費用を比較して割高か割安かを計算するだけでは問題は解決しない。個人の健康意識と行動に踏み込んだ予防が求められる現代、自分の体と生活を見直す中からお金をかけずに健康を獲得していった住民の動きから学ぶものは大きい。

次項以降、村ぐるみの健康づくり事業の中で誕生した栄養グループをとりあげ、住民が専門職の支援のもとで力をつけ、社会資源を創り出すまでの過程を検討する。行政の働きかけで組織された住民が、地域の社会保障の主体的な担い手へと成長していくプロセスにはこれからの社会保障システム構築へのヒントが多数含まれている。

(2) 栄養グループの誕生

1) 「若妻」の組織化

健康管理事業を立ち上げるにあたって、村は、佐久病院と事業内容を検討する一方、スムーズに実施するための環境整備を開始した。村役場の衛生担当と保健婦（ここでは保健師ではなく保健婦と呼ばれていた当時の呼称を用いる）がまず

着手したのは、村ぐるみの事業の基盤となる住民の組織づくりである。当時村の保健婦だったIさんは、一家の生活と健康の担い手である主婦の力に着目し、婦人会を母体とした女性の組織化に取りかかった。

　戦争に協力した「大日本婦人会」の解散後、婦人の地位向上や生活改善に取り組む団体として全国各地で組織された婦人会は、戦後初期には、市町村を通して実施される国の施策を住民に浸透させる機関として機能した。既婚婦人一戸一人加入を原則としていたため、会員の多くは家を代表する年配の主婦であった。ただ、当時重要課題であった産児制限については年配の会員主体の婦人会では実効がのぞめない。そこで登場したのが若い嫁による若妻会である。名称は一様ではないが、若い主婦よる会が各地に誕生し「家族計画」指導が展開された。

　八千穂村で注目されるのは、若妻会を婦人会の一部としてではなく、健康づくりを推進する建設的な組織として位置づけたことである。

　「健康管理なんて大変なこと、お年よりのおばあさんじゃだめなの。若い人でなくては」と語るIさんがメンバーにしたいと考えたのは、当時婦人会活動の中心にいた年配の女性ではなく若い「嫁」だった。しかし、若い嫁の多くは姑の「監視」下にあって、自由に外出することもままならない。そこでIさんは、家の主や姑に若い主婦の参加を認めてもらうために、婦人会会長とともに家庭訪問を始めた。一軒一軒訪ねて、健康づくりの重要性とお嫁さんの参加を呼びかける地道な活動を続けた結果、住民の理解も深まり、1957年に若妻会が誕生したのである[19]。

　若い嫁が家の外で活動できる環境がつくられたことは、かあちゃんの「気兼ね病」（夫の両親に気兼ねする生活の中で嫁が胃腸病、慢性便秘、月経障害になること）[20]を減らし、家族にも影響を及ぼした。おじいちゃんおばあちゃんの受診許可がおくれて手遅れになる子どもが減り、財布をもたなかった嫁に食材を買う機会が与えられ栄養改善が進んだ。

　会では、保健婦による家族計画に関する講習といった行政からの指導だけでなく、お茶やお花など娯楽・教養のプログラムも実施された。当時を知る元会員は、活動内容よりも、嫁ぎ先から公然と外出できる喜びが強く印象に残っていると話す。それまで家から出ることの少なかった農家の嫁にとって、会への参加は家のくびきから解放されて同年代の仲間と集う貴重な場となった。若い女性たちは、自分の時間を得た嬉しさをかみしめながら、家族以外の人との触れ合いを楽しみ

参加意欲を高めていった。

2）栄養グループの結成

当時の八千穂村は、穂積村と畑八村が合併して誕生したばかりであり、若妻会の活動は、旧穂積村の「竹の子会」と旧畑八村の「みずほ会」に分かれて始まった。1957年に村が栄養改善指定村になったことを受けて、翌1958年に2つの会は合体して「栄養グループ」となり、村の栄養改善活動の中核を担うこととなる。

村内20地区から2名ずつ選出された総勢40名の若い女性は、野沢保健所で開催される料理講習会に参加し、学んだ内容を各地区に持ち帰って伝達講習を行った。村の働きかけで始まった活動だが、伝達講習の設備や費用の準備はない。メンバーは、会費を集めて食材、調理器具や燃料の炭まで調達して講習会を開催した。

子どもを背負いながら重い道具をリヤカーにのせて運び、調理設備のない公民館で講習を行うことは、容易ではなかったと思われる。だが、元メンバーの回想には苦しさよりも楽しさが目立つ。

> 昭和30年代、声をかけるとみな子どもをつれて大勢集まってくれた。公民館には料理道具はなく、自分のうちから、ナベ、皿、カマをしょいこに入れて運んだ。子どもづれだったのでワイワイ、ガヤガヤで楽しかった。いろりやコンロの上で料理をした。いろりをどんどんもやして、まわりに机を並べて試食。できたところから子どもが食べたがって、えらい騒ぎでした。大人の分をまた作るといった具合でした。
>
> 昭和30年代は料理といえるものはなく、みそづけ、つけもの、みそ汁、魚は焼くだけといったあんばいであった。講習をうけてきて皆さんに教えるのに声がかれるほど説明した。……今みたいに水道があるわけではないので、川の水をくんできては料理に使い、ナベ、カマは川までもっていって洗ったものでした
>
> （元栄養グループメンバー篠原てる子さんの手記より [21]）

伝達講習会という堅苦しい名前とはうらはらに、会が、女性と子どもの親睦・娯楽の場にもなっていたことがうかがえる。単なる食事会にならないように、栄

養グループのメンバーは保健所で学習してきた内容を熱心に伝え、若い主婦たちもそれを真剣に受け止めた。

3）専門職の支援と力量形成

　全村健康管理事業初期の1950年代末から1960年代初頭、八千穂村の大多数の家では姑が財布を握っており、子どもを病院に連れていくために実家からお金を借りる若い嫁も珍しくなかった[22]。こうした当時の農家の状況を考えると、若い女性が自由に集う栄養グループの講習会は、メンバーにとって栄養や保健の知識を得る以上の意味をもっていたことがうかがえる。農家の若妻たちは、会に参加することによって新しい情報にふれ、人々との交流を重ねる中から、少しずつ一家の健康の担い手としての力を蓄えていった。

　家の中で専ら農業や家事・育児に従事してきた農家の主婦たちが社会的活動に取り組むには、専門職の支援が欠かせない。村役場の衛生担当や保健婦・栄養士らは、まず医療・保健や栄養に関する基礎知識の提供に力を注いだ。注目すべきは、知識を教育するだけでなく、住民間に伝達講習の流れを作ったことである。

　地区代表としてのメンバーは、講習などで学んだ健康づくりの知識を、調理実演という具体的方法を通して、他の住民に伝える。教わった内容を他の人に伝えるためには、「知る」段階から「理解する」段階へと進まなければならない。「伝達」の繰り返しの中で、メンバーは健康意識を磨き実践力を身につけていった。一方、講習会に参加した住民たちは、ともに集い料理を作りながら同じ地区の仲間から食や健康に関する情報を得て、村の健康づくり事業への関心を深めていったのである。

　地域の医療・衛生状態が一定の水準に達し健康づくりの基盤が整うまでの期間は、とかく専門職によるトップダウン型の指導が中心になりがちだ。衛生状態の改善が緒についたばかりのこの時期に、住民が互いに情報を共有し主体的に活動する空間が設定されたことは、ボトムアップの動きを担保する回路として見逃せない。

(3) グループ活動の進展

1) 栄養調査

　グループ誕生から3年あまり経過した1961年、栄養グループの組織は変化を見せる。村内22地区の代表50名の構成の中から12名の研究員を選出し、新たな活動に取り組む動きが現れたのだ。研究員は、年間計画を立てて活動を軌道にのせるとともに、他地域のグループとの交流会を催したり、料理テキストを作成して住民に配布するなど、さまざまな実践を展開していった。

　独自の活動として注目されるのは、村全体の栄養調査の実施である。メンバーは、村の健康管理事業に参加していくうちに、保健所の講習で学ぶ望ましい食と栄養のあり方と住民の食生活とのギャップに気づき、ただ肉や卵を食べなさいと説くだけでは栄養改善は難しいと考え始めた。

　有効な対策を考えるためには、まず現状を把握しなくてはならない。メンバーは、保健婦や病院スタッフの助言を受けながら、各地区から10人ずつ抽出した住民の家を個別訪問し、一週間の献立内容を詳しく調べ上げた。一家の生活状況を映し出す食事の内容を正確につかむことは簡単ではない。村外の機関が郵送で調査した場合、正直に記入した調査票を多数回収することは難しいだろう。

　栄養グループのメンバーは、自分が住む地区の住民に対して調査の趣旨を丁寧に説明しながら協力を求め、詳細なデータを得ることに成功した。生活の中で培ってきた互いの信頼関係が、ありのままの食生活に関する情報収集に役立ったのである。

　保健所栄養士の指導を受けながらデータを分析すると、緑黄色野菜、乳製品、肉類の不足の一方、漬物と主食の摂り過ぎが目立つなど村民の食生活の問題点が明らかになった。この結果をもとに、グループは具体的な対応策を検討した。経済的余裕のない農家に、毎日卵や牛乳の購入を勧めることは現実的ではない。そこで、誰でもできる対策として、山羊の飼育とその乳の飲用や野菜のかわりに野草を使った料理方法を提案した[23]。地域に暮らす主婦の知恵が、実効ある対策を生み出したといえよう。

　栄養グループの活動は、調査や分析の体験を経て、教わった知識を伝えるレベルから知識を消化して生活に応用するレベルへと発展していった。グループが保健所で学習した知識は、地域の実情にあった対策となって実践に活かされ、栄養

改善活動は人々の生活の中に定着していったのである。

2) 研究報告

調査の結果は、現実の実践活動に活用されただけでなく、研究報告としてまとめられた。研究員となったメンバーは、村内栄養調査の内容を 1962 年に県の食生活改善大会で発表し、翌 1963 年には、穴原地区のメンバーが、戦前から地域で行われていた豆腐作りなど大豆加工に関する報告を行っている。2 つの報告は、その優れた内容が評価されて、どちらも厚生大臣賞に輝いた[24]。

2 年連続の受賞という快挙は、研究員の努力と専門職の支援が結びつくことによって実現した。健康診断で病人がみつかるたびに「どうやったら病気を減らせるのだろう」と話しあい、「料理から塩分を減らすにはどうしたらいいのか」と考えあぐねているメンバーに調査を勧めたのは保健所の栄養士 M さんであった。調査にあたっては、栄養士とともに村の衛生担当や保健婦もその方法をメンバーに手ほどきし、集計から分析そして報告書作成まで助言を続けた。

穴原地区では、栄養グループ会員が婦人会に頼まれて書いたレポートをきかっけに研究が始まった。婦人会のレポートは、地区の主婦たちが畑で作った大豆と清水を利用して豆腐・味噌・醤油を手作りしている状況を紹介したものである。その優れた実践に注目した栄養士の M さんは、研究報告としてまとめて発表するようにグループに働きかけた。会員たちは、栄養士や保健婦そして村の職員の支援を受けながら、地区で大豆加工を始めた頃に生まれた人の体位の調査を行い、県平均と比較検討を加えて報告書を作成した。

グループ会員は、大豆加工を始めた昭和 19 年と翌 20 年生まれの人がいる家を一軒一軒訪ねて、通知表をみせてもらいながら身長と体重を調べた。大豆の加工方法の紹介だけでなく、加工した豆腐や味噌・醤油を食べて育った人の体位に着目したのは専門職だが、顔見知りの住民が直接訪問したからこそ当時 18 から 19 歳になっていた青年たちの身長・体重の正確な数値が得られたわけだ。

住民、栄養グループメンバー、役場の職員や保健婦、保健所の栄養士、病院のスタッフなどさまざまな人の協働の中で、実践が報告にまで練り上げられていく過程をたどっていくと、2 年連続の厚生大臣賞受賞も頷ける。

1968 年、栄養グループは食生活改善協議会所属の組織となった。それに伴って、

グループは、料理の伝達講習に加えて健康診断の結果報告会や文化祭などの催しで展示や料理実演を行うようになり、活動の幅を広げていった。結果報告会で行われた料理実演は、医師が紹介する健康増進に役立つ栄養や保健の知識を住民に伝える方法として、具体的で説得力があり効果をあげた。

3) 健康教室の創設

1970年代に入ると、グループは新たな段階を迎える。活動の積み重ねでメンバーの力量形成が進むと同時に、社会状況の変動の中でグループのあり方も少しずつ変化していく。1971年には、村と佐久総合病院の依頼を受けて、32名のグループ会員世帯は村の栄養調査に協力した。調査結果は、村ぐるみの食生活改善を進める基礎資料として村内広報誌に掲載[25]された。誕生から10年以上を経て、栄養グループが専門機関のパートナーとして協働できる力を蓄えていたことがわかる。

1972年に村の福祉センターが開設されると、グループは料理講習室の併設を要請し活動拠点を確保した。この時期、環境汚染、農薬被害、成人病、高齢期の病気や障害など新たな保健・医療の課題が浮上し、人々の健康を守るためには、栄養改善にとどまらない幅広い実践が求められるようになっていた。こうした社会状況を背景に、村は、1974年、栄養グループの活動を発展させて、食事・運動・休養など多方面から健康づくりを行う健康教室を創設した。栄養グループという呼称はその後使われなくなり、グループメンバー員の活動はここで一つの区切りを迎える。

(4) 福祉施設の建設運動

1) ボランティアグループの結成

1970年代後半に入ると、農業の兼業化が進み、メンバーは農民としてのまとまりを保ちにくい状況に直面した。それまでグループが担ってきた活動が村の事業となったこともあり、以前のような活発な活動は見られなくなる。栄養グループで活躍したメンバーが再結集したのは、子どもの独立や夫の定年退職によって時間のゆとりが出てきた1978年のことである。元メンバーは、自主的に集まってボランティアグループを結成した。

グループは、一年中青々としているときわぎのように、いつまでも新鮮な気持

ちを持ち続けたいという気持ちをこめて「ときわぎ会」と名づけられた。栄養グループの活動の中から地域に目を向けた健康づくりの必要性を感じていた会員は、1979年から1980年にかけて、医療・福祉関連の施設でボランティアをしながら勉強会を重ね、実践方法を学んだ[26]。

2）ボランティア活動

ボランティアとしての経験と学習を積んだメンバーは、栄養調査や伝達講習の中で出会った高齢者や障害者に対する支援活動に着手する。1981年には、村内の一人暮らしや「寝たきり老人」に対して昼食サービスを始めた。福祉センターや婦人の家に材料を持ち寄って、健康食を作り、高齢者に食事と交流の場を提供する企画である。来場できない人には弁当を届けるサービスも行い、この活動は、1989年に社会福祉協議会の配食サービス事業へと発展していった。

1986年に障害者共同作業所が開設された折には、村祭りでバザーを行って資金集めに協力し、開設後は定期的に通って作業の手伝いをしている。高齢者や障害者といった支援を必要とする人たちへのケアは、会員の栄養グループ時代の経験に裏打ちされていた。栄養改善活動において調査や訪問を重ねていくうちに、村内のニーズを正確に把握していたことが役立ったわけである。

3）託老所の開設

栄養指導や調査のために家庭訪問をする中で、会員が最も問題だと感じたのは日中ひとりで過ごす高齢者の存在だった。村内には、一人暮らしの人だけでなく家族が不在で日中ひとりになる高齢者が少なくない。人と交流する場を求めるお年寄りの声を受けて、メンバーは村議会の議員に対して託老所をつくってほしいと要請した。

「託老をつくってくださいって、お願いしたら、託老って何ですかって議会の人は理解できなかったの。これだけ保育園児が少なくなって保育園がつぶれているから、その跡地で託老を開きたいっていったら、そんなことはできるもんかっていうわけ。社協もだめだって。しかたないから、福祉センターの部屋を借りて私たちだけで始めた」と当時の様子を語るNさんは、村議会の無理解ぶりを強調する。

メンバーが託老所開設へと動いた1980年代末から1990年代初頭、高齢者の在

宅サービスはその必要性が認識されはじめていたものの、国レベルの施策は打ち出されていない。村議会議員や役場の職員が、現実から鋭くニーズを読みとる住民の「先進性」についていけなかったのも無理からぬことといえよう。

　行政がやらないなら自分たちでやろうと意気込んだ会員は、1990年に、農繁期に高齢者が集う季節託老所を創設した。村から福祉センターのリハビリ室を借りて場所は確保したが、備品の使用は許されなかった。「部屋は貸すけれど村のものはお箸ひとつ茶碗ひとつ貸さない」といわれて、茶碗や布団など必要なものはすべてメンバーが持ち寄って活動が始まった。

　日中一人きりになるお年寄りが集い楽しく過ごせるように、会員は、お茶と味噌汁のサービスを行い、簡単なレクリエーションも試みている。現在のデイサービスの原型が当初から実践されていたわけだ。役場からは十分な援助を得ることはできなかったが、村の保健婦や村から委嘱された住民代表の民生委員・衛生指導員などの協力のもとで活動は続けられた。

　興味深いのは、役場職員の変化である。村として支援はしないとしたものの、職員が皆冷淡だったわけではない。活動を見に来て施設利用の便宜をはかってくれる人、自分の親が参加したことから理解を示す人も出てくる。役場で働く中年以上の職員の親の多くはサービス利用者の年代層だ。

　高齢者へのケアを一住民として自分の問題として考える機会を得て、役場職員の託老所に対する理解は徐々に深まっていく。地域のニーズを反映した実践は、役場を含む幅広い住民の支持と支援を集めるようになったのである。

4) デイサービスセンター創設

　肩身の狭い思いをしながら細々と始めた事業であったが、住民主体のユニークな活動としてメディアの取材も受けるようになり、託老所の存在は、次第に地域に知られるようになっていった。村の施設として定着させたいと考えたときわぎ会では、村長選の候補者にデイサービスセンター建設を公約としてとりつけ熱心に選挙運動を展開した。

支持した候補者が村長に就任した後、季節託老所は社会福祉協議会の事業へ引き継がれ、1996年には、村のデイサービスセンター「こまどり」が開設される。住民のボランティア活動が公的なサービスへと発展していったわけだ。

新任の村長が公立の福祉施設を設置という公約をスムーズに実現できた背景には、栄養グループが始めた託老所をめぐる村内のやりとり（前節に既述）があった。グループの実践は、潜在していたケアニーズを浮上させ対応方法を可視化した。実際の活動を目の当たりにした役場職員を含む住民の間は在宅ケアの必要性を実感する。その土台の上に、住民のボランティア活動は公的なサービスへと発展していったのである。

自ら開始した高齢者へのサービスが村の事業となった後、会員は、新設されたデイサービスセンターでボランティア活動を継続した。その一方で、高齢者を介護する家族が支えあう「介護者の会」の発足に協力したり、村の健康まつりに参加するなど自主的で多彩な取り組みを展開している。

5）地域づくりとしての健康づくり

この段階になると、役場の職員・保健婦や病院の医療職が住民を「指導」する機会は減り、主体的に活動する住民と連携する場面が目立つ。専門職と住民の協働が進むにつれて立場の違う多様な人々の横のつながりが深まり、福祉施設誕生への大きなうねりが生み出された。

1950年代後半、村の事業のために結成された組織で食生活改善を始めた住民たちは、40年余り活動を続け、1990年代には村の福祉施設を創り出すまで力をつけた。栄養グループから発展したボランティアグループときわぎ会の活動は、狭義の保健・医療の枠をこえた生活者の視点をもとに、エネルギッシュに推進された。健康づくりは、自分だけが正常値を得て「健康」を維持するための実践ではなく、高齢者や障害者を含むすべての住民が暮らしやすい地域づくりとして展開されている。

食生活改善を自らの問題として考え行動していく過程で、住民たちは個人の生活が地域の人々との関係の中で営まれていることを知り、自分の健康を維持するためには地域を変えていくことが必要だという認識に到達する。グループの活動は、狭義の保健・健康の問題から地域住民の生活全般へと広がり、新たな社会資源を生み出した。

八千穂村には、栄養グループの他にも複数の住民グループがあり、相互に結びつきながら活動している。婦人会や青年会といった旧来の地域組織もあれば村が事業推進のために組織した集団もある。見逃せないのは、それらの組織・団体の

メンバーが重なりあっている事実だ。健康管理事業を推進するグループと生活改善事業に取り組むグループは、村役場の所管部署が異なるために別々の組織として位置づけられているが、メンバーは重複している。行政機関は事業実施にあたって各部署ごとに住民を組織するが、個々の住民にとっては、役所が類型化する諸組織は分立するものではない。生活の中で幾重にも重なり併存しているのだ。

　栄養グループの活動は、メンバーが所属する他の集団に影響を与え、またグループも地域の多彩な組織の動きを取り入れる。そうした相互関係のなかで、健康づくりは地域づくりへと発展し、行政と住民が協働してシステムとしての「社会保障」を創り出す機運が高まっていったのである。

4. 活動に関わる人と組織の動き

　村の健康管理事業の準備段階で形成された住民組織が、住民の自主的ボランティアグループへと発展し村の社会資源を生み出すまでの動きをまとめると図9−1のようになる。40年におよぶ時間の流れは、栄養グループが形成された時期、メンバーが多面的に活躍する発展期、ときわぎ会として再出発して村の福祉施設開設にこぎつける発展期と3つに分けることができる。

　図右側に示されたグループの活動内容を、若妻会が料理実習を始めた形成期からときわぎ会によるデイサービス施設が実現する発展期まで、上から下へとたどっていくと、家から出る自由もなかった若い農家の主婦が、住みやすい地域づくりを目指して社会的に活動する力を身につけていく足取りが浮かび上がってくる。行政の担当者や専門職の人々は、組織づくり（図：組織の変遷）と環境づくり（図：＊2 物質的支援・＊3　非物質的支援）の2つの側面から住民の活動を支援した。

　栄養グループが誕生した1950年代後半、村の「社会保障」は、公的制度を中心に整備が始まったばかりであった。多くの住民は、保険証をもって受診するという国民健康保険の仕組みに慣れるのに精一杯で、社会的活動をする余裕も発想も持ち合わせていなかった。その後40年を経て、グループは行政を動かす力をもつ住民組織へと変貌をとげ、村では住民の活動から生まれた組織やサービスが地域の「社会保障」の一翼を担っている。

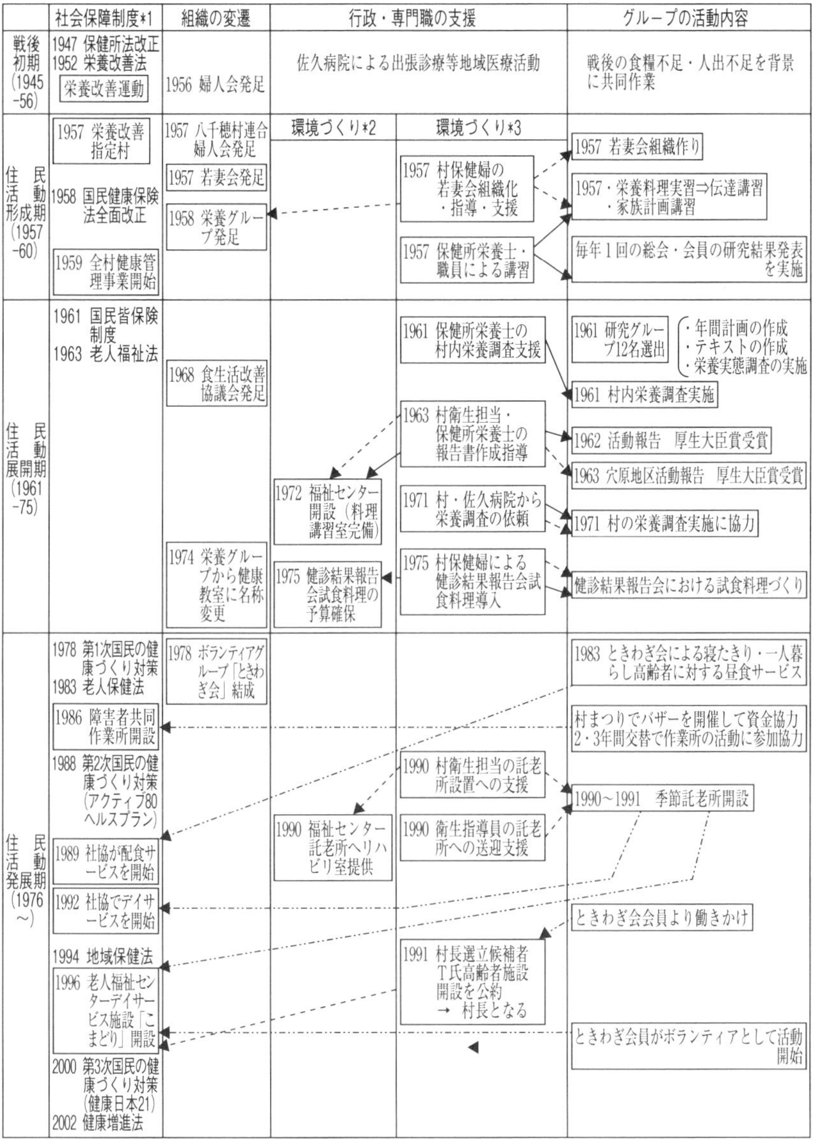

第9章 地域における社会保障システム ──「健康づくり」による「地域づくり」の事例を中心に ── 309

	社会保障制度*1	組織の変遷	行政・専門職の支援		グループの活動内容

戦後初期 (1945-56)
- 1947 保健所法改正
- 1952 栄養改善法
- **栄養改善運動**
- 1956 婦人会発足
- 佐久病院による出張診療等地域医療活動
- 戦後の食糧不足・人出不足を背景に共同作業

住民活動形成期 (1957-60)
- 1957 栄養改善指定村
- 1958 国民健康保険法全面改正
- 1959 全村健康管理事業開始
- 1957 八千穂村連合婦人会発足
- 1957 若妻会発足
- 1958 栄養グループ発足
- 環境づくり*2
- 環境づくり*3
- 1957 村保健婦の若妻会組織化・指導・支援
- 1957 保健所栄養士・職員による講習
- 1957 若妻会組織作り
- 1957・栄養料理実習⇒伝達講習・家族計画講習
- 毎年1回の総会・会員の研究結果発表を実施

住民活動展開期 (1961-75)
- 1961 国民皆保険制度
- 1963 老人福祉法
- 1968 食生活改善協議会発足
- 1974 栄養グループから健康教室に名称変更
- 1972 福祉センター開設（料理講習室完備）
- 1975 健診結果報告会試食料理の予算確保
- 1961 保健所栄養士の村内栄養調査支援
- 1963 村衛生担当・保健所栄養士の報告書作成指導
- 1971 村・佐久病院から栄養調査の依頼
- 1975 村保健婦による健診結果報告会試食料理導入
- 1961 研究グループ12名選出
  - 年間計画の作成
  - テキストの作成
  - 栄養実態調査の実施
- 1961 村内栄養調査実施
- 1962 活動報告 厚生大臣賞受賞
- 1963 穴原地区活動報告 厚生大臣賞受賞
- 1971 村の栄養調査実施に協力
- 健診結果報告会における試食料理づくり

住民活動発展期 (1976～)
- 1978 第1次国民の健康づくり対策
- 1983 老人保健法
- 1986 障害者共同作業所開設
- 1988 第2次国民の健康づくり対策（アクティブ80ヘルスプラン）
- 1989 社協が配食サービスを開始
- 1992 社協でデイサービスを開始
- 1994 地域保健法
- 1996 老人福祉センターデイサービス施設「こまどり」開設
- 2000 第3次国民の健康づくり対策（健康日本21）
- 2002 健康増進法
- 1978 ボランティアグループ「ときわぎ会」結成
- 1990 福祉センター託老所ヘリハビリ室提供
- 1990 村衛生担当の託老所設置への支援
- 1990 衛生指導員の託老所への送迎支援
- 1991 村長選立候補者T氏高齢者施設開設を公約 → 村長となる
- 1983 ときわぎ会による寝たきり・一人暮らし高齢者に対する昼食サービス
- 村まつりでバザーを開催して資金協力2・3年間交替で作業所の活動に参加協力
- 1990～1991 季節託老所開設
- ときわぎ会会員より働きかけ
- ときわぎ会員がボランティアとして活動開始

※矢印 ① 保健・医療職の動き ─→　② 行政・事務職の動き ----▶　③ 住民による行政職への働きかけ ……▶
*1 ゴシック：国の法制度　明朝：村の施策
*2 物質的支援：活動場所（公民館・福祉センターなど）、活動の「場」（健診結果報告会での役割等）の提供や予算・物品の確保等
*3 非物質的支援：活動の具体的方法の提示、組織内の役割分担などの調整、調査・研究への示唆、精神的支援等

図9-1　活動にかかわる人と組織の動き

行政主導で形成された栄養グループは、社会的に活動する自主的住民組織へと変貌をとげ、村には行政と住民の連携による社会保障システムが生まれた。それを可能にした要因は何か。活動にかかわる人と組織の動きを各時期ごとにたどりながら考えてみたい。

(1) 形成期

　1950年代、村は健康管理事業開始を射程に住民の組織化に着手した。保健婦と婦人会長が個別訪問をして「姑」を説得した結果、婦人会に若妻会が誕生し、それまで外に出る機会の少なかった若い嫁が健康づくりの担い手として登場する。

　当時の保健婦は、国の人口政策によって住民に「家族計画」を指導する業務を課せられており、若妻会がその講習の場となることは珍しくなかった。八千穂村では、出産調節方法などの指導と並行して栄養改善への取り組みを始め、婦人会・若妻会から栄養グループをたちあげた。農家の嫁たちにとって、グループは、食生活改善に取り組む場であると同時に家からの解放感を味わえる自由な空間となった。初期の組織づくりの過程をたどると、婦人会という既存の集団を、目的にあわせて巧みに再編した専門職の着眼点の鋭さが読み取れる。

　栄養グループが結成された当初、村の衛生担当職員や保健婦は活動を軌道にのせるために住民に対する指導や教育に力を注いだ。一方的に知識を伝授するのではなく、メンバーが楽しく集う環境づくりをしているところが注目される。「家族計画」の講習と同時にお茶やお花などの「楽しみ」も用意し、料理講習ではお喋りをする時間を確保するといった配慮がなされ、若妻の参加意欲は大いに高まった。

　さらに、グループに対する講習だけでなく、メンバーが受講で得た知識や料理方法を他の住民に伝える伝達講習を設定したことは見逃せない。メンバーは、専門職から学んだ内容を自らの言葉で他の住民に伝えるという作業によって栄養に関する理解を深め、食材をもちよって一緒に調理する中で地域の食生活を具体的に考える機会を得た。専門職が一方的に住民を「教育」するのではなく、住民相互のコミュニケーションと知識・情報の共有を促したことは、活動発展の重要な要因となった。

(2) 展開期

　1960年代の「展開期」に入ると、メンバーは研究員を選出し、保健婦や村職員などの支援を受けながら、年間計画をたて、調査や研究にも取り組むようになる。家では決定権をもたずに夫や姑に従って生活していた女性たちは、解放感の中で、学ぶ楽しさを知り、調査し結果をまとめ考えるという作業を積み重ねつつ「成長」していった。

　グループは、行政の呼びかけに応じた地区代表の集まりから研究員がリーダーとなって主体的に活動する組織へと変貌をとげ、1968年には、村の食生活改善推進協議会所属の組織となった。メンバーは、研究員を中心に、食生活改善推進員として調査や研究を進め、県の大会で発表するなど活動を拡大していく。

　県が食生活改善活動を担う住民代表として栄養指導補助員制度を設置すると、村保健婦は、組織のリーダー養成を企図して栄養グループの研究員2名を補助員に推薦した。県の講習を受けて栄養指導補助員になったメンバーは、グループの牽引役として活躍するようになり、のちに村の地域活動の指導者となっていく。

　栄養グループがめざましい活動を繰り広げた1960年から1970年代半ばにかけて、専門職の支援も広がりをみせる。物質的支援としては、役場職員の仲介によって公民館や福祉センターなど公共施設の使用が可能になり、活動の場が確保されたことがあげられる。また、村の職員や保健婦は、活動資金の不足を補うために行政の援助を要請し、物品の調達にも尽力している。予算化された十分な資金や物品が得られたわけではないが、住民が持続的に活動するための基盤が形成された。

　「モノ・カネ・場所」といった物質的な支援によるハード面の環境整備の上に、専門職による状況に応じた働きかけなど非物質的な支援が加わり、ソフト面の環境づくりが進んだ。この時期には、研究員を中心に、メンバー自らが調査や研究に取り組みその成果をまとめて発表する動きが出現した。活動の中で少しずつ健康意識を明確にしていく住民に対して、専門職は調査・研究の手法を伝え、報告書作成のための数々の助言を行っている。その過程で、メンバーは問題を対象化し分析する力を身につけ、視野を拡大していった。

　1970年代に入ると、役場職員や保健婦の働きかけによって、県の食生活改善協議会で調査・活動報告を行ったり、村の健診結果報告会で試食料理を実演するなど、公的な活動場面が増える。メンバーは、自ら発信する立場を体験しながら、

健康にかかわる諸問題を、地域や他の住民との関係の中で考える社会的視点を獲得していった。

(3) 発展期

1974年にグループの活動が健康教室として村の事業となった時点で、栄養グループは組織としてひとつの区切りを迎えた。活動は行政組織に継承され、グループは発展的解消をとげたわけである。「栄養グループ」という名称がなくなっても、メンバーの動きは停止したわけではない。活動の流れは、元栄養グループのメンバーが中心になって結成されたボランティアグループときわぎ会に継承された。

ときわぎ会の誕生は、行政による組織化の枠をこえた住民の自主的動きである。ただ、ここにも専門職の支援があったことは見逃せない。村の保健婦として栄養グループを支えてきたIさんが、定年退職後嘱託として仕事を続ける中で、元栄養グループメンバーにボランティア活動を提案したことが会結成への契機となった。留意すべきは、当時、Iさんは定年退職して村の嘱託保健婦となっていたことである。ときわぎ会は、Iさんがもつ専門職と村民という2つの立場のうち、村民としての比重が増してきた時期に誕生した。

会は、栄養グループの経験で培った問題意識をもとに、専門職を巻き込みながら事業を立ち上げていく。この時期には、住民から行政機関に働きかける場面が増え（図9-1矢印③）、専門職の住民に対する動きは、それまでの指導や助言ではなく、連携・協働というかたちを取るようになった。

専門職は、地域のニーズに基づいた住民の発案を評価し、その定着に向けて協力しながら村の幹部にその重要性を訴えた。住民は、活動を発展させるために、専門職の支援を受けながら村長選にも関与し、社会的行動を起こす。こうして役場職員や保健婦など専門職とときわぎ会会員が力を合わせて地域づくりに励んだ結果、住民による昼食サービスが社会福祉協議会の事業となり、季節託老所は村のデイサービス施設へ発展していった。

ときわぎ会の成立と発展過程を検討すると、専門職も村の住民としてごく自然に協働していることに気づく。村の職員や保健婦は、専門職であると同時に住民でもある。住みよい村を作りたいという住民の一体感は、地域に社会保障システムを創り出す原動力として見逃せない。

(4) 社会保障システムの誕生

　行政の施策と住民の動きが統合されたシステムとしての社会保障の仕組みはいかにして誕生したのか。住民による健康増進活動について、人と組織の流れをまとめると図9-2のようになる。

　活動組織の変遷過程で見落とせないのは、人を育てる組織づくりが展開された事実である。若妻会を母体とした栄養グループがときわぎ会へと発展していく過程で、住民組織は多様な側面をみせた。形成期に村の事業の基盤を担う集団として形成されたグループは、展開期には食生活改善運動など国の保健・医療政策の受け皿として活動の場を拡大、その後ボランティアグループへと変貌をとげて発展期に入る。

　婦人会という既存団体の再編から始まった組織は、住民の自主的団体へと変遷したが、活動主体の住民に大きな変動はない。農家の若い嫁たちは、活動の中で学び、考え、行動し、行政や専門職と連携して村の保健・医療を動かすまでの実力を身につけていったのである。行政や専門職が、「指導」に終始することなく住民が主体的に活動する環境を整え、側面から支援したことによって、自主的な組織を作りあげる住民の力が引き出された。

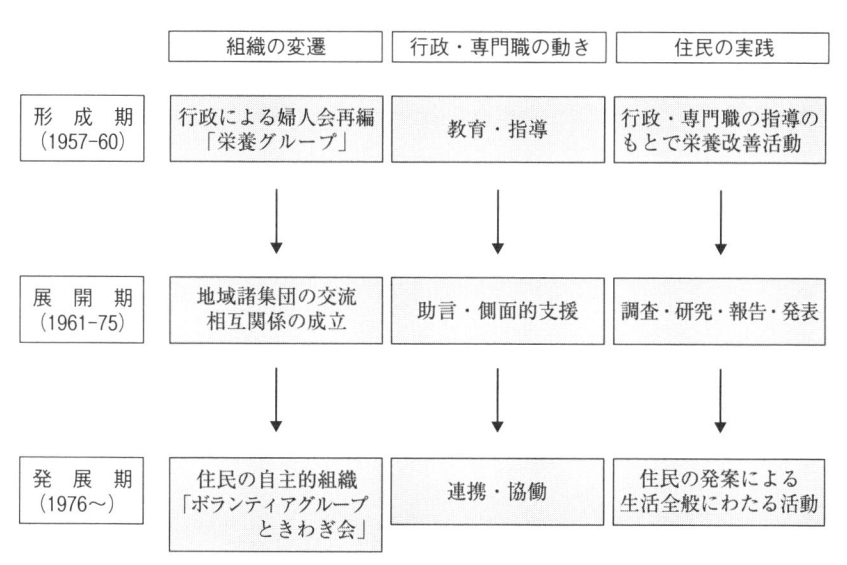

	組織の変遷	行政・専門職の動き	住民の実践
形成期 (1957-60)	行政による婦人会再編 「栄養グループ」	教育・指導	行政・専門職の指導のもとで栄養改善活動
展開期 (1961-75)	地域諸集団の交流 相互関係の成立	助言・側面的支援	調査・研究・報告・発表
発展期 (1976～)	住民の自主的組織 「ボランティアグループ ときわぎ会」	連携・協働	住民の発案による 生活全般にわたる活動

図9-2　健康づくり活動の流れ

住民による主体的活動が形成された背景には、専門職による多面的な支援があった。栄養について学んで料理を作ることから始まった取り組みは、栄養調査にもとづく食生活改善、調査結果を分析した報告書の作成へと進展していく。栄養士や保健婦は、調査・研究の進め方や報告書の作成について丁寧に助言をし、村職員は活動場所の提供や物品の調達に尽力した。

　専門職の動きは、当初は教育・指導が中心であったが、住民が力をつけるに従って側面からの支援に移行し、発展期には連携・協働が主体となる。注目すべきは、専門職とグループのメンバーが、役割が異なる同じ地域住民としての関係を保っていたことである。保健婦も村役場の衛生担当も八千穂村の住民であり、グループ員や他の住民と一緒に健康な地域をつくろうと意欲に燃えていた。

　同じ佐久地域の住民であった栄養士のMさんは、栄養グループとのかかわりの中で「戦中戦後の苦しい生活を乗り切りなんとかいい状態にしようという強いパワー」を感じたという。そして、その思いを共有した役場・病院・保健所の職員が力を合わせて、メンバーが活動しやすい環境をつくったことが、優れた実践を生み出したと指摘している。

　栄養グループからときわぎ会へと続く組織の変遷をたどっていくと、40年あまりの活動の中で、専門職と住民の間に芽生えた対等なパートナーシップが、地域の新しい社会資源創出の大きな力になったことが読み取れる[27]。

5. 社会保障システムの形成

　本章では、村の事業から生まれたひとつの組織の40年のあゆみを素材に、地域の社会保障システムについて考察した。国民健康保険が十分に機能しない事態に直面して村が始めた健康管理事業は、公的制度を補い強化する住民の動きを生み出した。地域にねざした活動が公的制度と重なりあいながら独自の社会保障システムを形作る過程を、3つのキーワードで読み解きまとめとしたい。

(1)「時間」— 時間の重なりを捉えて流れをつくる —

　八千穂村を訪ねて調査を進めるに従って、地域には2つの時間の流れがあることに気づいた。全国一律の制度や政策、経済・社会システムがつくる「表層の時間」と過去から綿々と続いてきた慣習や農業など生業にかかわる人々の日々の営みが刻む「深層の時間」である。村の健康づくりは、この2つの時間の重なりと連関の上に繰り広げられた。

1）急速に変化する「表層の時間」

　明治期以来、近代化・産業化の過程で整備された保健・医療システムは、中央集権体制のもとで均一な秩序を形成した。欧米を範に整備された医療や公衆衛生の法規は、全国の保健・医療機関の診療や患者の支払い方法を規定し、どの町や村にも一律に政策が浸透していった。それぞれの地域の生活の中で維持されてきた人々の健康は、次第に国家レベルの政策の枠内に包み込まれていく。

　戦後地方自治が法的に基盤をもつようになった後も、保健・医療に関する施策の多くは、国の法規に基づいてトップダウンで実施されてきた。国による画一的な政策は、急性感染症が猛威をふるっていた戦後初期には効力を発揮した。しかし、その後復興が進み経済成長期に入ると事情は変わる。

　生活が豊かになり医療技術が進歩していくにつれて、がん、脳血管障害、心疾患、糖尿病など治癒が難しい病気が死因の上位を占めるようになり、生活全体を見据えた地域レベルでの対策が求められるようになったのだ。国の健康づくり対策が始まった1980年代後半以降、保健・医療にかかわる施策の実施主体は国や県から市町村と移行していく。

　しかし、地域保健対策の基本的方針を策定するのは厚生労働大臣である。国の方針に従って保健師など専門職を確保しサービス計画を立案実施することになった市町村は、「分権」が不十分なまま「分担」を強いられて苦慮する。それまで国や県から「降りてくる」業務を担ってきた市町村にとって、人材確保から事業計画まで独自に展開することは容易ではない。急速に変化する法制度すなわち「表層の時間」に追われるままに、国や県の支援やモデルに従って市町村のサービスを実施せざるをえない自治体も少なくなかった。

　2000年に制定された健康増進法においても、法律に基づいて施策を実施するの

は各市町村であると明記された。地域保健法から数年を経過していたが、トップダウンの構図は変わらない。達成すべき目標値とともに住民主体の活動方法までが国から提示されて、似たようなプランが全国各地でみられるという「地方分権」とはほど遠い状況が見られた。

　市町村の健康づくりを翻弄する「表層の時間」は、地域の経済・社会にも大きな影響を与えた。産業化のうねりは地域を問わず全国各地に広がり、人々の生活を変えていく。日本が急速な経済成長をとげていく過程で、勤務労働者が増加して専業農家が減った農村には、車や電化製品が普及しスーパーやコンビニが進出して、消費中心の生活スタイルが浸透していった。

　高度産業社会が生み出した均一でめまぐるしい「表層の時間」が全国を凌駕していく中で、運動量の低下や加工食品の日常的摂取などから健康を損ねる人も現れる。そしてそれに対応する「健康食品」や「健康法」もまた全国ネットの「表層の時間」によって流布されているという生活環境は、都市農村を問わず人々を健康不安に陥れていった。

2) 一貫して流れる「深層の時間」

　現代社会は「表層の時間」に覆いつくされているわけではない。地域の実態を詳しく調べていくと、どの地域にも国の政策やコマーシャリズムに左右されない人々の営みが存在していることに気づく。人々の生活はそれぞれの土地に根ざした生業のリズムによって支えられている。

　八千穂村では、明治期から米づくりを中心とした農業と養蚕業がさかんで、農村協同組織としての産業組合が活発に活動を積み重ねてきた。昭和初期に産業組合に勤めていた村民の手記には、組合で配合肥料をつくって戦時下の食糧増産を支えたこと、国民健康保険をはじめたことなどが綴られ[28]、村民が力を合わせて困難な生活を支えあっていたことがうかがわれる。

　八千穂村の産業組合は、信用・購買だけでなく健康など生活全般に関する事業に取り組み、それが協同組合の病院として佐久病院を生み出す力になっていった。村と佐久病院による健康づくり活動の素地は戦前から形成されていたわけである。組合には事務所の他に産業青年連盟という組織が設けられ、活動は戦後の農協青年部に受け継がれていった。1970年代には農協婦人部が設立され、健康づく

りや生活改善に積極的に取り組んでいる。

　江戸時代の若者組の流れをくむ青年会の活動も見逃せない。戦前の八千穂村（畑八村と穂積村）では各地区の青年会によって連合青年団が結成され、研究会や講演会、開墾や植林、夜学や共同作業を行った[29]。戦後村ぐるみの健康管理事業が始まると、青年会の会員が住民代表として地域保健活動に従事する衛生指導員となる例が多くみられ、会は住民による活動を担う人材の重要な供給源となっていく。

　そして忘れてはならないのが婦人会の活躍である。南佐久郡では、明治期から各市町村で婦人会が設立され、農村の生活にかかわる活動を展開していた。戦時期には新しく結成された愛国婦人会や国防婦人会などとともに、国策への協力を余儀なくされたが、戦後、自主的な団体として再出発する。会員は、結婚式の簡素化や共同募金への協力とともに国民健康保険に関する勉強会や農村婦人の立場の改善などに取り組み、やがて地域の保健・福祉活動の重要な担い手となっていった。

　八千穂村における栄養グループの実践を調べていくと、戦前から連綿と続いてきた人々の営みが「深層の時間」として地域に根付き、活動を支える基盤を形成してきたことがわかる。

3）時間の重層構造を捉えて流れをつくる

　八千穂村の健康づくりをつぶさに検討していくと、その活動が表層と深層の2つの時間の連関と重なりの中で組み立てられていったことがわかる。

　八千穂村では、医療を求める農民の声を反映した産業組合の動きによって佐久病院が設立され、戦後初期から地域農村医療を展開していた。国民健康保険医療費窓口払い開始を契機に、病院と村は力を合わせて全村健康管理事業を立ち上げる。全国一律に実施される国民健康保険制度が、八千穂村では新たな活動の開始につながったわけだ。その後村における健康づくりは、国民の健康づくり対策や農村の高齢者対策といった国の政策の枠組みに沿って進められていく。

　健康づくり推進協議会や婦人の健康づくり推進員設置、生活改善グループの組織化などは、いずれも国や県の施策のながれ、すなわち「表層の時間」の具現化という側面をもっていた。注目すべきは、現実の活動が地域に根ざした「深層の時間」によって展開されたという事実である。栄養グループの活動が、既存の組織を再編しながら地域の力を引き出すかたちで展開されたことによって国の施策

は村独自の地域づくりに発展した。表層の時間は深層の時間によって地域に定着したのである。

八千穂村は、地域に流れる時間の重層構造の中で独自の時間の流れを作り出して健康づくりを進めた。どの地域にも複数の時間が存在する。そしてそれらは相互に関わりあいながら地域の時間を作っていく。地域づくりとしての健康づくりを進展させるためには、「表層の時間」に管理されることなく、さりとて「深層の時間」に埋没するのでもなく、双方の実態と相互関係を捉えて地域独自の時間を作りあげることがポイントになる。

八千穂村は、時間の重層構造を解明する過程で医療費問題に収斂されない地域の課題を見いだし、人々の生活に根ざした健康づくりを実現したのだ。

(2)「空間」── 公共空間を創り出す ──
1)「官」と「民」が共有する公共空間

地域独自の時間が創り出される「場所」に着目すると、行政と住民が共有する「公共空間」[30] の存在が見えてくる。八千穂村における健康管理事業は、村役場の職員や保健婦、佐久病院のスタッフ、地域医師会など行政や専門機関の関係者と婦人会、青年団、農協の婦人部や青年部、衛生指導員など住民組織のメンバーが結びつき協力しながら運営された。

公的部門としての官公庁が、国の施策としての健康づくり事業の方針と実施計画を決め、民間部門である個人や住民組織に対して実施していくのではなく、行政を担う村が、住民とともに事業を進めていく体制が整備されている。こうした組織的基盤は、住民主体のボトムアップの事業を実現するために欠かせない要件といえよう。

治癒困難な疾患の増加を背景に、1978年に、地域レベルの保健・予防事業の促進を掲げて国民の健康づくり対策が開始される。ところが、政策実施過程では、住民主体の地域活動さえ国が示す事業モデルとして県から市町村に伝えられ、全国各地で同じような実践が展開されることが少なくなかった。そうした潮流の中で、八千穂村が、国よりも地域の住民や関係機関に目をむけて、官と民の重なる公共空間を創り出したことは特筆に値する。

村は、公共空間の中でオーナーシップを発揮して、国や県レベルの表層の時間

に流されることなく地域に流れる深層の時間を活かした独自の健康づくりを進めた。役場は、国や県の政策を実施する事業体ではなく、住民とともに健康づくりを発案する政策主体になっている。八千穂村の事業の展開過程をたどっていくと、自治体が国の権力を分けてもらって地方政治を行うのではなく、住民自治を目指していること、つまり分権が自治につながっていることが分かる。

留意すべきは、住民をパートナーとして遇する役場の姿勢が、当事者としての住民の主体性を引き出した事実だ。「官」と「民」が共有する公共空間において、役場は住民が「自分の健康を自分でつくる」環境整備に努め、共に健康づくりに取り組んだ。八千穂村の住民グループは、行政や専門機関とともに活動を進めるにしたがって、役場や専門機関に何かしてもらうという受身の姿勢から脱して、自らの要望を提示して能動的に活動する力を身につけていった。公共空間で発揮された自治体のオーナーシップが住民の力を育んだわけである。

2) 多様な人や組織が共存する空間

健康づくりをテーマにさまざまな人々が関わる公共空間には、実に多様な集団が存している。その活動実態を調べていくと、官と民では組織のありようが違うことに気づく。役場、保健所、病院といった制度に基づいた機関は、それぞれの規則に従って独立した動きをみせるが、住民組織は伸縮自在に複層的に重なりあっている。

行政機関は、事業の担当部署ごとに住民組織を分類する。八千穂村では、住民課が健康管理事業推進にあたって栄養グループを結成し、農政課は高齢者活動促進事業を行う際に生活改善グループを立ち上げた。2つのグループは、村の文書には別々の集団として登場するが、メンバーは重複している。住民の側から見ると、2つの集団はつながっている。

健康が人々の生活と密接なかかわりをもっていることを考えれば、住民組織の重なりは当然のことといえよう。住民の生活は、医療、保健予防、福祉に関する事項の重なりと相関の中で営まれていく。個々の健康にかかわる問題は、役所の縦割り部署に合わせて分野別に発生するわけではない。生活は総合的なものであるから、ひとりの住民が、栄養グループと生活改善グループに同時に所属するのはごく自然なことだ。

注目すべきは、具体的な事業展開にあたって、病院のスタッフから住民まで関わる人々が同じ土俵で意見を交換したり、一緒に活動する場が保障されていることである。八千穂村の健康管理事業には村の事務職や保健婦とともに佐久病院の職員と住民の衛生指導員が同じスタッフとしてチームを組み、一緒にプログラムを立案・実施している。

地域の中で人と組織は重なりあいながらあたかも生き物のように伸縮自在に動いている。公共空間は、「住民の組織化」といった従来のコミュニティワークの用語では捉えきれない住民によるダイナミックな動きを生み出し、地域の「社会保障」の基盤を形成した。

(3) 「関係」── 社会関係の活用・再生・創出 ──

八千穂村において、地域独自の社会保障システムが形成される動きをたどっていくと、活動の中で成立した数々の「関係」の重要性が浮かび上がってくる。人と人、人と組織、組織間に芽生えたつながりは、ひとつの「社会関係」となって健康づくりを支えていった。

1) 生活の中で紡がれてきた関係

健康づくりの動きを注意深く追っていくと、人々の定型化されない柔軟な結びつきが地域に息づいていることに気づく。村が栄養グループを立ち上げる際に着目したのは婦人会を中心とする村の女性のつながりであった。村役場の職員と保健婦は、婦人会の会長と一緒に各戸を訪問しながら協力を呼びかけて村の事業に必要な住民組織を発足させた。

婦人会は、住民の自主的な組織というよりは行政の末端機構として位置づけられることが多い組織だ。栄養グループ誕生の端緒だけを見ると上からの組織化のように見える。しかし、グループが活動を積み重ねていく過程で有効に機能したのは人々が生活の中で創り上げてきた人間関係であった。

グループメンバーは、自分の住む地区で伝達講習や栄養調査を行い衣食住にかかわる問題に取り組み、活動を集落の人々全体と共有していく。農業を中心とした地域生活の中で紡がれてきた互助関係は、健康づくりに関する情報伝達をスムーズにし、具体的な実践を促した。行政による伝達網では断片的な知識として

素通りしがちな保健・医療に関する情報は、日常的に機能しているパイプによって血の通った情報として人々の生活の中に定着していったのである。

　見逃せないのは、伝統的な関係が復活し強化されたわけではなく、新たな課題に対応する中で再生されている事実だ。栄養グループは、戦前の婦人会を中心的に担った姑ではなく「若妻」によって組織された。家の中では姑に従うことを余儀なくされていた若い女性たちは、専門職の支援を受けながら次第に力を蓄え、個々の健康にとどまらない地域の健康づくりへと歩を進めた。

　現代に生きる私たちは、ともすれば国から都道府県、そして市町村へとピラミッド型の統治システムを前提に、政策が上から下へとトップダウンで浸透していく図式を描きがちだ。こうした考え方に依れば、市町村の中にある各区（集落）は「末端」の行政単位となり、町内会や婦人会といった地域集団は施策の浸透を図るための媒体とみなされる。そこでは、公的な施策をスムーズに実施するための相互関係が先行して住民同士の自発的な助け合いは生まれにくいことになるだろう。

　また、伝統的な地域共同体の中には「村の掟」といった等質な価値観に基づく規範に従うことを要求し、異質なものは排除してしまう傾向がないわけではない。行政の「末端」に位置づけられる閉じた共同体では、地域独自の動きや住民の自由な横のつながりは育ちにくいという捉え方が一般的だ。

　その一方で、八千穂村のように地域に紡がれてきた社会関係から自由な横の関係を生み出して地域の健康づくりに活かしている例もある。これらは伝統的関係を再生した特別な事例なのだろうか。実態を調べていくうちに浮かび上がってきたのは、人々の生活は国や行政機関に支配されつくすものではないという素朴な現実であった。

　八千穂村の健康づくりでは、村や町の中にある各区が重要な役割を果たしている。健康づくりの諸活動は、互いの顔が見える範囲で生活を共有している地区の人々のつながりを通して浸透し定着していった。「区」には、市町村の下に位置づけられた「行政区」、住民自治の基盤となる「自治区」とさまざまな顔があるが、いずれにしても地域で暮らす人々の最も基本的なまとまりとして長年機能していたことは見逃せない。

　江戸時代から、為政者は支配を徹底させるために「地域割り」を行い、分割した土地を治安維持や徴税、戦時には配給や防空・防火を担う「単位」として活用

してきた。戦後は民主的な自治区の形成が促されたが、末端の行政単位という側面が払拭されたわけではない。地域の代表というよりは上からの施策の伝達者である区長に住民が従うという構図は、現在も決して珍しくない。

しかし、国や地方の行政システムとは別のレベルで営まれている人々の生活があることも事実だ。明治期以来繰り返されてきた市町村の合併によって地域の行政区分は何度も変わった。八千穂村の大石地区を例にとると、明治初頭の大石村は1976(明治9)年に隣の八郡村と合併して八郡村となり1989(明治22)年には八郡村と畑村が合併して畑八村、1957(昭和32)年に畑八村と穂積村が合併して八千穂村ができた。

さらに、2005(平成17)年には、八千穂村と佐久町の合併で佐久穂町が誕生し、大石地区の人は明治期から数えると所属する行政機関の更新を4回も体験してきたことになる。住所表記は変わったが、住んでいる地区(集落)のまとまりは明治以来大きく変わることなく存続している。産業構造の変化が人々の生活と相互関係に与えた影響は否定できないが、農業によって培われてきた社会関係はゆらぐことなく根づいている。村の健康づくりは、こうした生活の中で育まれてきた関係に切り込むことによって成果をあげたのである[31]。

国・県・市町村といった行政機関が地域住民を全面的に支配し管理することが不可能であることは、考えてみれば当たり前のことである。明治期に近代国家としての統治システムの整備が始まり、現在につながる地方行政の仕組みが生まれてから約130年。戦時中の隣組や町内会のように地域の住民組織が統治の底辺にしっかりと組み込まれた時期もあったが、最も小さな基本的生活単位である区(集落)には、国家の統治システムとは別レベルの住民相互の関係が常に存在していた。

農業を営むために、自然災害から身を守るために、ときには支配者の圧政に耐えるために生活者が編み出した「関係」はいつの時代にもどの地域にもみられた。戦後は、急速な産業化によって、農村部においても生業を媒介としたつながりは希薄化していったが相互関係が消滅したわけではない。村では、そうした既存の「関係」を活かして地域に住む人々が健やかに暮らすための新たな関係を紡ぐ活動を展開していった。

その過程には、区をトップダウンの施策の受け皿となる行政の末端単位からボトムアップの実践を生み出す生活の最前線基地へと変えていく動きを見いだすこ

とができる。

2) 外部とのつながりとネットワークの拡大

　八千穂村が生活の中で取り結ぶ「関係」は集落の中に完結していたわけではない。健康づくりは、地区（集落）の垣根をこえた人々のつながりを多数生み出した。栄養グループのメンバーは常に外へと目を向けており、他地域へ視察に出かけたり交流の場を設けることに熱心だ。そこで得た新たな情報や関係は、託老所の建設などの活動に活かされた。

　健康づくりという一つのテーマを追求していく過程で、区や市町村といった行政区分を越えた新たな関係が次々に生まれていく様子には、開かれた公共空間ならではの人のつながりが見て取れる。ここには、伝統的な地域共同体につきまとう「完結した小宇宙」というイメージはない。

　住民相互の横のつながりを支えその形成を促したのは、町や村が病院など外部の組織と築いてきた協働関係であった。行政による健康づくり事業を実効あるものにしていくためには、専門職の知識や方法が必要だ。八千穂村は、村外の専門機関から必要な情報だけを取り入れるのではなく、力を合わせて共に「仕事」をする関係を長い時間をかけて作り上げた。

　村と佐久病院は、互いにパートナーとして水平な関係を維持している。行政担当者と医師や看護師などの専門職が一緒にチームを組んでさまざまな実践活動を行い、成果を分かち合っている。村が作り出した外へと開かれた空間には、40年という長い期間におよぶ病院との関係だけではなく、実に多様な機関や団体とのつながりが見られる。

　外へと広がっていくネットワークの形成過程を調べていくと、住民相互のつながりと機関相互のつながりが重なりあいながら拡大していったことがわかる。組織間のつながりの基盤には、組織に所属する人と人との関係がある。村の職員と病院のスタッフは、垂直ではなく水平方向に結びつきながら住民に働きかけ、横へ横へと広がる豊かな関係をつくりあげていった。

　そこには、国や県による施策を役場が住民に伝える、あるいは医師が住民に知識を授けるといった「縦」のつながりは見られない。行政も専門職も住民も水平に結びつきながら、あたかも地域を流れる毛細血管のようなネットワークが形成

されている。

(4) 地域の「社会保障」のかたち

　地域づくりとして健康づくりを進めた八千穂村の人々は、重層的な時間・空間の中で関係を紡ぎ続け、病気や障害を包み込む「安心社会」を創り出そうとしている。全国一律に「表層の時間」で提示される国の施策は、地域が蓄えてきた「深層の時間」に受け止められ、人々が水平に結びつき重なりあう「公共空間」が育む「社会関係」によって再編されていった。

　健康づくりに取り組む人々は、自らの健康が他者との関係の中で維持されていることを知り、地域の中で互いに助け合う仕組みを創り出した。高齢社会の中で病気や障害と共存しながら健康にくらすための「社会関係」だ。

　ロバート・パットナムは、『孤独なボウリング』[32]の中で、人々の信頼、規範、ネットワークといったソーシャル・キャピタル（社会関係資本）が人々の健康を向上させる可能性を示し、アメリカ社会で、政治、市民団体、宗教団体、組合、非公式な社交などへの市民参加が減少してソーシャル・キャピタルが衰退していく事実に警鐘を鳴らしている。日本でも同様の傾向が指摘されているが、八千穂村の実践は、ソーシャル・キャピタル再生のひとつのモデルといえよう。

　予防しきれない加齢や不慮のけがや病気に直面したとき、個人を支える社会保障の仕組みがその後の健康を大きく左右する。健康は、家族や学校・勤務先、地域の衛生状態や医療・保健制度といった個人を取り巻くさまざまな環境が整備されてはじめて実現するものだ。高齢のために心身機能が衰えても、病気が完治せずに障害が残っても、それを支えるシステムがあれば健康に暮らし続けることが可能になる。年金や保険といった公的な保障制度の整備はいうまでもないが、地域社会の支えあいのネットワークの重要性を見逃すわけにはいかない。

　住民は、個々の健康問題に取り組む過程で地域全体へと視野を広げ、社会的な活動を展開した。栄養グループは、障害者の作業所の立ち上げに協力したり、高齢者の通所施設を設立するなど、地域の人々との関係を紡ぎながら自分たちの健康づくりを村全体へ広げていった。

　活動が紡いだ関係の中で、人々は、年をとって体が不自由になっても、障害があっても、地域で生きていけるという手ごたえを感じて安心する。地域には人を

排除せずに包み込む社会の規範が生まれた。互いに助け合い信頼関係を築くことによって個々の「身体管理」では得られない「健康」を獲得した人々は、病気になっても障害を抱えていても健やかに暮らせる地域づくりを進めている。

新たに形成された規範は、地域づくりとしての健康づくりを支えるよりどころとして注目される。いつの時代も人は助け合いながら「関係」の中で生活してきた。自然と向き合いながら生業を営み、災害に対応していくために、相互扶助は不可欠であった。近代に入り、科学によって自然をコントロールしようとする産業社会が現れると、人々の助け合いは不要とみなされ、社会関係は次第に希薄化していく。

しかし、高齢社会となった現在、〈カネやモノを活用すれば他人に「依存」せずに生きていける〉という近代の「幻想」は崩れつつある。私たちは、再び人が互いに助け合わなくては生きていけない時代を迎えている。多様な社会資源を使いこなしてどのような「安心社会」を築くかは各地域の課題だ。地域の事情はそれぞれ異なる。どの市町村や集落にも通用する標準化された方法はない。

全国一律に施行される公的な制度を、住民の営みの中で受け止め補強して独自のシステムを創り出そうとする八千穂村の動きには、社会保障制度の限界を切り開く地域の「社会保障」のかたちが見える。

注
1) 金子勝・児玉龍彦『逆システム学 — 市場と生命のしくみを解き明かす』岩波新書、2004
2) 「健康増進法」(2002(平成14)年法律第103号) 第二条
3) 事例は、筆者が継続的に調査を行っている長野県旧八千穂村(現在は合併して佐久穂町)における実践である。2002年から2008年にかけて実施した聞取り調査(計25回のべ69人)と村役場や佐久病院所蔵の資料を参考にした。
4) 厚生労働省『平成19年簡易生命表』
5) 1946年 International Health Conference で採択された WHO 憲章 (1948年発効) の前文に記載されている (Official Records of the World Health Organization, No.2, 1948)。
6) 「人口政策確立要綱」(1941(昭和16)年閣議決定)
7) 若月俊一 (1910-2006) 東京帝大医学部卒。1944年長野県佐久市にある厚生連佐久病院に着任し1946年から1993年まで院長 (1998年まで総長)。着任当初から院外出張診療を開始、八千穂村を含む南佐久地域を中心に地域保健医療活動を展開。1952年

日本農村医学会を創設し農村医学を確立、国際農村医学会名誉会長。
8) 若月俊一監修、編集代表松島松翠、執筆藤井博之（1章、6章）梅谷薫（6章3（4））杉山章子（2-5章、7-9章）川上武（10章）『佐久病院史』勁草書房、1999
9) 若月俊一『村で病気とたたかう』岩波書店、1961、『若月俊一著作集』（全7巻）労働旬報社、1985-1986、川上武・小坂富美子『農村医学からメディコ・ポリス構想へ』勁草書房、1985、南木佳士『信州に上医あり』岩波書店、1994、他多数。
10) NHKテレビ「ETV特集」"山村の巡回診療班はいま"1994年2月、「プロジェクトX・挑戦者たち」"医師たちは走った―医療革命 集団検診"2002年1月他。
11) 「農民とともに」岩波映画、1994、「地域をつむぐ」岩波映画、1996他。
12) 元厚生省医務局長の大谷藤郎は、1981年村山達雄厚生大臣（当時）と佐久病院を視察した後、大臣が国会社会労働委員会の老人保健法審議の場で「私はこの間佐久病院を見せて貰ってきたが、あの病院のように健康な住民があらかじめ健康管理をして成人病予防するようにするのは理想的で感激した。老人保健法にその趣旨をこめていきたい」と発言したと述べている（「『農民とともに』No.164、2006年」．
13) 松島松翠他「農村の健康管理―八千穂村健康管理の10年間の実績を中心に―」『日本農村医学研究所年報』1(1)、1973
14) 杉山章子『地域保健活動におけるエンパワーメント―長野県八千穂村の健康づくり活動を中心に―』平成16～18年度科学研究費補助金 基盤研究研究成果報告書、2007、p.52.
15) 2005年に佐久町と合併して現在は佐久穂町となっているが、以下八千穂村と記す。
16) 若月監修『佐久病院史』pp.141-144.
17) 八千穂村『村ぐるみの健康管理二十五年』八千穂村、1985、pp.106-107.
18) 杉山『地域保健活動におけるエンパワーメント』pp.23-24.
19) 八千穂村『村ぐるみの健康管理二十五年』pp.142-143.
20) 若月俊一『農村医学』勁草書房、1971、p.225.
21) 八千穂村『村ぐるみの健康管理二十五年』p.23.
22) 八千穂村『村ぐるみの健康管理二十五年』p.77.
23) 杉山章子「住民による健康増進活動の形成（その1）」『日本福祉大学社会福祉論集』114、2006
24) 八千穂村『村ぐるみの健康管理二十五年』p.61.
25) 八千穂村『くらしと健康』第7号、1961
26) 八千穂村『村ぐるみの健康管理二十五年』p.172.
27) 中山大輔他「住民主体の健康増進活動の形成」『日本農村医学会雑誌』55(4)、2006
28) 八千穂村『緑のむらに語りつぐ』八千穂村、1984、pp.14-15.
29) 八千穂村『八千穂村誌』第四巻歴史編、八千穂村誌刊行会、2003、p.365.
30) 山脇直司『公共哲学とは何か』筑摩書房、2004、pp.34-35.

第9章　地域における社会保障システム ──「健康づくり」による「地域づくり」の事例を中心に ──　*327*

31）筆者が調査している沖縄県旧佐敷町でも、佐敷村から佐敷町そして南城市へと合併によって行政区分は変化したが、住民の生活の単位である集落（自治区）に変化はない。合併した旧知念村、旧玉城町、旧大里町でも状況は同じである。
32）Putnam, Robert.D. (2000) *Bowling Alone: The Collapse and Revival of American Community*.（柴内康文訳『孤独なボウリング ― 米国コミュニティの崩壊と再生』柏書房、2006）。

第10章
日本における生活保護と社会保障政策

1. はじめに

　日本の社会保障制度は、1950年代後半から1960年代にかけての安定的で高度な経済成長の経験の下にデザインされた。そこでは、終身雇用や年功序列で右肩上がりの賃金上昇が想定されていた。しかし1980年代後半以後、世界経済のグローバル化が進んで競争が激化し、終身雇用制や年功序列制度といったこれまで日本経済を支えていた構造が崩れてきている。さらに近年において、雇用形態が多様化して、パート・派遣・契約社員といった非正規労働者が増大し、社会保険の基礎をなす保険料の支払い・給付のシステムが有効に働かなくなっている。また世帯構造も変容し、三世代同居の世帯は激減し、単身世帯や夫婦世帯だけの世帯が増えてきている。したがってそこではかつてのような家族に老親の世話をするという役目を求めることはできなくなってきている。また女性のライフスタイルも大きく変化し、高学歴化から労働市場で活躍する人が増大し、晩婚・未婚の増大から、出生率も下がり続けている。かくして少子化・高齢化も予想をはるかに超える速度で進行している。このような事情から現存の賦課方式における社会保険システムの下では、年金財政や、医療保険財政を健全に維持することが困難になってきている状況である。

　近年における社会保障制度において、皆保険制度を謳っていながら社会保険の未加入者あるいは保険料の未納者が増大してきている。他方、生活保護世帯が増大してきており、社会保障と公的扶助（生活保護）との連携がうまくいっておらず、公的扶助が社会保障負担の逃げ道になっているような面もある。今や、社会保

制度の根本的改革が早急に要求されている。本章と同じような問題意識の下にある先行研究として貝塚啓明（2005）、岩本康志・福井唯嗣（2007）、大竹晋平・小西秀樹（2007）、Martin Feldstein（2005, 2007）がある。貝塚は日本の社会保障制度全体の再点検の必要性を主張し、岩本・福井は医療制度、大竹・小西では年金問題の検討をしている。フェルドシュタインはアメリカの社会保障制度を中心に包括的な議論をして改革の必要性を主張している。本章ではこれらの議論を踏まえ、今後の日本の社会保障制度改革にとって何が一番要求されているかについて論じる。

本章の構成としては、初めに社会保障政策とは何かを論じ、次に社会保険システムのメカニズムについて論じる。次に社会保障プログラムの進展を経済学観点からと非経済学的（政治学的）観点から考察する。次に社会保障の改革を実行する場合の重要なポイントを失業保険・年金・医療保険のそれぞれについて考察する。最後に社会保障制度と公的扶助（生活保護）との関係をどのように調和・維持していくかについて考察する。

2. 社会保障制度の役割とその意義

社会保障政策を考える場合、2つの軸が考えられる。1つは政府がどの程度かかわるか、2つは保険システムで行うか税方式で行うかである。この2つの組み合わせによって、各国の特色が出てくる。福祉国家といわれるスウェーデンにおいては、社会保障のレベルも高いが国民の負担率も70％以上で、租税負担率は50％近い。他方、日本やアメリカの負担率は、先進諸国においては最も低いレベルにある。

日本の社会保障政策の根幹となっているのは、社会保険システムである。このシステムは、保険の仕組みを利用して給付を行う国全体の防貧システムである。すなわち個人の力では対処できない出来事（リスク）に対して社会全体で助けあうシステムであり、民間保険と違って加入が義務付けられる。また民間保険の場合には、そのサービスの需要側や供給側の好みや要望が考慮され、最終的には保険料が、その需給量が均等になるように決定される。したがってこの場合、保険

料の支払いと給付との関係が明確であり、保険料の未納が起こることはない。社会保険の場合には、民間保険と事情が大きく異なる。

　社会保障の財源は、保険料だけでなく国庫金（一般税収）からの繰入で調達することも可能であり、どちらの方式をとるかの問題がある。後者の場合、さらなる問題として所得税と消費税のどちらで賄うかの問題がある。所得税の増大は、労働インセンテイブを抑え、経済成長にマイナスの影響を与える。また所得税の場合、所得の捕捉率に差があるとき、不公平が生じる。消費税の上昇は、逆累進的であり、日本の場合「益税」の問題もあって、売上げが少ない企業にとって有利となる[3]。保険方式で賄う場合、民間保険を使うか公的保険を使うかの問題は、後に説明することにして、ここではいずれにしても拠出と給付の明瞭な関係が求められることになる。そこでもし人々にメリットがないと判断されれば、保険料の未納が生じることになり、保険システムの維持が困難になる。さらに保険の場合、人々の間でリスクがプールされることによって各人が便益を受けることになるので、できるだけ多くの国民が加入した方が望ましい。したがって自由加入の民間保険より、強制的な公的保険の方が望ましい。

　しかしながら社会保険の場合、保険料や給付額は社会的観点から考察され、保険者の収支均等から計算されるものではない。したがって拠出額と給付額の関係が不明瞭になり、保険の加入者にとって保険料を支払うインセンテイブがなくなるケースもでてくる。さらに社会保障の目的として、いかなる所得層にもそのサービスが行き渡ることを考えると、保険料の設定において応能原則が適切であると考えられるが、この場合、異なるグループ（職種や企業規模）に異なる保険の存在を認めるとすると、その間での財政上の調整が必要となってくる。

　医療保険の場合、被保険者の保険料は、2009年4月1日の時点においては健康保険と介護保険を合わせて標準月収額の4.77％、使用者のそれは5.07％である[1]。また厚生年金の場合には、15.704％を労使折半している。両者合わせると民間企業に働いている標準的な労働者の場合、12.622％の保険料を支払っている。また農林水産業や自営業者、学生などは、国民年金保険料として月に1万4,460円を支払うことになっている[2]。さらに社会保険の財源に関しては、国民年金や国民健康保険の給付の1/2が国庫金から賄われることになっている。

　日本の場合特筆すべきこととして、農林水産業や個人経営に従事している人を

も保険システムに組み込み、1961年に画期的な国民皆保険制度として成立したことである[4]。しかしながら今日保険料の徴収率が60%台に落ちていることを考えると、皆保険制度として出発したことの是非の判断は難しいところである。すなわち当初から保険料の徴収において実務的に困難な階層の人々を含んでいたが、予想外に反して今日労働形態の多様化からそのような人々が増えてきているところに、現代の問題がクローズアップされてきている。

保険システムは生活保護（公的扶助）と異なり、所得制限などの条件はなく、受給資格が生じたら、あらかじめ決められた保険事故に対して、誰もが給付を受け取ることができる。一方生活保護は、生活における困窮の原因を問うことなくある保護基準に達したすべての人を救済する制度である。この制度の対象者になるためには、所得調査、資産調査、就職活動をしているかどうかなどのチェックを受けなければならない。というのも生活保護は、その人の能力、社会保障制度あるいは扶養者の存在などあらゆる手段を使っても健康的で最低限度の文化的な生活ができない場合にのみ、頼るべき最後の手段として想定されているからである。

年金の場合、年金を受け取ることができる年齢に達したら、保険料さえ支払っていれば、資産に関係なく誰もが受け取ることができる[5]。厚生年金の場合、現役時代の平均的な標準月収額の約50%を年金として取得できるように設計されている[6]。この背景には、社会保障制度は、現在の生活を基準として、もし何らかの予期しないショックが起きた場合に、生活水準の大幅な低下を防ぐための社会的なシステムと考えられているからである。したがって社会保険システムは、本来的に所得再分配の目的を持って実施されているものではない。

しかしながら実際的には医療保険の場合、確かに所得の一定割合あるいは一定額を保険料として拠出する一方で、給付としては同じ質の医療サービスを受診できるので低所得層に有利となっている。年金においても、国民年金の保険料は所得水準に関係なく一定額である一方、一定額の給付がもらえる。そしてその財源の$\frac{1}{2}$は国庫負担で税収から賄われている。税金を払っているのは現役世代で国民年金の加入者は高齢者が多いことから、これは事実上現役世代から高齢者への所得再分配であると言えよう。また厚生年金や共済年金の場合には報酬に応じた保険料を支払うが、給付は所得が増える程度よりははるかに小さな割合でしか増えず、累進的な負担を被っている。したがって社会全体としてみれば、現役労働者

に負担が集中しているという意味において、再分配効果があるとも言える。

　しかしながらこれらは、社会保険を実施する過程において、結果的にそうなっているのであってそれ自身を目的としているのではないと考えるのが妥当であろう。また長期的観点から考察すると事情は変わってくる。第一に、社会保険は個人の貯蓄を低下させ、これによって民間の資本ストックを減少させる。これによって実質賃金は低下し資本収益率は上昇するだろう。これは相対的に労働者から資本家階級への所得移転を発生させることになるだろう。また高所得水準の人々と低所得水準の人々の平均寿命を考えた場合、前者のほうが長く生きるとすると、年金の給付水準も高所得水準の人々にとって有利となるであろう。また配偶者の扱いにおいても専業主婦は保険料を支払わなくても年金を受け取ることができ優遇されている。これも一般的には高所得水準の家計に有利に働くであろう。さらに医療保険においても高額医療の控除制度があるが、これも他の条件一定の下において、還付される額は高所得者の方が多くなるであろう[7]。さらに年金の場合、就業年数が増えても年金は比例以下にしか増えないので、就業年数さえ満たせれば、働き始める時期が遅ければ遅いほど得策と考えられる。これもそのような環境にいる相対的に裕福な人々に有利であると考えられる[8]。またアメリカにおいて、コロナド・フラトン・グラス（2000）の研究によると、社会保障プログラムによるジニー係数は変化していないことを示している[9]。

　失業給付に関しては、離職する期日の1年以内に6か月の被保険者期間があれば、失業給付が得られる。給与の一定割合を保険料として納め、離職後も働く意思があって求職活動をすることによって給付金が得られる。給付額は離職前6か月の給与額合計を基準に月給の50～80％ほど支給される。給与水準の低い人ほど、この割合は高くなっている。さらにこの率は、離職理由によっても異なり、会社の都合によって止める場合は、自己の都合によって止める場合に比べて高くなっている。これは一見すると、所得再分配効果をもたらすと考えられるが、実際には必ずしもそうではない。給与水準の低い人は、転職の多い傾向があるとすれば、給与に対する割合は高いかもしれないが、給付期間も短くなり、絶対額としては少なくなる。他方、給与水準の高い人は、一般的に転職も少なく労働期間が長いので給付期間も長くなり、全体としての給付額は多くなる。また受給条件から、失業期間が長く続いている人は、この手当の受給資格者にはなれない。こ

のように考えるならば、このシステムは所得再分配効果を目指したものというより、一時的な所得の減少というリスクに対処するための措置であると言えよう。もっともこのシステムの目的が当初から新しい職を見つけるための期間の生活保障にあったことから当然と言えるかもしれない。

　医療保険に関しては、国民健康保険、健康保険がある。前者は市町村が運営主体(保険者)となって国や都道府県が半額程度の補助をしている。国民健康保険は、他の保険に加入することができない人を国が面倒を見るということで無職（退職者・失業者・フリータなど）や自営業の人も加入することができるようになっている。したがって所得に関しては、制限を設けていないのであって、いくら所得があってもよいのである。後者は一般の被雇用者が加入していて、一定の保険料を支払っている。医療サービスを受ける場合、一般の人は3割が自己負担、70～74歳の人は2割（高額所得者は3割）、75歳以上の人は1割が自己負担で残りは保険から支払われる。ただし0歳から義務教育就学前までは2割の自己負担、70歳以上の高齢者については、ひと月の自己負担の上限が設定されている[10]。これらの政策は、所得再分配というより負担の公平性を求めた結果であると考えられる。医療保険の場合その種類において、健康保険・船員保険・共済保険・国民健康保険によって保険料などの負担において差がある。国民健康保険は他の保険から拠出を受けて成立しているが、他の保険もそれほど余裕がなく、今後保険間の財政上の調整が重要課題となる。

　社会保障制度は、本来的に失業問題から生じる貧困というリスクに備えるためのシステムから出発してきている。保険のシステムは本質的に、リスクの低い人からリスクの高い人へ所得移転がなされる仕組みである。そしてリスクの低い人とは、失業になりにくい人であり病気になりにくい人である。一方反対にリスクの高い人は、失業する可能性の高い人であり、病気になる可能性が高い人である。前者に属する人には高所得層の人が多く、後者に属する人々の中には低所得層の人が多い傾向があるので、結果として所得の再分配が生じているのであって、始めから所得の再分配を目的としているのではないのである。

　今日においても世界経済のボーダレス化による競争の激化から、どの分野においても経営の合理化が追求され、雇用の不安定性が高まってきている。したがって現代においても失業やリストラに対するセイフティネットの必要性はますます

高まってきている。しかも社会経済環境の変化ならびに企業の合理化政策によって雇用の多様化が進み非正規社員・パート労働者が激増してきている。また今日的現象として、女性のライフスタイルも従来と比べると大きく変化し、晩婚・非婚・キャリア志向の女性が多くなってきている。その上、親と同居するカップルは稀であり、家族間での相互扶助を期待できない状況になってきている。したがってこれまでの保険方式（失業保険・年金保険）によるだけの生活保障ではとらえきれない人々が激増しており、その結果として公的扶助への需要もますます増大している。

貝塚啓明は、社会保障を「家族や地域共同体の相互扶助機能の低下という社会的変化に適応する制度的産物」と捉えている[11]。この見方からすると、現代の社会保障制度は所得の再分配を主としたものより、現代的な社会的扶助の供給という点に力を入れるべきであると考えられる。この意味では、介護保険サービスや育児にたいする社会的なサービス給付が充実されるべきであろう。そしてこのようなサービスが不足していると、社会的入院といった社会保障の本来の意図に反した現象が起きることになる。

所得制限がある福祉プログラムと所得制限のない保険プログラムとの支出水準を比較して見ると、後者の方が圧倒的に多い支出となっている。これは、高齢化が進んで医療費や年金の支出が増大しているのであって、貧困層が少なくなってきていることを意味しているのではない。最近ではむしろ生活保護を必要とする人が増えてきている。今後、社会保険システムを維持していくために、社会保険の「保険」の原理を重視するとともに、拠出と給付の関係を明らかにしていく必要がある。しかし「社会」の観点を重視すると、年金・医療サービスの平等な便益の享受や全員加入を遂行できるようなデザインを考慮する必要もでてくる。この場合、一般財源からテコ入れが必要不可欠になってくると考えられるが、他方一般財源に頼り過ぎると、労働インセンテイブにマイナスの影響を与え、社会全体の生活水準の低下を招く危険性がある。本章ではこのリスクを重視して、前者の立場から政策提言をしている。

3. 社会保障制度のアーキテクチュア

(1) 社会保険システムの役割

　各国における社会保障制度の違いは、社会における政府の役割に関する考え方を反映している。ヨーロッパにおいてはアメリカと違って国家の社会における積極的な役割が重視される。ここでは画一的なサービスの普及は、主に政治的な国の統一あるいは連帯の達成という目的から来ており、この地域における人々は一つの家族として見なされ、すべての点において同等に扱われるべきであるとされる[12]。したがって社会保障制度の枠組み作りの基準は、それによって相互扶助あるいは社会における連帯感が強化されるかどうかである。このような考え方からすると、負担の多少にかかわらずすべての人が同等なサービスを受ける資格を持つことは、当然のこととなる。しかしこのことが社会にとって望ましい資源配分かどうかは別問題である。またこの考え方からすると、すべての労働者が加入する年金の賦課方式制度に私的な企業年金制度を使うことには、反対の立場がとられる。

　政府が医療サービスや退職後の所得補償に関わることに反対する人も多く見受けられる。アメリカの著名な経済学者ミルトン・フリードマン（Milton Friedman, 1962）は、社会保険システムは個人の自由を侵害するということでその導入に反対している。またアメリカにおいては、公的な医療保険は存在しない[13]。反対派の一番大きな理由は、人にはそれぞれ好みや選択基準も違い、その結果として選択するものも異なる。それを強制的に一つの公的な保険に加入させることは望ましいことではなく、例え強制的に加入させたとしても、保険財政の収支において経営上成立が難しくなると主張している。

　退職後の所得保障や医療サービスへの備えを個人の決定に任せるべきかどうかについても、社会保険システムの導入賛成派は、個人の判断よりは政府の判断が適切であると考え、反対派は逆の考え方をする。個人の判断は、近視眼的になる傾向があると言われているが、合理的根拠があるわけではない。日本の場合には、これまでは家族や企業、あるいは地域コミュニティが病人や高齢者の世話、あるいは緊急時の扶助を行ってきたが、経済環境の変化もあって、現代ではそれを期

待できなくなってきている。したがって国の役割に頼らざるを得なくなってきているところもある。

　保険システムを採用する場合にしても、民間の保険も利用可能であることを考えると、なぜ政府が主導的な役割を演じなければならないかを考える必要がある。実際、日本において皆保険制度を採用しているが、例えば国民年金保険において加入が義務付けられている人の中には、実際には保険料を支払っていない人（非加入者）が激増していることから財政的な苦境に陥っていることを考えると、本来的に皆保険システムが望ましいかどうか疑問に思われるところがある。

　そこで次になぜ民間保険でなく社会保険システムでなければならないかを、2つの情報の非対称性の観点から検討して見よう。1つは、情報の非対称性から逆選択（アドバース・セレクション）が起こり、民間市場が成立しないケースが出てくるからである。医療保険の加入者は、自分の健康状態については保険会社より多くの情報を持っている。したがって例えば平均寿命が短いと考える人が保険に加入してくる傾向にあるだろう。そしてこのような人々は実際に早い期間内に病気になったり死亡したりするので、保険会社は保険金を支払う可能性が高くなる。この結果として保険会社もそのような事態に備えて、保険料をより高くすることによって対応することになる。これによってなお一層、病気がちの人や平均寿命が短いと考える人だけが加入することになるだろう。こうして加入者数も限られてくると、さらに一層保険料の上昇という悪循環が始まり、保険市場が成立しなくなる。

　次に民間市場における年金型の金融資産の問題を考えてみよう。この場合も自分のことをよく知っている買い手は、例えばその人が自分の平均寿命は短いと考えているとすると、わずかな金額しかこの資産に投資をしないであろう。他方、保険会社も、比較的に平均寿命が長いと考えている人々のみが保険の買い手となるだろうと考える。そこで保険会社は、リスクを最小にするため、非常に高齢の平均寿命を持った人々を想定した年金資産を販売するようになる。しかしこのような年金資産は、普通の人にとって魅力ある年金資産ではなく、この資産が有利になるのは自分の平均寿命がかなり長いと思っている人だけとなり、その需要には限界があり、この場合も保険市場が成立しなくなる。

　このような問題を解決する一つの手段として、すべての人に保険の加入を強制

する社会保険がある。しかし社会保険が民間保険に比較して優れているかどうかは、社会保険の内部収益率、民間保険の収益率、金融市場の非年金型の利子率、退職前後の支出パターン、遺産に対する選好度などいろいろな要因に依存する。ある人が民間保険か社会保険かの選択において、今後自分自身の健康に関する新しい情報の追加がないとするなら、例えば若い時にどちらかを選択する場合、情報の差による違いからの問題は、無視できるであろう。この場合、もし積立式の運用型年金システムが民間保険より高い収益率を挙げることができるなら、言うまでもなく社会保険が有利であろう。

　2つ目の情報の非対称性は、民間保険会社においては、初めから給付金を頼りにして貧困層（病気）になるリスクを避けようと努力しない人々とたまたま運が悪く不可抗力によって貧困層（病気）になる人を区別できないことからくる。特に退職後の所得保障や生涯にわたる罹病などのリスクは、保険期間が長期にわたるので、モラルハザード（道徳的危険）が起きやすい。そこでこれを防ぐためにリスクを避ける努力をしたら報酬が得られるようなインセンティブを与える必要がある。この場合、最低限の保障を確保しておく必要があるだろう。実際的にも多くの国において、最後の救済措置として生活保護制度が存在する。これは所得審査（means test）によって条件さえ満たせば、給付金が与えられる制度である。ところが所得審査による給付の場合でも、人々の中にはその審査基準を満たすほうが容易であるなら、敢えて努力しないでこの基準を満たすように行動するものもいる。したがって公的保険とこの制度が併存する場合には、モラルハザードを防ぐためには、公的保険による給付金が生活保護による給付金を上回っていることが前提となる[15]。

　一般的に、所得審査による給付あるいは自由な選択から生じるモラルハザードが生じると、その負担が他の人々にのしかかり、社会保険の場合と比べて社会的厚生水準が低下すると考えられる[16]。換言するとこの場合、貯蓄に対して一種の税が課せられたのと同じ効果がもたらされる。すなわち消費が刺激され貯蓄が抑制される。換言すれば特に所得水準が低い層において、資格審査によって得られる給付は、退職後においてもしも自分たちが合理的に貯蓄していたら得られる水準と比べると、低い額の消費水準しか得られないかもしれないが、しかしこの場合でも人によっては、現役期間において高い消費水準を達成し、退職後は給付に

頼ることによって一生涯の効用水準を高める可能性がある。もっともこの場合、財源は他の人々の税によって賄われており、その人たちの効用水準を低下させていることは言うまでもない。

(2) 税の調達による社会的ロス（死荷重（デッドウエイトロス：deadweight loss））

　日本の場合、生活保護の受取額が年金より大きい場合も表れており、また財政的に大きなシェアーを占めてきており、今後も高齢化の進展とともに増えていくと予想されるので、何らかの対策が必要とされる。所得審査による給付（財源は税収）と社会保険による画一的給付の選択は、①どれくらいの人が所得審査による給付の対象になるか②その財源（増税）による社会的な損失はどれくらいか③社会保険の場合、何人ぐらいの人が、退職後の生活のため自分たちが望む以上の貯蓄をさせられているかなどに依存する。①に関しては、もし所得審査による給付件数が多くなるということは、社会保障システムが有効に効いていないということであり、再検討を必要とする。③に関しては、拠出と給付の関係に依存している。

　ここで②に関する増税による社会的ロスを検討して見よう。教科書的なモデルを考える。代表的消費者は効用関数Uを考え、$U = U(L, C, D)$とする[17]。ただしLはレジャー、Cは消費、Dは所得からの控除額とする。予算制約式は$C = (1-t)[w(1-L) - D]$とする。ただし消費財価格は1、利用可能な時間は1、tは比例税、単位当たりの賃金をw、控除や手当をDとする[18]。所得税の増大は、予算線の傾きを緩やかにし、一般的にはレジャーの増大（労働時間の減少）となる。すなわちレジャーと消費の選択において、所得税の増大は消費財の相対価格を上昇させる。これは、予算制約式を$(1+π)C = [w(1-L) - D]$、$(1+π) = (1-t)^{-1}$と書き直すと、$(1+π)$だけ消費財価格を上昇させることがより明らかになる。その結果、消費（＝労働時間）が減少する。したがって所得税の効果は、消費税の効果として評価できる。またこの場合、控除額（D）とジャー（L）の相対価格は不変である。したがって消費税が比例税ではなくて非線形であるなら、レジャーと控除の相対価格は変化しない。

　図10－1の左図を使って説明しよう。DD線は補償需要曲線である。所得税(消

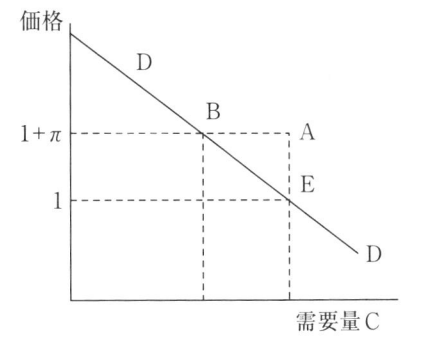

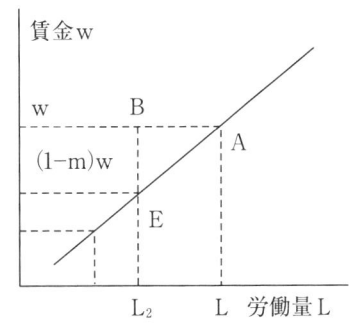

図10-1 社会的ロス（財市場・労働市場）

費税）が課税された場合の社会的ロスは、三角形ABEで、

$$\Delta ABE = 1/2 \pi\, dC = 1/2 \pi\, [dC/d(1+\pi)]\, d\pi$$
$$= 1/2 \pi\, [dC/d(1+\pi) \times (1+\pi)/C]\, C\pi/(1+\pi)$$

$(1+\pi) = (1-t)^{-1}$ と $d\pi = \pi$ の関係を使うと、$\Delta ABE = 1/2(t^2/(1-t))\varepsilon C$ である。ここで ε は課税率に対する需要弾力性である[19]。控除が変化する場合の課税所得の変化に対する社会的ロスも同様に計算すると、$\Delta ABE = 1/2(t^2/(1-t))\varepsilon_d Y_d$ になる。ただし Y_d は課税所得（所得から控除を際し引いた額）、ε_d は課税所得の需要弾力性である。

　所得税率が低下したとき、$(1-t)$ が上昇する。補償需要関数上で考えると代替効果だけが存在し、消費財価格が安くなり、消費財需要したがって労働供給が増えレジャー需要が減少する。しかしながら控除額が増大したとすると、同じ税率であっても課税後所得が増大する。このとき、所与のレジャー時間と給与以外の便益需要（フリンジベネフイット）に対する何の行動変化がなくても、外生的所得の増加があるとそれらに対する需要量が変化すると考えられる[20]。これは所得効果が働くことを意味する。この場合一般的には、レジャー時間やフリンジベネフイットに対する需要は増大するだろう。これが控除所得の変化による所得効果である。もし控除額が外生的に変化しても、フリンジベネフイットへの需要が変化しない場合には、レジャー時間は増え、労働時間は減少するだろう。あるいはもしフリンジベネフイット需要が増大するとしても、労働時間は減少し課税後所得は減少するだろう。いずれにしても、所得効果はマイナスになる。

より一般的な枠組みで考えるなら、課税所得控除が増大した時の効果は、所得効果と代替効果をもたらす。所得効果は控除が増大すると課税後所得が大きくなるので、レジャーが増大し労働時間は減少する。また所得効果でフリンジベネフイットの需要が増大する場合にも、労働時間は減少する。他方、代替効果として、控除額を増やせば増やすほど課税支払が減少するので、現金収入よりはそれ以外のフリンジベネフイットの多い職種を選択するようになるだろう。この場合も労働時間の減少となる。こうして見ると控除額増大の変化は、労働時間の減少につながり経済に大きな影響を与える可能性がある。

アメリカにおける研究において、課税所得の変化に対する弾力性 (ε_d) は、通常の課税率の弾力性 (ε) に比較してかなり大きいと言われている[21]。人々の限界税率が上昇するような状況におかれると、労働時間を減らすだけでなく、いろんな方法を使って課税所得を減らそうと努める。例えば大きな責任を伴う仕事や地位を引き受けないようにしたり、課税所得の計算において控除されるような資金の使い方をしたりするようになる。日本の既婚女性の場合、103万の壁があると言われているが、これも限界税率がゼロから次の段階の税率に大きく上昇するわけで、それを避けるために労働調整されていることを考えると、課税所得の弾力性は非常に大きい。したがって社会的ロスも非常に大きいことになる。このように考えると、所得に対する課税の方法として配偶者控除やいろんな控除の措置は、予想以上の社会的ロスをもたらしている可能性がある。

これまでのことを労働市場で検討して見よう[22]。図10-1の右図において補償された労働供給曲線が描かれている。これは労働の限界生産物曲線でもある。今、限界税率が上昇して労働者が受け取る賃金はwから$(1-m)w$になるとする。ここでmは経済全体の平均的な限界税率とする。この時の社会的ロスWは△ABEで、$W = 1/2 (\triangle L) wm$となる。労働供給量の賃金に対する反応△Lは、$(dL/dw) \times wm$となり、$W = 1/2 [(dL/dw) \times wm] \times wm$を得る。これに$L_2(1-m)/L_2(1-m)$を掛けると、

$$W = 1/2 [(dL/dw) w (1-m)/L_2] (m^2/(1-m)) wL_2$$
$$= 1/2 \eta (m^2/(1-m)) wL_2, \tag{1}$$

ηは、E点における労働供給の弾力性である。ηは、労働市場に歪みがない場合には、Aでの弾力性が想定され、この場合、

$$W = 1/2\ \eta\ m^2 wL \tag{2}$$

(1) は (2) と比べると、社会的ロスの値が大きく出る。なぜなら税率が変化するとき事業主の社会保険料などの支出を考慮すると、事業主は税率の変化に対し敏感に反応して労働需要量が大きく減らす傾向にある。図10-1の右図において留意すべきことは、労働供給は賃金と労働の限界価値生産物の価値が等しくなるところで決定されるが、この場合労働の限界生産物の価値と労働者が受け取る賃金との間には税や社会保険料などの楔が存在することである。すなわち事業主は、事業主が支払う社会保険料やフリンジベネフィット、さらには間接税などがあるので税引き前にはこの部分を考慮している。逆に労働者が税引き後に受け取る表面的な賃金は、これらが考慮されていないので、実際的な社会的ロスを計算する場合には国民所得に社会保険料や税の部分を加える必要がある。日本において2008年度の雇用者報酬は262兆3,900億円、社会保険料の事業主拠出やその他を合わせて300兆として社会的ロスを計算すると以下のようになる[23]。

表10-1　社会的ロス　　　　　（単位：億円）

η	m	(1) 式 (wL$_2$ を未計算)	(2) 式 (wL を未計算)	(1) 式	(2) 式
0.2	0.2	0.005	0.004	15000	12000
0.3	0.3	0.0193	0.0135	57857	40500
0.4	0.4	0.0533	0.032	160000	96000

(1) 式と (2) 式を比較して見ると、η や m が大きくなるに従ってその差が大きくなる。ここで強調したいことは、安易な税率（限界税率）の上昇は、無視できない大きな社会的なロスにつながる可能性があることである。

社会保障を保険方式で行う場合と税収で行う場合のどちらで行うかは、それらのサービスを実施する場合のコストを斟酌して判断されるべきである。保険料の未納率が高くなるということは、実施コストが上昇していることを意味している。また、公的保険において例え政府がアドバース・セレクションを起こらないようにできる能力を備えていたとしても、政府が介入すべきであるということにはならない。なぜなら政府あるいは官僚にしても、自分の属する団体あるいは自己の利益を第一に考える傾向があり、このこととシステムそのものの効率性と必ずしも一致するとは限らないからである。

社会保障の財源として、一般的には保険料と税収の両方で調達されるケースがほとんどである。この場合、ある保険料の下で給付金を受け取ることになるが、このシステムが存続可能になるためには、すべての個人が自分で運用して得られるより低い収益率の受け取りになる必要がある。なぜなら、一般会計（税収）からの繰り入れがあるので、その分の債務が発生しているからである。これによって可処分所得は低下し、貯蓄の低下、資本の低下につながり、さらには税収の低下が見込まれ、将来的には税率の上昇が予想される。したがって一般会計からの繰入額が大きくなればなるほど、自己運用した場合の収益率との差が大きくなり、大きな負担を国民に強いることになる。

　社会保障プログラムとしてどのようなものが望ましいかは、それぞれのプログラムの相対的なコストやそのプログラムの枠組みに依存する。例えば資金源として税収に依存するのか、保険料の運用を土台にするかといった要因に依存する。政府は税収より保険料によって賄う方法を好む傾向がある。なぜなら増税の場合、消費税で行う確率が高いが、この場合逆進的となり、人々から反感を受けやすい。したがって政府にとって、増税は回避したいと考えるのが普通であろう。他方、保険料での調達は実行の方法によっては一部の人々だけに負担を強いることになる。次に社会保障プログラムの進展状況について検討して見よう。

4. 社会保障プログラムの進展プロセス

(1) 社会保障プログラムの進展プロセスにおける政治力学

　福祉政策の発展を考える場合、政治力の役割を無視することはできない。すなわち政治的な力によって福祉政策が推進されていくケースである。北欧諸国などでは、社会民主主義的な政治力によって、福祉国家が建設されたと言ってもよいだろう。もちろんこの背後には歴史的な推移、文化的要素や風土なども関連している。しかしながら、最終的には人々がそのような福祉国家を望んだということである。一般的に、各政党は自分達を支持してくれる人々にとって有利となるような政策を行おうとするが、この過程において政権の座にまで就くことは稀である。福祉政策においては、便益とともに負担も伴うが、人々は負担のことになると、

及び腰になる傾向がある。できるだけ多くの支持を得るような政策が考えられるが、このことから考えると北欧諸国のような国全体の支持を得て福祉国家となるような例は稀である。通常は現存の福祉政策への追加や改正案についてさえ、政治的な交渉によって成立しない場合が多いのである。

　日本の福祉政策を政治学的観点から概観してみると、老人医療費の無料化が特筆されるべきことである。1960年代後半からいくつかの革新自治体によって老人医療費の無料化政策（70歳以上）が行われるようになる中で、1973年に国の政策として実施されることになった（寝たきり老人は65歳から無料）。さらにその後年金の物価スライド制、健康保険の家族給付7割、児童手当などが創設され、1973年は福祉元年と言われるまでになった。したがって福祉政策と政治力は、まったく関係がないとは言えず、ある程度の関係があると言える。もっともこの政策は、医療費の急増を招いて財政的に苦しくなり、結局は国民により大きな負担を強いることになった。

　また社会保障制度の枠組みとして、社会福祉サービスの適用範囲をどのように設定するかについても、当時の政治体制と関係する。すなわち国民全員が普遍的な制度に加入するのか、あるいは職種や産業、あるいは企業規模によって異なる制度をデザインするかの違いである。前者の例としては北欧諸国の社会保障制度やイギリスの医療保険制度があり、後者の例としては、ドイツや日本の年金や医療制度がある。グループによって保険制度が異なると、財政的に余裕がある保険グループと財政的に苦しい保険グループとの間の財政上の調整が問題になる。そこで問題になるのが、財政的に苦しいグループをどのように支援するかということである。比較的余裕があるグループからの支援が必要不可欠であるが、実際的にはそれほど簡単ではない。当時の政権が敢えてさまざまな保険制度を創設したことは、それぞれの国の歴史的経緯や文化的背景と関連している。企業と労働者の連帯感や産業の連携が強い国では、企業別や産業別の保険グループが形成されやすい。またいくつかの保険グループに分けたほうが、実行性においてスムーズに進行していくと考えられる。しかし保険グループ間の財政力の差が大きくなるにつれて、いかに統合するかが最重要課題となる。

　社会保障プログラムの透明性と政治的な支持の間にも関係があると考えられる。ルールが複雑であると、国民の支持を得られない傾向がある。例えば保険料

の支払いと給付とのリンクが不透明になると、負担感だけが増大して、保険料の未納が起こりやすくなる。実際、日本における多くの未納者は、将来の給付への不安からそのような行動に出ている人も多い。これを防ぐ方法としては、拠出と給付の関係を1対1にして、例えば比例所得税の拠出にして、給付もその積立額を賃金上昇率などで運用したと想定して給付するようにすると簡単明瞭になるので、未納という現象は起こらないであろう。ただしこの方式を採用する場合には、国民を総番号制にして当局が個人の所得を詳細に管理することが重要である。この問題はこれまでにも何度も議論されてきているが、決定までに至っていない。所得の捕捉率については、現状においても被雇用者、自営業者、農業従事者との間で十・五・三と言われるような大きな差がある。政策当局者（政治家）の中にも、国民の総番号制に必ずしも積極的な支持をしていない人も多いと言われている[24]。政策が実行されるかどうかを決めるのは、必ずしもその政策が効率性や公平性の観点からだけで判断されるのではない。そのような政策が実行されると大きな不利益を被る人々がいる場合、しかもその数は少なくとも集団で大きな反対の圧力を加える場合、あるいは政策に携わっている人々の中にそのような人がいる場合には、そのような政策はむしろ実行されない可能性が大きいであろう。

　社会保険システムを維持するために、拠出と給付のリンクを明瞭にする必要があるが、そのためには自主的に運用する積立式にするのが望ましい。しかしこれに対する反対意見として、人によって受け取る年金において非常に大きな差が出るかもしれないということがある。経済的には自己責任で済ませるが、政治的にはそれではすまない問題となる。最悪の場合の保証の程度を明らかにしておくことが必要不可欠である。もしすべてが明らかにされていたら受け入れられるようなプログラムも、不明瞭な部分が少しでもあると受け入れられないことは現実にはよくある。

　最後に政策の長期的な安定性の問題がある。経済学の観点から政策を考える場合、一般的には長期的に維持可能な政策が考えられる。しかし政治的には人々に受け入れやすい政策が優先される。これは政策のタイミングにも関係する。今すぐにでも実行されなければならない政策でも、政治的な観点から延期されることはよくある。例えば日本において高齢化によって多額の社会保障支出は止むを得ない事情であると考えられ、その財源として多くの人が、増税は避けられないと

考えている。しかし近いうちに選挙があると増税案の審議は引き延ばされる。その結果、ますます財政は苦しくなり、後の世代に大きな負担を残すことになる。

　また人々に受け入れやすい政策というのは、その時の状況に大きく依存する傾向があり、仮にある制度が創設された場合、それによって人々の行動パターンが変化することは政治的には、考慮されないケースが多い。その結果、当初予想していた成果とまったく違った結果をもたらす可能性も出てくる。例えば日本の場合、医療サービスの料金は点数の出来高制によって決定される。これはどこに行っても同じ医療サービスを同じ価格で受けられることを狙ったものであり、人々に受け入れられる政策であろう。しかしこれによって投薬や注射が増えたり、過剰な検査が行われたりして、医療費の激増を招く一因となった。さらに医療サービスの供給側は、この制度の下ではサービスの質を改善するインセンティブがなく、患者にとっても良質のサービスを受ける機会を逸し、そうでない場合と比べると医療費の増加の一因となっている。

　そもそも社会保障政策が必要とされるのは、経済が不況で失業率が高く、現在の生活水準も低く将来の備えもできないような状況にある時である。さらに社会保障の担い手に関しても、家族であれ国であれ、財政基盤がしっかりしていればそれほど大きな問題にはならないように思われる。しかし逆に社会保障の担い手 ─ 個人であれ国であれ ─ の財政基盤が脆弱になってくると、さまざまな問題が生じてくる。

　今日、経済がグローバル化され競争が激化し経済状況が大きく変動する傾向が強くなるにしたがって、労働市場も流動的になり、その結果として家計経済も非常に不安定になってきた。さらに少子化・高齢化の進展が社会保障制度に政治的にはこれまでと違ったスタンスを人々に印象付けようとしている。例えばこれまでケインズ政策と言われる需要拡大的な政策が主流であった。そしてそこから落ちこぼれた人を福祉政策によって救うというパターンであったと考えられる。しかし今日では需要拡大政策というより、無駄を省き公共事業もどちらかというと慎重で緊縮的な方向にある。もっとも福祉政策は充実させる方向である。このような政策は、角を舐めて牛を殺すところがあって、結局のところ生活保護などの支出増によって財政を圧迫する危険性があるので注意を要する。最終的な目的として、経済を活性化して人々に余裕のある生活を保障することである。今や特に

先進国の経済はマクロ的に見て不況のなかにある。したがって第一に考えるべきことは、経済をいかにして完全雇用や物価の安定などの基本的な目標を達成するかであると思われる。

社会保障政策が政治的な審議を経て決められる時、その時のパラメータや経済変数は一定あるいはある予測値の前提の下で決定されるが、その前提は必ずしも一定あるいは予想したような動きをしないかもしれない。例えば日本の場合、賦課方式の年金制度で出発したが、当時の出生率や家族システム、さらには労働市場における終身雇用、年功序列賃金制などを考慮すれば、一見すると妥当な制度であると考えられた。しかし今日ではその前提が崩れ、大幅な修正が要求されている。また高齢者の介護においても従来は家族によって行われることが前提にされていた。したがって社会的入院などということは考えられなかった。しかし家族の役割が変容し、家族が面倒を見る余裕がなくなり国が面倒を見ざるを得なくなってきた。その結果として介護保険が誕生した。これに関しても、家族で面倒を見る場合には、何らかの優遇政策を施すことも考えられたが、一律に介護保険を導入したが、今日介護保険がうまく機能していないことを考えると、家族での介護の方向で考慮する余地はあったと思われる。しかしこのような政策は、過去への回帰となり政治的には人気のない政策と考えられたのであろう。

今や公的年金制度の存続が危ぶまれているが、存続か廃止かは民主的な審議過程を経て政治的に決定される。この場合も最終的には人々の意見に依存する。将来において廃止を支持する割合が高くなると、そのことが現在の世代に影響して、現役世代も廃止を支持するようになるかもしれない。しかし現役世代は現在において保険料を支払っているし、退職した高齢者はすでに保険料の支払いを終えているので、存続を求めるであろう。今後高齢化に伴って現役の割合が退職者の割合に比べて非常に小さくなると、拠出が多く給付が少なくなるので、廃止を支持する圧力が強くなり、政治的な判断で廃止される可能性もある。

(2) 社会保障プログラムの進展プロセスにおける経済メカニズム

1) 社会保障プログラムが及ぼす経済的効果

社会保障制度あるいはその改革があると、それによって人々の行動が変わり、それによる経済へ大きな影響がもたらされる。普通の人はこれに関してそれほど

深刻に考えないが、経済学的には大きな影響となる。例えば年金制度の充実が、国民貯蓄を低下させたり退職の時期を早めたりする可能性、また失業保険の充実が失業率の増大を招く可能性、社会保障の充実が医療費の増大につながる可能性などがある。もちろんこれらは一つの可能性であって、必ずそうなるものではない。また好ましくない結果がもたらされる場合においても制度そのものに欠陥があるのではなく、その制度のデザインあるいはパラメータの設定に問題があるかもしれない。例えばJonathan Gruber and David Wise (1999) によると、ヨーロッパ諸国においては、社会保障の充実による早期の退職、失業期間の長期化が問題となっているが、アメリカではそのような兆候は見られないと主張され、日本においても同じ状況である[26]。

そこで慎重に考慮されるべきことは、パラメータの設定、特に税率の設定である。すなわち社会保障プログラム自体が、直接的に個人の行動に影響を与えるというより、その財源を調達するための税の引き上げが、個人の行動に与える影響を重視しなければならないことである。税の引き上げは、労働供給の減少だけでなく人的資本蓄積への努力の停滞、仕事に対する努力水準の停滞、さらには職業選択が現金収入の多寡よりも税の引き上げから影響を受けないような福利厚生面の整備状態に大きく依存するように変わるもしれない（これらは生産性とは関係しない）。すなわち一般均衡のフレームワークで考えると、税の引き上げは、部分均衡で想定される単なる労働供給の弾力性の問題だけではなく、努力水準や職業選択などいろんな面に影響を与えることにより、生産量への影響も、通常想定されるレベルをはるかに超える大きなものがあると考えられる[27]。

したがって税の安易な引き上げにつながるような社会保障システムは、できるだけ避けるべきである。この観点から推奨されるべきシステムとして自主運用の積立式の社会保険である。このシステムでは、自主運用なので拠出と給付との関係が明瞭になる。問題になるとすれば、運用の成績によっては、給付が極端に少ない人々も出てくることであるが、そこは最低限の保障を考えておくことで解決できると思われる。ここで問題となるのが個人の自主運用から生じる収益率と政府の賦課方式による強制貯蓄からの収益率とでどちらの収益率が高いかである。前者のほうが後者より高いとするなら、積立式に移行することによって、パレート最適を達成できるであろう。

2) リスクの削減と歪み

　社会保障は、老後の所得低下、失業、医療サービスの支払いによる消費水準の大幅な低下から、人が健康的で文化的な最低限度の生活を送ることができないリスクから守るためにある。あるいは、支払い能力から適切な医療サービスを受けることができないリスク、現職より適切な職をサーチすることが望ましいにもかかわらず、生活のためにそれを続けなければならないリスク、体力的な限界を超えても働き続けなければならないリスクから人を守るためにあるとも言えよう。

　しかしながら一方で、保障の程度が度を過ぎると、このようなリスクを自らの努力によって回避しようとしなくなる。すなわちモラルハザードが起こる。これは早期の退職を誘発したり、過剰な医療サービスを要求したり、失業期間の長期化を促し、社会的ロスをひきおこす。したがって経済学的観点からは、保障を追加することの便益とそれに伴う歪み（コスト）の程度が限界においてバランスを保つようにデザインされていなければならない。

3) 社会の変容と社会保障制度

　今日の社会は、日本の社会保障制度が創立された当初と比べると大きく変化してきた。第1に経済構造や家族構造が著しく変容した。従来の安定的な雇用関係から不安定な雇用関係、非正規労働者の増大、女性の社会進出、家族の役割の低下などによって既存の社会保障システムでは把握できない人々の増大や介護者の不足によって、社会保障制度における給付の増大、収入の減少から財源的に破たん状態にきている。社会保障システムそのものも財源において破綻してきている。

　第2の変化は、技術の発達、特にコンピュータ関連の通信技術の発達である。さらには資産管理や金融工学の発達によって、国民一人ひとりの資産管理も容易に実現可能になってきた。この結果、個人の自主運用による積み立て型による年金制もその管理コストが大幅に低下して、実行できる環境が整ってきたように思われる。

　第3の変化は、世界経済のグローバル化によって競争が激化して、人々や企業が経済的インセンテイブによって行動が敏感に反応するようになってきた。したがって社会保障システムにおける税やルールの変更などによって、人々の行動も大きく影響されると考えられる。この結果、税の引き上げによる影響も従来と比

べると、格段に大きくなってきている。

　これら3つの変化によって社会保障制度も今や、根本的改革の時期に来ている。少子・高齢化は異常な速度で進んでおり、既存の年金システムの下では将来の給付に対して人々の不安感を増大させている。医療保険においても高齢者の医療費支出が激増して、どのように支えていくかについて解決策が求められている。これまでの社会保険システムでは、今や限界に来ているように思われる。次に今後の社会保障システムの改革の方向性について検討して見よう。

5. 社会保障改革と所得再分配

　社会保障の改革に当って、強調されるべきことは、その目的は最低限の生活もできないような貧困層を取り除くことであって、全体的な所得の再分配や不平等を除去することではない。さらに経済学的な観点からパレート最適の概念が適用されるべきである。すなわち改革によってある人が有利になるとき、そしてその人の所得水準がたとえ平均より高い人の場合でさえ、他の誰もが不利にならなければ、その改革は望ましいとされる。そこで推奨されるべき政策として、自主的に運用できる積み立て方式の社会保険制度への移行である。この場合、最低限の所得保障はしておくものとする。この時の財源は一般財源からの繰り入れである。このシステムの一番のメリットは、個人がリスクを避ける行動に出るインセンティブを持つことである。

(1) 失業保険

　初めに失業保険について検討しよう。ここでいう失業とは、非自発的失業である。すなわちいかなる職でも就きたいにもかかわらず景気が悪く職がない場合である。しかしヨーロッパ諸国における高い失業率は、失業保険に誘発されている面も大きいと思われる。すなわちそこでは自発的失業者が問題となっている。自発的失業者が多い状況において、財政金融政策による総需要拡大政策は、失業率の低下に結び付かずインフレーションを発生させるだけになる。

　また Larry Katz and Bruce Meyer（ラリー・カッツとブルース・メイヤー）は、

失業保険と職探しとの間にも正の関係があることを主張する[27]。彼らの研究によると失業保険が過度に長期間の職探し活動を誘発しているとして、その証拠に失業手当が切れる数週間前から急激に職につく確率が高くなると主張されている。さらに Jim Poterba and Martin Feldstein（ジム・ポテルバとマーチン・フェルドシュタイン）の研究によると、失業保険給付金を得ている人の留保賃金の中央値は、前職の賃金のそれより高くて、その給付金の補償率の増加関数であると主張している[28]。さらに失業給付金は、景気循環や季節的な景気変動に左右されやすい企業への保護政策として作用している面もある[29]。というのは、景気が悪くなるとそのような企業はレイオフをするが、労働者は失業給付金によってその時を過ごしまたその企業に戻ってくることになる。もし失業給付金がない場合、レイオフして戻ってきてもらうことを前提にするなら、その分の補償を賃金に上乗せして契約しなければならないだろう。しかし失業給付金によってそれをする必要がないのである。経済全体の観点から見れば、失業者を頻繁に出す企業に援助をしていることになる。

　失業保険制度におけるモラルハザードの弊害を取り除く一つの方法として、失業給付金も課税所得として課税することである。給付金がジョブサーチ活動に使われているとするなら、給付金に課税することは不合理な提案ではないであろう。失業給付金が労働供給において歪みを発生させているとするなら、理論的には失業による生活水準低下のリスクから守る限界便益とその限界費用から、最適な失業給付金が計算される。そしてこの最適な失業給付金は、リスクに対する回避度や失業期間の反応度などの要因に依存する。失業リスクに対する回避度は、不確実な金融資産に対する投資の場合のそれより、大きいかもしれない。何故なら失業は、その人の人格的な存在意義にも関わるような大きな精神的ショックを与えるが、金融資産への投資は他に収入源があるので失業のようなショックはないからである。さらに失業した場合、給付金を得たとしてもその期間が短いので、新しい職を探すことはそれほど簡単ではないことを考慮すると、リスク回避度は高いと思われる。したがって給付金はそれほど高額でなくてもいいことになる。

　解決策としてまとめてみると、①現行のままで給付金の水準や期間を変更する②給付に際して所得や資産の資格審査を行う。①や②のいずれに関しても、モラルハザードの行動は減少しないであろう。何故なら給付の条件が変わっても、初

めから給付金の獲得を考えている人々は、それに応じて行動も変えてくるからである。そこで次の方法として③すべての人が失業保険口座を持つようにし、積立型の自主運用にするものとし、失業状態に陥ったらここから現行の賃金の一定割合（例えば50％）を引き出せるものとする。なお、この積立勘定に最低限の残高もない場合には、国から支払われるとする。③に関しては、失業保険口座をマイナスのままで退職する誘因はあるが、他方プラスの残高をできるだけ大きくして退職時に受け取るという逆のインセンテイブも働く。したがってモラルハザード的行動の誘因は弱まると考えられる。

(2) 年金制度

現状の状態が進むと年金財政が悪化し、現役世代においては増税や保険料の増加につながる一方、給付は切り下げられるという世代間の不公平感が大きくなる。この結果、保険料の未納などの歪みが大きくなり、社会保険システムの崩壊につながる。そこで賦課方式から個人単位の自主的運用の積立方式への移行を推奨する。

日本における年金システムは基本的には、賦課方式の確定給付システムである。基礎年金については確定給付であるが、属している保険によっては、就業期間やその期間の稼得所得に依存するところもあるが、現役時代の給与平均の約50％の給付が想定されているので、所得に依存して給付がほぼ決まっていると言えなくもない[30]。

厚生年金や共済年金の保険料は、雇用者と被雇用者の間で折半される。この制度は、ドイツやフランスなどでも採用され、労働者と企業との連帯を深め、生産性の向上に寄与すると考えられている。日本の企業は、この他にもフリンジベネフイットと言われる非法定福利厚生費（非賃金支払い）にも積極的な支出をしている。この中には退職金や企業年金も含まれ、税制面で優遇されている。この非賃金支払いは、労働者と企業との長期的な関係を維持することに寄与している。財務的に余裕がある大企業では、有能な労働者のリクルートや企業へのコミットメントを高めるのに、非法定福利厚生費を充実させている[31]。労働者にとっても、賃金の上昇という形で便益を受け入れる場合には、課税によってその一部は自分自身の利益にはならないので、非賃金支払いで実質的な便益をより多く受けるほうが有利になる面もある。

賦課方式による強制貯蓄の影響は、ポール・サミュエルソン (1958) によって次のように説明される。簡単化のために資本がない経済を考えると、賦課方式における税収の増加率（あるいは内部収益率）は、人口成長率に等しくなる[32]。もし労働生産性の増加率がある場合には、人口成長率にこれが加わる。したがって賦課方式においても、国全体として厚生水準が上昇する可能性はある。しかしながらもし資本が存在する経済を考えると、強制貯蓄はその分の資本の低下を招き、資本の限界生産力分の生産量が減少することになる。これによってずっと将来まで消費の低下が起こることになる。しかしこの消費の低下の現在割引価値は、今期にこの貯蓄を受け取る退職世代の利得に等しいので、一国内の再分配になり国民経済全体としては、何の影響もないのである。ただしこの結論は、資本所得に課税などの歪みがないという仮定に依存している。
　ところが実際の社会においては、資本所得には税が課せられ、消費の割引現在価値を導出する場合の割引率は、資本の限界生産力より小さくなる。さらに消費水準が上昇するにつれて消費の限界効用は逓減していくと考えられるので、割引率は資本の限界生産力よりはるかに小さくなると考えられる。したがって資本がある場合の経済を考えるとき、資本蓄積の低下から生じる将来の消費の損失が、現在の退職世代が受け取る利得よりはるかに大きくなり、国全体としての厚生水準が低下することになるだろう。したがって一般的に言って、もし強制貯蓄が自主的な貯蓄を上回っていれば、社会的ロスが発生することになる。
　次に労働供給への歪みがある。日本の場合、所得に応じて年金給付額が決まる部分があるが、ここでは労働供給を増やして所得を増加させることによって、年金の給付額を増やそうとするインセンテイブがあるかどうかが問題とされる。既婚女性で専業主婦の場合、保険料を払わなくても年金を獲得でき、配偶者が死亡しても遺族年金を受け取ることができる状況においては、労働市場で働こうとするインセンテイブはそれほど強くない。もし女性が働いて夫より多くの所得を得る可能性が高い場合には働く価値があるが、日本の場合その可能性は低い。また勤続年数を増やすことによる年金への影響はわずかであり、年金の資格条件である 25 年を満たしている場合、年金を増やすために労働供給を増加するインセンテイブはほとんどないと思われる。
　労働供給への歪みは、公的年金から得られる収益がもし市場で運用した場合と

同じ収益を得られるなら、歪みはなくなるであろう。なぜならこの場合、公的年金は単に私的貯蓄の代替の役割を果たしてくれたにすぎないからである。労働供給に歪みが発生するのは、人が最適と考える貯蓄より多くの強制貯蓄をさせられている場合、あるいは人々が公的年金で想定されている死亡率が自分たちの真の死亡率を反映していない場合である。このような場合、年金システムを賦課方式から積立方式に移行したとしても、歪みは小さくなるが完全にはなくならないであろう。

　最後にヨーロッパでは大きな問題となっている早期退職による歪みである。特に退職が遅くなるにしたがって税の増額あるいは給付の減額の可能性が高くなる時、早期退職の可能性が高くなる。早期退職がおこると、タックス・ベースが減少して税（消費税）の引き上げにつながることになる。企業側がもしこの税の引き上げを賃金の引き下げで相殺しようとしても、何らかの理由によってこれができないとき、税の引き上げは失業率の上昇をもたらす。年金との関連では、賦課方式において退職年齢の差は、給付額によって調整されるし、積立式の場合においても、もしある人が退職前に死亡したとしても遺産として処理されるので、これらは大きな問題とはならないであろう。むしろ失業率の増大が、GDPの減少や失業給付の増大を引き起こして問題となる。

　上述した3つの歪みを緩和するのに推奨されるのが、賦課方式から自主的に運用される積み立て方式への移行である。ここで想定されている積立式の年金システムは、個人が口座を持って、そこに保険料が積み立てられる。直観的には保険料は比例所得税のようなものを考え、給付においても所得に一定の収益率が付加されたものが得られる。この場合の最大の特色は、拠出と給付の関係が1対1にあり、多く拠出すればするほど給付も多くなる。したがってモラルハザード的な行動は生じない。例えば早期退職の歪みに関しては、早期に退職すれば給付金が少なくなり遅くまで働けば給付金が増えることになるので、早期退職の問題は起こらない。しかし実質的な資本蓄積が行われないので、消費の現在価値の減少という点では変わりがない。

　賦課方式から積立式に移行する場合に4つのことが懸念されている。第1点目は、賦課方式から積立型に移るコストである。システムの移行に関して、当該世代に二重のコストが発生すると言われる。一つは老齢世代の給付のための資金源

を支払わなければならない。他の一つは自分たちの老後のために拠出する必要があるからである。しかしフェルドシュタインによると、積立口座を開くことと移行期間において追加的な貯蓄をすればスムーズに移行できると主張している。その理由は、積立口座と賦課方式の間に収益率の差があるから、借り入れをしても返却可能だとしている[33]。問題はその前提が正しいかどうかである。

　最近の金融市場を見てみると、頻繁に大きなショックに見舞われていて、金融資産の収益率は大きく変動している。年金ファンドを危険資産に投資していいかどうかも問題であるが、高水準の安定した収益を得られるかどうか不明瞭なところがある。フェルドシュタインが想定するような高い収益率を獲得できれば問題ないが、むしろ現実は低い利子率しか得られないところに問題があると思われる。

　第2点目は管理コストである。積立型に対する批判として、管理コストが巨額になるというものがある。これに関しては、コンピュータ技術の発達によって今日では大幅に下がってきている。またこのコストは取引額よりは取引件数に依存し、取引額に関しては規模の経済が働き、金額が多くなると単位当たりのコストは低下すると考えられる。第3点は、年金ファンドの金融資産投資へのリスクの問題である。高い期待収益率を求めて投資する場合、確実に収益が得られる保証はない。しかしながら賦課方式においても将来の動きを完全に予測することはできず、例えば人口学的な要因から保険料の増大や給付金の減少のリスクは存在する。積立型の場合には、自分でリスクを管理できるが、賦課方式の場合には自分では管理できないところに大きな違いがある。もし予期していたような収益を得られない場合には、自己責任として処理せざるを得ないであろう。第4点として、所得分配への影響特に貧困層への影響である。自主運用なので十分な給付が得られないケースも出てくる。年金制度そのものに所得再分配の目的を本来的に持たせないとし、貧困層には最低保障などによって支援することが望まれる。積立式に移行した場合、自主運用になるので世代間の不公平感はなくなるが、自分自身が被るリスク負担が大きくなることに留意しなければならない。

(3) 医療制度

　社会保障費の増大のなかで、医療費の増加率、特に高齢者のそれが高齢化の進展とともに激増している。高齢者については罹病率が高く長い治療を要する傾向

があるので、医療費が上昇するのはやむを得ない事情もあるが、問題はその負担を国としてどのようにするかである。

　日本の現状は、70歳以上の高齢者の医療費の支払いは、老人保健制度から行われる。老人保健制度の財源は、50％が公費、本人負担は10％以下で残りは国民健康保険・健康保険（政府管掌健康保険、組合管掌健康保険）・共済組合からの拠出金である。国民健康保険においてもその給付額の50％は公費、残りが保険料収入から賄われている。国民健康保険に加入している高齢者は70歳以上の高齢者が多いので、日本の医療システムは現役労働者の多い健康保険や共済組合から高齢者への所得移転システムであると言える。医療保険の場合、保険料が所得に比例して多くなる一方、医療サービスは保険料の多寡に関係なく同じである。

　民間の医療保険は、リスクを嫌う人が、将来の病気による巨額な支払いリスクを避けるために、正当な保険料を支払うことによって、例え病気にかかったとしても大幅な生活水準の低下を免れることができるシステムである。しかし社会的にすべての人に同質の医療サービスを提供する公的な医療保険の場合、応能原則に基づいてデザインしなければならないだろう。その結果、保険財政収支において、異なった保険の間での調整が必要になってくる。しかしそこでは保険グループ間の不平等が存在し、これが大きくなると保険システム全体の存続に影響してくる。さらに医療保険で留意すべきことは、医療サービスに対する需要が一定ではなく、その価格に非常に敏感で、医療サービスに対する自己負担が低いと過剰な治療需要が発生することである。病院が高齢者のサロン化しているという話はよく聞くところである。この結果、医療サービスが真にそれを需要している人に行き届かないという場面も出てきて、社会的なロスにつながっている。一般的に保険のカバー率が高くなればなるほど、追加的なリスクの減少からの利益よりは、過剰な医療サービス需要や治療によるロスの方が大きくなる。理論的に最適な保険のカバー率は、追加的なリスクカバー率の限界便益が限界費用に等しくなるように決定されなければならないが、社会保険の場合には、これが成立していない。すなわち保険料が外生的に限界便益より小さく設定されているので、過剰な医療サービス需要が生じている。この場合、過剰な需要といっても個人の観点からは、合理的行動なのである。

　ここで保険を使って罹病からの生活水準低下リスクを削減する場合、2つの方

法が考えられる。一つは被保険者が健康な人とそうでない人から構成されて、最終的には健康な人からそうでない人に所得移転されることによる方法である。日本の場合、健康な人が加入している割合が高い健康保険や共済組合から病気にかかる確率の高い高齢者が多く加入している国民健康保険へ所得移転がなされている。しかしこの場合、保険システムとして前者の負担が多くなってきている。

　他の一つは、個人のライフを現役期間と退職後の期間に分けてリスクを削減する方法である。これは高齢になると罹病になるリスクが高まるので、個人のライフスパンの中で、リスクに対処する方法である。具体的には、積立式の年金システムを医療システムにも応用するものである。具体的には、各人が働いている期間に医療口座を開設して所得に比例するような保険料を事前積立てする[34]。そしてこれが市場で一定運用され、退職後に年金と同じように給付される。病院で治療を受けた場合にはこの口座から支払われる。このシステムのメリットは、人々が治療コストに対して敏感になり、日頃から健康状態に注意するようになって医療費の削減につながると思われる。また病気になりがちな人は、本人自身がそのことを承知しているので、その分の備えはできるはずである。もちろん若い時にもその口座が赤字となることもあるが、それには一定の条件をつけ赤字の最高額も設定しておく必要があるだろう。

　この制度の危惧される点は、拠出と給付の関係に敏感になり公的保険への加入を回避する者が出てくる可能性があることである。社会保険として全員の強制加入を実現するためには、低所得者層が加入できるような保険料体系にしておく必要がある。そのためにはこの公的医療サービスを基本的なものにしておき、長期にわたって診療が必要であるとか高度な医療技術を必要とするような医療サービスは、人々自らが民間保険で対応するようにすることが妥当であると思われる。

　さらに事前積立の場合、資産の運用が予測したような収益を上げることができず、最低限の医療サービスも受けることができない人々が現れる可能性がある。この場合何らかの方法で面倒を見る必要があるが、その場合のコストと現状の医療費増大による国民全体の負担のコストと比較して、どちらが大きいかである。ここで強調したいことは、現状よりは健康について、自己責任で健康管理をする部分を増やすことで医療費を削減することである。

6. 生活保護（公的扶助）と社会保障

(1) 生活保護の現状

　1950年代から1960年代にかけて創設された日本の社会保障制度において、生活保護（公的扶助）は例外的にその制度によっては救済されないような人々の生活を保障するために補完的な役割を果たしていた。しかし今日、経済環境や社会環境が大きく変化して、構造的に従来のシステムからはみ出る人々が多くなってきている。実際に1990年代後半から、生活保護受給者が一貫して増えてきている。したがって生活保護（公的扶助）政策もこれまでの社会保障政策を補完するだけではなく、社会保障政策の枠組みにおける一つの大きな支柱となるような位置づけが求められている。

　生活保護には、2つのタイプがあって貧困者対策のものと低所得者タイプのものがある。前者は生存権を保障し、さらに健康的で文化的な最低限度の生活を保障するものである。このタイプは、社会保険と異なり何ら拠出をすることなく受け入れ資格さえ認められれば生活保護サービスを受けることができる。そのためにはミーンズテスト（資力テスト）を受ける必要がある。これは、所得が生活の最低基準以下であるかどうかの調査である。生活基準額は一人単位と世帯単位の両方の観点から計算される。後者は、低所得者に対する所得制限付きの扶助で児童手当・児童扶養手当・公営住宅制度・生活福祉資金貸付制度などがある。

　被保護世帯数は、図10－2から明らかなように1985年頃から1993年まで減少し、1992年、1993年、1994年には60万世帯を割っていた。しかしその後上昇してきて2006年度・2007年度にはそれぞれ約107万世帯・111万世帯になっている[35]。保護率も同様に1985年から1993年まで大きく減少し（21.0→14.0‰）、その後現在まで上昇し続け22.6‰（2006年）に上っている[36]。

　表10－2より生活保護受給者数を家族類型別に見てみると、高齢者世帯と障害・傷病者世帯が合わせて83.5％を占め、残りは母子世帯とその他の世帯である。2000年代に入ってから「その他の世帯」が徐々に増えてきている。これは後で説明するが、失業が長期化していることと関連している。またこれまでも失業率と生活保護受給者数とは正の関係があったが、表10－3から見てとれるように

図 10 - 2　被保護者世帯数

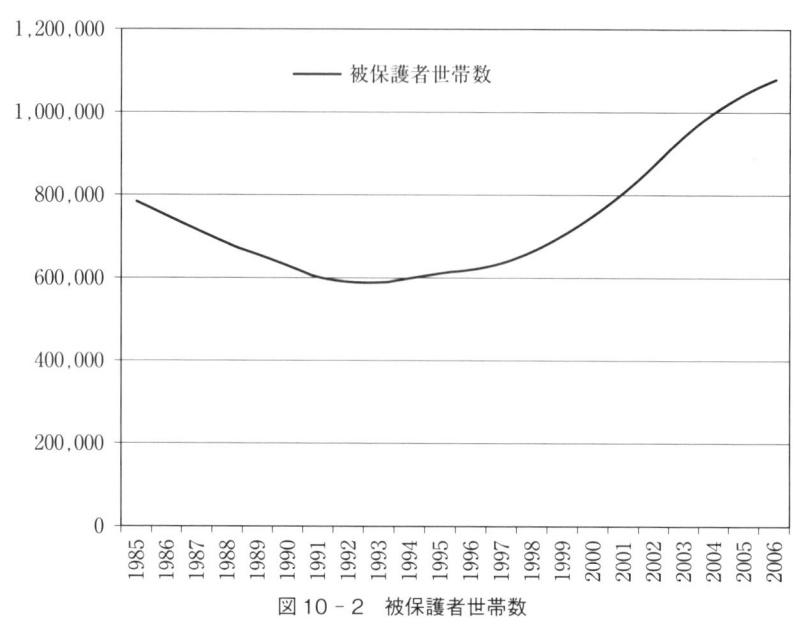

出所：被保護者全国一斉調査、個別調査、第2表（8 - 1、8 - 2）、平成19年、厚生労働省

表 10 - 2　家族類型別保護世帯数

被保護世帯総数	1082690	（％）
高齢者世帯	498640	46.1
母子（総数）世帯	88710	8.2
：母子（死別）世帯	2290	0.2
：母子（離別）世帯	76370	7.1
：母子（その他）世帯	10050	0.9
障害傷病者世帯	405430	37.4
その他の世帯	89910	8.3

出所：図 10 - 2 と同じ

表 10 - 3　家族業態別被保護者数

総数	1082690
就労	134230
自営業主	3840
家族従事者	360
内職	6730
雇用	112720
常用	91790
期間の定めあり	8870
定めなし	82920
臨時・日雇	20930
その他	10580
不就労	948460

出所：図 10 - 2 と同じ

2006年においても不就労（失業）状態になると保護を受ける傾向が高くなる。しかしここにきて、就労状態であっても11万人以上も保護を受けているのは一層深刻な問題かもしれない。この場合、雇用形態は、パート・アルバイト・派遣社員・

表 10 - 4　実収入の状況（2 人以上の世帯。2003 年、単位・円）

世帯類型	就労収入	生活保護 給付金品	他の社会保障 給付金品	その他	平均世帯人員
高齢者世帯	12601	127462	28224	1783	2.01
母子世帯	53350	137544	42303	5546	2.94
傷病・障害者世帯	27478	125086	32993	2738	2.43
その他世帯	37707	124924	30028	3009	2.45
世帯業態					
勤労（常＋日）	75817	126284	31654	3577	2.8
その他	2032	134089	38033	3741	2.32

出所：社会保障生計調査、表 1 - 1、平成 15 年社会保障調査、2003 年、厚生労働省

契約社員・委託が多い。このような非正規社員の増加は、近年の特徴で家計の不安定化と直結していると思われる。

次に被保護世帯（2人以上）の収入状況を検討して見よう。生活保護は、最低の生活費に足りない場合に得られ、もし就労して収入があればその分が差し引かれる。最低生活費は世帯人員などを考慮して計算される。平成21年において都会に住む高齢夫婦世帯で月12万1,940円、母子3人（30歳女・9歳子・4歳子）で15万5,970円、3人世帯（33歳男・29歳女・4歳子）で16万2,170円である[37]。

生活保護は失業と強い関係があると述べたが、失業に陥った場合、まずは失業保険からの給付金で一時期生活を遣り繰りすることが考えられる。この場合、必ずしも生活保護には結びつかない。しかし失業期間が長期化すると、給付期間が終了してもまだ新しい就職先が見つからないケースが多くなってくる。

失業期間の長期化に関しては、労働力調査によると平成20年平均で約33％が長期失業者である。これは、自分の都合でない場合の失業保険からの給付の最大の所定日数（330日）を超えても、新しい職が見つからないケースが増えていることを意味している[38]。この結果、失業中に失業保険から給付金を得ている者の割合が時系列的に見ても徐々に低下してきている。この雇用保険受給率は、1980年代前半には60％弱を示していたが、2006年には21.6％まで下がってきている[39]。この対策として、雇用保険法等の一部改正によって2009年度から受給資格条件を緩くし

たり給付水準の引き上げなどをしたりしている。

　雇用保険受給率が低いというのも問題であるが、一方でかつてのドイツやフランスのように受給率が80％以上で、失業者に過度の手厚い保護を施すのも働く意欲を低下させるので、注意を要する。ドイツの旧制度においては、失業給付は最長32か月支給されさらにその期間を過ぎると失業扶助が支給されるのである。この結果、失業1年以上の長期失業者が失業者全体の1/3を占め、「失業のプロ」と言われる人々が出現した。フランスにおいても失業保険の支給期間は最長1825日で、生活扶助(社会保障)と組み合わせると、さらに長期の失業が可能となる。高い失業率の背後には、過度の手厚い失業保険制度があったことは否めないだろう。

　そこで政策当局は、1997年新しい雇用戦略としてこれまでの福祉の観点からの弱者救済ではなくて、働くことが経済的に引き合うような政策を打ち出した。そこで失業者自身に就労プログラムを作らせ、就職訓練プログラム等への参加に対して補助金・助成金などの積極的な就職支援策を行うように努めた。また失業給付金も55歳以上で最大18カ月に短縮され、構造的時短補償金の期間も1年に短縮される。他方、55歳以上の者を採用する企業には、失業保険料の企業負担分が免除される。このような改革とともに、失業保険給付と再就職活動との関連を強化するなどの政策転換を行った。しかしながらこのような大きな政策転換には反発も大きく、2004年に入ると改革を推し進めることが政治的に難しい局面に陥った。特に高齢者は既得権益が大きく減少することになり、新戦略に対して不支持の方向であり、今後の動向が注目される。日本においても社会保障の枠組みの中での生活扶助の改革を考察する場合、就職支援・社会参加プログラムの方向性は大いに参考すべきであると考えられる。

　日本では雇用保険への加入に対して労働時間や給与水準において制約があり、誰もが加入できるようにはなっていない。したがって失業保険に加入していない労働者が失業すると、深刻な事態に陥る。平成21年5月時点で、厚生労働省の発表によると、完全失業者は347万人、雇用保険の受給者数は94万人である。この点、欧米には失業保険給付金を得る資格がない失業者への救済措置として、扶助制度がある。イギリス・フランス・スウエーデンなどでは資格さえあれば給付金が得られる。財源は国庫金である。ドイツにおいては、失業保険給付金の期限の終了した人に対して、給付金があたえられる。しかし他方で、就労への積極

的な支援がなされる。

　日本では生活保護の申請において、働ける年代の層にはできる限り働くように説得し、申請の認可に対して厳しい態度をとっているのが現状である。他方、日本において失業保険給付金の受給率が低いことはすでに言及したが、さらに深刻な問題として初めから雇用保険に加入していない非正規労働者が激増していることがある。日本の慣習として、これまでいったん入社すれば転職もなく定年まで勤めるのが通常のコースであった。しかし経済環境の変化によって、派遣や契約社員・パートタイムの労働者が多くなってきているが、彼らの雇用条件が雇用保険の対象から外れているケースが多いのである。これは公的保険の限界を表しており、資格条件などが現実の経済に合わなくなってきているからである。そこで考えられるのは、すでに説明したように自主的に失業リスクや雇用リスクに備える誘因を促すようなシステム作りが必要であると考えられる。その一つとして自主運用できるような失業保険口座の設置がある。

　日本では被保護実世帯数や保護率が上昇していることも問題であるが、捕捉率が他国と比べて低いことも問題とされる。捕捉率とは、貧困世帯のうちの生活保護受給世帯の割合を言うのであるが、2006年において計算すると約13.5%になる。なぜなら政府によると日本の相対的貧困率は2006年で15.7%と発表されていることから、世帯総数は5,038万世帯なので、貧困世帯数約790万世帯のうちの107万世帯になるからである[40]。

　日本において何故捕捉率が低いかというと、生活保護法による資格条件が厳しいことが挙げられる。それによれば、例え現在の収入水準が最低限の生活水準の基準額以下であっても、保有資産や稼働能力を十分に活用していなければ、生活保護を取得できないのである。これが実際に運用される場合、当事者にとっては厳しい条件となる。さらに実際に運用される場合、地方政府（福祉事務所）が担当して生活保護申請書を受け取ってから14日以内に受け入れるかどうかの決断をしなければならない。この財源は国が¾で地方政府が¼の負担なので、地方としては生活保護の受け入れを避けたい意向を持っている。これは、水際作戦と言われ、地方政府は申請書をできるだけ出させないようにしていると言われている。最後に申請者自身が負い目を感じるという（スティグマの）問題がある。実際、手続きにおいて担当者から生活状態において事細かく聞かれ、申請者が心理

的に大きく傷つく面があると言われている。この点北欧諸国では消費の平等化の下に、福祉に対する要求も社会的権利として尊重されているのと大きな違いである。もっともこのスティグマの問題に関しては、マイナス面ばかり強調される傾向があるが、プラス面もあると考えられる。特に日本において昔の人々の多くは、国からの援助に対して安易に頼るのは恥だと考え、自立していくという強い精神力を持っていたと思われる。そしてこの心構えが自立に大いに役立ってきたと考えられる。また昔は隣近所や地域で助け合いが行われ、制度的に未整備の状態もあったが、国からの援助に頼ることは少なかったように思われる。最近はこれの逆の傾向として、一部に保険料の未納や給付の不正取得の増加が見られることは、残念なことである。確かに基本的な権利として捕捉率を高める努力はすべきであるが、安易な支援はモラルハザードを助長することにもなる。重要なのは自立できる環境を提供することであろう。

(2) 生活保護政策改革の方向性

　生活保護の目的は、突然に予想もしなかったような困難に直面した時、そのショックを和らげるとともに再び就労や社会事業に参加をしてもらうことによって、人々に充実した人生を過ごしてもらうことにある。厚生労働省もこの点を考慮して、生活保護の受給に至らしめた原因の類型化を図り、その類型化に応じたグループごとに魅力ある自立支援策を企画している。例えば若者自立塾や地域若者サポートセンターなどの措置を実施してきた。またハローワークにおいてもマンツーマンによる就労相談、トライアル雇用の活用、職業訓練受講のあっせん等を行っている。しかし他国と比べるときめ細かさの点において今なお劣っている面があると考えられる。直接的な問題点として、小規模で場当たり的であり根本的な解決策でないと思われる。また現場で支援する担当員にソーシャルワーカーと呼ばれる専門家が少なく、一般の行政職員が交代制でその任務に当たっている場合が多い。イギリスでは受給者が自分で就職先を見つけられない場合には、パーソナルアドバイザーと呼ばれる相談員が、最長4カ月間マンツーマンで求職活動の親身な相談相手となる[41]。それでも就労できない場合には、補助金付き雇用、ボランティア団体での就労、職業訓練のどれかを選択することになる。このように徹底した就労支援活動をしている。

日本の場合、生活保護がどの程度人々の自立に貢献しているかを見る一つの指標として平成19年被保護世帯のうちこれまでに保護歴があるかどうかを計算して見ると、表10－5のような結果になっている。表10－5においては、家族類型ごとに見てみると、一般的に不就労者は、就労者より保護歴を持っている割合が高く、約20％の人々がこれまでに生活保護を受けたことがある。20％という数字をどう評価するかであるが、決して小さな数字ではない。これは一度失業などを経験すると、再び標準的な生活に戻ることはそんなに簡単ではないことを意味していると思われる。高齢者世帯と母子世帯（就労）は他の家族類型と比較すると、生活保護を受けた割合が低い。離別世帯においては敢えて自分で選択したライフスタイルということもあって、自立心が旺盛であると考えられる。また保護歴のある世帯において、保護再開までの期間は3カ月未満の割合が20％から30％、2年以内が50％から60％である。保護を解除した後、再び保護を受ける世帯は、比較的短い期間で再開されるので、解除を解いた後も十分なケアが必要である。

母子（離別）世帯においては、保護再開3カ月以内に保護が再開される割合が、相対的に高い。平成15年のこの世帯において、末子の年齢別で6歳未満で就業

表10－5　被保護世帯数のうち保護歴有りの割合と保護再開までの期間（2007年）

	保護歴あり（％）	保護再開3か月以内（％）	2年以内
（一般）　就労	18.8	22.8	53.9
不就労	20.0	24.1	54.3
高齢者世帯			
就労	16.4	14.3	35.5
不就労	17.9	21.1	48.9
母子（離別）世帯			
就労	14.9	30.6	57.7
不就労	20.3	27.5	56.8
母子（その他）世帯			
就労	12.4	30.6	63.3
不就労	18.5	30.1	61.9
障害傷病者世帯			
就労	20.9	20.5	53.4
不就労	22.2	27.4	59.4

出所：平成19年被保護者全国一斉調査、個別調査、表番号13、厚生労働省から筆者計算

している割合が21.3％、また就業している母の年間収入別で200万未満の割合が68.8％、現在も養育費を受けている割合が17.7％、生活保護費を受給していないが89.9％である。また就労率は84.3％でその中で、パート・臨時が48.5％を占める。さらに相談相手なしが19.3％でこのうち「相談相手が欲しい」が76.0％であることを見ると、経済的にも精神的にも苦しい状況であり、これら両面からのサポートが必要とされる[42]。

ところで生活保護は8つの種類に分類される。生活扶助・教育扶助・介護扶助・住宅扶助・医療扶助・生業扶助・出産扶助・葬祭扶助がある。医療と介護は現物支給で、残りはすべて金銭支給である。2006年度における支出目的別実績で見てみると、医療扶助が51.6％、生活扶助が32.8％、住宅扶助が13.1％となっている。一人の月当たりの補助は、総額で14万4,954円（生活扶助5万7,093円、住宅扶助2万3,239円、教育扶助7,233円）である。日本の受給者の80％以上が高齢者と障害者・傷病者であり、生活保護の本来の目的である一時的に生活保護を受けて将来的に今の状態から抜け出す受給者の構成にはなっていない。さらに生活保護世帯に占める単身世帯の割合が増加しており、2009年3月で75.3％を占めている[43]。単身世帯においては、社会との接点も少なくどうしても閉じこもりがちになり、悩みを一人で抱えることになり生活面でも行詰まることになる。したがって生活保護世帯の対策として、単なる経済的な援助に終わらず精神的な支援も含むきめ細かな自立支援対策が必要であると思われる。

高齢者の生活保護と年金との関係について検討しておこう。2005年時点において65歳以上の高齢者で生活保護を受けている人は、約55万6,380人いる。このうちの29万4,060人（52.9％）が保険料未納などの理由で公的年金を受け取る資格を持っていない無年金者であるといわれている[44]。残りの26万2,320人が年金を受け取りながら生活保護を受けている人である。また無年金者の高齢者総数は、約45万人いると推定されているので、そのうちの60％を超える人が生活保護を受けていることになる。公的年金は、保険料を25年以上払っていることが条件であり、その観点から調査によると、今後無年金者になることが判明している人が、確実に70万人いるといわれている。年金額に関しては、生活保護を受けている高齢者で年金を受け取っている人の平均額は4万6,000円（月当たり）、生活保護を受けていない高齢者の場合は、平均11万円強である。年金額が生活

するのに十分でない場合、次の条件を満たすとき、生活保護を受けることができる。①預貯金がない、②勤労が困難、③親類の支援がないことなどである。今後も無年金者の高齢者が増加してくると、国民皆年金制度の維持が困難になる。

　前で説明したように生活保護といっても日本の場合、50％以上が医療扶助であり、一般的に想像される生活扶助の割合が低いことである。確かに医療サービスは最低限の生活にとって基本的な要求であるが、逆にそれが保障されてしまうと努力するインセンテイブが削がれるように思われる。そこで医療扶助に関しては、生活保護と切り離し医療保険の改革の中で処理されることが望まれる。生活保護という時、一般的なイメージとしては生活扶助が該当する。この生活扶助に関しては、将来的には就労できるような人を対象にするべきだと考えられる。したがって現状のような高齢者が生活保護を受けているような状態は望ましくなく、これは年金上の改革で対処すべきであると考える。とりわけ年金所得者の基礎年金の額より生活扶助額が上回るケースがあるというのは異常である。

　働ける年齢層の人で労働収入がまったくない人には、現在、訓練・生活支援給付政策が実施されているが、ヨーロッパ諸国で行われている失業扶助政策が望まれる。さらに労働収入が少しでもある人には、近年注目されている給付つき税額控除制度の導入を推し進めるべきだと思われる。この制度は、最低限の所得を保障し、かつ労働すればするほど所得が増えるという仕組みであり、負の所得税と同じものである[45]。したがって給付つき税額控除制度が導入されるなら、勤労意欲が各段に高まると考えられる。また住宅扶助については、生活保護とは別の例えば公的賃貸住宅制度の枠組みで対応することにする。さらに教育扶助に関しても別の例えば児童手当・児童扶養手当などの制度で処理することにする。こうすることによって生活保護が就労・社会参加を全面的に支援する制度になり変わることができ、就労率を高めることができると思われる。

　公的扶助には生活保護制度と並んで社会福祉制度などがある。社会福祉制度の中には、障害者福祉・老人福祉・児童福祉・母子福祉などの制度があり、それぞれ対象となる人々が健康的で文化的な最低限度の生活を支援するサービスを提供している。例えば障害者福祉の場合、職業訓練などのサービスや職場の斡旋サービスなどをしている。

　これまで障害者や母子世帯などは、「社会的弱者」として扱われ、支援の一端

として生活保護の対象とされてきた。最近では母子世帯の数も増えてきて生活保護の給付が増大し財政的負担も大きくなってきたので、近年において政策の方向転換があり、積極的な自立支援を促進する方向に変わってきている。すなわち、働く意欲のある人あるいは働く能力のある人には、就業してもらえるような環境作り、あるいはそのための支援体制作りの方向性を打ち出したことである。これは、社会保障費の削減と同時に労働力の確保にもつながり、一石二鳥の政策であると考えられる。

　さらに従来から問題になっているのが、生活保護に関するモラルハザードの問題である。例えば夫婦と子供一人の世帯の場合、低所得世帯（収入が全世帯の低いほうから10％に当たる）の生活費は、厚生労働省の調査によると2006年において月14万8,781円だが、生活扶助額は15万408円で、就労世帯より多い。高齢者世帯でも60歳以上の単身者の場合、年金などで暮らす低所得世帯の生活費は6万2,831円だが、生活扶助額は7万1,209円である。これらの逆転現象は、就労意欲を削ぎ好ましくないと考えられる。

　先に見たように、日本における生活保護制度は、一般的な社会保障制度が不備である結果、就業の可能性が低い人まで保護したり、生活の保護ではなく医療上の扶助をしたりして、本来の守備範囲以外の業務まで担っているように思われる。したがってまずは、国の社会保障制度を整備することが肝要である。そして国の統一的基準では捉えきれない場合の受け皿として、地方が独自の財源で独自の生活保護政策を行うのが望ましいと考えられる。なぜなら独自の財源を使う場合、サービスの質を落とさずにできるだけ効率よく行う努力をするようになるからである。

　経済学では、一つの目的にはそれに一番適した手段を使用すべきであると言われている。この観点からは、高齢者の生活保護には、就労の可能性が低いことから、年金制度の改革で対処すべきであると考えられる。また医療扶助に関しても効率的な医療サービス供給の改革の観点から対処すべきであると考えられる。これらは根本的な社会保障制度改革となり、セイフティネットワークの拡大という結果をもたらすと思われる。地方は、それでも救われない人々の受け皿として、地方の特色を活かした生活保護を考慮すべきである。そしてこのことによって、究極的には中央と地方を合わせた社会保障費の総額が抑制されることになると思われる。

7. 結　語

　日本の社会保障制度は、今や大きな3つの課題、①高齢化・少子化、②巨額な財政赤字、③世界経済のグローバル化による競争の激化から企業行動・就業形態の変化に直面し、従来の社会保障システムの外に置かれている労働者が多くなってきて、皆保険制度が危機に瀕している。また世界経済の競争の激化により、格差や貧困が拡大してきており、生活保護の必要性が高まっている。日本においてこれまでは社会保険制度を中心としていた社会保障制度であり、本来は補完的であった生活保護制度の役割が、経済社会の変化から重要視されなければならない状況になってきている。

　生活保護制度は、経済学的には負の所得税（給付つき税額控除）の応用版であるべきだと考えられる。基礎的な所得をすべての人々に保障し、それを超える場合には働けば働くほど可処分所得が増えるようにするシステムが望ましいと考えられる。このためには生活保護制度をこれまでの単なる補完政策にとどめず、大きな柱とした枠組みに作り直すことが必要であろう。

　また年金保険・医療保険・介護保険についても空洞化の状態に陥って、何らかの対策が求められている。ここでは、最低保障としての年金を前提として、残りの部分は積立型の自主運用制度が支持された。自主運用なので、給付面において人によって運用益は異なるが、そこは自己責任で処理される必要がある[41]。一方で運用益の最大化を図るようになるので、保険料の未納は回避でき、空洞化に対する最善の解決方法であると考えられる。自主運用を避ける代替案としては、負担も給付も所得比例で決まることにしてもよいだろう。この理論的根拠は、失業・長寿・健康・介護などのリスクに対して、応能負担の保険財源で賄うのが望ましいということである。したがって社会保険制度に所得再分配の機能を持たせず、所得再分配は税制度に任せることになる。

　年金の統合問題に関しては、すべての国民を個人単位で加入する制度にすることである。この場合、大企業の健康保険組合や共済の保険グループが再分配の負担増に、社会全体のために協力できるかどうかが決め手となる。現実的には、現在の厚生年金をすべての国民に適用することである。この前提としては、全国民

に総番号制を敷いて個人の資産を完全に把握することである。

　いずれにせよ、今や戦後に構築された社会保障制度は、改革の時期に来ていることは間違いないのである。改革の時期が遅れれば遅れるほど、国民全体の負担が大きくなる。まず問われるのが、各保険グループ間の協力が得られるかどうかが鍵を握っているように思われる。さらにここでは自主運用の積立型の社会保険システムが推奨されたが、根本的な理念としては、個人がこれまでよりはリスクを引き受けることになり、各自がそのリスクを回避すべき努力をしなければならないことを理解しなければならない。

注
1) 標準月収額は、5万8,000円から121万円の間の47等級に分けられ、個人の月給がこの区分のどれかに当てはめられ、保険料が計算される。
2) 年間の売上額が3,000万円以下の自営業者は、消費者から徴収した消費税額を国に収めなくてもよい。
3) 2008年4月1日時点。
4) 海外の諸国を見てみると、農林水産業に従事している人々は、保険システムから除外されているケースが多い。この点に関しては広井良典も主張しているように、ヨーロッパにおいては第一次産業に従事している人々を除外した社会保障制度を企画したという点において、第一次産業のシェアーが多い発展途上国のモデルとはなり得ず、日本が最初のモデルとなり得ると言えよう。広井良典『日本の社会保障』岩波新書、1999参照。
5) 年金の開始年齢は、日本の場合将来的には65歳であるが現在はその移行期で、生年月日によっては60歳から65歳の間においても受け取り開始が可能となっている。
6) 40年間就労して妻は専業主婦である標準的モデルの場合、現在の年金（2009年9月1日時点）は23.3万円で現役時代の標準月収の59.3%であるが、2025年には23.7万円で現役時代の標準月収の50.2%になる。
7) 自分や自分の家族のために支払った額が10万円（所得が200万以下の人は所得の5%の額）を超える場合、その超えた分が所得控除の対象となる。例えば所得税率20%の人が30万円の医療費を払った場合、20万円が所得控除で4万円の減税となる。
8) ただし最低限の保険料の支払期間が必要である。
9) Coronado, Julia Lynn, Don Fullerton and Thomas Glass, "The progressivity of social security", NBER Working Paper 7520, February 2000

10) 所得水準に応じて、外来で 8,000 円、2 万 4,600 円、4 万 4,400 円の 3 段階がある。
11) 貝塚啓明「税制改革・社会保障改革と所得再分配政策」、ファイナンシャル・レビュー、平成 17 年 5 月発行、p.150-159、財務省財務総合政策研究所編
12) イギリスにおいては、医療保障と所得保障について全国民を対象としているのに対して、日本では医療保障と所得保障の適用率は、それぞれ 69.7％と 29％である（厚生白書 32 年度版）。北欧諸国においても全住民を対象にした社会保障制度があり、その財源は主に税である。教育・住宅・保育・雇用政策など幅広い分野においてサービスが供給されている。
13) この原稿を執筆中に、アメリカにおいても公的医療保険の導入案が議会を通ったと報道されている（2009 年 12 月）。
14) 日本の場合、その前提が必ずしも満たされていないところに問題がある。
15) ここでは所得審査による給付（財源は税）と社会保険による画一的給付とを念頭において比較している。
16) このモデルの定式化とそれによる説明は、Martin Feldstein, "Tax avoidance and the deadweight loss of the income tax" The Review of Economics and Statistics, November 1999, 81(4):674-680 に依拠しているところが大きい。
17) 労働時間は（1-L）である。また D はフリンジベネフィットに対する需要と考えてもいいだろう。
18) ここでの需要は実質所得一定を仮定している。
19) もし控除がない場合には通常の課税に対する労働供給の弾力性となる。
20) 給与以外の便益（fringe benefit）とは、社宅や有給休暇、残業がないとかいったことであり、生産性とは直接に関係ない項目のことである。
21) Martin Feldstein, "Tax avoidance and The Deadweight Loss of the income Tax" The Review of Economics and Statistics, November 1999, 81(4):p674-680
22) 以下の議論は、Edgar K. Browing, "on the marginal welfare cost of taxation", The American Economic Review, March 1987, p11-23 に依拠している。
23) Edgar K. Browning も警告しているように、この推定値は主に 2 つの理由から過大推定になっている。1 つは追加的労働に対して労働の限界生産物を一定としている。2 つは補償型労働供給関数の線形性を仮定していることである。Browning は社会的ロスの限界分析を行っており、それによると 15％から 50％ほど社会的ロスが小さくなる。しかしながらここでは、社会的なロスに関する大まかな推定値として、指摘した点に意義があるとする。
24) Grber, Jonathan and Wise. David, "Introduction and Summary" Jonathan Gruber and David Wise, eds., Social Security and Retirement Around the World, Chicago: The University of Chicago Press, 1999, pp.1-35.
25) 政治家における公的資金の私的な流用についての事件が新聞・テレビで頻繁に報道さ

れている。

26) 日本について、モラルハザード的行動はないという点については、橘木俊詔『安心の経済学』岩波書店、2002 においても言及されている。
27) Katz, Lawrence and Meyer, Bruce, "The impact of the Potential Duration of Unemployment Benefits on the Duration of Unemployment" Journal of Public Economics, February 1990, Vol. XLI, No.1, pp.45-72.
28) Feldstein, Martin and Poterba, James, "Unemployment Insurance and Reservation Wages", Journal of Public Economics, Vol. XXIII, Issues1&2 (February-March 1984), pp.141-67.
29) Feldstein, Martin,"Temporary Layoff in the Theory of Unemployment", Journal of Political Economy, Vol.LXXXIV, Issue5 (October 1976), pp.937-57.
30) さらに企業年金がある企業においては、資金を積み立てて給付金はその運用成績に依存する制度もあるので、厳密には賦課方式と積立方式の混合と言える。
31) 企業における賃金の競争では暗黙的な横並び意識が強く、各企業はそれ以外で差をつけようと努めた。なお、この非法定福利厚生費と賃金との関係においては、アメリカではこの2つの変数の間にマイナスの関係があると言われている。すなわち福利厚生費の充実は賃金の低下をもたらすわけである（Jonathan Gruber and Alan B. Kruger, "The incidence of mandated employer-provided insurance :lessons from workers' compensation insurance", Tas policy and the Economy 5, NBER, MIT, 1991）。
32) 退職する人口は、人口成長率（労働人口成長率）より小さいと想定している。
33) Feldstein Martin and Andrew Samwick, "The Economics of Prefunding Social Security and Medicare Benefits", in Ben S. Bernanke and Julio Rotemberg eds., NBER Macroeconomics Annual 1997, Cambridge, MA において、積立口座の実質収益率を9％としている。
34) 事前積立の実際的な手順やシミュレーション結果については、鈴木亘、「医療保険における世代間不公平と積立金を持つフェアな財政方式への移行」『日本経済研究』第40号（2000年3月）pp.88-104 や岩本康志・福井唯嗣、「医療・介護保険への積立方式の導入」『ファイナンシャル・レビュー』第1号（通巻第87号）（財務省財務総合政策研究所、2007年）pp.44-73 を参照。
35) 『社会保障統計年報』平成16年版、平成18年版、国立社会保障・人口問題研究所編
36) 保護率は、1か月平均の被保護世帯数を「国民生活基礎調査」の総世帯数（世帯千対）で除して求めている。資料は、厚生労働省大臣官房統計情報部「社会福祉行政業務報告」（福祉行政報告例）、「国民生活基礎調査」、厚生労働省。
37) 平成21年版　厚生労働白書、厚生労働省／編
38) 例えば解雇や倒産などの労働者自身の都合でない特別な理由で失業した場合の給付日数は、自分の都合で離職した場合のそれより長い。

39) 雇用保険受給率とは、完全失業者のうちに占める受給実人員の割合である。
40) 想定的貧困率とは、年収が全国民の中央値の半分に満たない割合。
41) http://www22.ocn.ne.jp/~kguik/seikatuhogo.htm 参照。
42) このパラグラフのデータの出所は、全国母子世帯調査 平成15年度全国母子世帯調査、2003年度、厚生労働省である。そこで母子世帯の母親を支援する政策として、パートから正社員に切り替えた中小企業には、2008年度から一時金として15万円の補助金が支給されることになっている。さらに職業訓練を受ける場合、生活費を無利子で貸す制度を拡充したり、その返済期間を就職後10年から20年に延ばしたりすることが計画されている。
43) 平成21年版　厚生労働白書　厚生労働省／編
44) 日本経済新聞2008年1月22日。
45) 従来にも勤労控除制度があって勤労からの収入がある場合、勤労のために経費が掛かると想定されて受給額に上乗せられた。しかしそれには上限があり、その上限が低くてより多くの時間働こうとするインセンテイブを引き出すに至っていないのが実情である。

第11章

OASDI方式の厚生年金保険への適用可能性
—— 保険数理モデルによる検討 ——

1. はじめに

　アメリカの公的年金制度であるOASDI（Old-Age, Survivors, and Disability Insurance；老齢・遺族・障害保険制度）は、就業者の95％に適用されている確定給付・賦課方式[1]の年金制度である。OASDIの保険料率12.4％[2]を被用者は使用者と折半して負担する。また、年収400ドル以上の自営業者であれば保険料を全額負担するが、保険料の半分には税制上の優遇措置が付いている。保険料は社会保障税として内国歳入庁が徴収し、年金給付は社会保障庁が行う。なお、保険料が賦課される賃金水準の上限は10万6,800ドルであるが、年金給付の上限は2,346ドルである。年金加入期間の単位はクレジット（1クレジットは日本の年金加入期間の3カ月分に相当）で表され、1年間（1～12月）の収入額に応じて最高4クレジットまで取得できる（実際に就労した期間とクレジットに基づく年金加入期間とは、必ずしも一致しない場合がある）。なお、2000年の制度改正により、年金受給者が働き続けた場合、収入額の如何に関わらず支給開始年齢に到達している場合には年金が支給されることとなった[3]。2008年末現在のOASDIの被保険者数は約1億6,370万人、受給者数は約5,042万人、総収入は約8,053億ドル（約68兆円（1ドル＝85円）、うち保険料は約6,684億ドル、年金課税は約161億ドル、運用収入は約1,127億ドル、給付総額は約6,120億ドル（約59兆円）、積立金残高は約2.24兆ドルである。また、OASDIの給付はGDPの4.4％で、その内訳は老齢66.5％、遺族16.1％、障害17.3％[4]である。
　アメリカの年金制度において特に注目すべき点は、その給付算定の方法にある。

後述するが、ベンドポイント方式と呼ばれるアメリカの給付算定方式は所得再分配的な方法として有名であり、わが国の二階建て[5]（基礎年金部分＋報酬比例部分）の年金給付もこの亜流であると考えられる。この点に関して厚生白書（1972年版）では「定額方式は、加入者すべてに差別なく一律フラットの年金を保障するので平等という点で優れており、財源負担との関係でも租税や報酬比例の保険料とすれば低所得者には相対的に厚い給付が保障されることになり、所得再分配機能が最も有効に発揮される。（中略）これに対し報酬比例方式では、（中略）加入期間中の報酬の格差がそのまま年金額の差となってあらわれ、高報酬の者は高い年金を、低報酬の者は低い年金を受けることになるので、所得の再分配効果は小さくなる」と述べているように、定額給付部分は所得の再分配効果に大きな影響を与えている。

　また、高所得者の年金給付を抑制する方法にはクローバック方式がある。これは、一定所得以上の年金受給者から基礎年金部分を国庫に取り戻す方法として理解されている。特にカナダの公的年金制度であるOAS（Old Age Security；老齢保障年金）は、このクローバック方式を採用していることで有名である。OASは、40年のカナダ居住期間を有する場合に満額支給（40年未満の場合は不足1年につき満額の40分の1に相当する額を減額）されることになっている。また、OASの受給者であって、総所得額が一定額（月額5,393.17カナダドル（約40.4万円））を超える場合は、総所得額のうち当該一定額を超える部分の額の15％に相当する額を税として国に払い戻すことになっている。総所得が月額8,741.92カナダドル（約65.6万円）以上の場合は、OASが全額支給停止になる（いずれも2008年1月現在の数値）。

　本章においては、特に所得の再分配という点からアメリカのOASDIを検討し、そのエッセンスのわが国の厚生年金保険への適用可能性を考える。本章の構成は以下の通り。まず、OASDIの歴史を概観する。そして、所得再分配の視点からその給付算定方法を再検討する。次に、OASDIの給付算定方法と厚生年金保険の給付算定方法を比較し、わが国の年金制度改正に資するための検討を行う。そして、上記の検討から導いた方法を厚生年金保険に適用し、シミュレーション分析を行う（クローバック方式も比較として分析する）。最後に分析結果とそこから得られる含意について記す。

2. OASDI 小史

(1) 制度創設から第一次改革期

　1929 年の大恐慌はアメリカの経済を混乱に陥れた。恐慌の底の 1932 年、1933 年には失業者はそれぞれ 1,200 万人、1,300 万人となり、失業率はそれぞれ 24％、25％であった[6]。F.D. ルーズヴェルト大統領はニューディール政策を推進したが、それは政府の財政出動を願う国民の声に後押しされたものであった。ルーズヴェルト大統領は、閣僚級の経済保障委員会（Committee on Economic Security）の報告に基づいて議会に勧告し、その結果 1935 年に社会保障法が成立した。

　当初、老齢保険が適用されたのは商工業の被用者で、自営業者、農業労働者、家事使用人、鉄道員、公務員、非営利団体職員等には適用されなかった。このため、適用者の割合は就業者の 56.1％（2,740 万人）にしかすぎなかった。年金支給のために、年収 3,000 ドルまでの賃金について労使各 1％ずつ人頭税が課されることとなった。この徴収は 1937 年 1 月から行うこととされ、この歳入歳出を扱う老齢準備勘定（Old-age Reserve Account）が設けられた。年金は、65 歳に達した者について、退職を条件に、1942 年（1939 年改正により 1940 年）1 月から支給することとされた。年金額は、1937 年以降 65 歳になるまでの課税対象賃金の累積額に応じて決定され、最低月 10 ドル、最高月 85 ドルとされたが、低所得者及び当時の中高年者に有利な算定方法がとられた[7]。

　1976 年の改正までは、給付をいかに手厚くするかということに制度改正の眼目が置かれていた。1950 年代までは、老齢年金の金額が公的扶助の金額よりもはるかに低いという有様であったのが、1950 年の 77.5％の引上げを最初に、物価上昇や社会保障税の引上げなどに応じて年金額は引き上げられた。1975 年からは、1972 年の改正による COLA（cost of living adjustment：自動物価スライド）により、消費者物価が 3％以上上昇すればその分年金額が引き上げられるようになった。この COLA 制度は 1977 年に改正され、後述する年金給付の算定基礎にも当てはめられることになった。これは、わが国の賃金スライド制[8]に相当する。こうした老後生計費維持政策を実行するために、物価や経済変動という不確定要素が年金制度に持ち込まれるようになる。また、COLA 自体にも問題[9]があった。

COLAの算定方法は、インフレ率を過剰に計算するように設定されており、公的年金は瞬く間に財政困難に陥った。カーター大統領による1977年のOASDI改革は、1972年のCOLA方式を下方修正し、保険料率を引き上げるものであった。しかし、この改革によって財政の改善は見られたものの、70年代のオイルショックによるインフレ経済を背景に、財政危機は解消されず、1980年代半ばには信託基金が底をつくと予測された[10]。

政権が替わり、レーガン大統領は公的年金の抜本的改革を進めるために、1981年にアラン・グリーンスパン氏を委員長とする社会保障改革全国委員会（National Commission on Social Security Reform）を発足させた。この委員会の提案により、公的年金の発足以来今日まで最も包括的な改革である1983年社会保障改正法が成立した。その内容は以下の通りである。①社会保障税率を1984年から7.0%（労使折半）に引き上げる（1983年までは6.7%）、②自営業者の税率も、従来被用者に係る労使合計の税率の4分の3程度であった税率を引き上げて労使合計分とする（被用者及び雇用者の負担の75%であったのが、100%に引上げ）、③一定所得以上（単身は2万5,000ドル、夫婦は3万2,000ドル）の受給者の年金給付額の50%までの課税とその税収の社会保障信託基金への繰入れ、④適用対象者の拡大（国家及び地方公務員、NPO職員など）、⑤年金受給開始年齢を2009年に65歳から66歳、2027年に67歳に引上げ[11]、早期受給オプションの場合の支給額の引下げ（2009年には80%から75%、2027年には70%）[12]。

(2) OASDIの財政状況

OASDIの最大の懸案は、その財政状況にある。OASDIでは毎年、Trustee Report（The 2009 Annual Report of the Board of Trustees of the Federal Old-Age and Survivors Insurance and Federal Disability Insurance Trust Funds；信託基金報告）を出し、これには年々の収支報告のほかに向こう75年間の財政見通しが公表されている。2009年の推計によれば、OASDIの年金財政が単年度で赤字になるのは2016年（運用収益を反映させた場合の単年度赤字は2037年から）である。より正確には、積立比率（= Trust Fund Ratio；信託基金（trust fund）で年間の給付コストを割った値であり、基金で何年の給付が行えるかということを示す指数のことで、これが100%であれば財政は健全であるとされる）が現在

の水準である約392%からゼロになるのが2037年であると推計されている。また、OASDIの年間コスト率（年間の給付費用を社会保障税収で割ったもの）を保険料率に換算すると2009年は12.35%であるが、2030年には16.76%、2083年には17.68%へ増大する（対GDP比に換算すると、2009年4.8%、2030年6.1%、2082年5.8%になる）ことが推計されている。これは、今後30年近くの間にわたって退職する労働者の数が現在の水準以上になることによる。すなわち、毎年退職する労働者が3%ずつ増えるということである（Intermediate推計）。これは後述するベビーブーマーの影響である。このため、今後75年間にわたって収支バランスを維持するには、①保険料率を直ちにかつ恒久的に2.01%ポイント引き上げるか（これは、信託基金の赤字が今後75年間の平均で保険料率にして2.01%であることを意味する）、②給付を直ちにかつ恒久的に13.3%引き下げるか、③現在価値で5.3兆ドルの一般財源を導入するか、といったことが必要であるとされている。

具体的なベビーブーマー対策として政治的に可能であったのは、レーガン改革で行われた支給開始年齢の引上げであった。レーガン大統領の改革後、ベビーブーマー対策を含む年金改革の議論はクリントンとブッシュ両大統領のもとで行われ

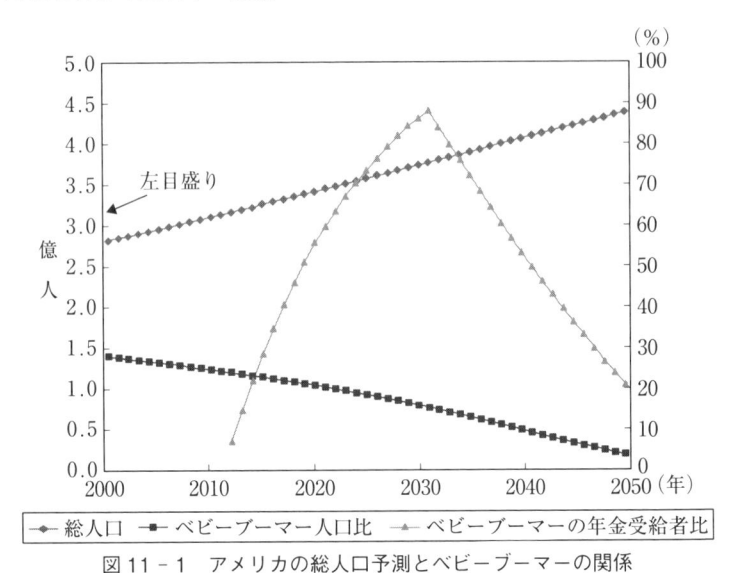

図11-1　アメリカの総人口予測とベビーブーマーの関係
出典：National Population Projections Released 2008 (Based on Census 2000)[15]

第11章　OASDI方式の厚生年金保険への適用可能性 —— 保険数理モデルによる検討 ——　377

た。アメリカのベビーブーマーは1946～64年といった長い期間に生まれた世代で、これはわが国の団塊の世代（1947～49年生まれ）に相当するといわれる[13]。しかし、総人口に対する団塊の世代の比率は5%程度であるが、ベビーブーマーの比率は、2009年1月には25%で人口の4分の1にもなっている。このベビーブーマーがOASDIの受給者となり始めるのは、1946年生まれが66歳になったときの2012年である。その後、約30年間にわたってベビーブーマーが引退し続ける。たしかに支給開始年齢はその後も引き上げられ、1960年生まれは67歳（2027年）からの受給になるが、その効果は不十分であるとされる[14]。

(3) ベビーブーマー対策

クリントン大統領は1994年3月、ベビーブーマー対策を中心とした年金改革案を検討するために、社会保障年金諮問委員会を設けた。1997年1月、同委員会は現行の賦課方式年金に、確定拠出・積立方式の個人年金勘定を加える案を含む次の3つの案[16]を提示した。

①給付維持案
　◇社会保障税率の将来的引上げ（現行12.4%→14%）
　◇満額年金を得るための保険期間の引上げ（現行35年→38年）
　◇年金水準の3%引下げか、または、1998年以降社会保障税の3%引上げ
　◇年金課税を強化し、その税収を年金給付の財源とする。

②個人勘定案
　◇現行の社会保障税率12.4%に1.6%の社会保障税率を上乗せし、強制的な確定拠出型の個人勘定を設ける。
　◇現行の年金制度については、
　　・満額年金を得るための保険期間の引上げ（現行35年→38年）
　　・支給開始年齢の引上げ（65歳→67歳）の前倒し実施
　　　67歳への支給開始年齢の引上げ後も、平均余命の伸びに応じてさらに支給開始年齢を引上げ。
　　・年金課税を強化し、その税収を年金給付の財源とする。
　　・高所得部分の年金給付率を抑制

③個人保障勘定と社会保障の二階建て方式案

◇現行制度を定額給付の年金に変更
　◇社会保障税率12.4%のうちの5%を財源として、強制的な確定拠出型の個人年金勘定を設ける。
　現行の年金制度については、支給開始年齢の引上げ（65歳→67歳）の前倒し実施。67歳への支給開始年齢の引上げ後も、平均余命の伸びに応じてさらに支給開始年齢を引上げ。

　そして、1999年の一般教書演説において、ベビーブーマーの引退が始まる前に年金財政の強化を図ることを目的として、①今後の財政余剰の62%を社会保障基金に投入すること、②その投入する財政余剰の5分の1を株式市場で運用すること、③加入者の拠出と併せて政府が拠出を行う個人年金勘定を創設すること、を提案した。しかし、Weaver（2004）によれば、1997年からの経済の好調がOASDI財政に関する危機意識を弱めていたこと（積立金の枯渇が1997年には2029年とされていたのが1999年には2034年、2002年には2041年となった）、政府が株式投資を行うことにグリーンスパン連邦準備制度理事長が反対したこと、そして何よりも自らのスキャンダルを取り返そうとするクリントン自身の問題から改革案は頓挫した[17]。

　クリントン政権に代わり、ブッシュ大統領は超党派メンバーによる委員会を設置して、年金改革案に対する原則を示し、2001年12月21日に最終報告として3つの改革案を提案した。大統領の示した原則は、

・現在の受給者及びまもなく受給者となる者の給付は変更しないこと
・社会保障年金の財政余剰は社会保障年金だけに使うこと
・社会保障税率の引上げを行わないこと
・社会保障年金の積立金を株式市場で運用しないこと
・障害年金、遺族年金の給付内容を維持すること
・社会保障セーフティネットを増加させる任意の個人退職勘定を含む改革案であること

の6つである。この原則のもと、3つの改革案が出された。それは、以下のとおりである[18]。

［モデル1］
・課税所得の2.0%を個人勘定（任意加入）にて運用可能とする。

- 現行の計算式による給付額から、個人勘定において運用した金額及びその額の3.5%の運用益相当額を控除。

［モデル2］
- 社会保障税のうち4.0%（年間1,000ドル限度）を個人勘定（任意加入）で運用可能とする。
- 現行の計算式による給付額から、個人勘定において運用した金額及びその額の2.0%の運用益相当額を控除。
- 社会保障年金の新規裁定時の賃金スライドを物価スライドにする。
- 30年勤務の最低賃金労働者には、貧困ラインの120%相当額まで年金額をかさ上げ。
- 現行制度では、夫婦の合計年金額の50～67%であった遺族年金を75%の水準に引上げ。

［モデル3］
- 課税所得の1.0%の追加拠出を行った場合に、社会保障税のうちの2.5%（年間1,000ドル限度）と併せて個人勘定（任意加入）で運用可能とする。
- 現行の計算式による給付額から、個人勘定において運用した金額（社会保障税のうちの運用額）及びその額の2.5%の運用益相当額を控除。
- 将来の平均余命の上昇によっても世代間の公平を保つよう、社会保障年金の新規裁定時のスライド率を調整する（賃金スライドと物価スライドの中間でスライドする）。
- 退職年齢後の労働により受給額が増えるようにするとともに、早期退職による繰り上げ減額率を増やす。
- 年金額の算定において、高所得分に対する給付率を削減。
- 30年勤務の最低賃金労働者には、貧困ラインの100%まで年金額をかさ上げ。
- 現行法では、夫婦の合計受給額の50～67%であった遺族年金を75%の水準まで引き上げる。

　ブッシュ大統領は大統領選以来、社会保障税の一部を原資とする個人退職勘定を創設する改革案を支持していた。彼が創設した社会保障年金委員会は、上記のように個人勘定の創設を含む3つの改革モデルを提示する最終報告書をまとめたが、そもそも案を1つに絞ることができなかった点や、給付削減につながる点な

どについて各方面から批判が浴びせられた。また、2002年11月の中間選挙にあたり、対イラク問題等の外交課題、内政面における経済対策などの、より重大かつ緊急を要する政治課題が浮上し、社会保障年金改革の優先性は相対的に低下したとされている。さらに、この株価の動向（特に2001と02年）は、株式市場の不安定性・投資リスクを国民に改めて想起させ、個人勘定の創設という大統領の提案に対する懸念を強めることとなった。また、9.11以後の景気の後退等による連邦財政の黒字基調から赤字基調への変化は、個人勘定を創設する際の移行コストの有力な財源の消滅を意味し、大統領の提案の実現可能性に対する信憑度を低下させた[19]。いずれにしても、ベビーブーマーの引退後のOASDI財政に対する有効な策は未だとられていないといえよう。

3. 年金給付算定方法の特徴

(1) OASDIの年金給付算定方法

　以上のように財政状況は予断を許さないが、OASDIの給付算定方法（いわゆるベンドポイント方式）は十分に評価に値する。ベンドポイント方式とは、年金給付の基準となる所得で任意の点で給付乗率を変化させることで所得と年金の関係を変化させる方法である。2010年の値では、ベンドポイントを2点（761ドルと4,586ドル）設け、そこに至るまでの給付乗率を0.9、0.32とし、4,586ドルを超える部分の給付乗率を0.15とすることで、いわば低所得者の年金額を高く設定している。保険料の方は定率で賦課しているので、ここには所得の再分配が生じることになる。OASDIの年金給付額（Primary Insurance Amounts；PIAといい、退職給付基本年金額の略で被保険者が通常の支給開始年齢で老齢年金を受給した場合の老齢年金額に相当する）は、再評価後平均収入月額（賃金スライドさせた平均賃金のことで、Average Indexed Monthly Earnings：AIMEという）をベースに次の計算式で求められる[20]。

$$PIA = 0.9A \times 0.32B \times 0.15C^{[21]}$$

　Aはスライド済平均賃金月額のうち761ドルまでの部分、Bはスライド済平均賃金月額のうち761ドルを超えて4,586ドルまでの部分、Cはスライド済平均賃金月

第11章　OASDI方式の厚生年金保険への適用可能性 —— 保険数理モデルによる検討 ——　*381*

額のうち4,586ドルを超える部分である。上記の計算式から明らかに、Aの乗率＞Bの乗率＞Cの乗率となっているので、低所得であった者ほど退職前の収入に対する代替率が高くなり、所得再分配が図られる仕組みとなっている。毎年の年金額については、消費者物価スライド制により物価上昇率分だけ引き上げられる。「761ドル」、「4,586ドル」といった数字は2008年のもの[22]であり、このような分岐点（ベンドポイント）は、平均賃金の上昇率に合わせて毎年改定される。

　例として2010年のベンドポイントを小さいほうから求めてみよう。2010年のベンドポイントを求めるには、基準となるAverage Wage Index[23]が2008年のものとなり、次のように計算される。

　　180ドル×4万1,334.97ドル÷9,779.44ドル＝760.81ドル≒761ドル

ここで、4万1,334.97ドルは2008年のAverage Wage Index、9,779.44ドルは1977年のAverage Wage Indexである。同様に次のベンドポイントは、

　　1,085ドル×4万1,334.97ドル÷9,779.44ドル＝4,585.99ドル≒4,586ドル

のように決まる。すなわち、この方法が導入された1977年に決まった180ドルと1,085ドルという基準が、各年のAverage Wage Indexによって改訂されていくという仕組みになっている。ちなみに、Average Wage Indexは所得分布のメディアン（中央値）に一致する。第1のベンドポイントはメディアンに対して0.22

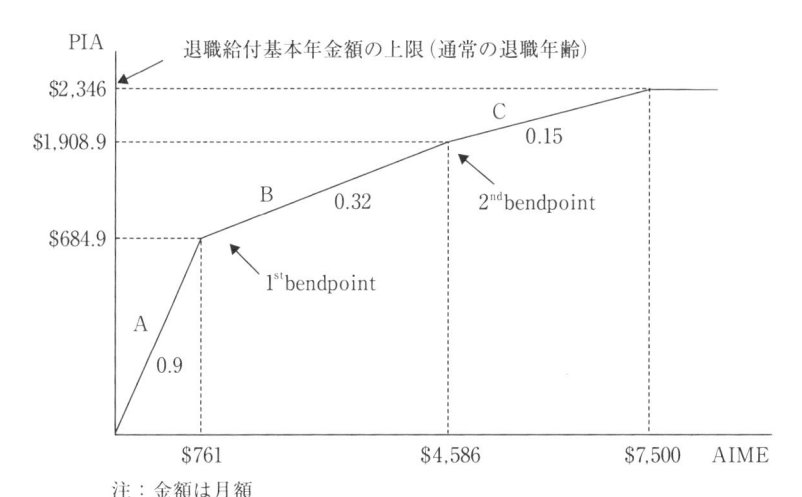

図11-2　アメリカの給付算定方式の模式図
出典：Trustee Report 2009

の水準に置かれ、第2のベンドポイントはメディアンに対して1.33の水準に置かれている。年金給付額は、最初のベンドポイントまでのスロープが0.9であるから、スライド済平均賃金月額800ドルであった者の年金額は月720ドル、3,000ドルであった者は1,599.9ドル、また月収7,500ドルであった者は2,346ドルが年金額になる（この水準で年金額は頭打ちになる）。

例えば、スライド済平均賃金月額が800ドルの者と7,500ドルの者の月給の格差は7,500ドル÷800ドル＝9.38倍であるが、年金給付になるとその格差は2,346ドル÷720ドル＝3.26倍と縮小することになる。これらは、いわゆる所得再分配が行われたことを示す。なぜならOASDIに関する限り、課税の上限は10万6,800ドルである。上の例でいえば月給の格差は実に133.5倍（10万6,800ドル÷800ドル）であるが、年金給付額はスライド済平均賃金月額が7,500ドルの者と同じ2,346ドルである。これをOASDI税と対比して見ると、10万6,800ドル以上のスライド済平均賃金月額の者は10万6,800ドル×6.2％≒6,621ドルを税として納めることになる。今後物価が1％ずつ伸びるとしても、支払った税の半分にも満たない年金給付しか受け取れないのである。言い換えれば、高所得者がOASDI制度に対して高い税を支払うことで、低所得者への所得の再分配が行われる仕組みとなっている。もちろん、賦課方式であるから現役世代からの所得移転分は多いが、現役世代の高所得者から高齢者世代の低所得者に移転がなされているから、この制度は支持されているのである。

(2) 厚生年金保険[24]の年金給付算定方法

一方、日本の代表的な年金制度である厚生年金保険は、就業者の97％[25]に適用され、確定給付・修正積立方式（事実上、賦課方式であるが120兆円余りの積立金を保有することから、厚生労働省はこのように呼んでいる）の制度である。保険料率の15.704％[26]は労使で折半する。厚生年金保険は被用者年金であるため、自営業者は加入ができない[27]。わが国の年金給付算定方式にも所得再分配機能が備わっている。図11－3には厚生年金保険の給付算定方法の模式図を描いた。

式にすると、

$$基礎年金部分 = 79万2,096円 \times 加入月数 \div 480ヵ月$$

が基礎年金の算定方法である。また、報酬比例部分（図11－3）の年金給付額は、

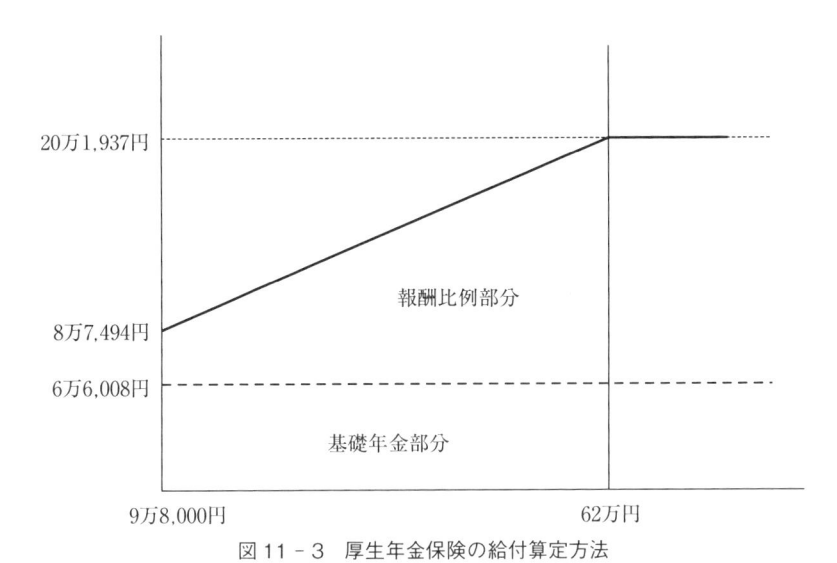

第11章　OASDI方式の厚生年金保険への適用可能性 —— 保険数理モデルによる検討 ——　　383

図11-3　厚生年金保険の給付算定方法
出典：筆者作成
注）全加入期間が2005年4月以降で、480カ月のフル期間に加入した場合の値。

高さで表され、

　　報酬比例部分＝平均総報酬月額×給付乗率÷1,000×加入月数×スライド係数[28]

で計算される。実は平成16年改正で下線部分は2005月以前（ア）と2005年4月以降（イ）で分かれている。

（ア）平均総報酬月額×（9.5～7.125）÷1,000×2005年3月以前の被保険者期間月数

（イ）平均総報酬月額×（7.308～5.481）÷1,000×2005年4月以降の被保険者期間月数

なお、基礎年金部分は老齢基礎年金、報酬比例部分は老齢厚生年金が正式な呼称である。また、9.5～7.125や7.308～5.481は給付乗率と呼ばれ、生まれ年によって異なる。差異があるのは、生まれ年と総報酬制を導入したことによる。2004年の改正により、年金給付額算定の基準となる報酬が、ボーナスを完全に含んだ報酬の総額より求められるようになった（それまではボーナスには1％の保険料率が適用されたが、給付には反映されなかった）。これは、月給を少なくしボーナスを増やすという企業の拠出回避策に対抗した処置である。

厚生年金保険の再分配の程度は、男性で2009年に被用者となった者を考えることで容易に分かる。彼らの給付算定方法は（イ）のみで、平均的にいって2041～45年に年金を受け取ることになる。彼らのうちで、平均総報酬月額が9万8,000円の者の受給額は

　　6万6,008円（老齢基礎年金：月額）＋2万1,486円（老齢厚生年金：月額）
　　＝8万7,494円

であり、平均総報酬月額が62万円の者は、

　　6万6,008円（老齢基礎年金：月額）＋13万5,929円（老齢厚生年金：月額）
　　＝20万1,937円

となる（平均総報酬月額の9万8,000円は下限、62万円は上限である）。これを見ると、9万8,000円の者と62万円の者の差は6.33倍（62万円÷9万8,000円＝6.33）であるが、年金給付の格差は2.31倍（20万1,937円÷8万7,494円＝2.31）にしかならない。これは、基礎年金部分のもたらす効果である。報酬比例部分は従前所得の保障という役割を担うが、はじめに述べたように基礎年金部分の給付は所得再分配を目的とするからである。

(3) OASDIと厚生年金保険の所得再分配の比較

　それでは両者の比較を試みよう。まず、代替率（年金給付額を年金給付額の算定基準となる所得で割ったもの）で考えよう。OASDIでは第1ベンドポイントまでの代替率（PIA÷AIME）は0.9であり、第2ベンドポイントまでは平均で0.53である。また、第2ベンドポイントからPIAの上限（AIME＝7,500ドル）までは0.36となる。もちろん、所得が増加すればするほど代替率は低下し、課税上限の10万6,800ドルでは0.16まで低下する。一方、厚生年金保険の代替率（年金受給額を平均総報酬月額酬で割ったもの）は、平均総報酬月額9万8,000円の者の場合、給付月額8万7,494円で代替率は0.89、62万円の者は給付月額20万1,937円で代替率は0.33である。所得が上がれば代替率が低下するのはOASDIの場合と同様である。ちなみに、健康保険の保険料が付加される上限121万円では0.17となる。

　"単純"に見れば両制度はとてもよく似ていることが理解できるが、より厳密にはジニ係数を利用する方法がある。これは仮想的な所得分布を作成し、これに

第11章　OASDI方式の厚生年金保険への適用可能性 —— 保険数理モデルによる検討 ——

OASDIと厚生年金保険の給付算定方法を当てはめ、所得分布がどのように補正されるかを見る方法である。具体的には、仮想的な所得分布を2種類作成し、それについて各々の給付算定方法で年金給付額を計算し、ジニ係数を比較するという方法をとる。所得の分布は対数正規分布に従うものと仮定する。対数正規分布は平均uが大きくなるに従って、頂点が低く、裾野が広がっていくという性質を持つ。この性質を使って分布Uと分布Jという2種類の分布を作成する。分布Uはどちらかといえば所得階層の低い者が多い（逆にいえば少数の所得の高い階層がいる）分布であり、分布Jは分布Uよりも所得階層の低い者が少ない形状をしている。一応、分布Uは貧富の格差が大きいアメリカを、分布Jは貧富の格差の小さい日本を想定している。結果は表1に挙げている。これによれば、分布U、分布JともにOASDI方式のジニ係数のほうが小さいことが分かる。当初の所得のジニ係数は分布Uであれば0.70、分布Jであれば0.51である。これがOASDI方式で分布Uから年金給付を算出するとジニ係数は0.48となり、これは厚生年金保険から算出された0.51よりも小さい（分布Jも0.23と0.29でOASDIのほうが小さい）。ジニ係数は数値が0に近いほど、当該分布の平等度が高いことを示すので、OASDIの年金給付算定方法のほうが、当初の所得分布をより平等に変換できることを示している。

表11-1　年金給付算定方法によるジニ係数比較

	OASDI		厚生年金	
	分布U	分布J	分布U	分布J
所得	0.70	0.51	0.70	0.51
年金給付	0.48	0.23	0.51	0.29

出所）筆者計算

もっとも、それらはベンドポイントの設定や基礎年金額の設定に依存する。基礎年金の値が大きくなれば、厚生年金保険のジニ係数は改善されることになるからである。それでもOASDIのようなベンドポイント方式は、所得へのきめの細かい対応ができることから、今後の我が国の年金制度改正に役立つものと思われる。また、OASDIの保険税賦課基準の上限AIMEの値は10万6,800ドルで1ドル＝90円としても80万円ほどになる。これは、厚生年金保険の上限値よりも高い。確かに、給付の算定に使われるAIMEは7,500ドル（約67万5,000円）

であり、厚生年金保険の上限よりも高いが、ベンドポイント方式の採用により、PIA は 2,346 ドル（約 21 万 1,140 円）で厚生年金保険の上限とそれほど大差がない。このように、年金算定の基準上限が高いにも関わらず、低所得者と高所得者の間で給付水準にそれほど差が出ないようになっているのは、ベンドポイント方式の影響が大きい。保険料賦課基準の上限額と給付算定基準の上限額に差を設けることは、厚生年金保険の改正にとっても有意義である。

4. 使用するモデルとシミュレーションの設定説明

本節では、(1) で年金財政のシミュレーションに使用されるモデルを説明し、個々人の年金給付の計算モデルは(2)で触れる。年金財政計算には厚生労働省（厚労省）のモデルが使用される。それというのも、2009 年 3 月 23 日に、厚労省年金局が財政検証用プログラム（Fortran と C で記述されている）とバックデータを公開したため、これの利用が可能となったのである。本節においてはこのプログラムを一部改変して使用する[29]。

(1) 財政検証の方法

厚労省の財政検証は、被保険者数や受給者数を先に計算し、そこに報酬の分布を当てはめて保険料や年金給付額を決定し、被保険者推計、基礎年金、厚生年金（給付費推計と収支計算）、そして国民年金、というように 5 つのプログラム群を用いた方法で行っている。

まず被保険者の推計であるが、後述される就業者予測に従って厚生年金（旧国鉄、旧電電公社、農林年金を含む）と国家公務員共済、地方公務員共済、私学共済及び国民年金の被保険者が推計されている。基本的に、被保険者が加齢していくと、受給者（新規裁定者）になる。この関係は、人口を POP、就業率を EMP[30]、被保険者を IR、死亡率を DR、年齢を x で表すと、

$$IR(x) = POP(x) \times EMP(x)、IR(x+1) = IR(x) \times DR(x)$$

となる。

一方の給付額は、国民年金でいえば平均の年金給付額を年々の受給者数に乗じ

第11章　OASDI方式の厚生年金保険への適用可能性 ―― 保険数理モデルによる検討 ――　*387*

ることで計算される。また、厚生年金[31]は、加重平均された年金給付額を受給者数に乗じることで計算される。正確には、過去数年分の総報酬とそれに対応する被保険者の人数をデータベースとして持っており、これを用いて総報酬の加重平均を作成する[32]。そして給付算定式、

給付額＝平均総報酬月額×給付乗率×加入月数／480×スライド係数＋定額部分

に当てはめれば1人当たりの年金給付額が算出でき、これを受給者数に乗じれば年々の給付総額が求まる。また、総報酬に経済的仮定の賃金上昇率を乗じることで、将来分は推計している。一方、被保険者についても同様に人数と報酬のデータベースを持っており、加重平均された報酬に保険料率を乗じることで1人当たり保険料が算出できる。保険料の総額は、人数×1人当たり保険料で算出できる。最後に収支計算であるが、t年の積立 $F(t)$、保険料収入を $C(t)$、年金給付支出を $B(t)$、利回りを $r(t)$ とすると、

$$F(t+1) = C(t) - B(t) + (1 + r(t)) \cdot F(t)$$

という関係になることを利用する。この利回りと報酬の将来推移を決めるのが経済的仮定である。今回の設定では、経済中位ケースとして、物価上昇率1.0％、賃金上昇率2.5％、運用利回り4.1％が仮定されている[33]。また、財政検証では独立行政法人労働政策研究・研修機構で推計される「平成19年労働力需給の推計」を被保険者の基礎数として用いている。

(2) OASDI方式とクローバック方式の採用

本節で検討されるのは、厚生年金保険のパラメトリックな改正である。2009年3月の財政検証では、一応、標準世帯のモデルケースで代替率が50％を超えることが示された。しかし、その後の経済情勢を見ると財政検証で利用された経済的仮定をそのまま信ずることは難しい。ここは、保険数理的保守主義の立場に立ち返り、もっとタイトな仮定でも耐えられるような年金制度の構築が必要である。今回、本節で注目されるのは年金給付算定方式の変更である。報酬比例型の給付設計の場合、勤労期の所得格差の持ち越しにもつながる。そのため、所得の再分配効果をどのように取り込むのかという問題を抱える。わが国の場合、厚生年金等の被用者年金は基礎年金＋報酬比例年金という形態をとっており、それにより上記の問題を緩和している。OASDIのベンドポイント方式は、きめ細かく所得

の再分配ができうる点で優れているが、この方式をわが国にそのまま当てはめると、高所得者の給付が大きくなってしまう。

いくつかの試行実験の結果、第1ベンドポイントは6万5,900円、第2ベンドポイントは39万8,500円、原点～第1ベンドポイントまでのスロープは0.9、第1～第2ベンドポイントまでのスロープは0.22、第2ベンドポイント～課税所得上限までのスロープは0.07とする組合せが有効なことが分かった。この給付算定方法を用いると、単身世帯から見て、総報酬月額30万円未満の階層は平均で現行制度よりも1.09倍の給付（最下層は1.23倍）を受けることができ、また、総報酬月額30万円以上は平均で0.9倍（最上層は0.83）の給付になる。また、この算出方法は遺族年金になっても変えない。

一方、同様に高所得者の年金給付を抑える方法としてクローバック方式がある[34]。この方法も、日本に直接に当てはめると不都合が生じるので、一定の考慮を加えた上でシミュレーションを試みる。具体的には、代替率[35]50％を超えた者には、基礎年金で年金額を調整するという方法をとる。その際、考慮すべきは世帯の類型である。単身世帯であれば、理論値で代替率50％を超えるのは、総報酬月額40万円以上の者である。また、夫婦（片稼ぎ）であれば、およそ夫の収入が総報酬月額20万円を超えると代替率が50％を超える。問題は共稼ぎ夫婦である。JILPTが毎年出している「ユースフル労働統計」では、厚労省の「賃金構造基本調査」のデータを用いて男女の賃金格差の研究を行っている。それによると、1990年以降、傾向として女性の賃金水準は男性を100とした場合に75程度である。それを勘案すると、およそ夫の総報酬月額が13万円を超えると夫婦の所得が20万5,000円以上となり、代替率が50％を超えてしまう。しかし、これも上述したように、給付に対して何の抑制策も施していない場合である。厚労省と同様な抑制策を施すと、夫婦の総報酬月額が30万円程度なら、代替率50％を上回ることになる。以上の検討から、片稼ぎ・単身者については代替率50％を超える総報酬月額がおよそ36万円～40万円以上、共稼ぎ世帯については30万円以上が減額の対象となる。減額の方法であるが、対象となる総報酬月額から62万円の上限（この水準では基礎年金額は全額クローバックの対象となる）まで、直線的に削減することとした。クローバック後は、総報酬月額40万円の世帯は14％ほどの給付削減であるが、62万円だと58％の削減になる。こちらも、遺族年金になっても定額部分のカットは続く。

実際の年金給付の計算には次の仮定を置く。2008年から20歳で厚生年金に加入した者を考える。この者たちは生涯サラリーマン（自営業になったりしない）であり、10万円から62万円までの所得を得て保険料を支払う。実質的な昇級はないものとする（物価上昇1%、名目賃金上昇率2.5%とする）。すなわち、所得10万円の者は2年目に10万2,500円を得て、40年目には17万8,721円を得る。また、62万円の者は40年目に110万8,070円を得る。保険料率は2008年の15.35%から2017年の18.3%（以後、固定）までスケジュール通りに上がっていく。ちなみに、10万円の者の払い込む生涯保険料は約730万円（2053年価格）、62万円の場合は4,550万円（2053年価格）である。加入期間は480カ月（フル加入）としておこう。厚生年金保険の給付算定は、

79万2,096円×スライド係数×加入月数÷480カ月＋平均総報酬月額×5.481／1000×被保険者期間月数×スライド係数

で計算される。年金給付は65歳になる2053年からである。なお、これからの数値はすべて2005年価格に割り引いてある。また、賃金の再評価はしていない。なお、想定の基本モデルは、単身者世帯、片稼ぎ世帯、共稼ぎ世帯である。単身者世帯は1人分の基礎年金＋報酬比例年金、片稼ぎ世帯は基礎年金×2＋報酬比例年金、共稼ぎ世帯は基礎年金×2＋報酬比例年金×2を男性の現在の平均寿命である79歳まで受け取ること（遺族たる女性は85歳まで生きる）にして計算した。また、結婚する場合は、22～24歳の間に2歳年下の女性とする。

5. シミュレーション結果

(1) 代替率の比較

それでは、まず、個々人がこのような制度改正の影響をどのように受けるのかについて代替率から検討しよう。代替率は、本来は保険料の賦課賃金に対する年金給付額をいう。本章のOASDIと厚生年金保険の所得再分配の比較で述べた如くである。しかし、最近では、平均賃金に対する年金給付額の値を代替率として定義することが多い。確かに、この方法であれば、年金給付の多寡を賃金の格差で説明するのに都合が良い。よって、本節以降では代替率を平均賃金に対する年

金給付額の値として定義する。基準となる賃金は賃金構造基本調査の 2008 年版より、企業規模計・正社員・正職員計・産業計・学歴計の男性と女性の決まって支給する現金給付額 38 万 2,000 円（男性）、26 万 2,700 円（女性）を実質賃金上昇率 1.5% で伸ばし、年金支給開始である 2053 年の年金受給額に対する比率として表現している。すなわち、単身者及び片稼ぎの場合は年金額÷男性の平均賃金、共稼ぎの場合は年金額÷（男性の平均賃金＋女性の平均賃金）で表現してある。結果は表 11 - 2 に示してある。現行制度は平均総報酬月額に従って代替率が増加していく。OASDI 方式も平均総報酬月額に従って代替率は増加していくが、その上昇度合いは平均総報酬月額が高くなるにつれて小さくなる。一方のクローバック方式は、当初は現行制度と同様な水準を維持するが、平均総報酬月額 30 万円を境に基礎年金額が調整されていくので、代替率は小さくなっていく。代替率が片稼ぎ、共稼ぎ、単身者の順なのは、割っている賃金が、片稼ぎは夫の平均賃金のみ、共稼ぎは夫婦合算の平均賃金、単身者は本人の賃金（ここでは男性の平均賃金）のみだからである。ちなみに、クローバック方式のジニ係数の値は分布 U で 0.36、分布 J では 0.11 であり、3 つの方式で最も小さい値をとった。給付面から見れば、報酬比例部分に手を付ける OASDI 方式による改革案と、基礎年金部分に手を付けるクローバック方式とに整理ができる。クローバック方式は、中・高所得者の給付を大きく削る結果となり、ジニ係数の改善度（平等化）も高い。

表 11 - 2　各給付算定方法による代替率

（万円、2053 年価格）

	総報酬月額	10	20	30	40	50	60	62
現行制度	単身者	22.1	26.2	30.3	34.4	38.5	42.6	43.4
	片働き	40.1	44.2	45.2	48.3	51.3	54.4	55.0
	共働き	31.0	33.5	33.5	35.9	40.8	43.2	43.7
OASDI 方式	単身者	27.0	32.1	30.0	31.7	34.1	36.1	35.7
	片働き	45.0	50.0	45.0	46.2	48.0	49.5	49.2
	共働き	33.8	36.8	36.8	37.8	38.0	39.2	39.0
クローバック方式	単身者	22.1	26.2	30.0	28.7	28.3	25.0	25.0
	片働き	40.1	44.2	45.0	37.2	31.4	19.9	18.7
	共働き	31.0	33.5	33.2	29.2	28.8	22.5	21.9

出所）筆者計算

その意味でいえば、最も優れた制度改正案かもしれない。しかし、制度に対する加入インセンティブといった面から考えるとどうであろうか。この点は後述する。

(2) 財政への影響

次に財政の全体である。OASDI方式とクローバック方式を導入した場合、いずれのケースも基準となる財政検証結果を上回る。また、積立金の経路は最もクローバック方式が大きく、次いで、OASDI、現行の厚生年金保険（図11-4では財政検証）である。当然のことであるが、この結果は個々人に及ぼされる影響と整合する。

まず、給付が適正化された世代（給付乗率が5.481に低下した世代）が多くなる2030年代から、年金積立金の経路は急上昇する。また、高所得の給付をより抑制するOASDI方式やクローバック方式はさらに積立金の経路を上昇させる。仮にOASDI方式やクローバック方式の積立金の経路を財政検証の経路と同一水準にするならば、2050年以降、財政検証で用いられた利回りよりも1.0～1.8%低い水準でも十分に達成可能である。これは利回り2.3～3.1%という水準で財政検証の積立金経路が可能ということを示し、財政検証で検討された経済的仮定の低位水準をも下回る水準である。なお、OASDI方式であれば、100年後には必

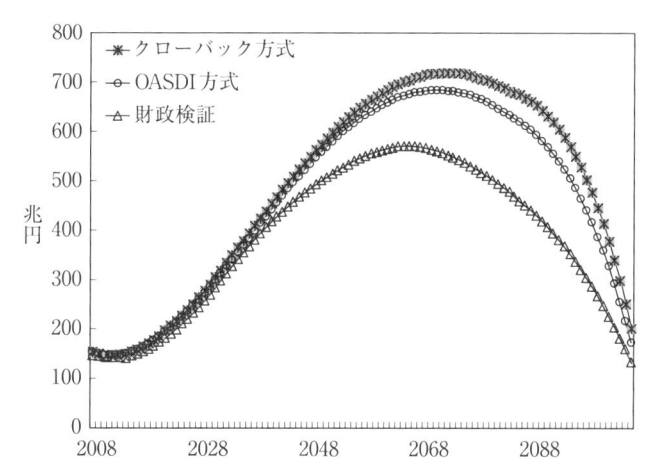

図11-4 各方式による厚生年金保険の積立金の経路，経済的仮定中位（2008年価格）
出典：筆者計算

要とされる年金給付額の約1.5倍の水準の積立金を確保でき、また、クローバック方式の場合は約2倍を確保できることになっている。財政面から見ても、クローバック方式は優れた改正案なのかもしれない。

6. おわりに

本章ではアメリカのOASDIによる年金給付算定方式を検討し、併せてカナダのクローバック方式を検討に加え、これらによるわが国の厚生年金保険の年金改革案を提示した。その結果、給付面から見ても、財政面から見てもクローバック方式が優れているという結果になった。ただし、クローバック方式は中・高所得者を狙い撃ちした制度改正であり、これが望ましい制度改正であるとは思わない。なぜかというと、カナダではクローバックの削減対象である定額給付の年金制度（OAS）がCPP（Canada Pension Plan；カナダ年金制度）という報酬比例部分に先行して開始されているという歴史的経緯がある。すなわち、受給者から見れば、はじめからあった定額給付のOASは減少したが、後から報酬比例部分のCPPが足されたという経緯がある。しかるに厚生年金保険の場合は、1959年に報酬比例年金に定額年金を加えたというカナダとは逆の歴史をたどっている。このような中、定額部分の基礎年金を削減するという方法は政治的に受け入れられないだろう。そうなると、セカンドベストとしてのOASDI方式ということになる。このような改革の方法をパラメトリックな改革というが、昨今は財政方式を賦課方式から積立方式に変えるようなパラダイマティックな改革もなされている[36]。

年金制度の財政方式に関しては、社会保険パラドックスが昔からいわれている[37]。社会保険パラドックスとは、人口成長率と賃金成長率の和が利子率よりも小さい場合には、積立方式の年金制度が賦課方式の年金制度に比べて個人の厚生を増大させることである。すなわち、少子高齢化し経済も安定成長期に入ったわが国の場合は積立方式のほうが経済学的には望ましく、それゆえに多くの経済学者はこの社会保険パラドックスに基づいて積立方式の年金制度を念頭に置いた年金制度改革論を提示している。

しかし、仮に厚労省の財政検証の人口の仮定（出生中位、死亡中位）、労働の

仮定をケースC（女性や高齢者が労働参加し、最も労働力が多いケース）、そして経済的仮定を中位として計算すると、2008年現在で年金給付現価にして約1,291兆円（2008年からスタートするとして、利息収入と年金基金の取崩しで年金給付をまかない、2105年には1年分の給付をまかなう水準まで基金の取崩しを続けるとして）の基金がないと、利息収入と基金の取崩しによって年金給付を今後100年にわたってまかなうことはできない計算になる。すなわち、2008年の積立金額を差し引いても、およそ1,146兆円というGDPの約2倍の規模が年金基金として必要なのである。本章では、このような規模の基金を蓄積する手段に対して実行可能ではないと判断する。万一、基金が蓄積されたとしても金融市場等に与える影響を考慮した場合、それは問題が大きいと考えている。その意味で、本章で提示したような、現状の制度からそれほど離れずに、かつ、年金受給者の資産・所得分布を考慮した改革案が必要であると考える。

注

1) 1977年及び1983年の改正において信託基金の積立金額を増加させ、いわば「修正賦課方式」で運営している。
2) Medicare Taxは2.9%（労使折半）である。
3) それ以前は、我が国でいえば在職老齢年金制度的な制度設計があり、65〜70歳については、一定額以上の収入に関して、3ドルの収入に対して1ドルの減額措置が講じられていた。
4) Social Security Agency, "The 2009 Annual Report of the Board of Trustees of the Federal Old-Age and Survivors Insurance and Federal Disability Insurance Trust Funds," (THE BOARD OF TRUSTEES, FEDERAL OLD-AGE AND SURVIVORS INSURANCE AND FEDERAL DISABILITY INSURANCE TRUST FUNDS, 2009), p.30
5) 1954年の制度改正で報酬比例一本であったのを、基本年金として報酬比例部分のほかに報酬額を問わない（1965年改正から加入期間に応じて給付されるようになった）定額部分の給付が設けられた。そして、1985年の改正により、この定額部分が基礎年金（国民年金）との共通部分として再定義されることになった。ただし、厳密にいえば、定額部分と基礎年金は給付算定方法が異なるので、上記は一般に対する説明として使われる。
6) 小松聰『ニューディールの経済体制』雄松堂出版、1986、p.1.
7) 堀勝洋「年金制度 ― 公的年金 ―」社会保障研究所編『アメリカの社会保障』東京大

学出版会、1989、p.74.
8) 老齢厚生年金（報酬比例部分）などの計算に用いられる平均標準報酬月額は過去の標準報酬月額の平均であるが、この際、過去の標準報酬月額は現在までの社会の賃金水準の変動に応じて「再評価」される。これは、ベースアップなどによる賃金水準の上昇に応じて、年金の水準も引き上げていくためである。具体的には、過去の期間区分ごとに定められた再評価率を標準報酬月額に乗じる。この再評価率は5年に1度の制度見直し時に更新されていたが、平成16年改正以後は、物価スライドや名目賃金変動率などを含み毎年改定されることとなった。
9) OASDIでは生計費維持条項を1975年より導入し、この給付価値の維持に努めている。これはわが国の物価スライド制に当たる制度であり、CPI（Consumer Price Index）の上昇があれば、その上昇分だけ年金給付額を上積みする制度である。しかし、このCPIには構造上の問題がある。それは、CPIはインフレを過大に反映するという問題である。CPIでは品質向上を反映した物価上昇（たとえば、より処理速度の速いコンピューターの登場）や物価上昇時に消費が安い代替品に移ること（たとえば、バターからマーガリンへ）の計測が困難であることが原因である。
10) 阿部彩「アメリカにおける社会保障改革と財政」『フィナンシャル・レビュー』財務省財務総合政策研究所、September、2006、pp.19-20.
11) 完全に67歳支給開始となるのは2027年である。また、62歳からの繰上げ支給が認められており、支給開始年齢が65歳の者の場合であれば20％の減額支給となる。支給開始年齢が66歳の者の場合には25％、67歳の者の場合には30％の減額支給である。
12) 金子能宏「年金制度 ― OASDI ―」藤田伍一・塩野谷祐一（編）『先進諸国の社会保障⑦アメリカ』東京大学出版会、2000、pp.88-89.
13) アメリカがこのように長い期間をベビーブーマーと呼ぶのに対して、団塊の世代がたった3年であるのは急激な出生率の低下による。これは、わが国の合計特殊出生率（平均して女性が一生の間に産む子供の数）は1947年に4.5、1948年に4.4、1949年に4.32であったのが、1950年には3.65に落ち、1957年には2の前半を記録し、1975年には2を切って2005年に最低水準の1.26にまで落ち込んだことによる。この原因は晩婚化や子育てに非協力的な夫の存在等々であるといわれるが、その最初の落ち込みは優生保護法の改正（この法律は1996年に優生思想に基づく部分が削除され、名称も母体保護法に変わっている）が原因と考えられる。優生保護法は1948年に導入されたが1949年の改正で経済的理由による中絶が可能となったこと（これは母体保護法14条1項1号として現在も残っている）が、この40年代後半から50年代にかけての落ち込みの原因であるとされている。なお、母体保護法14条1項1号の「経済的理由」を削除するべきと主張する見解として、加藤久雄『医事刑法入門［改訂版］』東京法令出版、1999、pp.233-234、pp.243-244、田中圭二「旧優生保護法における『経済的理由』と削除する改正案 ― 昭和47・48年の『改正案』の検討 ―」『産大法学34

第11章　OASDI方式の厚生年金保険への適用可能性 ── 保険数理モデルによる検討 ──　*395*

巻 3 号』京都産業大学、2000、p.157 以下、pp.169-171 がある。
14) 前掲、Social Security Agency (2009), pp.2-19.
15) http://www.census.gov/population/www/projections/downloadablefiles.html （アクセス 2010 年 1 月 4 日）。
16) 前掲、金子、2000、pp.107-111.
17) R. Kent Weaver, "Public Pension Reform in the United States" 豊福実紀訳「アメリカの公的年金改革」新川敏光・ジュリアーノ・ボノーリ編著『年金改革の比較政治学 ── 経路依存性と避難回避性 ──』ミネルヴァ書房、2004、pp.212-213.
18) 府川哲夫「アメリカの年金改革」清家篤・府川哲夫編著『先進 5 か国の年金改革と日本』丸善プラネット、2005、pp.163-167、坂井誠「ジョージ・W・ブッシュ政権下の社会保障年金制度改革 (1) ── 制度改革をめぐる歴史的経緯とブッシュ提案」『恵泉女学園大学紀要』恵泉女学園大学、2006、pp.43-46.
19) 前掲、Weaver (2004), pp.213-214.
20) http://www.socialsecurity.gov/OACT/COLA/piaformula.html （アクセス 2009 年 12 月 15 日）。
21) この計算式によって計算された給付額の満額支給開始年齢は、1999 年までは 65 歳であったが、2000 年から 2027 年にかけて段階的に 67 歳に引き上げられることとなっている。また、62 歳からの繰上げ支給や 70 歳までの繰下げ支給も認められている。これらの場合の給付額については、62 歳から繰上げ支給を開始した場合には減額率 30％、70 歳から繰下げ支給を開始した場合には増額率 15％となっている。
22) 2010 年の PIA の算定には、2 年前の物価基準で AIME のベンドポイントを決定することになっている。
23) このスライド制についての詳細は www.socialsecurity.gov/OACT/C OLA/index.html （アクセス 2009 年 12 月 15 日）。
24) 厚生統計協会『保険と年金の動向　2009-10 年版』厚生統計協会、2009 に制度の概要や数値が豊富に出ている。
25) 社会保険庁「平成 19 年度社会保険事業の概況」の厚生年金保険の被保険者数 3,457 万人を、総務省統計局「労働力調査　長期時系列（詳細集計）雇用形態別雇用者数」3,574 万人（正規の職員・従業員労働者に派遣事業所の派遣社員を加えた数）で割った数値。
26) 保険料率は 2017 年に 18.3％（年 0.354％）引き上げられるが、それ以降は 18.3％のまま推移させる。
27) 自営業者は国民年金制度に加入する。
28) 1.031 × 0.985 というのが 2009 年の物価スライド率である。1.031 というのは 2000 年基準の物価スライド率であり、これを調整するために 0.985 という数値が 2009 年には乗じられている。

29) 基本的に、山本克也「厚労省財政検証プログラムを用いた公的年金改革案の提示」家計経済研究、第85号（財団法人家計経済研究所、2010）で用いたモデルに、バグ取り等を行った最新版のプログラムを用いている。
30) 後述するように、労働力率にはいくつかの場合分けがあるが、いずれも2030年以降はそれぞれの仮定値がそのまま推移する。
31) 厚生年金給付費推計プログラムと収支計算プログラムは、Fortranで開発され、これには厚生年金と国家公務員共済（長期）、地方公務員共済（長期）、私学共済の年金額の計算を行っている。
32) 当然、加入期間等のデータも過去1年分をプールして使用している。
33) 社会保障審議会年金部会（第14回：平成21年2月23日）資料3-1、「国民年金及び厚生年金に係る財政の現況及び見通し（概要）（平成21年財政検証結果）」厚生労働省、2009
34) 詳しくは尾澤恵「カナダの年金制度の構造」『企業年金』第27巻第9号、企業年金連合会、2008、pp.34-38.
35) ここでいう代替率とは、現役世代の平均賃金に対する年金額の比率であり、厚労省が財政検証で定義した世帯類型毎の代替率ではないことに注意が必要である。
36) 有森美木「公的年金の国際的潮流」、日本年金学会編集『持続可能な公的年金・企業年金』ぎょうせい、2006、pp.112-118.
37) 牛丸聡『公的年金の財政方式』東洋経済新報社、1996、pp.31-63.
38) 現在の高齢者（特に70歳以上）は資産蓄積の機会にも恵まれず、戦後の荒廃から現在の繁栄の礎を築いてくれた。しかし、現在の高齢者の子や孫には社会的配慮の必要はなく、むしろ遺産という形で公的移転分が私的移転に化けることが問題視される。

執筆者紹介

序章　杉田　米行（すぎた　よねゆき）（編著者）
大阪大学言語文化研究科准教授
主要著作:『日米の医療 ― 制度と倫理』(編著、大阪大学出版会、2008 年)、『アジア太平洋戦争の意義 ― 日米関係の基盤はいかにして成り立ったか』(編著、三和書籍、2005 年)、『アメリカの対日占領政策とその影響』(共編著、明石書店、2004 年)

第1章　岡田　新（おかだ　しん）
大阪大学言語文化研究科教授
主要著作:『西洋政治思想史　II』(共著、新評論、1995 年)、『ネイションとエスニシティ』(共訳書、名古屋大学出版会、1999 年)、『世界地域学への招待』(共著、嵯峨野書院、1998 年)『Classics of Social Sciences』(共編、嵯峨野書院、1999 年)、『近代世界システムの歴史的構図』(共著、溪水社、1993 年) 他、論文「1906 年総選挙における自由党の再生と労働党」『英米研究』31 号 (2007 年)、「1906 年総選挙における自由党の選挙基盤」『英米研究』32 号 (2008 年) 他多数

第2章　平体　由美（ひらたい　ゆみ）
札幌学院大学人文学部英語英米文学科教授
主要著作:「アメリカ南部公衆衛生行政の展開 ― ロックフェラー衛生委員会と 20 世紀初頭の鉤虫病コントロール」『アメリカ史研究』第 32 号、2009 年 7 月、『連邦制と社会改革 ― 20 世紀初頭アメリカ合衆国の児童労働規制』(世界思想社、2007 年)

第3章　山岸　敬和（やまぎし　たかかず）
南山大学外国語学部英米学科准教授
主要著作:"Occupation Politics: American Interests and the Struggle over Health Insurance in Postwar Japan," Social Science History (Spring 2006) (co-authored with Adam D. Sheingate)、「アメリカの民間医療保険制度の起源 ― 国家、医師会、第二次世界大戦」杉田米行編『日米の医療 ― 制度と倫理 ―』(大阪大学出版会、2008 年)

第4章　向井　洋子（むかい　ようこ）
沖縄国際大学法政研究所特別研究員、筑波大学院人文社会科学研究科国際公共政策専攻後期博士課程
主要著作:「『帝王的』大統領のもうひとつの顔」『国際政治経済学研究』22 号 (2008 年)、「アメリカ福祉政策の歴史 ― 政策を支えたイデオロギーを中心に」『沖縄法政研究』12 号 (2009 年)

第5章　佐藤　千登勢（さとう　ちとせ）
筑波大学大学院人文社会科学研究科准教授
主要著作:『軍需産業と女性労働 ― 第二次世界大戦下の日米比較 ―』(彩流社、2003 年)、「福祉国家の後退と移民女性の労働 ― 福祉改革とケア労働のグローバル化を中心に ―」秋元英一・小塩和人編著『豊かさと環境』(ミネルヴァ書房、2006 年)、「アメリカ合衆国における福祉国家の再編と市民権 ― 1996 年福祉改革法の移民への影響 ―」『筑波大学地域研究』第 29 号 (2008 年)、「1932 年ウィスコンシン州失業補償法とニューディール ―『ウィスコンシン派』の思想とラフォレット知事による州政治を中心に ―」『社会経済史学』第 73 巻第 6 号 (2008 年)

第6章　西山　隆行（にしやま　たかゆき）
甲南大学法学部准教授、博士 (法学)
主要著作:『アメリカ型福祉国家と都市政治 ― ニューヨーク市におけるアーバン・リベラリズ

ムの展開』(東京大学出版会、2008年)、「犯罪対策の強化と保守派の主導」五十嵐武士・久保文明編『アメリカ現代政治の構図 ― イデオロギー対立とそのゆくえ』(東京大学出版会、2009年)、「都市社会の秩序と暴力」古矢旬・山田史郎編『アメリカ研究の越境 第2巻 権力と暴力』(ミネルヴァ書房、2007年)

第7章 村上 貴美子(むらかみ きみこ)

関西福祉大学大学院教授、博士(社会学)

主要著書:『占領期の福祉政策』(勁草書房、1987年)、『戦後所得保障制度の検証』(勁草書房、2000年)、『日本社会保障の歴史』(共著、学文社、1991年)、『現代家族と家族政策』(共著、ミネルヴァ書房、2000年)、『障害者政策の国際比較』(共著、明石書店、2003年)

第7章 宇都宮 みのり(うつのみや みのり)

金城学院大学現代文化学部コミュニティ福祉学科准教授、博士(保健学)

主要論文:「精神病者監護法案提出に至る要因に関する研究」社会事業史学会編『社会事業史研究』(第36号、pp.109-122、2009年)、「精神病者監護法制定過程における『監護』概念の検証」(岡山県立大学大学院博士後期課程学位論文、2009年)

第8章 増山 道康(ますやま みちやす)

青森県立保健大学健康福祉部社会福祉学科准教授

主要論文:「障害者自立支援法が小規模作業所等の経営に与える影響」青森県立保健大学研究推進・知的財産センター『青森県立保健大学雑誌』(第9巻第1号、2008年)、「社会保障に関するGHQ調査報告の概要と日本社会保障政策への影響」『青森県立保健大学雑誌』(第9巻第2号、2008年)、「聖書の社会保障 ― 社会保障の源流 ― 聖書と大乗仏教典の記述を通じて①」『青森県立保健大学雑誌』(第10巻第1号、2009年)、「青森県内社会福祉資源一覧 平成21年度版」青森県立保健大学地域連携・国際センター研修科(教育改善事業)(2010年)

第9章 杉山 章子(すぎやま あきこ)

日本福祉大学社会福祉学部教授、博士(史学・医学)

主要著書:『占領期の医療改革』(勁草書房、1995年)、『GHQ日本占領史第22巻公衆衛生』(訳・解説、日本図書センター、1996年)、『佐久病院史』(共著、勁草書房、1999年)、『日本医療史』(共著、吉川弘文館、2006年)、『産む・産まない・産めない』(共著、講談社、2007年)他

第10章 野村 茂治(のむら しげはる)

大阪大学国際公共政策研究科教授

主要著作:「お金と幸福」杉田米行編『アメリカ社会を動かすマネー:9つの論考』(三和書籍、2008年)、"Urbanization, Low Birthrate and Non-marriage in East Asian Countries," Collected papers of Osaka University of Foreign Studies, Osaka University of Foreign Studies, No.36, 2007, pp.23-53.

第11章 山本 克也(やまもと かつや)

国立社会保障・人口問題研究所社会保障基礎理論研究部第4室室長

最近の業績:「地方分権化の医療保障への影響 ― 公立病院改革ガイドラインと公立病院 ―」、国立社会保障・人口問題研究所編『社会保障財源の効果分析』(東京大学出版会、2009年)、「我が国における外国人看護師・介護士の現状と課題」『季刊社会保障研究』、Vol.45 No3.pp(国立社会保障・人口問題研究所、2009年)、「厚労省財政検証プログラムを用いた公的年金改革案の提示」、『家計経済研究』第85号(家計経済研究所、2010年)

■編著者紹介

杉田　米行（すぎた　よねゆき）

大阪大学言語文化研究科准教授
主要著作：『日米の医療 ─ 制度と倫理』（編著、大阪大学出版会、2008 年）、『アジア太平洋戦争の意義 ─ 日米関係の基盤はいかにして成り立ったか』（編著、三和書籍、2005 年）、『アメリカの対日占領政策とその影響』（共編著、明石書店、2004 年）

アメリカ・アジア太平洋地域研究叢書　第 4 巻
日米の社会保障とその背景

2010 年 5 月 20 日　初版第 1 刷発行

■編　著　者──杉田米行
■発　行　者──佐藤　守
■発　行　所──株式会社 大学教育出版
　　　　　　　〒700-0953　岡山市南区西市 855-4
　　　　　　　電話 (086)244-1268代　FAX (086)246-0294
■印刷製本──モリモト印刷㈱

© Yoneyuki Sugita 2010. Printed in Japan
検印省略　　落丁・乱丁本はお取り替えいたします。
無断で本書の一部または全部を複写・複製することは禁じられています。

ISBN978-4-88730-991-3